恩師黎峰華與英才情同父子

2017年神農架，風水龍脈，千里尋穴。

師徒聯歡，郵輪旅遊，四代同堂，師門喜慶。

2024年風水掌相講座遊學團

倩如文聲秋姐眾人，師徒連心，尊師重道，鼎承師訓，傳承本門術數，光大門楣。

靜心相法。**觀**家十門。**步**罡斗重。**堂**傲眾生。

2017年6月，
本門「靜觀步堂」傳承第六代掌門印鑑，恩師黎峰華親傳弟子筆者為正式掌門職責。

門生百人見證傳印大典盛事，弟子稟循本門法則，以「法門重生」為終身己任。

恩師黎峰華博士與已故覺光法師（左）
及已故永惺法師（右）合攝。

覺光法師，1919年生於遼寧海城，俗名谷成海。十二歲投海城鎮河寺清一大師薙染，十四歲受具足戒於寧波天童禪寺，得戒和尚圓瑛大師賜名覺光。1939年藙台宗巨匠寶靜大師之上首法子顯明法師授記付法為天台宗第四十六代教觀總持。1945年，法師聯同其他居士及法師成立香港佛教聯合會，同年創立香海正覺蓮社。從1967年起，法師擔任香港佛教聯合會第12至60屆會長。法師曾擔任過之佛教機構職位包括世界佛教僧伽會永遠榮譽會長、世界佛教華僧會香港分會理事長、香港佛教聯合會會長、香港佛教僧伽聯合會名譽會長和美國觀宗學會會長等。法師還是香港觀宗寺、香海正覺蓮社、《香港佛教》月刊創辦人以及香港六宗教領袖座談會發起人之一。2007年，法師獲特區政府頒授金紫荊星章，2013年再獲頒授大紫荊勳章，以表彰他長期以來積極參與公益事業，為香港社會所作出的重大貢獻。2014年，覺光法師安詳捨報示寂，世壽九十五歲。

釋永惺，法名演霖，別字永惺。生於1925年，祖籍遼寧喀喇沁左翼蒙古族自治縣，俗家姓劉，學名克勤。十二歲依常修老法師出家，二十一歲受具足戒於瀋陽市護國萬壽禪寺。後接法於倓虛長老，為天台宗第四十五代傳人。1948年，法師來港後就讀於華南學佛院，攻讀三藏教典，並與許多近現代高僧結下法緣。1951年，法師隨定西長老等創東林念佛堂。1966年，法師加入香港佛教聯合會第13屆董事會，並由第61屆董事會起擔任榮譽會長。2006年初，發起修復遼寧省朝陽市佑順寺，重建大殿，策劃興建「東北佛學院」；並與當地著名學府遼寧大學合辦「永惺佛學研究中心」。2012年，法師獲香港特區政府授予銀紫荊星章，以表彰他多年來熱心服務社會，致力弘揚佛法。2016年5月6日，永惺法師住世緣盡，世壽九十一歲。

恩師暢談，終身受教。

姻緣天賜，
百年好合。

一家三口，樂也融融。

筆者與黃福慶教授，多年深交，
師友難分，感情深遠。

筆者與顏氏家族，相知多年，
輔弼建基，術數結緣。

筆者與徐志忠神父，多年深交，
亦師亦友。（攝於圓融閣）

2025年4月，筆者赴東莞舉辦風水掌相講座，
參加者眾，場面熱鬧，師生盡興。

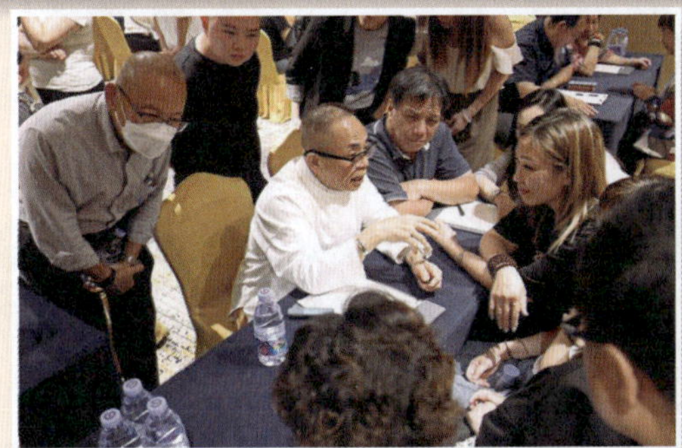

東莞風水掌相講座
遊學團，師生留影。

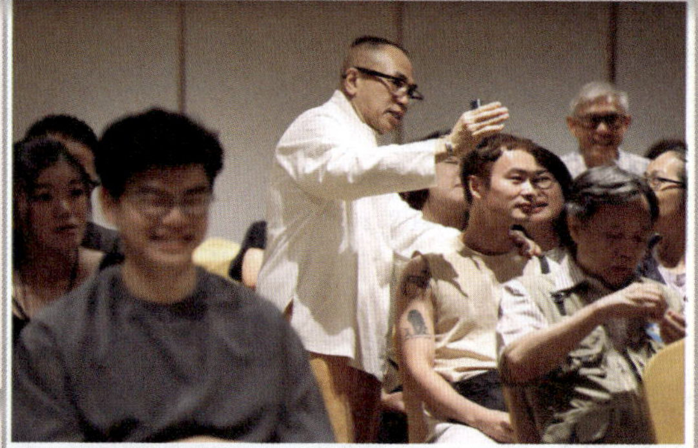

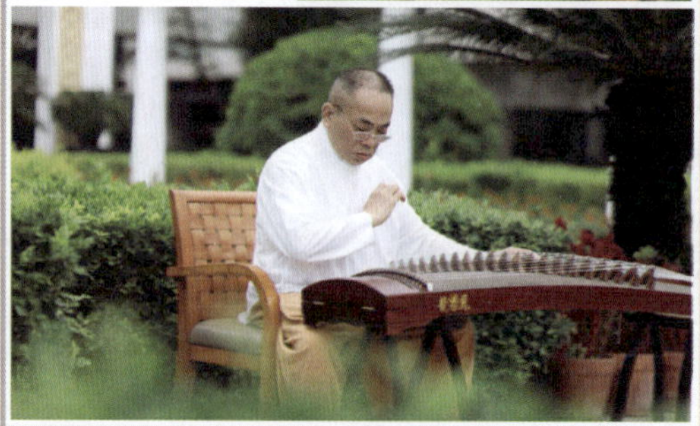

遊學團期間，筆者
以悠揚箏聲體會天
人合一境界。

我手誰牽

李英才

圓方出版社

李英才，廣東電白縣人，沉醉術數，雅好琴箏，自稱「相琴兩癡」。八四年開始在社區設班公開教授掌相風水，學生人數為全港之冠。所設課程，相理、心理、哲理、情理共冶一爐，課堂上生動活潑，為全港唯一一位最專業而細緻、實例最多的術數老師，並為傳媒爭相報道。

序一——知識明通精

回顧與師傅的結緣始於二〇一七年。那段日子，我在家中養病，不能外出遊玩，於是終日手遊，在可愛的淘寶網中尋找娛樂，瀏覽家品、書籍和刺繡等打發時間，有次無意中在玄學書欄目見到圓方出版社出版的李英才著作，計有《顴鼻匯》、《眼相心鑑》、《千眉譜》、《臉臉俱玄》、《額耳玄機》等，在好奇心驅使下，在網上查找作者的資料，始知師傅於一九八四年便開始授徒，被冠以「心理相學家」之名號，學生人數為全港之冠，真的令我眼前一亮。於是，我一次過購買了這五本作品，逐一細心閱讀。師傅將心血化成文字，我對於書中內容卻只是一知半解，說穿了，其實是一知不解。

師傅的作品對五官有以下解釋：

- 眉為保壽宮，眼為監察宮，耳為採聽宮，鼻為審辨宮，口為出納宮，各司其職。
- 眉為保壽宮，掌管我們生活一部分，觀察感情和際遇、思想、品格。眉清形秀者善良，身體健康。眉濁形惡者，性情兇狠奸詐，易患病。眉相形態共有六十五種。
- 眼為監察宮。眼睛是心性的表徵，雙眸不定，狡猾成性；雙目斜視，必是奸貪之人；雙眼無角，作事多錯；淚堂黑枯，誠恐伯道無兒；眼蓋浮露，此人必是浮誇而多言。眼相形態共有七十四種。

- 耳為採聽宮。耳貫腦而通心，為心之司，腎之候，腎虛則昏而濁。耳相有高低、厚薄、大小、長短、軟硬、貼面、兜風及氣色之分。耳相形態共有四十八種。
- 口為出納宮。口形往往決定其人的心態和性格，口形苦，內心苦；口正唇厚，多為賢人；口角高低，多為奸詐之人。口相形態細分為三十八種。
- 鼻為審辨宮，辨別是非，生財有道。鼻主財星瑩若隆，兩邊廚灶莫教空，仰露家無財與粟，地閣相朝甲櫃豐。鼻又稱為財帛宮，女命又為夫宮，鼻好則夫好。鼻相形態共六十一種。

從「知」到「識」

讀罷師傅作品，對於書中的相學知識，本人只是得個「知」字，腦海中有很多問號，於是在二〇一九年首次報讀了一個師傅開辦的近距離面相班。第一天到達課室的情境至今記憶猶新，當時師傅正專注彈奏古箏，古箏這種樂器在中國古代文化佔有崇高地位，被認為是文人雅士的象徵，有「士無故不撤琴瑟」之說，想不到師傅竟有這藝術修為！

師傅以輕鬆、風趣的方法授課，細緻講解，別有風格。我希望能為自己打好根基，於是做了記名弟子，一星期六天上課，幾乎無一缺席。經過這幾年學習，終於由「知」到「識」，明白人的成敗可在臉上呈現出來，看相是觀察的行為，訓練看人深層的技巧，主要信息來自雙眼。

師傅常言，相人先相眼，相眼知人心，過去之事以口量之。師傅說，眼睛比嘴巴更會說話，但眼睛有時也會說謊，掌紋卻會很老實地透露人的一生歷程，掌紋能將人的經歷鐫刻在掌中；除了掌紋，手的自然動作也能把人的性格和情緒顯露出來。掌上紋線又會隨人的心態而改變，像文字般記錄下來。

掌紋有感情線、頭腦線、生命線三大主線，副線有事業線、成功線和五十六條雜線。

生命線代表生命支持，最理想的紋是明細深長，表示身體健康，「地紋號根本，彎圓氣量純，胸度看面積，深秀必超群。紋淺氣量淺，呆直性執偏。粗亂多災厄，處事亦留連」。

頭腦線與生命線的距離程度，表示思考和適應環境的能力，並能反映當事人的個性。書曰：「人紋天地中，思想獨異眾。大成防大敗，與人少和衰。深秀理智高，斷續定煩勞。夫妻恆獨宿，雜亂定奔波」。

至於感情線，深者容易感情用事，淺者不善於用情和表達，粗闊者濫用感情，細緻者用情專純。

三大主線紋又有人字掌、爪字掌、川字掌、斷掌之分，各有不同意義。其實相手之法，先觀掌之細膩端方，偏削尖薄，次察紋脈血氣之根蒂，再揣摩骨肉之平和，量其指頭之長短，然後看浮筋露節之性情，皮質粗細嫩光滑鬆緊。指為龍、掌為虎，五隻手指的長短、粗幼、指形方、尖或圓，皆各有乾坤。

更重要的是配合手掌的氣色，所謂「貴賤定於掌形，憂喜見於氣色」，內心的喜怒哀樂會在氣色中顯現出來；而手的每一個動作都可以代表我們的思想。

手相就是心理學。課室中有來自五湖四海的學生，師傅授課時，偶然會叫同學舉起雙手，以觀其姿態和動作。腦筋靈活、思想活潑的人，他的雙手必然非常靈巧；腦筋遲鈍的人雙手一定是粗糙的，動作也比較遲緩。透過舉手時把手指分開的簡單動作，也可觀其性格，真妙！師傅將畢生心得傳授手相這門學問，不僅讓我對相學「明」瞭多一點，更提高了我的個人思想和邏輯。

每個人都希望有美滿的婚姻。雖然婚姻是兩個人經營出來的事，但在現實生活中，很多婚姻問題的成因是來自上一輩對子女留下的遺憾與傷害，在不良的環境下成長的人性格偏執，在所難免。「愛情」，愛要有情，情在哪裏心在哪裏，命運是由性格選擇而造成的，大道圓通，一切皆是心法；大法無礙，禍福盡在人心。

在課堂上見識到師傅的「精」，對每條紋理皆有詳細分析講解，對掌紋主人的不同際遇道出因由。師傅採用不同的解說方法靈活教導，幽默、風趣或出口成文，使學生在毫無壓力下輕鬆地吸收和領悟當中的道理。師傅經常教誨，相由心生，一切並非命中注定的，令我獲益良多。作為一個長者，我期待有天能達到「通」的境界，能了解年輕人的心境。

學生

王慧璉

二〇二五年三月

序二——遇上師傅

二〇〇四年我參加了李師傅在九龍華仁書院的論相講座。在兩小時的講座中，我見識了師傅為十多名現場參加者論相，吸引我的是師傅百變的溝通技巧和恰恰到位的演繹，而令我深受感動的是師傅為一位中年女士論相。

該名女士神情硬朗而帶點憂鬱，她從座位步出時，師傅便以平常的聲調說：「希望佢未結婚啦！」停頓一刻，再說：「結咗婚就夫妻唔到老。」那是極戲劇化的情境。我當時在想：「李英才？何許人？竟說出這樣的話！」女士步到台階坐下，師傅問：「點呀？」女士平淡地回應：「唔嗏度！」師傅再問：「點走？」女士輕聲道出二字：「肺病。」

最後師傅給予女士忠告：「你將來還有一段感情，睇你自己要唔要啦！你就唔好為咗怕人哋話你的仔女係遊艇仔、遊艇女而放棄，人到晚年有個伴總是好事。」女士默默地不作回應。常言道過剛則折，我估計她因為心中的苦和困被說破了而崩潰了。師傅續道：「你的朋友閨密就唔會同你講呢啲說話，你咁鬼硬頸、固執，係我呢啲睇相佬先敢講。」

師傅巧妙地以玄學之名為女士種下愛的種子，待得時得緣，種子就會悄悄地發芽生長，若能用心栽種，便將成為小樹甚至參天大樹，我知道當刻我見證了希望的曙光。老套地説，這是李師傅在工作上所行的功德，這是他對有緣人的愛和善！

締結師徒緣

我是在退休後開始報讀師傅的面相、手相和命理班，而一旦開始，我就完全停不了。在師傅的課堂，我得着了什麼呢？長知識、長見識、學道理、學做人、看眾生、見百態、得自省！我在學習成長，亦樂在其中！

「樂在其中」的是什麼呢？師傅的教學十分風趣幽默，他掌握教學氣氛如臂使指張弛有道。在課堂上，學生可自薦作為論相示範，在論相過程中，若遇上執拗的、不懂禮貌的、牛皮燈籠的、好面子的學員你一言我一語爭論不休，就經常會出現彷如擦槍走火的逼迫，師傅與示範學生的對答和論相印證實則是步步的攻防，情況激烈時就如同踩到地雷隨時爆發，而在這個沸騰時刻，師傅就會以輕鬆活潑調皮的手法，將幾近水火不容之困局化解得無影無蹤。

我與讀者分享師傅其中一招化解法：三字咒「U兜咪」。學生們腦子轉動再轉動，什麼意思？猜謎嗎？機靈一點的學生馬上以流利的英語講：You doubt ME，一些學生會恍然大悟地長吁一聲：「哦……」；對於仍不明白的學員，師傅便會解開咒語：「U兜咪（You doubt ME）……你好懷疑」，然後之前燒至二百度火熱的唇槍舌劍便在一片歡笑聲中消弭於無形，緊張的氣氛轉化成笑破肚皮的場面。多奇妙啊！

傳統教學多以目標為本，要求學得快學得多，而認認真真追求學問的態度往往令人窒息。師傅在課堂為學生創造了愉快的學習空間，學生懷着輕鬆的心情學習，以個人經歷去領略師傅的教學內容，將學識與見識互相印證，一點一滴累積，自自然然地刻進心坎裏。

為手相學尋寶

去年某天，一位女學員告知師傅，發現她與丈夫的掌紋（掌紋主紋形狀）是一模一樣的，師傅隨即邀請她與丈夫在下次課堂作手相教學示範，我估計師傅是心中暗喜，這對夫婦的掌印是手相學上可遇不可求的夫妻「宿世紋」，難能可貴。讀者有幸在本書看到這對宿世紋掌印，肯定是與手相學有緣！

形容師傅對手相學的鑽研達到癡迷程度並不為過，正因師傅具備追求學問的狂熱態度，才得以搜集了二十多萬幅掌印資料，再從中挑選出具代表性的案例，在本書中圖文並茂地為讀者一一解說。四十多年來，師傅一直默默地在相學領域做學問，他是為相學文化做傳承，為後世作貢獻。

書中每個掌印故事都有描述當事人的遭遇、感受、選擇，每個掌印都紀錄了當事人感情上的人生五味，結果各有不同，有幸，也有不幸，福禍相依一環扣一環。

師傅透過不同人物故事個案解說感情線的變化、感情線與其他主線、雜線、星丘的關係和影響，再道出個中玄機。對於每個掌印例子，師傅皆從不褒不貶的中肯角度寫出主人翁的背景、際遇和感情上的心路歷程，偶爾師傅會摘錄幾句詩詞，那是他對世人癡愚的感慨，以及對故事主人翁的贈言和開導。

外行人見到手掌上的是線紋，是縐摺。師傅見到的是當事人的人生經歷和感情路上一段段歷程，有幸福的、甜蜜的、喜悅的、淒酸的、困惑的、痛苦的、孤獨的……！

我命由我不由天

電影《哪吒之魔童鬧海》勢如破竹，直衝全球電影票房排名前列，電影中哪吒的一句極具震撼力的對白「我命由我不由天」，當中蘊藏着多強大的自信。事實上，這也是師傅經常告誡學生的箴言。師傅給客人的批命論相服務均會附上一份命書。大多數客人未必留意到命書最後一頁上師傅給予的忠告「福命由天不由我，我命由我不由天」，更遑論明白其中奧妙了。

在課堂上，偶然有學員會用言語和表情表達對親人、蜜友、個人際遇和命運不滿，師傅許多時會這樣回應：「你冇諗過，人哋咁對你，係因為你見識少，冇防人之心？」若學員仍不明所以，師傅會再補上一句：「不是感情傷害你，而是你容許自己被感情傷害」，狠狠地戳破學員自我打造的框框。師傅解釋，思想上的一個轉念可以將感情的主導權轉到自己手上。至於該如何決定？執着是困擾，放下是自在，那就是個人的選擇了！

讀者看罷此書，能以平常心回顧自己在感情路上的經歷，當珍惜的珍惜，當放下的放下，好好地感受人間有情，懷感恩的心對感情作付出與欣賞，那便不枉師傅用心良苦撰寫此書了！

是誰牽我手

喜帖上常見「執子之手　與子偕老」的承諾。若這刻你仍未遇到合緣之人情牽你手，或是與心念之人已是人間緣盡，你不妨用你的左手牽住右手，用心感覺一下，你便會知道，只要你願意，這牽着的雙手必不負你所託，助你護你，不離不棄地愛你伴你一生！

學生

張翠香

乙巳年•春

序三——知己知彼的相學

在我年輕的歲月裏，對風水和玄學的熱情悄然萌芽，特別是面相和手相的奧秘。這段探索的旅程始於一個偶然的機會，當時朋友推薦我參加工聯會的面相班。正是在這裏，我遇到了我生命中不可或缺的導師——李英才恩師。

恩師從最基本的知識開始，耐心而正確地引導我，讓我在這條充滿未知的道路上不斷前行。恩師不僅是我學習的啟蒙者，更是心靈的引路人，讓我明白每一門學問都需要時間去深入探索。學習的過程如同一段旅程，必須經歷知、識、明、通、精五個階段，才能達到更高的境界。轉眼間，我在這個課堂上度過了十六個春秋，並獲得了恩師賜予「方丈」的稱號。這個稱號對我意義非凡，它不僅象徵着我的學習成就，也承載着恩師對我的期望。

面相和手相的魅力在於，它們能夠在無需任何個人資料的情況下，揭示一個人的過去與內心。透過手相的細膩線條和面相的微妙特徵，我們得以洞察他人生命的印記。特別是手相，能毫無保留地展現內心的世界，這種能力令我深深着迷。因此，我每周堅持上課，深入探討這一學問，因為我渴望通過這門學問獲得智慧，幫助自己在面對人生的挑戰時，能夠掌握命運，明白命運其實掌握在自己手中，選擇權始終在我們。

因此，我倍感榮幸能受邀為這本書撰寫序言。雖然自覺學識淺薄，文筆拙劣，幾乎沒有文采可言，但我很想透過這個珍貴的機會表達我的心聲——我非常欽佩恩師的觀人技術，尤其在氣色

和手相的解讀方面，實在無可挑剔，遠超其他相家。在我的學習旅程中，恩師不僅傳授了我技術，還教會了我如何理解人性和情感。他的教誨讓我明白，面相和手相不僅是一門學問，更是一種與他人溝通的藝術。每當我凝視一個人的面孔或手掌時，我不僅在觀察他們的外在特徵，更在努力理解他們的內心世界。這種能力使我能在生活中建立更深厚的人際關係。

我最欣賞的是，恩師在教學中融入了「教育意義」這一重要環節，能夠引導學生在正確的思維下學習人生道理和人際交往的技巧，提升個人的質素和修養。這不僅是技術的傳授，更是心靈的啟迪。每次課堂上，恩師都會分享他的人生故事，讓我們明白學習的真正意義在於如何應用這些知識來改善自己的生活和他人的生活。

隨着時間的推移，我漸漸意識到這門學問更是對自我的深刻反思。透過學習面相和手相，我不僅能洞察他人的性格和情感，還開始更深入地了解自己的內心世界和潛力。這種自我認識的過程讓我在面對生活中的挑戰時更加堅定，能夠更好地掌控自己的命運，並做出明智的選擇。

在多年來的實例中，有幾個特別深刻的印象，讓我對相學的理解更加深入。曾經遇到一位約四十歲的女性，她的五官端正、笑容可掬，給人一種親切的感覺。在一次課堂上，恩師根據她的氣色和面部特徵，敏鋭地判斷出她年輕時曾遭受性侵犯的經歷。這一判斷並非隨意，而是基於她面相中流露出的壓力和不安。恩師巧妙地引導她，讓她能夠吐露內心的壓力，最終承認了過去的經歷。這一過程令在場的學員感到驚訝，因為她的故事揭示了相學的深刻性。然而，這位女性卻過於迷信八字，認為這只是桃花一劫，因而對他人的幫助視而不見，讓人感到無奈。

其次，説相者須具備人生歷煉、自信、膽識和氣度，才能在實證中道出真相。記得有位約五十歲的女性同學，當恩師根據她的氣色和性格分析她的妻、財、子、祿時，還提及她的下巴是「假」的。這位同學毫不掩飾地承認自己曾進行整容手術，並對手術結果感到非常滿意，這不僅增強了她的自信心，也讓她在生活中更加自如。恩師在一瞬間就能察覺並分析出真相，令全班同學驚嘆不已，對這門學問的興趣和熱情也隨之高漲，大家都渴望深入了解相學的奧秘。

相學中常説，「天下眾生、無所不相，凡入眼內，皆可為相」。許多人渴望改變自己的命運，但卻不願承認自身的不足，因而難以實現真正的改變。舉例來説，一位約二十五歲的年輕女性，外貌出眾，但當恩師提及她的性格和際遇時，善意的提點卻引來她的投訴。她的心靈脆弱，表示為此而整個星期夜夜哭泣，無法入睡，感到心靈受到創傷，難以平靜；她甚至要求恩師當眾道歉並寫道歉信以安撫她的心情。當時她在課堂上哭泣不止，其他同學只能安慰她，場面令人心疼。此後，她再未出現於課堂，這種情況只能等待時間和生活給她的磨練，讓她在未來的某一天回頭看自己，明白恩師的善意提點，並從中獲得成長和啟發。

以上的經歷不僅讓我對相學有了更深的理解，也讓我明白了人心的脆弱與堅韌，正是這些故事構成了相學的豐富內涵。

我希望這本書能成為讀者探索手相這門學問的寶貴資源，讓大家在學習的過程中獲得深刻的啟發與洞察。這部作品是恩師多年心血的結晶之一，希望能激勵每位讀者在生活中透過這門學問尋找內心的智慧與力量。願恩師在未來的教學中繼續引領我們，探索更多。

學生

余愛琼（方丈）

乙巳年 • 春

自序——我的心

手相學是透視他人內心秘密，並以心態取向而判斷眼前人的妻、財、子、祿之外的術數學問，箇中的同理心、慈悲念、包容情必須一一具備。手相學有別於坊間的奇門遁甲、紫微斗數、太乙神數等等冷冰冰的文字算計，當中包含人與人的「情」，而非單純是吉、凶、禍、福計算。

千禧年代的年輕人都是手握電腦、手機等科技產品成長的。他們碎片化、精簡化地吸收知識，而且大多都缺乏與人溝通的技巧，不善於與人相處，縱使身處工作環境之中，都是表情木訥、言語失當。另一方面，術數界不斷強調人的禍福運氣、贏輸勝負，完全忽略人可以在失敗中成長的道理。

手相、面相正正是「面對面」溝通的術數學問，「溝通」是人性的行為，「溝通」是社交必需的一門技巧。術數學問源於教育，在不同環境中學習成長，而非單純只重結果成敗，擁抱當下環境而作出轉變，強化自己的心智，這正正是手相學的主旨。

古往今來研究術數的人，從不間斷地閱讀前人的著作，但對於書籍的記載、案例和啟蒙，閱讀者可曾深思？英才學歷不高，因少時家貧，未曾踏足中學校園，小學畢業後已於社會謀生，閱讀成為吸收知識的主要途徑，從而領略讀書有四忌：一忌盲從，二忌粗疏，三忌武斷，四忌空泛。可是，眼看新一代的年輕術數家，自稱「國師」、「道長神人」，將一本本的古籍原裝加插在自稱著作之中，並為作品大肆宣傳，以為可以瞞天過海，但書中內容空泛與粗疏不問而知。

這就是英才眼中的千禧術數「青年才俊」。科技進步，網絡的出現確是令大眾輕易接觸術數，但同樣亦輕易被「神棍」瞞騙。真真假假，老實說，這些「青年才俊」對手相的基本知識欠奉，甚至連左右手先天或後天都弄錯，竟還振振有詞，一派胡言地說以慣用手或男左女右之分來判斷，可想而知，他們的推算和建議能有多大的真確性？

人工智能愈趨成熟，影響所及，筆者斷言，不出五年，今天被視為帝王之術如奇門遁甲、太乙神數等的古方計算術，必將被人工智能取代其價值。可是，手相學卻不能被取代，原因是，手相學包含氣色、骨格和人與人的情感互動，這些都是科技無法做到的。

中國歷史上成功人物多懂相人之道

證諸歷史，中國的明君都深諳人事管理之道。《史記●高祖本紀》有這樣的記載：呂后問漢高祖劉邦：「君百歲後，蕭相國既死，誰令代之？」答曰：「曹參可。」問其次，曰：「王陵可；然其稍戇，陳平可以助之。陳平智有餘，然難獨任。周勃重厚少文，然安劉氏者必勃也，可令為太尉」。後來，呂后當權，大肆賜封呂氏一族，引發劉、呂之爭；最後由周勃重建漢祚，匡扶漢室，結果正如劉邦所預言。

另一位就是唐太宗李世民，不管是中央或地方官員，他都掌握了他們的優缺點。由於當時沒有電腦，他便把文武百官的名字寫在屏風上，並將他們所做的一切都清楚紀錄，每逢坐、臥的時候，都可看到這些名字，故能做到知人善任。

中國歷代的成功人物都會利用相人術來輔助人事管理。據記載，唐太宗的人事及相學顧問是袁天綱，宋太祖的顧問是陳希夷，元太祖的顧問是耶律楚材，明太祖的顧問是劉基。許多史書都記載，齊高宗、唐玄宗、宋仁宗、元太祖、明成祖等皇帝都是懂得相術的。

上述歷史上成功的人物都懂得相人。相人就是運用相學的方法和技巧去「閱」人；他們都「閱」人甚深，故能招賢納士。透過相人術，除了能延聘輔弼的人才之外，也能知人善任，用人得法，所以能夠服眾。集眾人的智慧，轉而變為自己的智慧，遂得以群策群力，締造一番功業。

人可不可以貌相

狗、貓、雀鳥、馬甚至蟋蟀都可以貌相。所有人都知道獵狗、狼狗、格力狗都比北京狗跑得快。相獵狗，頭大嘴尖、順風耳、凸胸凹肚，一定跑得快。相貓也有標準。把貓抽提起來，懶惰的貓會把手腳伸直，但勤力的貓則會把手腳及尾巴都縮起捲曲。此外，尖嘴偷食、花舌拉雞仔、油爪活鼠等都是相貓的口訣。養雀的人都知道哪些雀善唱、哪些善鬥。至於信鴿，我們也可以根據牠的羽毛數量、眼睛結構，判斷出牠的飛翔潛能及反應的靈敏度。蟋蟀的特徵是：大頭頸闊、腿壯爪粗、鬚角長、腹肌收縮、色烏亮、聲雄者善鬥。

香港流行賽馬活動，除了已故的董驃及張基等資深評馬人皆善於相馬外，其實許多馬迷都懂得相馬：馬前胸肌肉發達，短途前速快；後壯、臀腿粗厚圓渾的馬長途後勁強；蝦公項，收身上力，神生態勇等等。

我也喜歡研究相馬，但入馬場並非必贏錢。即使相中靚馬，也未必一定跑得贏。因為馬匹會出現流鼻血、心律不正常等意外，也有被其他馬匹擠阻或人為的障礙種種突發事件，構成了複雜的現象，產生難以逆料的賽果。

際遇就是命運

人也如此，聰明讀書考第一，將來在社會的成就未必是班中最高。真正願意和有能力為民請命的人，未必一定獲選為議員。美貌與智慧並重的女子，參加選美未必就可以摘冠。懷才不遇也是大有人在。反過來說，北京狗跑得不快、不善鬥、不會守門口，但這些缺點反變為優點，牠們只被看作寵物，一生養尊處優，不用勞碌，認真「執」到。

水，在沙漠是最珍貴的，但在華東地區的人則聞水色變。

一個美少女與一個樣貌醜陋的女強人誰更受人喜愛和重視？「有事鍾無艷，無事夏迎春」。美少女與女強人拗手瓜，誰勝誰負？很難講，要看當時形勢，有事還是無事？因為「不同日子，有不同需要」，在亂世當然是鍾無艷贏，但若在太平盛世，勝者必定是夏迎春。

所以，除了本身的條件和質素外，還要講際遇。際遇就是命運。

人可貌相

社會現象是複雜的，當你眼花繚亂、無所適從的時候，有人會慨嘆：「人不可以貌相」。其實，正如一位文學家所說：「人是玻璃做的」，即使未學過面相的人，由於閱歷多了，加上生活經驗的累積，看人的時候，或多或少也能鑑貌辨色，分辨忠奸。不過，有些人禾稈冚珍珠，衣褐懷玉，優點深藏不露，不容易被看出來。有些人笑裏藏刀，壞在骨子裏，少一點社會經驗都辨別不來。但在掌面相的世界裏，誰忠誰奸、是龍是蛇，一眼就看得出來。

相學的實用價值有二：一是自知，二是知人。在面相而言，相己比相人更難，因為我們無法看到自己眼睛的動態和喜怒哀樂的表情。各位不妨對鏡自相，喜的時候看自己，永遠是開心樣；怒的時候看自己，永遠是嬲怒樣；「貓」了（喝醉了）的時候看，永遠是個「貓」樣。這就叫做「主觀」。手相則是另一種情況，別人不給你看，不管你相法如何高超也無可奈何。然而，看手相卻可以為我們提供一條了解自己的渠道。

《聖經•約伯記》說：「神賜人手以符別印記，蓋欲使人自知其職分也。」以下簡單介紹一些手相的基本知識，供讀者參考。

手相看人的基本法

⊙掌形

A：方形掌：掌方、指方、指甲也呈方形。性格特點：埋頭苦幹、工作認真、有毅力、忠誠可靠。重實際甚於外表，不善交際、欠圓滑。

B：圓錐形掌：掌形豐滿、掌邊成弧形，手背骨節上的肉常常凹下去，指節不顯。性格特點：善交際，較任性、聰明而外露、毅力不足、喜自由職業，可從事公關、藝術等工作。

C：尖形掌：指尖而長、愈前愈細、掌邊弧度小、不見指節。性格特點：感情豐富、注意小節、依賴性強、喜歡指使別人替自己工作。

D：篦形掌：又名鈍形掌，是開拓者的手形。五個指頭如匙羹形。性格特點：有幹勁、梗直、多做事少說話、活力強、喜戶外活動、冒險工作、敢闖敢幹、喜創新。

E：結節形掌：又名哲學掌，是知識分子的手形。骨節明顯、手色蒼白、指甲長形。性格特點：愛沉思、守口如瓶、不善理財、喜歡研究事物、艱苦學習、不怕挫折以追求真理。

F：原始型掌：掌大肉厚、指短而醜、皮粗色黑、掌紋少。性格特點：體力旺盛、思想單純、草率、粗野，只要滿足基本食慾物慾，便安心於體力勞動工作。

G：混合型：各指頭、指尖都不同形狀。性格複雜、情緒易變、不夠穩重，興趣廣泛，但不夠專注深入，善交際，八面玲瓏，喜歡主動改變職業、居所及生活。

另外還有以下相法：

- 掌大心眼細，做事踏實，默默耕耘，但怕麻煩。
- 掌大人靈敏、度量大，但做事有時會大意疏忽。

- 掌小的人受挫折後較難重新振作起來。
- 掌軟機智善變，能適應新環境，但意志不集中，有奢侈浪費的傾向。
- 掌硬的人較固執、吝嗇、保守，但吃得苦，願意苦幹。
- 不軟不硬的掌，具有軟掌與硬掌的優點，有活動衝勁，但不輕率，且能自制。

⊙指形

從手相中找自己的缺點，加以改進。讀者不妨對照一下自己的手掌：

A：先看大拇指

拇指太粗、太硬，為人原則性太強、果斷，宜待人隨和一些。

拇指太軟、容易向後彎，為人善交際，但太易信人、易受朋友之累，宜改善浪費習慣。

B：其次看指形

指尖的人聰明、乖巧，但要告誡自己不要懶惰，不要「精」出面。

指太鈍的人事業心強，宜注意生活平衡，學點音樂、書畫藝術等陶冶性情，不要予人硬繃繃的感覺。

⊙掌紋

- 生命線：幼弱斷斷續續，注意健康，多鍛煉身體。
- 理智線：太長而下垂，遇到挫折時要振作一些，積極面對。
- 感情線：紊亂、斷續，小心在戀愛中受挫折、吃虧。工作上不要太感情用事。

- 斷掌：斷掌的人要注意，不要太主觀，凡事三思後行，遇上挫折要保持冷靜，不要太衝動。個性太強，暴虎馮河，死而後已。雙斷者，一為天才，一為白癡。

以上所講的手相基本法，希望給大家提供一些相人和相己的參考。由於篇幅所限，不可能很全面、很詳細跟大家探討。此外，讀者宜謹記以下相人和用人的喜忌：

喜：視正、隼圓、容寬、指直。

忌：斜視、下視、狼顧、鷹隼、閉口而嘴常語等。

至於如何應用在實際情況之中，還須因地制宜、因人而施！

人事管理的內容與範疇

誠如各位都知道，人事管理的內容與範疇包括：

A：人力資源計劃（human-resource planning）

B：招聘（recruitment）

C：甄選（selection）

D：安置（posting）

E：培訓（training）

F：考核（appraisal）

G：薪酬（remuneration）

H：福利保障（welfare and security）

I：勞資關係（labour-capital relations）

以上九項的具體內容，相信很多朋友比我了解得更多。「人力資源管理」是「找適當的人做適當的工作」，偏重於「思維技巧」和「處理人際關係技巧」兩個範疇。因此，知人和自知便相當重要。

《孫子兵法》云：「知己知彼者，百戰不殆；不知彼而知己，一勝一負；不知彼不知己，每戰必敗。」掌握面相和掌相的方法和技巧，有助觀察別人和認識自己，克服缺點，發揮長處，便能夠做好這九項「人力資源管理」的具體實務工作。

相學與人事管理

面相學與手相學的發展已經有幾千年歷史，初期只是零零碎碎的經驗累積，從生理、心理、倫理等角度去研究一個人成功與失敗的因素。時至今日，面相及手相的理論跟遺傳學、醫學、身體語言學、心理學、社會倫理學、統計學……等等都有密不可分的關係。

看相與拜神是兩回事，我們學習掌相，必須剔除迷信部分，以客觀、科學的態度進行學術研究。相學與人事管理，同樣是科學行為，也同樣是人際關係的藝術。

從科學研究的角度來說，兩者都是對客觀事物與人的關係進行邏輯推理，作有系統分析，透過描述及解釋所觀察到的現象，預測將來出現的情況。從藝術研究的角度來說，社會現象是複雜的。在眾多社會現象的成因之中，以人的因素最為重要。由於每個人的價值觀念及經驗皆不同，也就是個性不同，因此在同一條件和環境之下，個性不同的人就會有不一樣的反應，所以，如何處理人際相當重要，這叫做「處世藝術」。

看相的第一個重點，就是看人的個性。每個人都有自己的個性、優點和缺點，若能糾正自己的缺點，發揮自己的優點，改變自己的個性，從而改善人際關係，便可以扭轉自己的命運。這叫做「做人藝術」。

人最難戰勝的是自己，若能把自己最大的敵人打敗，就可以將命運掌握在自己手裏了。

結語

看相，最難看透的是自己。人事管理，最難管理的亦是自己。

「韓信善將兵，劉邦善將將」，無論我們自己是兵才還是將才，或是將兵之才還是將將之才，從事人事管理工作時，除了要有專業知識和基本技巧之外，最重要的，還是要有分析自我的修養，以及知人善任的藝術。如能學習和掌握相學知識和方法，便能在吸引人才、善用人才和發展人才的實務過程中，以之應變，以其成事，以最高效率運用企業的資源，以最大效益達致企業的目標，做一個成功的管理人。

工作如是，人生亦然。娑婆世界，芸芸眾生，「心之所向，身之所往」。每個人對人生都有不同的嚮往，並通過身體力行，努力奮鬥以實踐自己的夢想。心性平和的人會通向平安的人生，心性淡然的人會活出平凡的人生，心性殘酷的人則注定有悲慘的人生。

人生如是，感情亦然。大千世界，癡情男女，「心之所向，愛之所在」。每個人對感情都有不同的憧憬，並根據個人價值觀尋找靈魂伴侶。純潔的感情觀讓你通向幸福，善美的感情觀為你帶來喜悅，邪惡的感情觀將你推至痛苦。

內心向善可以走出永恆，內心向惡則會通向滅亡。不管是工作成敗、生活甘苦，抑或是感情喜悲，都是掌握在我們的手上。誰牽我手？這個誰到底是誰？答案也在於我們的心之所向。

李英才

乙巳 • 仲春

目錄

雲片狀感情線

淺弱感情線

感情線島紋

感情線尾彎曲

雙重感情線

異類感情線

第一章

感情線導讀

手相掌紋圖

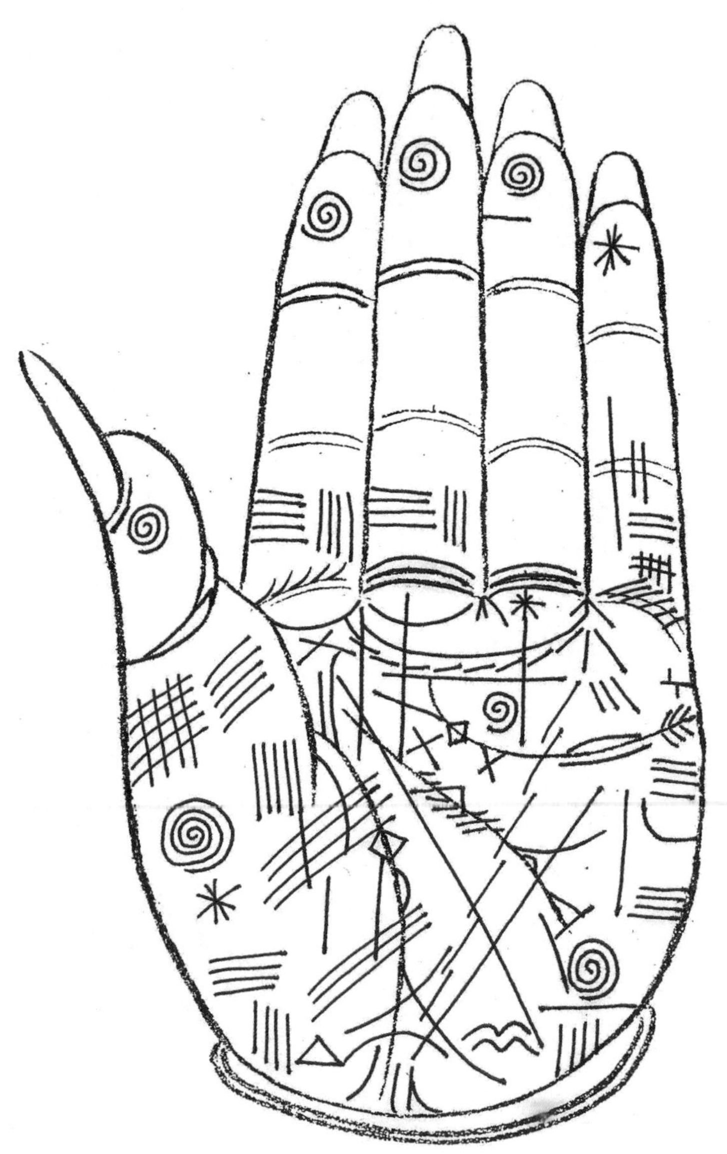

1佛心紋
2財產線
3破壞線
4情緒線
5環遊旅行線
6火星線
7煩惱線
8小產線
9癡情線
10外桃花線
11俠義線
12戀父情結線
13縱慾紋
14固執紋
15離異線
16陰騭紋
17物業線
18木星環
19土星環

20漏財線
21意外災難線
22金星帶
23婚姻輔助線
24希望線
25理財線
26著作線
27婚姻線
28子女線
29天才線
30偏財線
31內桃花線
32反抗線
33旅行線
34出國線
35直覺線
36健康線
37手頸線
38孤兒線

39移民線
40財經線
41神秘十字紋
42夢線
43機智線
44勇敢線
45反叛線
46小人線
47領袖線
48才能保留線
49寵愛線
50雄辯線
51預兆線
52行醫線
53說謊線
54父緣線
55母緣線
56物慾線

十四類靈異紋

（一）**隔世紋：**又稱隔代紋，代表有隔代恩情。

掌紋特徵：兩人手紋線狀，左右相同。

（二）**宿世線：**又稱續緣線，代表情緣未斷。

掌紋特徵：天紋、玉柱、家風一致。

（三）**陰間線：**又稱鬼紋。

掌紋特徵：掌薄、節枯、指青、掌邊直、覺線深直。其人是陰間冥界之常客。

（四）**移魂線：**又稱失紋。

掌紋特徵：指紋虛，明堂枯，人紋淺弱。

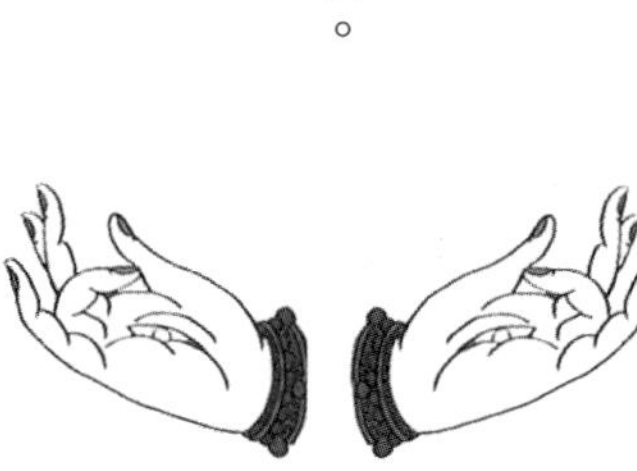

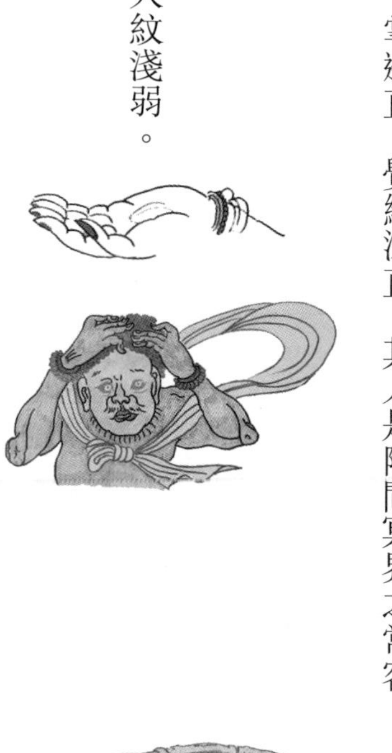

（五）**佛性紋：**又稱佛陀紋。

掌紋特徵：指長豐軟、質嫩皮鬆，佛心紋細長優美。

其人天生與佛、道有緣。

（六）**三約紋：**

又稱前生約。

掌紋特徵：五指灰塵，明堂污蔑，三約紋曲浪或破碎，中指異常扭曲。

其人天生擅長邪門陰間玄術，具有養靈童、招陰附體、茅山道術之天分。

（七）**輪迴線：**又稱重生線。

掌紋特徵：月丘豐厚，地紋倒勾極短，人紋彎垂深刻、尾見花星，金星丘異常堅實。

代表輪迴再生，記憶猶新。

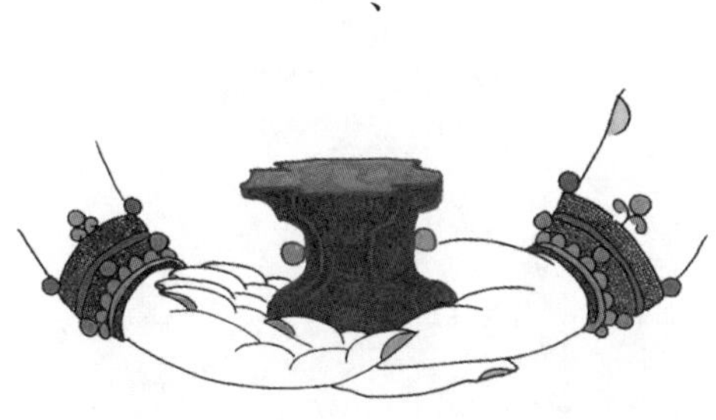

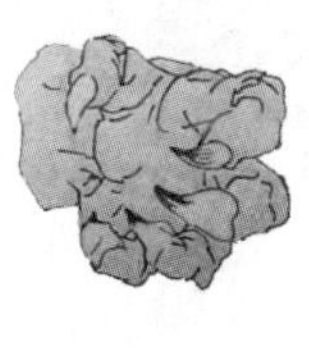

（八）**蜉蝣紋**：又稱遊離線。

掌紋特徵：明堂雜碎，皮鬆質嫩，細紋密佈，主紋淺弱，掌形細長優美。

其人異常聰明，感受反覆難控。

（九）**降頭巫術紋**：又稱蠱紋。

掌紋特徵：地紋反勾狀，色澤灰青定程度，配四大主紋及異常符號。

常見25項：1情降　2色降　3病降　4死降
5蠱降　6靈降　7邪降　8陰降
9聲降　10藥降　11符降　12飛降
13屍降　14鏡降　15鬼降　16血降
17折散降　18牛皮降　19玻璃降
20動物降　21和合降　22金錢降
23痛楚降　24混合降　25飛頭降

面相特徵：眼白帶藍青血絲，瞳孔有暗灰直線貫穿，色暗者已中。若密佈小黑點，其降毒極深。

(十)靈通異能線：又稱異能線。

掌紋特徵：月丘豐厚，拇指極彎，四指齊平，人紋清秀，十四骨質形態分類別。

其人具「另類」人種天賦。

(十一)異常空間紋：

掌紋特徵：拇指異長，明堂異寬，人紋魚狀清秀。

其人能感應另一空間所發生之事情。

(十二)靈異通心線：

又稱靈異線、天眼通、天耳通、他心通。

掌紋特徵：尾指齊平，掌形優美，骨軟細滑，人紋清秀、長而倒勾。

（十三）**元嬰再生線：**又稱續命線。透過某原因，後天續命延壽。

掌紋特徵：三條地紋、人紋，金星丘虛實、高低厚薄，節紋灰黑。

（十四）**奪舍寄體線：**又稱邪紋。

掌紋特徵：中指枯青扭曲、色帶藍青或暗灰，地紋波浪。

（借體迴生，是邪門之術。）

掌中八卦方位

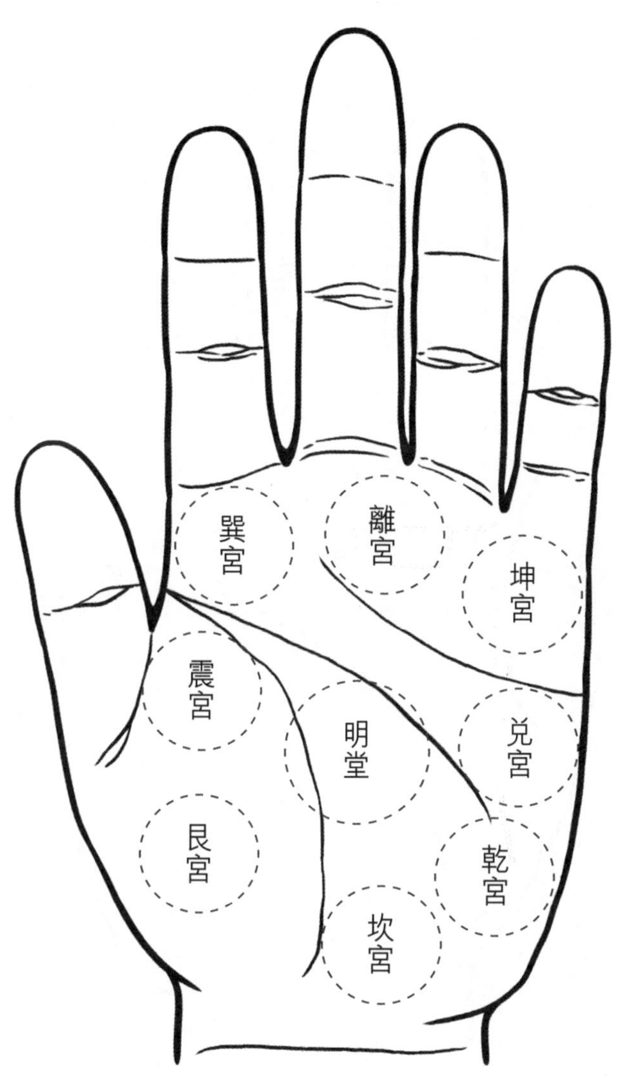

掌丘圖

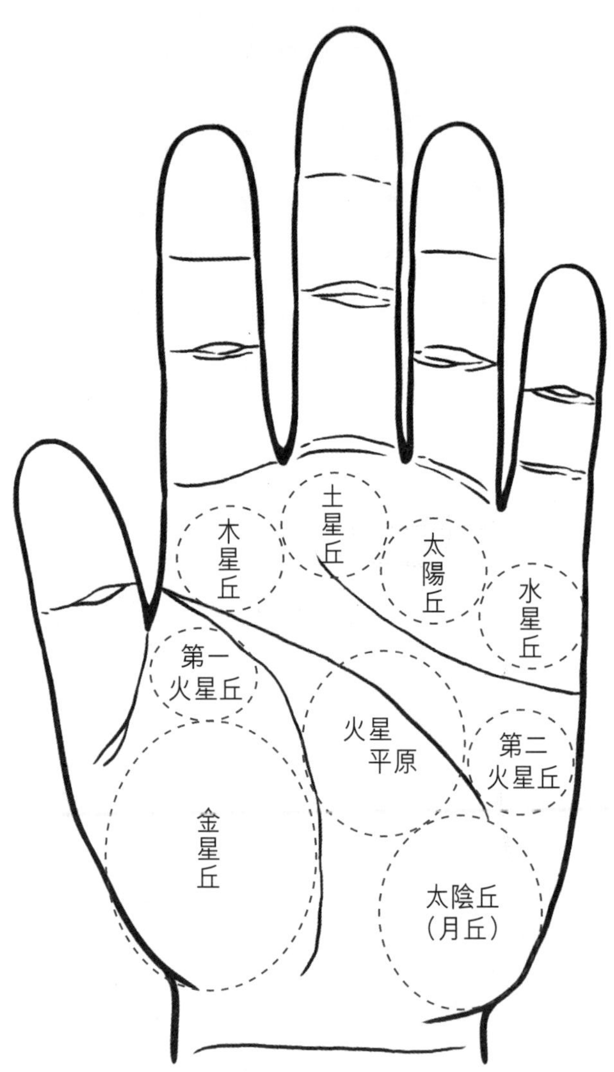

手相學之符號注解

符號	代表性質和意義
鎖鏈 	駁雜性、缺乏實力
流蘇 	削弱性、虛弱破壞
分支 	強弱性、上吉下凶
環紋 	莫測性、月丘忌見
格子 	保護性、填補缺斷
三角 	完整性、大細之分
十字 	預兆性、吉凶難定
斑點 	遺傳性、病理健康
島狀 	破壞性、障礙阻力
花星 	突發性、時凶時吉

手相學的三個層面

談起手相學，一般人都以為是指掌上的幾條線紋，又都以為相學家是從這些掌紋中參透箇中玄機。其實手相學分作三個層面，各不相屬而又有密切聯繫。這三個層面是：手掌骨骼、掌上氣色、掌紋；就是說掌紋只是其中部分而已。

首先談談手掌骨骼的結構。這是指其中分有：軟硬、大小、厚薄、筋骨、指甲指形……等等。骨骼之中的十四骨法是研究一個人天生之福祿、命格之厚薄、資質之賢愚，還有福分之貴賤。簡單來說，骨骼是與生俱來的，從中看出其人福底之厚薄，這是在分析掌紋時必須參考的基礎。

第二是掌上的氣色。掌相與面相的氣色是中國相學的精粹，西洋相學——包括其淵源之印度相學都沒有氣色之辨別，氣色可說是中國相學最獨特的一門功夫。以一棵樹木為例，骨骼猶如樹木的品種，而氣色則是樹木幹葉所呈現的色澤，或青翠欲滴，或晶瑩剔透，或灰澀暗啞，內行之人一看就知道這棵樹木出現什麼問題，可以預卜其前景。英才幼年隨師習藝，幾乎花了兩年時間始能對氣色之分辨融會貫通。自執掌教鞭之後，英才以本人之功夫配合現代學員領悟之能力，再將教學技巧改良，讓學員更易掌握氣色的奧妙。一般來說，學員要花上六個月時間始能掌握要領，而氣色的掌握與其人的悟性有很大關係，說到底，就是一個「緣」字。

第三就是掌紋。掌上有五大主線和五十六條副線。五大主線是：生命線、頭腦線、感情線、事業線與財富線。這些線紋鐫刻着其人與生俱來的體質、性格和後天的際遇，當然離不開記錄下其人的心理變化。可以說，掌上的線紋以記錄後天的事情較多一點，但從這些紀錄又可以預卜其人今後的發展情況。

上述三個層面各不統屬卻又相輔相成。打個比喻，某人之手骨粗劣，顯示其人福氣極薄，但是他的手掌線紋清秀，就是說他會在後天奮鬥，力求上進，無奈因天資所限，難以取得很大的成就。至於他在今後的奮鬥過程中，會出現不少突發事件，其中是禍是福，就要從氣色來作出判斷了。

這三個層面就是相學家參透人生奧秘的根據。

感情線之因由

前面講過，掌上有五大主線，這五條主線之中，中國相學又把其中三條稱為「三才紋」。三才者，天地人是也。感情線位於最上方被稱為天紋，生命線居於最下方被稱為地紋，而處於中間的頭腦線則被稱為人紋。古籍《麻衣相法》有云：「三紋瑩淨，無紋破者，福祿之相也。」又有詩曰：「三才紋上得分明，時運平生可得平。生命與才俱有氣，才紋衝破硬打情。」就是說，這三條線以無雜線梗阻為佳。

感情線之所以被稱為天紋，是因為在三才紋之中它位於最上方，依次而下是頭腦線與生命線。在手掌肌肉運作之中，感情線的位置是手掌握物操作時最着力之處。在漫長的人生旅途中，感情線反映了其人的感情際遇和變化，而人的感情是十分複雜的，有時甚至是變化莫測的；所以這條線是全掌線紋之中最富於變化的，又是手紋中禁忌最多的線紋。感情線又可觀察心臟的強弱，故西洋手相學稱之為心線。

感情線所反映的問題是廣泛而複雜的，它除了反映與人相處情感的厚薄、夫妻間情愛之深淺和心臟機能強弱之外，還反映其人內心的道德觀念、色心情慾之輕重、先天遺傳之個性和雙親的緣分、長輩及環境對其人之影響、情緒的反射，還有其人的愛恨貪癡……等等，再深入些可以探討到其人在什麼環境下成長，或受到什麼傷害，以及受傷害之深淺（這一點在英才另一著作《看手掌親子女》有深入探討），還有更重要的是：個人自重、自尊的界限。有關這些是英才窮半生之力鑽研分析所得，而上述的那些問題卻是為業內人士所忽略的。

感情線所出現的變化源於其人內心的感受，潛移默化而流露於外的反映，所以手相學家能夠單憑一條良好的感情線紋而推斷其人：出生於正常的環境，受到良好的教育，有着正確而純正的感情，故其人的立身處世能夠自重重人，也就會做到如同孟子所云：「敬人者人恆敬之」。由此可見，感情線對認識每一個人的貴賤品德是何等重要。與此相反，若其人之感情線散亂或有缺陷，則其人之成長過程會出現這樣那樣的不幸，這些不好的際遇導致其人品格低下，或情慾氾濫，或行為操守偏乖，同時左右其人對別人之感受性，發展成為潛意識的不良因素，或成為情愛的犧牲品，或成為監獄之客人……。

現代的手相學家一般只是預測客人的妻財子祿，若能據此進一步分析客人之心態發展及變化，真正擔當起心理醫生之角色，對客人對社會均有好處，豈不是一件大好的事情嗎？

各類感情線分析

正常之感情線其開端應在尾指對下之掌邊，婉蜒向前至中指對下，然後斜斜上彎指向中指與食指之指縫間。其形狀不宜太直或太彎，以略見微彎為最理想。若線上出現破壞符號如：島紋、三角、支線等（最嚴重者為斷口，此為喪偶之兆），均視作其感情上受挫折及痛苦的原因，應立即以其頭腦線判斷其受傷程度，因為感情之發展是受到理智之左右的。不過，這種分析一定要對頭腦線具有相當認識方可。

感情線開端之高低以掌邊尾指下節之橫紋至腕頸線的長度等分四份，感情線開端以四分之一為合適，否則屬過低；若接近尾指下節之橫紋則屬開端過高。感情線開端的位置反映其人童年之感情生活是否正常。切勿忽視這段期間之感情生活，因為每一個人的價值觀均由童年的際遇所左右，其潛意識直接影響其人今後之路向及抉擇。

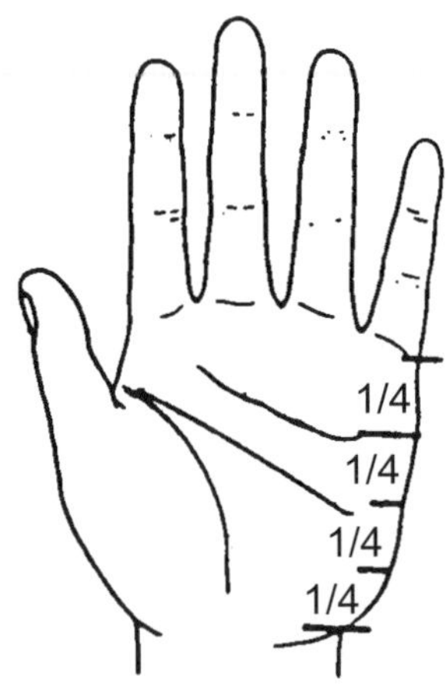

感情線的深淺、長短等形態的認識

觀察一個人的內心世界，審視其人之感情線深淺、長短、粗幼、清濁、高低、闊窄、缺破、色澤等等是重要的一環，把這些形態組合分析，其準確度相當高。

深淺

判斷感情線深淺在於以頭腦線作標準。如果頭腦線深，則天紋（感情線）與地紋（生命線）亦要同樣深刻。如果頭腦線淺，則天紋與地紋亦要同樣淺。

為什麼以頭腦線為標準？因為頭腦線反映其人的思維邏輯，左右了他的行為，若是頭腦線深刻而其他線紋淺薄，則此人生性冷酷，蓋因其人過於理智而情感淡薄，待人處事難免與世俗行為相左。如果頭腦線過淺而其他線紋深刻，代表此人不懂溫柔、不懂得欣賞身邊的妙事，為人處事較少用腦袋去想一想，或作這樣那樣的推敲分析，難免人云亦云，糊塗度日。不過，請記着，若是三才紋的線紋深淺相差不大，則切勿捕風捉影、胡亂判斷。

有些相書強調，感情線不能深於頭腦線始算標準，他們的解釋是，因為人類要用理智來指導感情云云。這段話很可能是從西方引進的，表面上很對，卻忽視了中國人是十分重視感情的民族，「寂寞深閨，柔腸一寸愁千縷。惜春春去，幾點催花雨」，浪漫主義的詩句使人蕩氣迴腸，過於理智化的愛情難免使人有硬繃繃、味同嚼蠟之感。所以筆者獨排眾議，不要求頭腦線一定要深於感情線，二者相差不遠是可以接受的。

長短

判斷感情線長短的標準在於觀察線紋的終點。正常長度的感情線以到達中指與食指之間為合適，要求線條完整而不開岔，這是代表此情不渝，歷久常新。但是筆者潛心觀察，發現當代人的感情線過長、過短者出現較多。所謂過長是指終端落在食指對下，所謂過短是指線尾到達中指即戛然而止，顯示這些人的感情偏激，反映了當代年輕人有離經叛道的愛情觀者越來越多，奈何！

粗幼

感情線粗幼反映其人對愛情的深度。感情線紋愈粗者，為人風流成性，只重慾不重情，視配偶或愛人為泄慾工具，那些誘騙少女上床的色狼都是感情線粗劣的。相反，若是線紋幼細，此類人着重精神之愛，「兩情若是久長時，又豈在朝朝暮暮」。遺憾的是，他們遭遇挫折便難以自控，所以這類人要不斷地進行自我提點、自我檢討。

清濁

感情線是一條很特別的線紋，掌上的其他線紋都要求清晰，唯獨感情線忌清、忌濁，這一點是很少相書提及的。

為什麼此線忌清、忌濁？因為此線是反映其人的情感動態，即所謂七情——喜、怒、哀、樂、愛、惡、慾的表徵，如果全線太清的話，那麼此人情感冷淡，與他相處起碼也會覺得此人欠缺情趣。若是太濁，線紋邊緣出現叢毛狀甚至整線破爛，此類人每多口甜舌滑，卻不是出於真心，另外與配偶亦多齟齬。總之，凡是線紋超過或不及標準要求，都不是好事。

高低

這是指感情線在掌中之位置，其要求是十分嚴格的，相差些許就有很大的分別。前面提過，感情線的高低以其開端位置作判斷，以在掌邊的四分之一為標準。感情線開端高者，其人容易產生依賴思想（指情感方面）或有戀母或戀父情愫，會出現不健康、不正常的愛情。感情線開端低者，多為感情早熟而且心靈空虛的人，每每在心智未成熟時結婚，婚後始發覺問題多多導致姻緣難續。

闊窄

感情線闊窄的含義表面上與粗幼相似。從手相學來說，粗闊而淺者謂之「粗」，粗闊而深者則謂之「闊」。同樣道理，幼窄而淺者謂之「幼」，幼窄而深者則謂之「窄」。從感情線的闊窄可以看出其人的心臟機能，若此紋太闊，主心臟有隱患。

筆者在四十年的鑽研中，曾有數十宗個案均是感情線太闊，他們均承認心臟有問題。筆者還曾追蹤到當中若干例子的父母或子女的心臟同樣欠佳，惜筆者的時間、精力有限，不可能進行全面追蹤，因而不能得出更為準確的數據。不過，由此我們可以肯定，此類有遺傳因子的案例，的確是可以在掌紋中探究出來的。故筆者每發現有感情線闊者，均提醒對方檢查心臟，防患於未然。若是線窄者，其人心跳的速度比常人為慢，這類人經受不起太大的刺激，容易出現休克。

缺破散亂

缺破散亂這些不良的現象，不論出現在什麼線紋都屬不吉。請記着，凡感情線模糊、缺破、散亂者，皆主其人之童年因家庭環境不正常，在掌上鐫刻着紀錄。

這些符號又表示其人對情感之感受性非常薄弱，這是指出現在先天掌（左掌）而言。若是在後天掌（右掌）出現缺破，幾乎可以肯定其人婚姻必遭挫折，或者是夫妻緣分不能終老，即使其人之頭腦線清秀，亦難扭轉乾坤。

「冰封三尺非一日之寒」，掌紋上出現缺破，是矛盾隱藏已久而外露者，所以缺破愈嚴重，顯示矛盾經已或即將爆發，處理手法只在於如何減輕心靈的創傷而已。

色澤

色澤是氣色的一種。論氣色是一個大題目，亦難以宣諸筆墨，在這裏只能作簡單的介紹。掌中分為七大區，配上五種主色、二十七種雜色，組合四季節令，加上其人之年歲作判斷，其間差別很大。不過，有一項比較容易掌握的就是粉紅色（要除去掌中之底色，這種底色每個人都不同），粉紅是健康及正常之色澤，意味着有良好的前景及發展，不論任何人種或年歲均屬吉兆。學習氣色需在導師的指導下進行，否則彷如瞎子摸象矣。

判斷感情線的方法

對感情線的判斷有三種方法：

一、單純以感情線的形狀和符號指出其人之心路歷程，並且根據這些情況推斷其人將來的發展。為什麼手相學家能夠預卜未來？無非是通過由表及裏、由此及彼推斷出來而已。一個感情脆弱的人前來卜問前程，其感情線邊緣出現叢毛狀，顯示夫妻時有拗撬，加上斷裂，再從流年推算出斷裂時的年份若與其人年歲相同，便毋庸置疑其人必為感情而來，而且這段姻緣已達到難以挽回之程度矣。

二、根據上述的方法，再配上頭腦線狀作出加加減減，可以增加推斷的準確性。不過，若是學藝未精，推斷失誤的程度便很大，難免會大出洋相。

三、用手相十四骨法配以掌形，立即可以知道其人之福分及性格，此時分析其感情線之組合、觀察氣色、計算流年，則其人一生之情感經歷，一一呈現眼前。此種方法要求學藝精湛始能行之。筆者以萬計的畢業弟子中，能具此造詣者只數十人矣，蓋因此法講究經驗和天資，天分較低者絕不可能以勤補拙，非是筆者故弄玄虛也。

此書輯錄了一百二十九種感情線的形狀，而這只是感情線中之犖犖大者而已。每一條線狀均有一個小故事，真人實事，使讀者方便記憶。在未討論感情線線形之前，筆者在這裏先說一個真實案例，作為介紹判斷掌紋的層次和方法。

掌相實錄——童年棺材釘

在一個風和日麗的日子，一位臉上陰晴不定的客人——夏先生，四十多歲，來到筆者的辦公室以手相論命。時值仲秋，天氣仍然炎熱。夏先生身穿一件略為寬鬆的純色T恤、稱身的直筒牛仔褲，配搭一雙黑色波鞋，衣著瀟灑得體，強裝微笑的臉上佈滿掩藏不住的問號。

打過招呼後，夏先生伸出雙手，掌色白帶微紅、厚而有肉，指肥而圓，雙掌拇指微曲。

「你的掌屬水形手，整體格局不太高，但尚算中規中矩。你的家庭背景不太差，少時不缺物質享受。表面看，你與父母的感情不算親厚，但你內心是很愛他們的。」筆者開始細說從頭。

夏先生笑得有點尷尬：「男人嘛，很少將心事表露出來。」

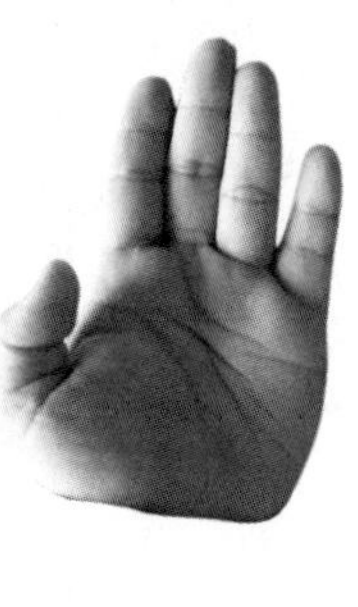

「水形手物慾、情慾皆重。你的一生從不缺錢用，你追求衣食住行條件豐足，銀行有穩定儲蓄，但你從不奢望發大達賺大錢。」筆者繼續如數家珍地盤點他的性格特徵。「十指圓潤，指丘皆陷，唯金星丘發達。你生性聰明轉數快，智慧才華俱備，健康魄力俱佳，社交上人面廣闊，能做到面面俱圓，極具親和力，能結識很多朋友，可謂五湖四海皆兄弟。不過，你總是『報喜不報憂』，只跟人分享開心事，從來不會向朋友透露心中煩惱。」

他解釋：「朋友相聚應該是開心快樂的，我不希望將煩惱帶給他們。事實上，我找不到可以分享內心秘密的人。」

「你的辦事能力很高，卻有一個致命的弱點，就是自信心極度不足，處事猶豫不決，思前想後，以致百事難成。你知道嗎？一個人因為衝動而犯錯，與人無尤。一個自身有能力的人，因為信心不足而沒有把事情做好，就是個人的問題了！對事如此，對人也如此。面對伴侶，你也是凡事遷就，處處忍讓，說得好聽是愛護對方，說得難聽是你失去了男人應有的陽剛氣概。」筆者一針見血地指出他的缺點。

夏先生顯得十分氣餒，有氣沒力地說：「李師傅說得對。正是如此令我遭遇感情挫折。」

「工作上，你行事自我，討厭官官相衞搞小圈子的辦公室政治，不喜歡看老闆面色，因此事業發展和成就都不高，但你並不介意。三十歲前，左轉右換，你都找不到合心意的工作。」

夏先生點頭稱是：「是的。二十二歲踏入社會，至三十歲前，我轉換過五六份工作，但都不滿意。」

接着談到他的感情路：「三十歲前，你一定有兩次感情上的打擊。第一次，大約發生在十八歲前後，你相戀了一段長時間的女朋友突然要離開你，事前毫無預警，令你大受打擊，難以接受，傷心了一段很長的日子。年少失戀，在那段日子裏，你對任何事都提不起勁來。」

夏先生目瞪口呆，面露驚訝神情，半晌說不出話來。筆者挑通眼眉，自然知道我說得一字不差。「是的。雖然已經是多年往事，但現在回想，仍然心有不甘。我與她青梅竹馬，感情一直很好，雖然偶有小爭執，但每次都很快就雨過天青。那天我們原定去看電影，但她忽然說沒心情，就取消了，改去逛公園呼吸花草樹木的清新空氣。突然，她眼眶打滾着淚水對我說：『分手吧！』我大吃一驚問：『什麼？』以為自己聽錯了。」

說起前塵往事，夏先生難掩內心的激動。年輕時的感情最單純、最直接，愛就是愛，不涉任何利益。他對這份感情久久難以釋懷，並不稀奇。「不論我問了多少次『為什麼』，她都不再發一言。由此至終，她根本沒有告訴我真正分手原因，我猜，總離不開第三者吧！那次失戀，我用了差不多一年時間才讓自己重新振作起來。」夏先生以無助的眼神望向筆者。

初戀最痛。筆者點頭，表示理解，繼續說：「第二次感情挫折發生在二十二至二十四歲期間，你又跟女朋友分開了。」

夏先生本已蒼白的臉色再度一沉。「唉！那年我二十三歲，與女朋友拍拖一年多，感情本來不錯。豈料，在她生日後一個月，她突然提出要跟我分手。她流着淚對我說，感激我對她千依百順、處處關懷，但她實在無法接受一個對任何事都沒有主見的男朋友，她說，希望有一個可以保護她、事事為她出頭的伴侶。」他臉上露出懊惱又無奈的表情，但事過境遷，已經無力回天了。

「三十歲後，你遇到一位甘心情願為你付出一切的女人，但最後你倆還是分開了。不同的是，這次主動放棄的是你，受傷的是她。也就是說，你辜負了她！」

筆者說到這裏，夏先生的眼神變得惘然若失，低頭看着自己雙手，思想卻回到久遠的歲月：「她對我照顧周到，凡事都以我為中心，即使我偶然因工作而發牢騷，她也沒有怨言。為了讓我生活開心，為了讓我專心工作，她做了很多很多傻事，對我實在好得無可挑剔。可是，她的好，有時會令我感到壓力，所以我便向她提出分手。現在回想都覺得自己很可笑，這根本不是理由！

我深深傷害了她，至今仍感歉疚。」

世上有很多人，當幸福來到面前時不懂珍惜，一旦幸福溜走，才悔不當初。筆者常在不同地方弘揚玄學、開設講座，更授徒傳藝、為客人解疑釋惑，當中不乏夏先生這類人。幸好，他在四十二歲時邂逅了現在的太太，以大團圓結局。

夏先生問前程，筆者告誡他：「父母留給你最大的禮物是健康的身體，他們期待望子成龍，間接為你造成一生的壓力，也使你在人生的大部分時間處於不開心狀態，你總是覺得世上沒有人能夠明白你、了解你。以掌論相，此刻你仍未找到人生目標，甚至懷疑人生意義為何。你彷彿在追尋一個難以實現的理想烏托邦。」

他說：「我希望做好每一件事，朋友都說我是理想主義者。」

「你來求相，我建議你早日拔走童年的『棺材釘』，也就是父母對你的期許。不是要你違背父母的意願，而是要你接受自己有缺點，要接受事情會有不完美，否則你將無法享受人生。為父母者，最大的希望就是子女快樂生活啊！至於感情路上，但願你能借鑑過去經驗，好好珍惜枕邊人。」

夏先生步出筆者辦公室時，臉上重現陽光，雖然仍寫着一兩個問號，但筆者相信，他能夠以智慧的心參透筆者的忠告，為自己解答最後疑難。

第二章

一百二十九條感情線

長形感情線

例 1 (P.76)

例 2 (P.78)

例 3 (P.81)

例 4 (P.84)

例 5 (P.86)

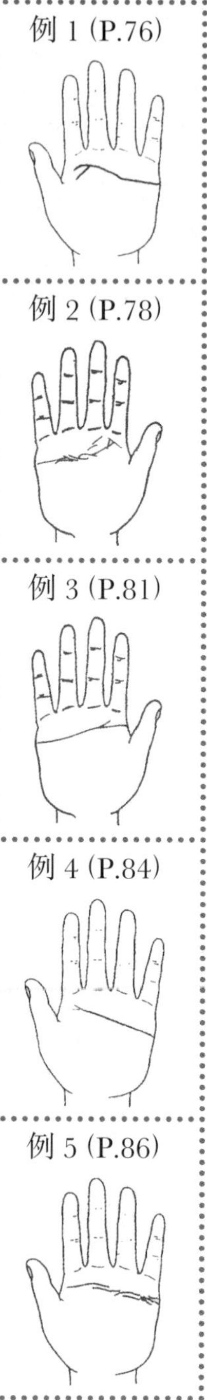

短促感情線

例 6 (P.89)

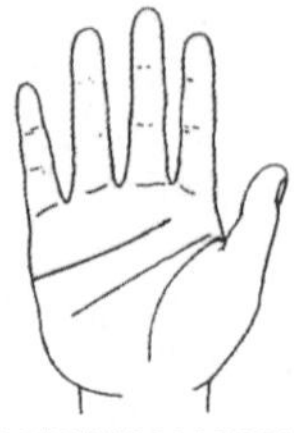

例 7 (P.92)

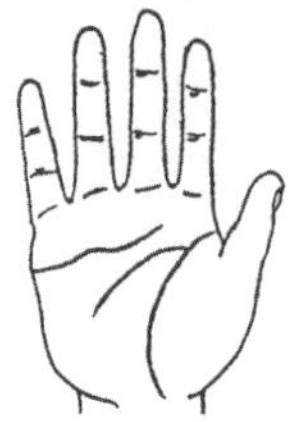

例 8 (P.94)

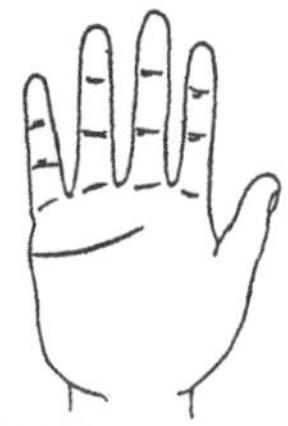

例 9 (P.97)

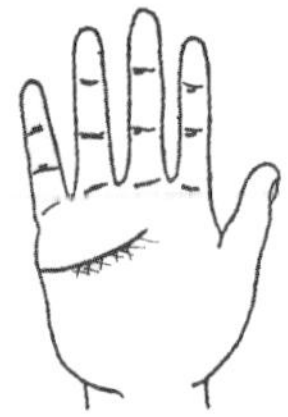

例 10 (P.100)

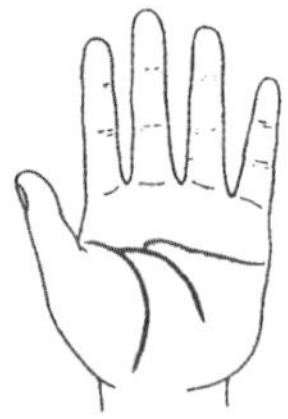

例 11 (P.103)

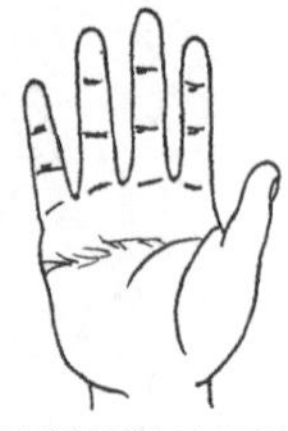

例 12 (P.106)

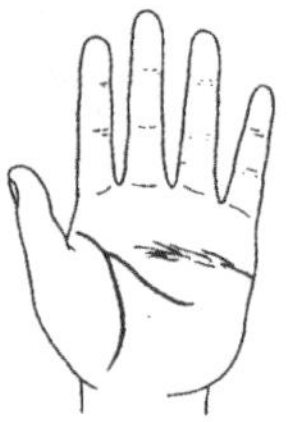

例 13 (P.108)

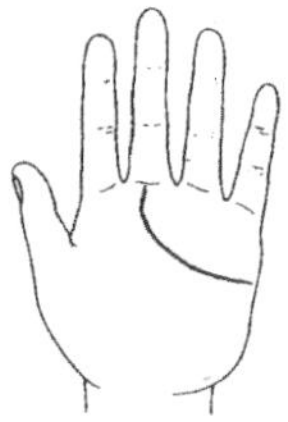

例 14 (P.110)

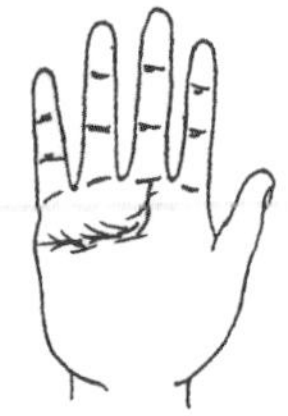

例 15 (P.113)

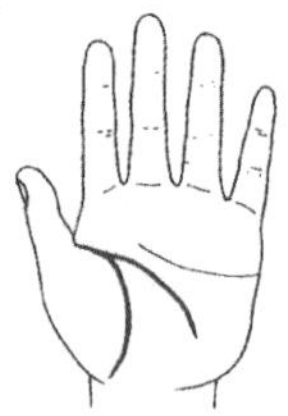

例 16 (P.116)

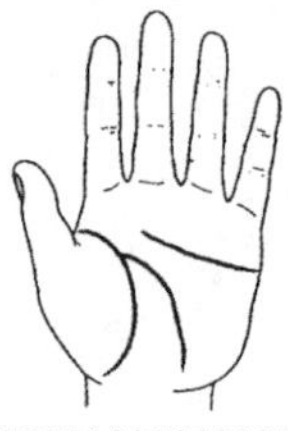

例 17 (P.118)

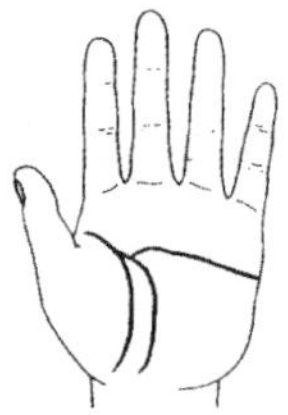

例 18 (P.121)

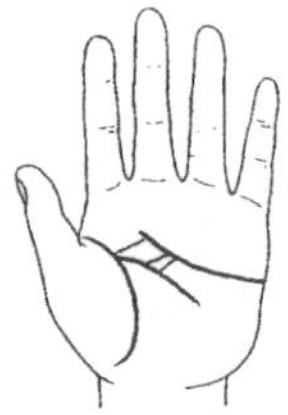

例 19 (P.124)

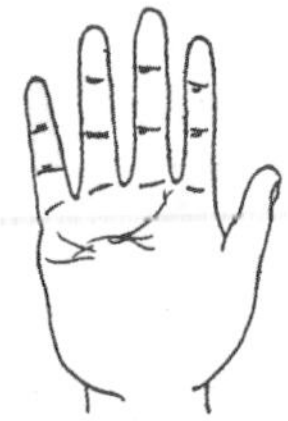

例 20 (P.127)

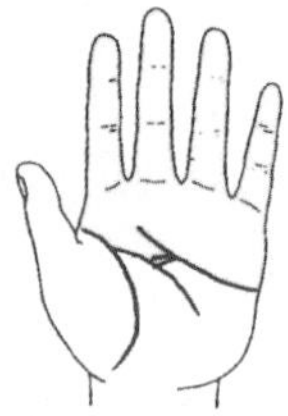

感情線斷口

例 21 (P.130)

例 22 (P.132)

例 23 (P.134)

例 24 (P.136)

例 25 (P.138)

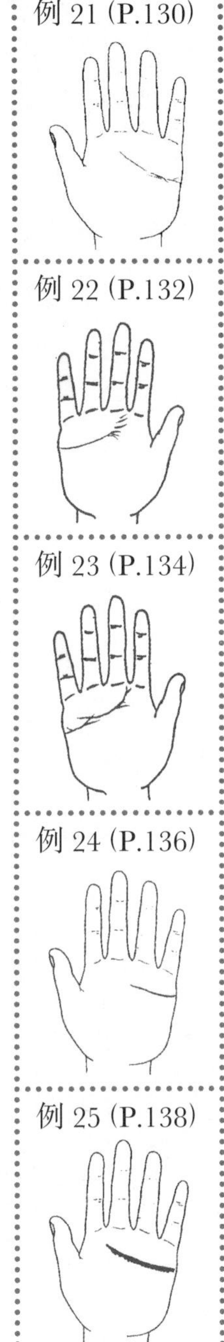

例 26 (P.141)

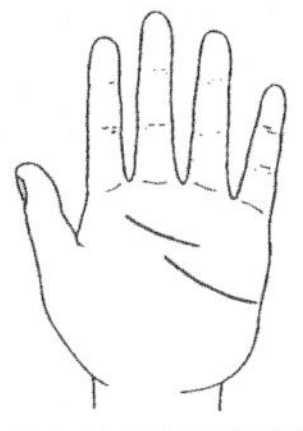

例 27 (P.144)

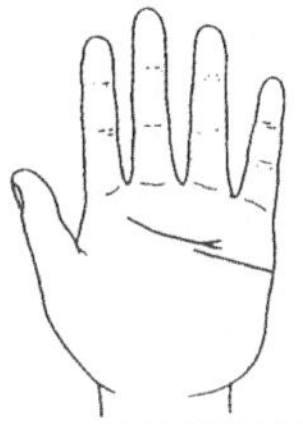

例 28 (P.146)

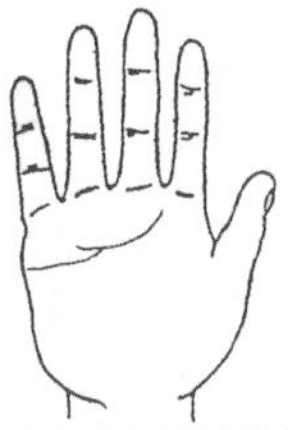

例 29 (P.149)

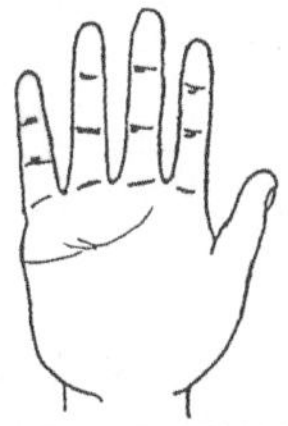

例 30 (P.152)

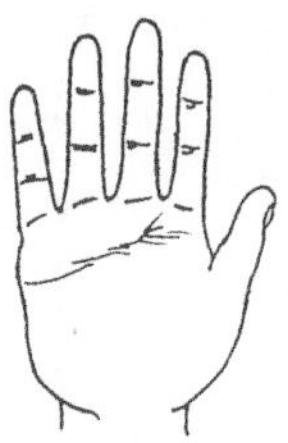

例 31 (P.155)

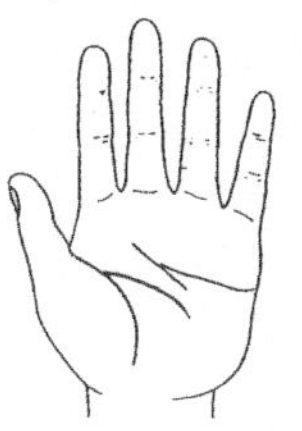

例 32 (P.158)

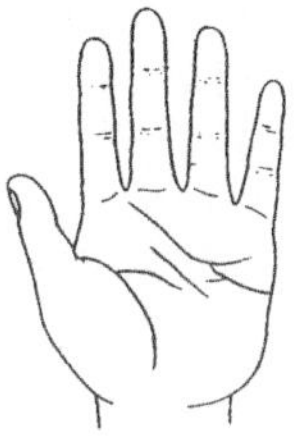

例 33 (P.161)

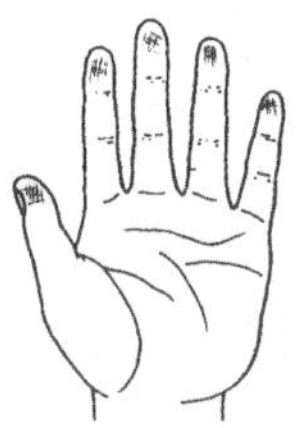

例 34 (P.164)

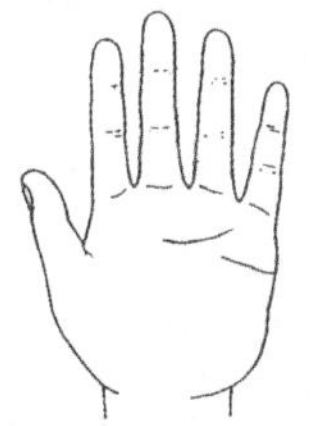

例 35 (P.166)

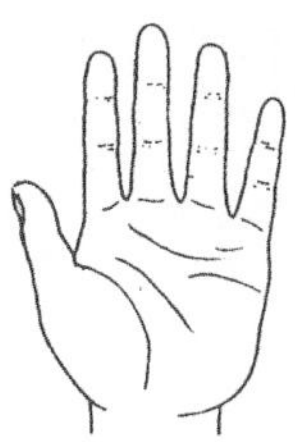

例 36 (P.168)

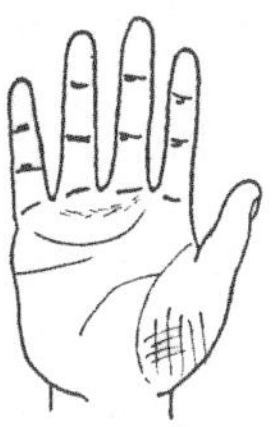

例 37 (P.170)

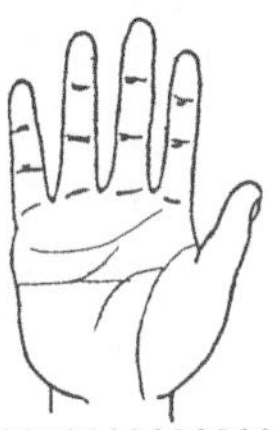

例 38 (P.172)

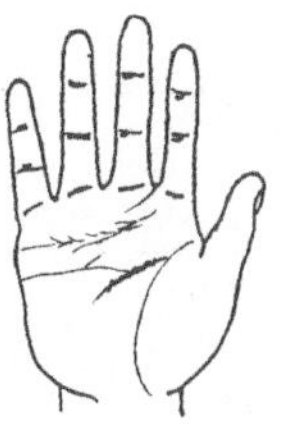

例 39 (P.174)

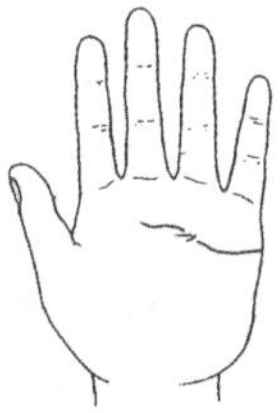

例 40 (P.176)

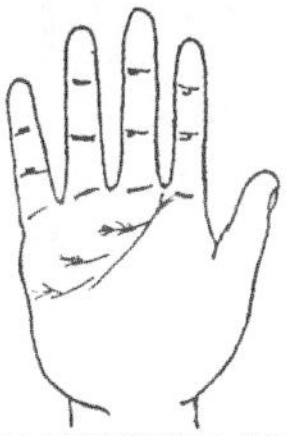

波浪感情線

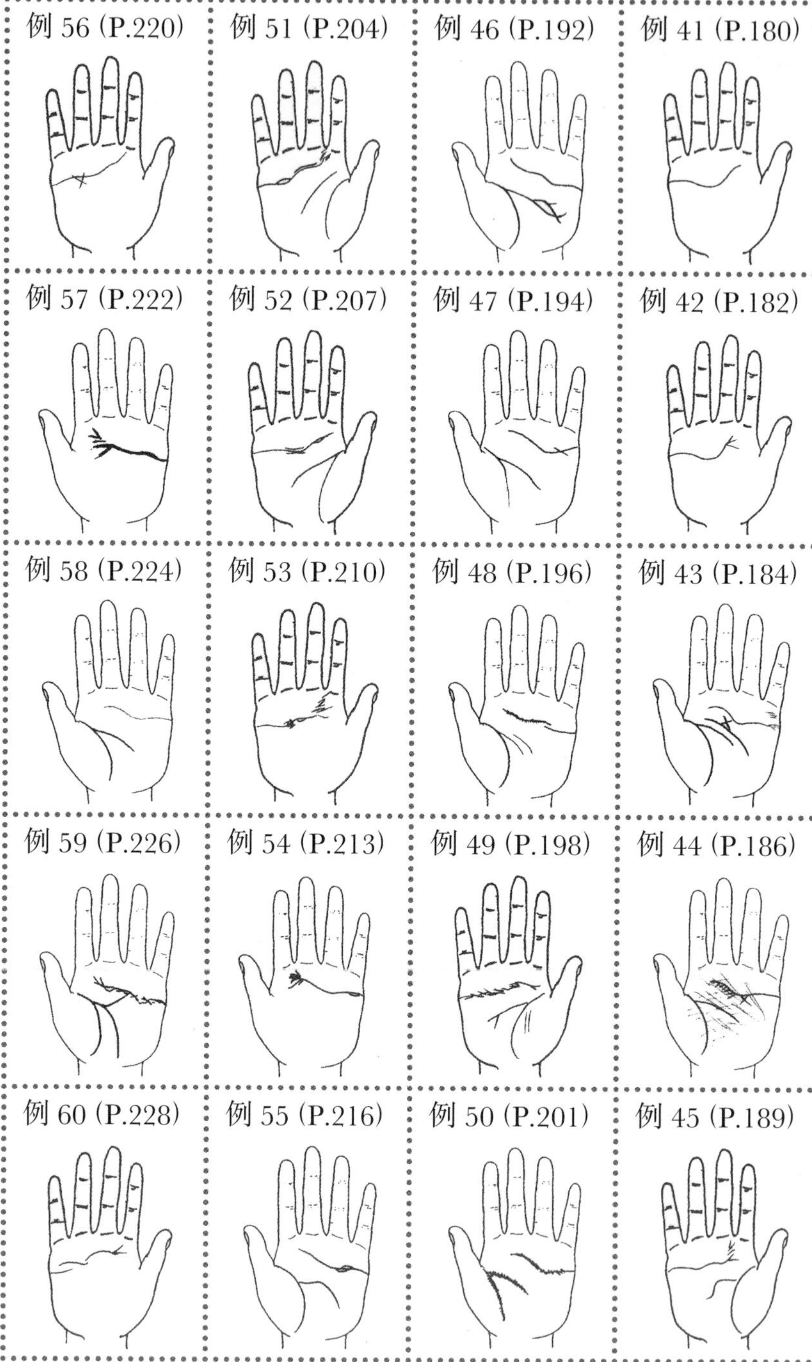

例 41 (P.180)
例 42 (P.182)
例 43 (P.184)
例 44 (P.186)
例 45 (P.189)
例 46 (P.192)
例 47 (P.194)
例 48 (P.196)
例 49 (P.198)
例 50 (P.201)
例 51 (P.204)
例 52 (P.207)
例 53 (P.210)
例 54 (P.213)
例 55 (P.216)
例 56 (P.220)
例 57 (P.222)
例 58 (P.224)
例 59 (P.226)
例 60 (P.228)

雲片狀感情線

例 61 (P.231)

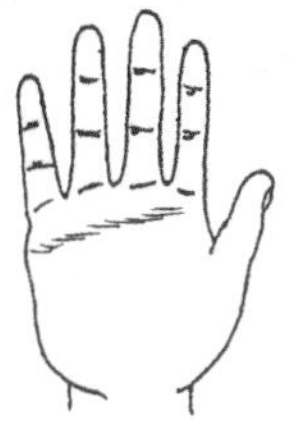

例 62 (P.234)

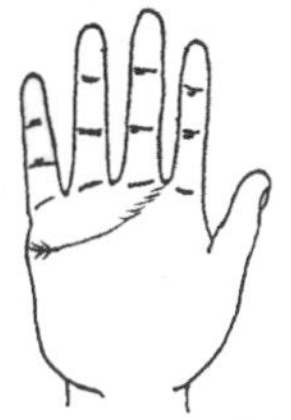

例 63 (P.236)

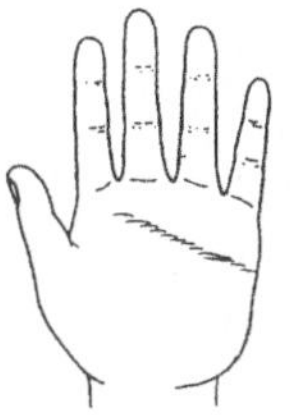

例 64 (P.239)

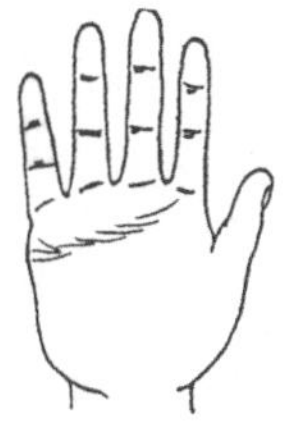

例 65 (P.242)

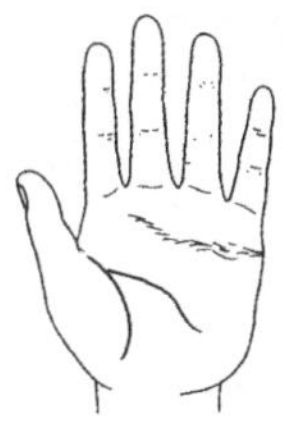

例 66 (P.245)

例 67 (P.248)

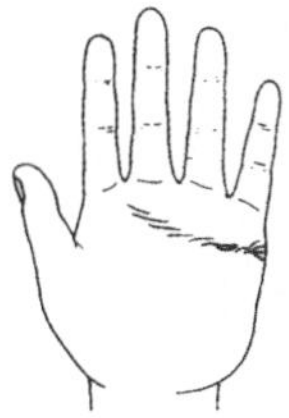

例 68 (P.250)

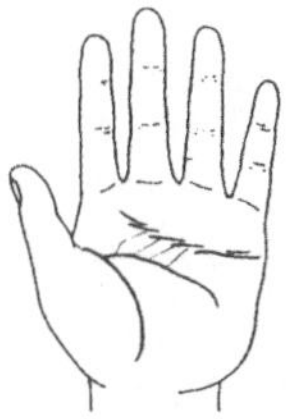

例 69 (P.253)

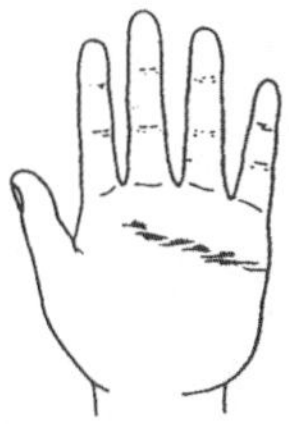

例 70 (P.256)

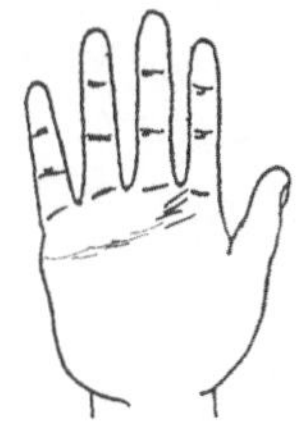

淺弱感情線

例 71 (P.260)

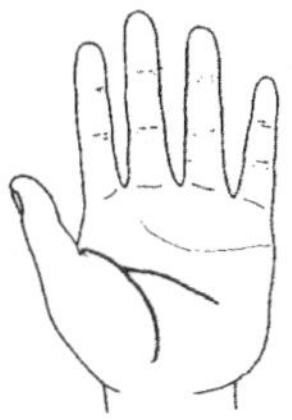

例 72 (P.262)

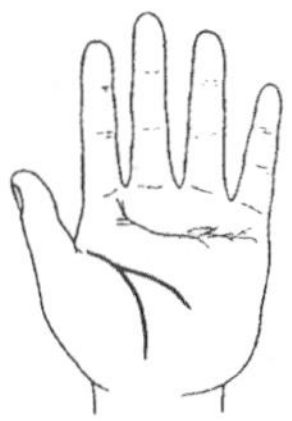

例 73 (P.264)

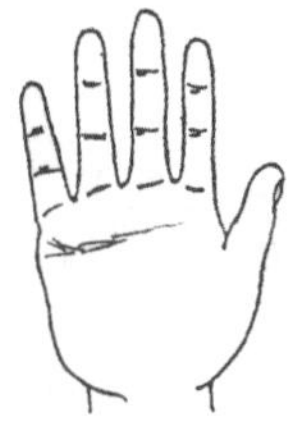

例 74 (P.267)

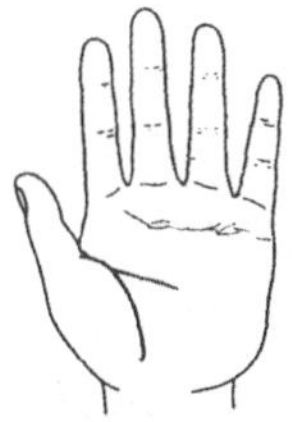

例 75 (P.270)

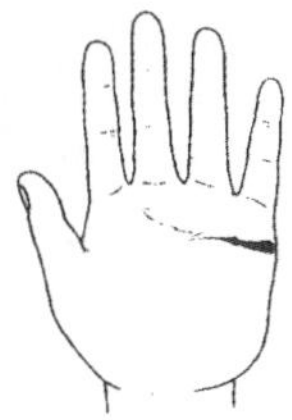

感情線島紋

例 76 (P.273)

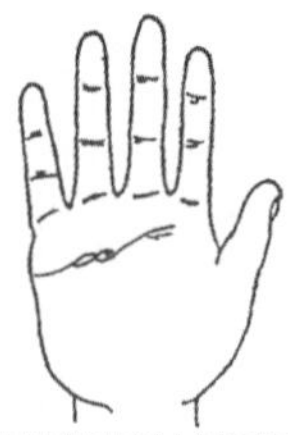

例 77 (P.276)

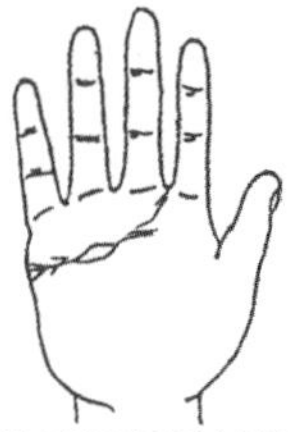

例 78 (P.278)

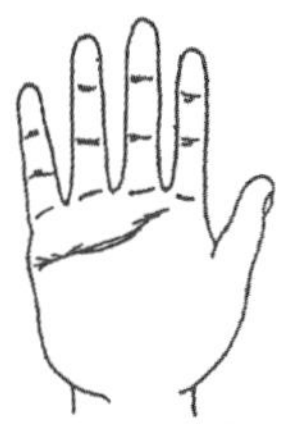

例 79 (P.281)

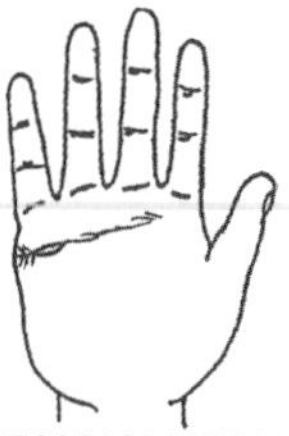

例 80 (P.284)

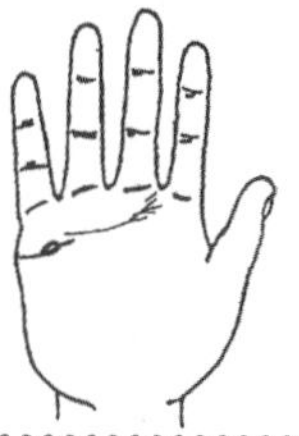

例 81 (P.286)

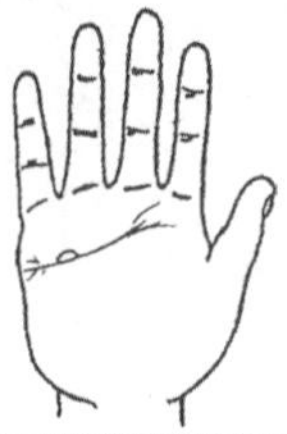

例 82 (P.291)

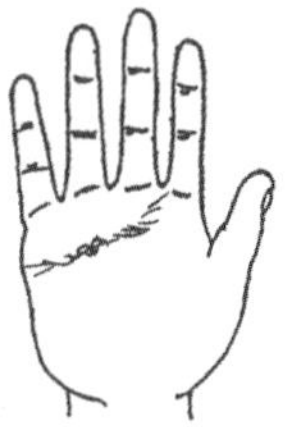

例 83 (P.294)

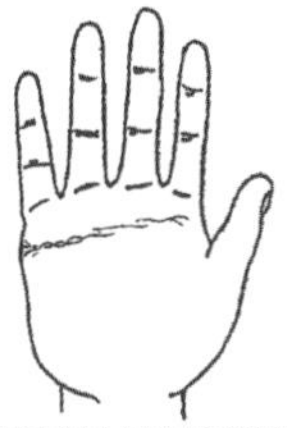

例 84 (P.296)

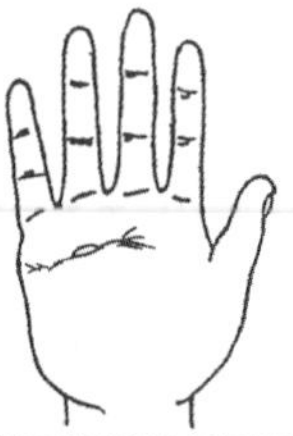

例 85 (P.298)

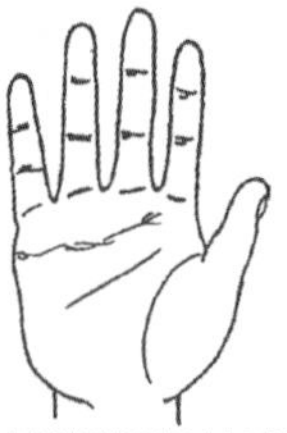

例 86 (P.300)

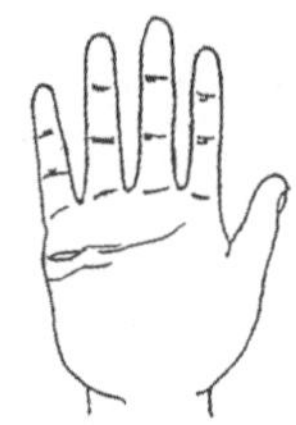

例 87 (P.302)

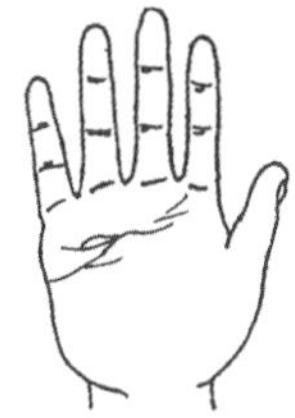

例 88 (P.304)

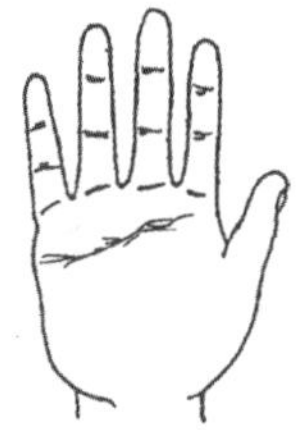

例 89 (P.306)

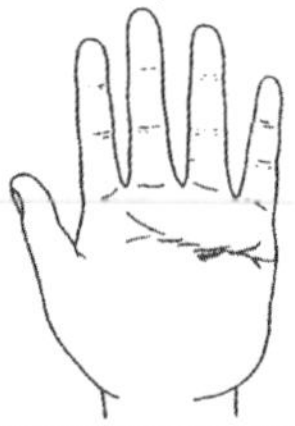

例 90 (P.309)

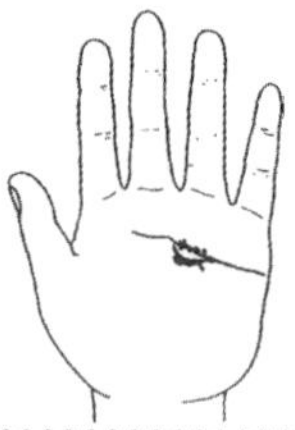

感情線尾彎曲

例 91 (P.313)

例 92 (P.316)

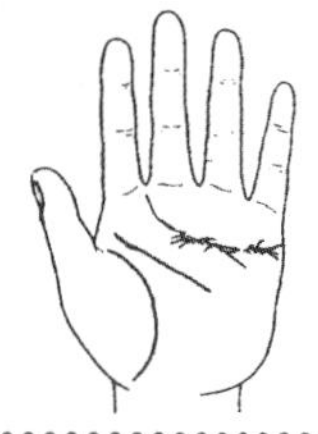

例 93 (P.318)

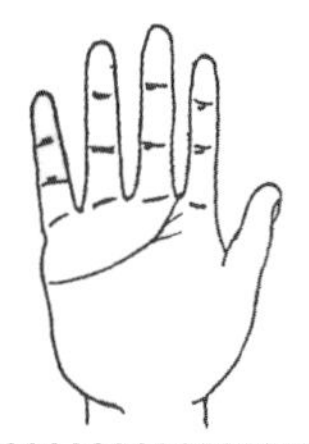

例 94 (P.321)

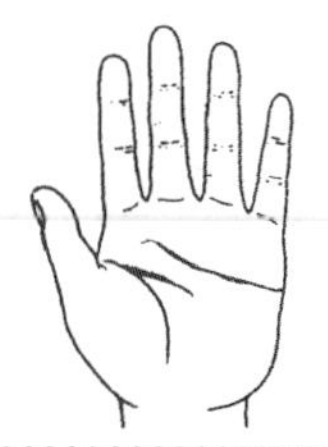

例 95 (P.324)

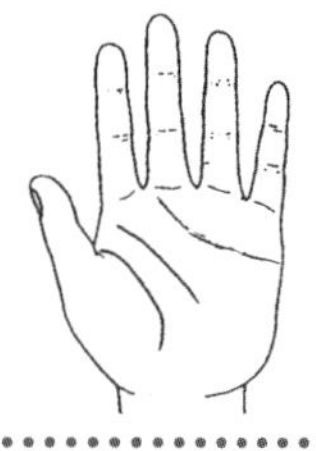

雙重感情線

例 96 (P.326)

例 97 (P.328)

例 98 (P.331)

例 99 (P.334)

例 100 (P.336)

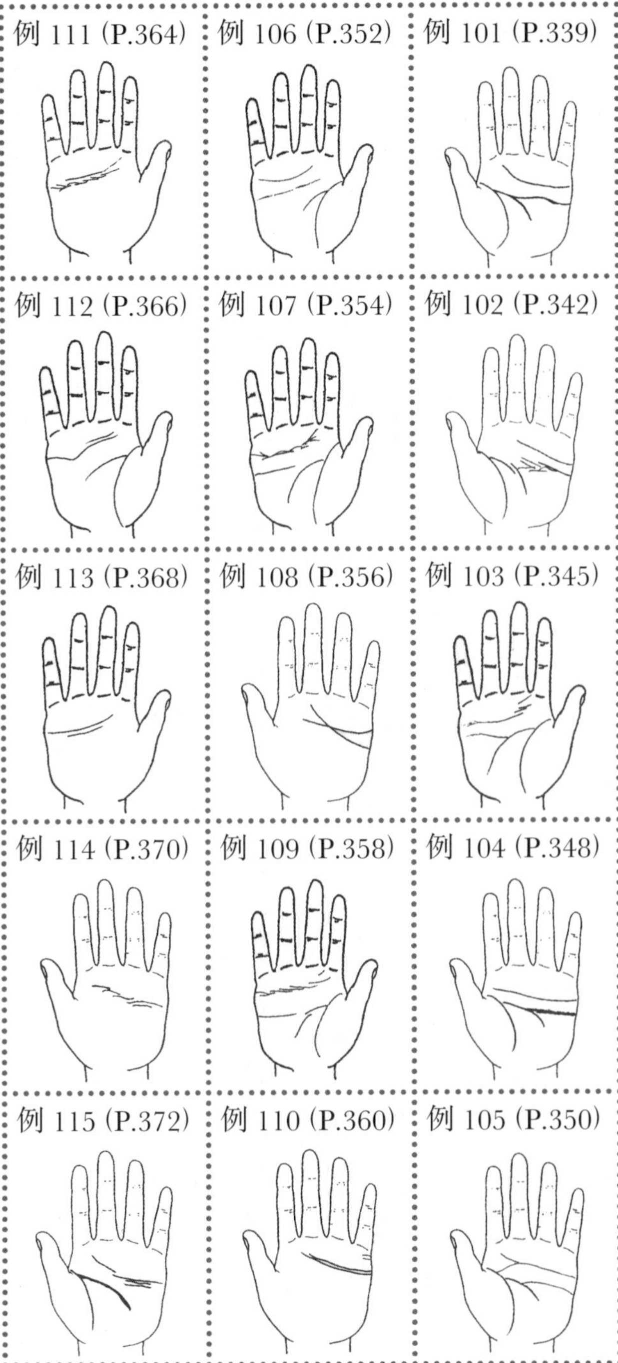

例 101 (P.339)

例 102 (P.342)

例 103 (P.345)

例 104 (P.348)

例 105 (P.350)

例 106 (P.352)

例 107 (P.354)

例 108 (P.356)

例 109 (P.358)

例 110 (P.360)

例 111 (P.364)

例 112 (P.366)

例 113 (P.368)

例 114 (P.370)

例 115 (P.372)

異類感情線

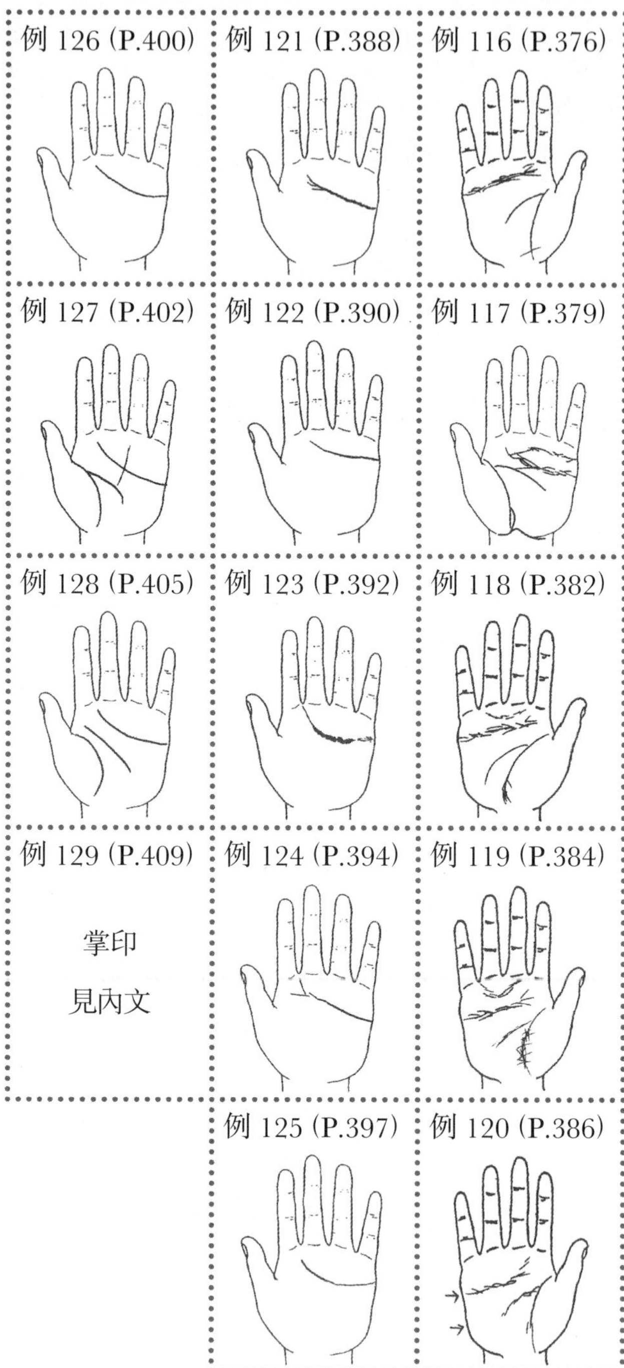
例 116 (P.376)
例 117 (P.379)
例 118 (P.382)
例 119 (P.384)
例 120 (P.386)
例 121 (P.388)
例 122 (P.390)
例 123 (P.392)
例 124 (P.394)
例 125 (P.397)
例 126 (P.400)
例 127 (P.402)
例 128 (P.405)
例 129 (P.409)
掌印
見內文

長形感情線

例1：豐富早熟，惜是醋埕

感情線應起於尾指對下的掌邊，向前伸延時略呈弧形，越過中指後斜斜上彎指向食指與中指之間的指縫，這個就是標準長度，過短或過長皆不宜。以圖1為例，感情線越過中指，伸延至食指對下的木星丘，代表感情太豐富，甚至達致偏激的程度；所以說，感情線忌過長。

此圖掌印的主人翁是葉小姐，三十九歲，已婚，任職電子廠買手。葉小姐在中學階段已對一位同班的體育健將產生好感，但囿於家庭管得嚴，雙方若即若離，未到「拖手仔」階段；畢業之後雙方各奔前程，這段朦朧戀情也就煙消雲散了。

畢業後的葉小姐進入一間電子廠當文員，負責一般的文書處理工作。她的前任小徐則調去負責質量檢查。由於工作關係，葉小姐不免經常要諮詢小徐，而小徐亦不嫌其煩指導她如何處理，雙方的接觸頗為頻密，漸漸發展了感情。自此，每當小徐與其他女同事聊天說笑時，葉小姐就會產生醋意，並藉機質問小徐。幸而小徐是一位識大體的青年，亦不是「花心蘿蔔」，雙方的感情得以穩定發展，繼而談婚論嫁。婚後多年，葉小姐的醋勁未減。筆者對她說，幸好她覓得一位好丈夫，否則波折必多。

凡具圖1葉小姐的感情線紋者，代表其人：

一、感情豐富且早熟，但每每感情用事。

二、妒忌心極重，一發難收，有時難免因狂戀而自找麻煩。

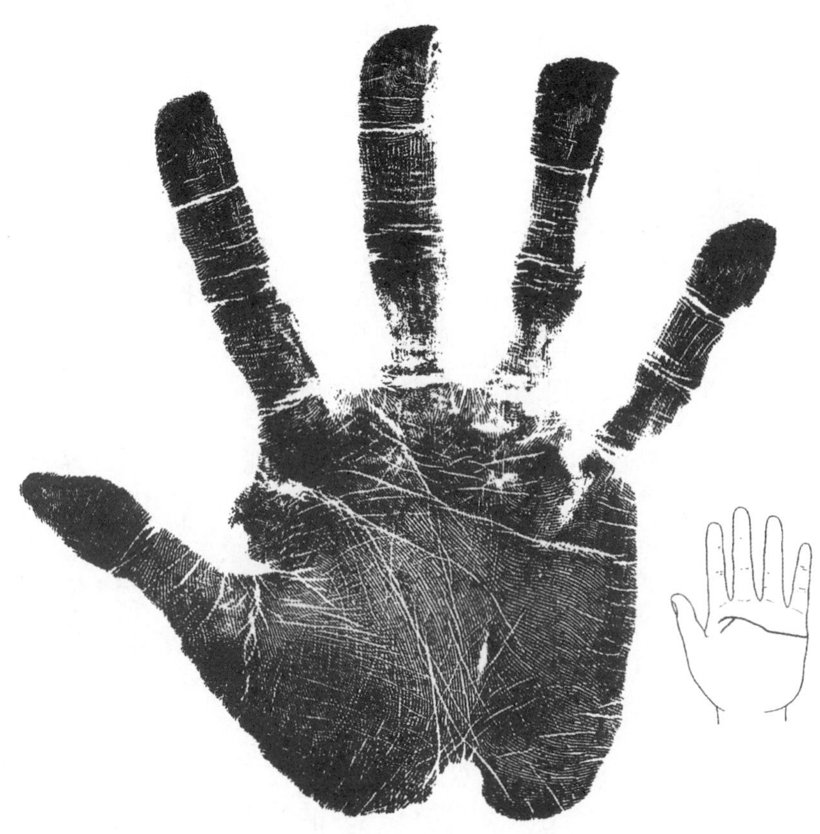

圖1

例2：喜新厭舊，情濃分手

有一次在電視上看到一套舊電影，內容描述一位女性幾易男友，每次都是愛得瘋狂，但每當她結識了新歡之後，就會捨棄舊愛，忽然又聯同舊男友意圖殺死新歡，故事曲折頗為吸引。內子問我，這些是否編導的刻意安排？我說，現實的確有這類人物，於是我便翻出這份資料。

圖2的掌印屬於霍小姐，二十三歲。她的感情線同樣是過長，同樣是線尾止於木星丘，但是線尾出現三角符號，加上整條感情線出現許多交叉，呈現破爛不堪的形態。我對內子說，影片上如此描述，那麼片中人物的感情線應該跟這條線形大致相同。

至於這幅掌印的主人翁霍小姐，她與許多歡場女子一樣，不會掩飾過去。她出身於破碎家庭，母親嫌父親貧窮，下堂求去；父親則只顧搵食，不管她的學業，也不理會她交了些什麼朋友。在十四歲時，她就有了性經驗。十五歲唸中三，她喜歡跟三兩好友「撩」男仔，特別是鄰校那些羞答答的男生，有一次有位男生竟敢答話，她們視之為得意傑作。不料過了兩天，她竟發覺那位男生竟與鄰校某女生同行，言笑晏晏，霍小姐認為對方跟她「爭仔」，視之為奇恥大辱，跟她當街對罵，甚至大打出手。幸好她就讀的band five學校根本不管這些「瑣事」，用不着召見家長。事後她就跟男生分手了。

十六歲時，霍小姐就到夜總會做舞小姐了；她父親根本沒有理會她有沒有上學，晚上什麼時候回家。十七歲時，她乾脆搬出來與男友阿雄同居。阿雄是幹什麼的？她不知道，反正她覺得自

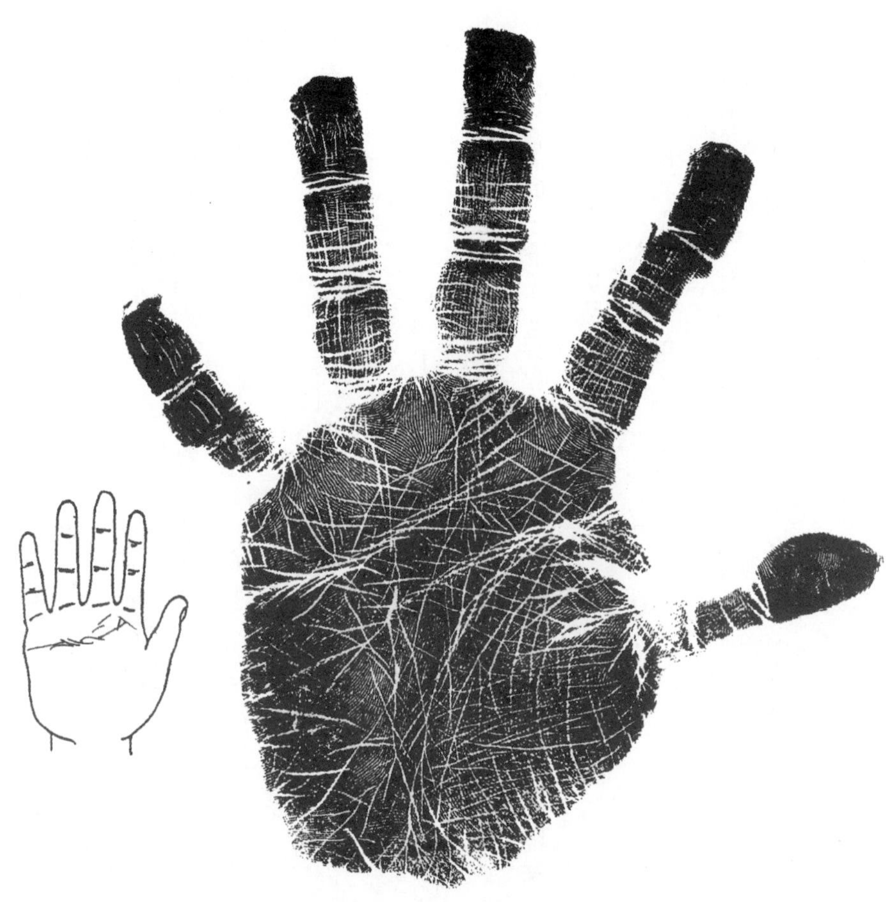

圖2

己喜歡阿雄，有錢就花，阿雄沒錢交房租了，她就向公司借薪。有一次，她突然發現黑仔更有型，就叫阿雄搬走，讓黑仔住進來。總結六年之內，霍小姐已換了六個同居男友，有時候是她趕男友走，有時候是她搬去新男友家，有時則是獨居；反正在這六年裏，她認為有興趣的青年男子而與之上床者（不是客人）總有二三十人。

內子問我，霍小姐是否因為生理使然，常常要更換性伴侶。我的看法是：這類人的佔有慾頗強，就像小孩子佔有玩具一樣，有些小孩自己有了一部無線電遙控車，卻覬覦人家的小型單車，儘管小型單車並不比他自己那部遙控車優勝。而霍小姐的心態與此相若。不少人視之為低賤，其實某些正當人家也有如此佔有慾，只是他們在表面上稍為收斂，而歡場女子卻不掩飾她們的意欲和行徑，這是東西方文化交流與衝突的一個折射。

霍小姐的感情線長而線尾見三角，顯示她：

一、對愛情獨裁、專橫，佔有慾極高。

二、喜新厭舊，新人到手後又產生厭倦感，故每到情濃便想分手，他們自己亦難作解釋。

例3：線紋過長，極端執着

「勸君莫惜金縷衣，勸君惜取少年時。花開堪折直須折，莫待無花空折枝。」我曾把這首《金縷衣》送贈言給一位學員小張。小張年近不惑，身旁經常出現美女，可是小張還未有結婚的打算，說要挑選最好的、最合適的伴侶云云（這個故事詳見拙著《看面相•辨淫邪》）。

情情愛愛是中外古今無數小說家筆下的題材，有些人為愛情殺人、放火、自殺，或者出現英國皇室那位「不愛江山愛美人」的君主，但是也有人不肯輕易墮入情網，就像小張。還有一些人好像小張那樣不會輕易被異性所吸引，小麥就是另一個例子。

小麥是內子的遠房親戚。香港雖是彈丸之地，但是大多數人都是營營役役，有時候一家人都是難得每天見面，何況是遠房親戚呢？加上我的教案繁忙，日日夜夜都要授課，至於親友宴請，大多是內子作代表。那天碰到了小麥，我們還是第一次見面。

小麥十八歲，剛出社會做事。他長得頗為英俊，談吐間也覺得他為人靈巧，不免誇獎他幾句，還說他定然有不少女朋友了。不料小麥正容對我說，儘管有不少女孩子對他表示好感，不過他絕不會假以顏色：「我並非故作高竇，我除非不拍拖，否則我一定要揀個最的，我才會跟她接近。」聽了這句話，我不期然想起

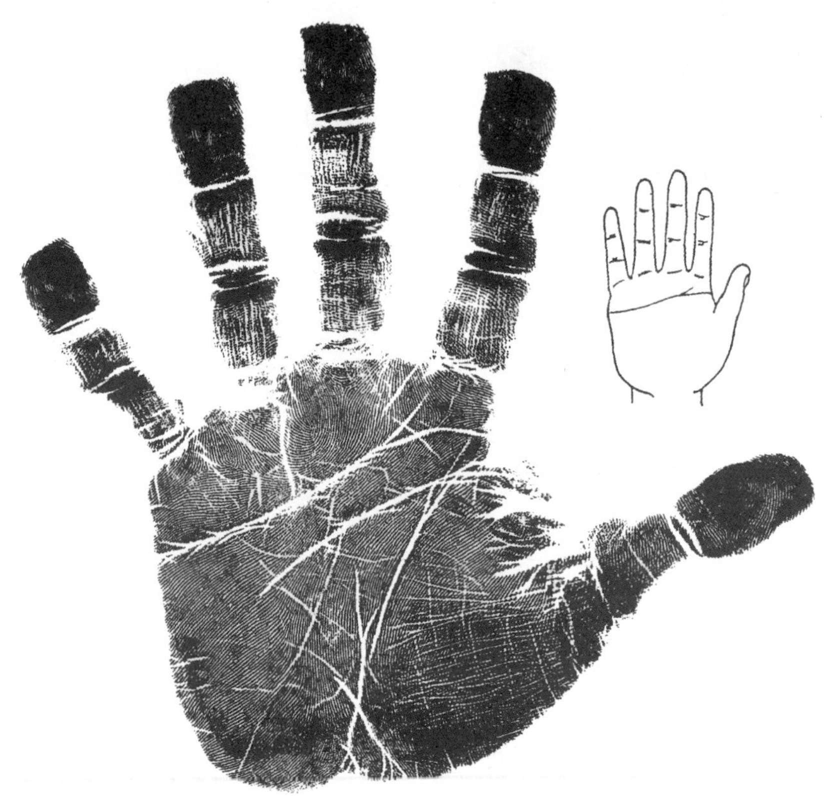

圖3

學員小張的故事，難道他也是小張那一類人物嗎？於是我審視他的掌紋，馬上真相大白。

圖3是小麥的掌印。他的感情線橫貫手掌，是感情線最長的一種，這種人具有不健康的感情心態。有諸內則形諸外，小麥生來具有某一種精神意識，從他的掌紋就顯現出來。不過天生的性格並不是一成不變的，只要其人知道了自己的缺點，將之改正過來，即使不能全部去掉，起碼可以減輕它的殺傷力，這就是我大力提倡普及掌相學的緣故。

於是我便收斂笑容，嚴肅地向小麥提出告誡。我說：「嚴謹選擇女朋友是對的。我不提倡年輕人太早談戀愛，因為不少年輕人生理成熟而心智還未成熟。在你來說，你有個缺點，就是你對愛情太過執着，萬一愛河上出現風波時，你是承受不起的。」我花了一番唇舌解釋這番話，反覆強調今後不論發生什麼變化，他都應以事業為重，不要以為愛情是世間上最最重要的事情。

為什麼我會這樣說？因為他擁有一條過長的感情線，代表他在感情上易冷易熱，對戀愛問題初期會冷靜處理，一旦全情投入時卻會固執如牛，視此為一生最重要者，若遇上情海翻波，他便會感到極端痛苦，心理上無法承受，難免會做出傻事。旁人亦難以理解這種極端性格。

例4：自負自大，晚年孤獨

圖4是余先生的掌印。余先生，五十三歲，他在事業上是成功的，但是在愛情道路上——或者還得加上家庭生活，余先生卻是一個失敗者。余先生擁有一間玩具店，他不是大商人，難得的是他經營這家玩具店二十多年，幾經風雨仍能屹立不倒，養大了一群兒女，他以此感到自豪。余先生的經營手法有點守舊，他對待妻子和家庭也是態度守舊。舊在什麼地方？生活刻板，早茶後開舖，守着店子，收舖後回家守着電視機，一年三百六十五日都是如此。更差的是，他面對妻兒都是板着臉孔，難得說上幾句溫馨的說話。

雖然余先生沒有在語言行為上表達出來，但他表示自己很愛妻兒，「難道把我愛惜他們的心意整天掛在口邊嗎？」余先生說。這番話說明了他不懂得溝通的好處。現代的人際關係——包括夫妻、父子都講求相互了解，從了解中觸發新的情感，以不斷更新去求取進步。所以他的兒女長大後都移民海外，他的妻子說是去照顧孫兒，也移民加拿大去了，剩下他孑然一身守着店子。

余先生的感情線直而深長，線尾淺弱，整條線看來有首尾不呼應之象，代表他：

一、能理性地處理感情，為人專情卻自負自大。

二、晚年孤獨，沒有親人在身邊。

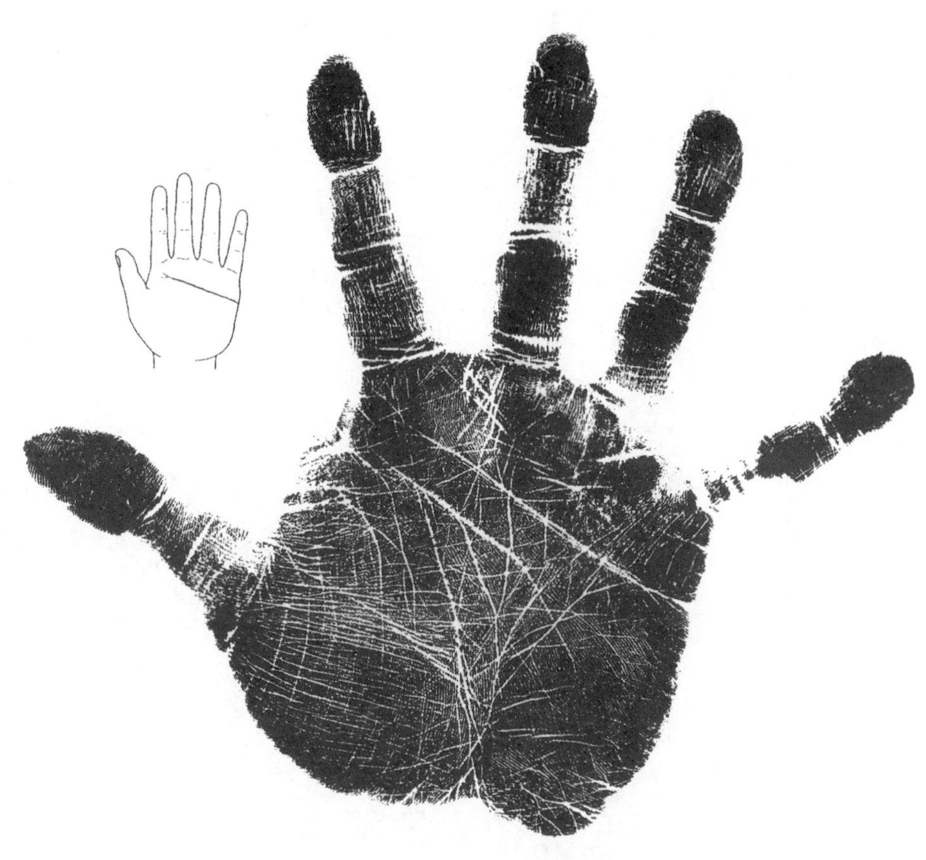

圖4

例5：過分執着，遍嚐苦杯

對愛情的過分執着是感情線過長的人的性格特點，至於其執着偏向什麼地方？則要審視其感情線的形態。比如此例的圖5，其感情線線頭（尾指對下）斷裂，加上整條線爆裂得彷似是一分為二，反映其人心猿意馬，難以揮慧劍斬情絲，為情感問題而苦惱不堪。

周老闆，三十八歲，有三次離婚紀錄。當筆者遇見他時，他的婚姻又亮起紅燈，何去何從？周老闆不知所措。周老闆經營一家五金店，顧客多是三行工人，不知何故，周老闆很有女性緣，而他並非英俊小生，也不是花花公子，可是先後有五、六個女性闖進他的心扉，導致離婚三次。

周老闆沒有詳細講述他的戀愛失敗史，但是筆者從他的掌紋中很清楚地知道，他最近的一次婚姻竟拖延了七、八年之久。換言之，他在妻子與情婦之間難作抉擇，甚至在婚姻亮起紅燈時，仍是遲疑不決。小說家愛用「剪不斷，理還亂」來形容這些人當時的心情，不過筆者認為，周老闆這類人老是沿着這個軌道循環，是應該給他們當頭棒喝的時候了。可惜審視周老闆的掌紋，還有一段孽緣等待着他呢！

圖5就是周老闆的掌印。他的感情線過長，代表他對愛情過分執着，配上斷裂之線紋結構，難免要飽嚐愛情苦杯，只能嗟嘆蒼天弄人。

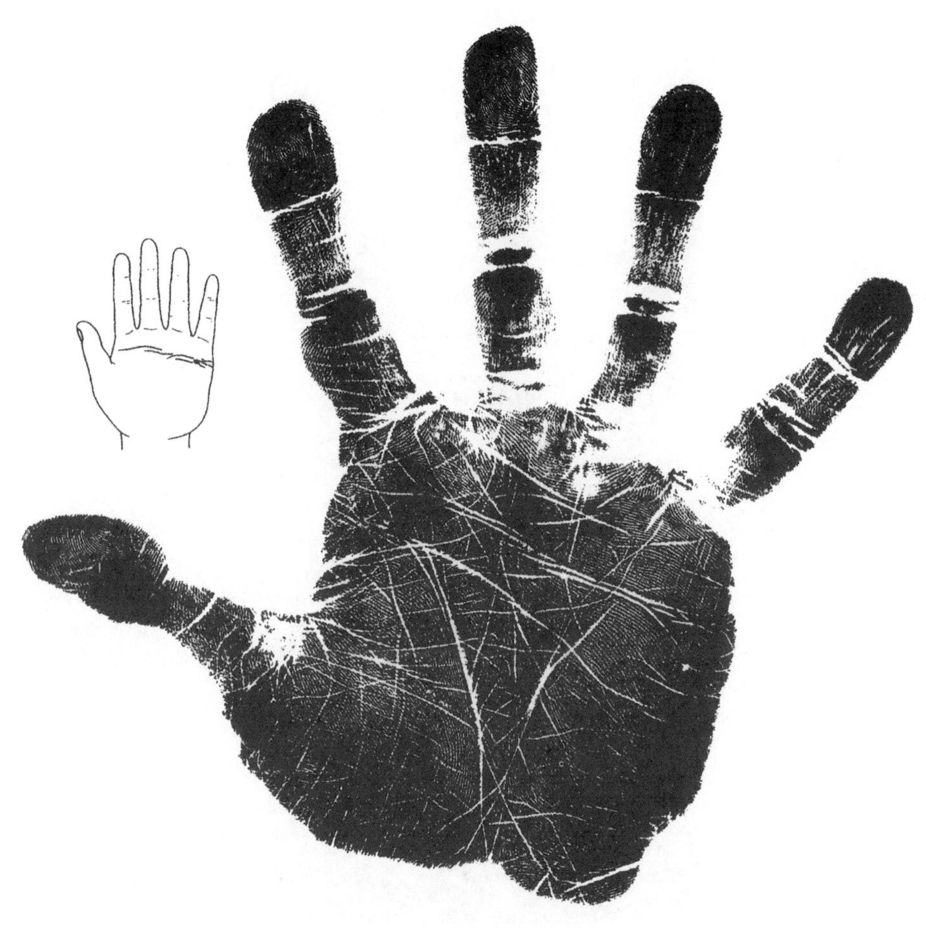

圖5

短促感情線

例6：優良的感情線

前文說話，優良的感情線應起於尾指對下的掌邊，向前伸延時略呈弧形，越過中指後斜斜上彎指向食指與中指之間的指縫。這個標準長度恰恰反映其人的感情、情緒及性格修養等方面的程度，這是與其人的思想認識、事業地位相匹配的。至於線尾的終點（指感情線主線，不是線尾開岔部分）以介於指縫（食指與中指指縫）和頭腦線的中間為標準，否則就是過高或過低。

凡是感情線達到標準長度者，其人品德高尚、忠實誠懇、操守嚴謹並有責任感。而感情線終點的高度達到標準者，其人感情豐富、情緒穩定、用情純真。圖1就是具有標準長度的感情線，而其終點恰恰又是標準要求的高度（介於指縫與頭腦線的中間——上下各佔二分之一）。根據作者多年的經驗，如此標準的感情線近年已屬罕見。

圖6掌印的主人翁姓陳，是一間上市公司的行政人員。話說當年他預科畢業時以優越成績考得香港大學學位，可是家庭環境發生變化。雖然不一定要他賺錢來支撐家庭，但肯定不能支付他的學費。以陳先生那種夾心階層，若是申請助學金及貸款，機會只是一半對一半，而陳先生卻渴望着進入高級學府以充實自己。於是他把他的苦惱向熱戀中的女友（現在已經是陳太）傾訴，陳

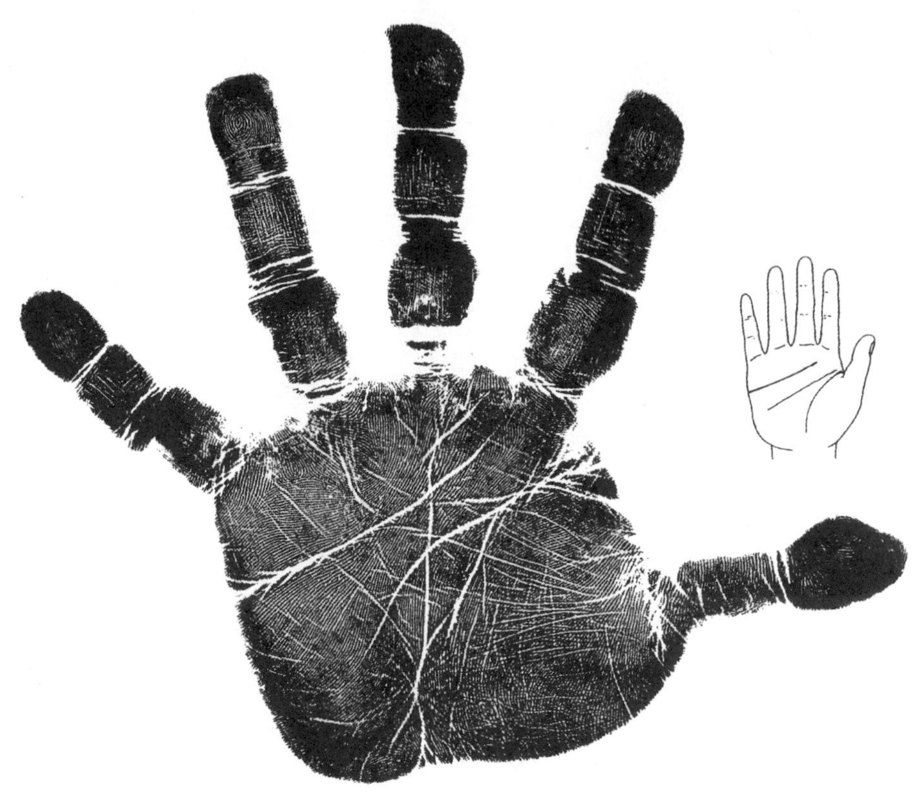

圖6

先生的女友也是出身於中等家庭，如果她升讀大學，家裏勉強可以應付。為了這個難題，他們兩人流過不少眼淚，傷透了腦筋。大學註冊日期一天天接近，獎學金申請是遠水救不了近火，在這個關鍵時刻，陳先生的女友作出了重要的抉擇，她把自己的學費交給陳先生說：「你去大學註冊吧！」

「那你怎麼辦？」陳先生問。

這位好心腸的女孩答道：「你的成績比我好，你肯定能夠讀得上去！我去打工賺錢，幫助你完成大學學業。」陳先生只能報以她深情一吻，兩顆心融合在一起。

陳先生大學畢業之後，工作了兩年，兩人結了婚，但是陳先生仍念念不忘繼續深造，在妻子的支持下，他獲得了碩士學位，繼而取得博士學位。他們整整努力了十年，方始安排怎樣建立一個美滿的家庭生活。難得的是，在這十年奮鬥期間，不管在香港、在美國，陳先生的身邊都出現過不少仰慕他的少女，其中不乏條件優勝於他的妻子的女孩，但是陳先生抱定一個宗旨，就是「一生只愛一個人」。

許多人以為陳先生懂得感恩圖報，其實「現代陳世美」多的是。說句老實話，陳太當年的決定是頗帶冒險性的，不過，如果她懂得掌相學的話，又當別論，因為她可以從陳先生的感情線中洞悉他的個性，那麼她就可以對自己放棄升大學的決定感到放心了。

總括一句：陳先生擁有一條標準的感情線，長短、高低恰到好處，反映他品德高尚而有責任感。

例7：弧度不大，情感冷淡

學習掌相不能粗心大意。這幅掌印驟眼看來與圖6相若，但仔細比較，兩個人的性格判若雲泥。表面看來，此圖的感情線也是深刻有力，走勢微微彎曲，末端指向食指與中指之指縫；但若讀者仔細判斷它的終點，並不是在越過中指之後稍微上彎，而是在越過中指之後戛然而止，這樣，整條感情線所呈現的弧度就變得細小了，換句話說，感情線的線尾就是生長得低了。請讀者們記住這個原則：感情線若是線尾低、顯現出線形的弧度不大，表示其人的情感較為冷淡，其人之處世哲學，說得好聽是理性化，但更準確地說是，較少理會別人的感受，而且有點冷漠，嚴重者會比較自私、嫉性重，甚至有暴戾傾向。

圖7掌印的主人翁是黃先生，是英才一位不太相熟的朋友。當時我給他的贈言是：「人間有情，不要只着重利益關係，待人更不要只看其利用價值。倘若如此，有誰會對你推心置腹呢？縱使功名富貴享之不盡，又怎能填補內心的空虛寂寞呢？」我這幾句話雖有點玄，難得的是他能參透當中玄機。過了一段日子，黃先生登門道謝，說我那天所講的幾句「佛偈」彷似醍醐灌頂，使他考慮了好多天，對比過去總是認為有利用價值者才是朋友，利用過後就棄如敝屣。從今後他會痛改前非，雖說也要賺錢搵銀，但會把友情放在更重要的位置，一定不會只想去利用別人。

凡是感情線呈現弧度不大而線尾低者，代表其人情感冷漠，只知道利用他人，很少想到交情與緣分。

圖7

例8：線短之人，寡情薄義

感情線不能太短。怎樣才算短呢？前面的圖6就是標準長度，達不到這個標準就是短，好像這個例子那樣，用不着我細加分析，讀者們已知道這條感情線太短了。圖8掌印的主人翁張先生情感冷淡，比例7的黃先生更為冷漠，待人處事，寡情薄義。我在《看手掌添財富》中說過，掌上的線紋以少而清為好。俗語說得好：「過猶不及」，如果掌紋像此例那樣，寥寥可數，那就很不好了。有什麼不好？請聽聽張先生的遭遇……

張先生，三十八歲，已婚。他在一個偶然的機會給我的學生論掌，我的學生忘記了我的教誨，直指他性慾強而朋友少，如此直率的分析是本門的大忌，所以我經常教導學員們切勿一語道破人家的私隱，只能循序漸進；若是人家不接受就要適可而止，以免對方放不下面子。（說句題外話，此舉每每使人誤會，以為我輩只是鑑貌辨色，並不了解我們的苦衷。）張先生聽了學員那句分析，很不服氣，千尋百訪找到在下。英才聽了他的陳述，看來他也是個率直的漢子，於是我也不客氣地說：「我也是這樣推斷」，而且還加上一句：「慎防桃花劫！」張先了聽後，呆了半晌然後道出他的經歷——

張先生說他讀書時懶散，勉強唸到中三程度，不能繼續升讀，先是到茶樓賣點心，然後是到茶餐廳送外賣，在大牌檔當夥計等工作。混了一段日子。他總算會得打算，要學習一門手藝，不過「做慣乞兒懶做官」，要他到工廠去當學徒，他是不願意幹的了，於是學習駕駛技術，還考得

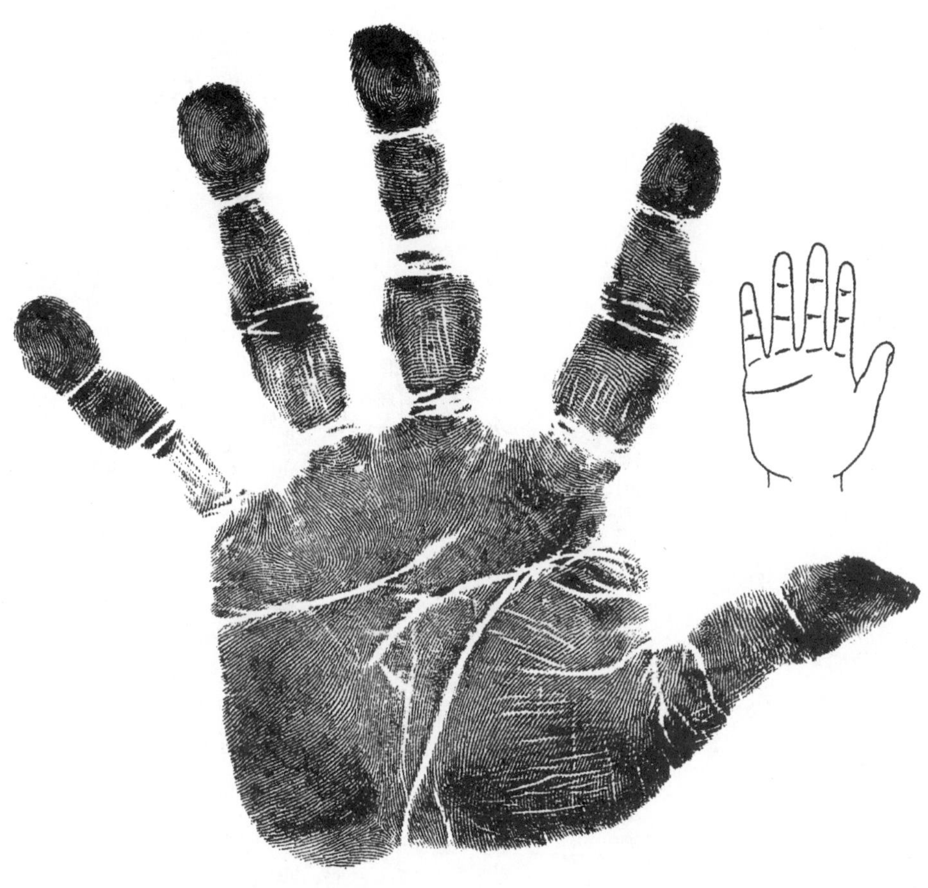

圖8

貨車駕駛牌照，反正他是從來沒有考慮交家用給媽媽的，能儲到金錢來支付學車費用已是很不錯了。現在的他在建築地盤駕駛泥頭車，已經結婚，還有了兒女。

談起他的桃花劫。他說那次是在深圳召妓，不是去那些「架步」，而是在當年赫赫有名的三「都」之一的酒店大堂，眉來眼去，打情罵俏。「這樣才有情調嘛！」張先生說到這裏還補充這一句。接着就是那些耳熟能詳的故事：講妥價錢，入到房間，正當緊張關頭，被穿制服的人撞門而入，指他亂搞男女關係，要扭送派出所。張先生明知被「屈」，但肉在砧板上，只好致電香港「死黨」，籌了幾萬元到深圳贖身。說到這裏，張先生又爆出一句：「哪個男人不出來『滾』！」我立即駁斥他的謬論，並指出他的生理特點是性慾強，並以性交為最高樂趣……。

他聽了我的分析之後，似有所悟，然後向英才坦白，現在已經是夫妻反目，單身獨居，朋友不多，他還以為是自己際遇不佳而已。

張先生的是感情線過短，而且掌中線紋太少，有兩個特點：

一、性慾要求特別強，以性交為樂事。

二、不會關懷別人，欠缺同情心，不懂得好好去處理人際關係。

例9：十字紋多，風流成性

廣東有句俗語：「同人唔同命，同遮唔同柄」。這是慨嘆有些人儘管出身和學歷相近，但是際遇有天淵之別。不過，仔細研究之後就知道，這是跟每個人的性格有關。

回來談我們的掌相學，以圖4跟圖3作比較，兩幅掌印不是大致相同嗎？兩者皆是感情線短、掌紋不多。細心的讀者當然可以指出，後者的感情線弧度略大，而且線下還依附着許多十字細紋。這細微的不同就反映出兩個人不同的性格，所以他們的際遇就顯著不同了。我們學習掌相學，觀察事物要善於見微知著，才不會被表面現象所迷惑，或者發出「同人唔同命」的慨嘆。

圖9掌印的主人翁是何先生，三十四歲，任職文員。他的感情線紋雖嫌略短，但末端指向食指與中指間的指縫；雖然線紋略呈弧形，但切勿判斷他是過於理性化的人，準確地說，他的情感不致過於淡薄，或者說，若情感與理性相比，則以理性略高一些。何先生中學會考時只拿到三科合格，而中英數三個主科只得數學僅僅合格，其餘兩科不是「擔梯」（H級）就是「肥佬」（F級）。幸好當年香港的工商業蓬勃，何先生在一間洋行當信差，熬了幾年，終於當上了文員。入息穩定了，何先生就想結交女朋友。

香港社會開放，要結交朋友的辦法很多，何先生選擇了一條

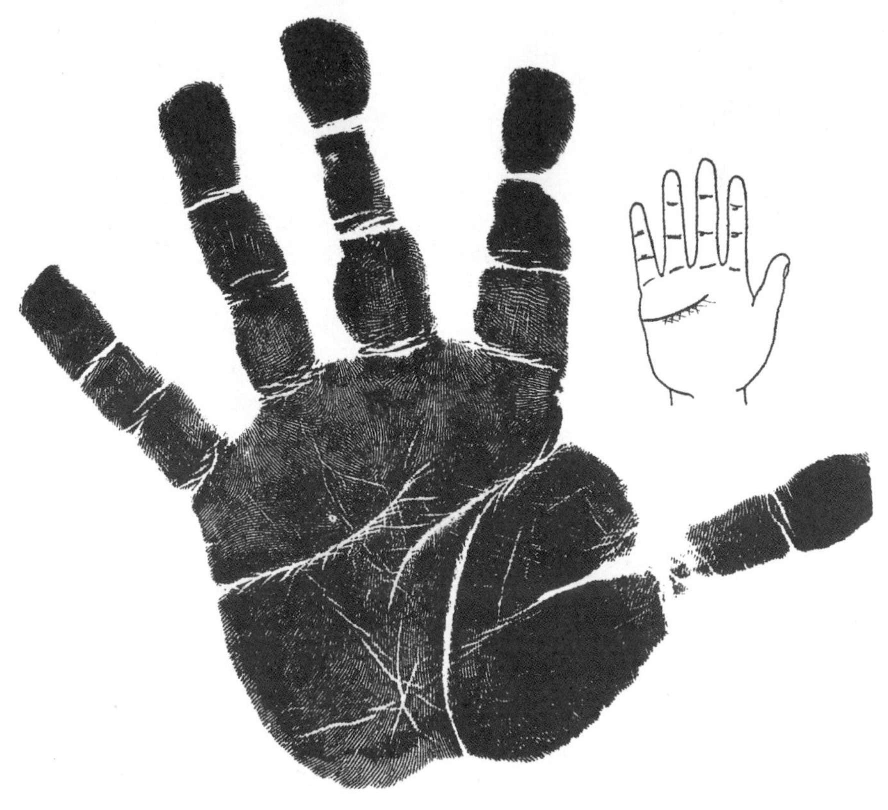

圖9

捷徑——上夜校補習英文，甲校碰不到合適的對象就轉去乙校，果然給他認識到一名叫珍妮花的少女。何先生初涉情場，很快就變得神魂顛倒，珍妮花說要換季，何先生馬上就陪她去挑選時裝；珍妮花說手錶款式過時了，何先生就精心挑選一隻名牌手錶送上……。

過了一段日子，珍妮花開始推拒他的約會、拒接電話，何先生心知大事不好，就在珍妮花公司外面守候，待到珍妮花露面，便質問她因由，不料珍妮花冷淡地對他說：「你只是打工仔一名，難道我嫁給你，租一個房間居住，還要我出來打工嗎？」氣得何先生好半晌說不出話來。

自此以後，何先生走向另一個極端。這期間正值香港勞工短缺，打工一族的加薪率超過通貨膨脹，何先生的手頭鬆動了，於是他把自己打扮成公子哥兒，並悉心探索女兒家的心理狀態，果然很快給他騙得一位少女的貞操，但是何先生嫌這位少女不夠漂亮，輕易地把她摔掉了。這次行動的成功使他壯了膽，於是他便去物色一個又一個新獵物，部分原因是抱着報復心態。

何先生聽說學習掌相學可以輕易地掌握人們的心理狀態，於是透過報讀社區課程的關係，打算投進英才的門下。我依據何先生的掌紋作出抉擇，決定即使忍飢受餓也不會收他為門生。

圖9何先生的掌紋特點是，感情線以下有多個十字紋。此線狀的特徵是：

一、風流成性，身邊女伴換不停。

二、即使動了真情亦容易是個失敗者。若配上感情線薄弱、模糊或短促，代表與伴侶生離死別。

例10：線尾下彎，上當受騙

例9介紹了一種愛情騙子的掌紋，現在要講解一種「容易受傷害」的掌紋。

人為什麼會容易上當受騙呢？主要原因是這類人過於感情化，在臨危決斷時不會用頭腦冷靜分析，以致有時吃了虧。這類掌形的特點是：感情線線尾不是上彎而是下垂，並觸及頭腦線，使掌上三大主線形成一個「爪」字，故稱為爪字掌。爪字掌有三十三種形態，此例介紹的是其中一種比較特殊的線紋。

圖10掌印的主人翁是吳先生，四十八歲，已婚，育有一子一女，獨資經營一間小型汽車修理廠。吳先生工作勤奮、負責，有些顧客訴說修車費用太貴，負擔太重，他便酌情減收若干，所以生意還算不錯。有一次，一名中年女子駕着一部德國房車到他的修車廠，說是煞車系統有聲響。車子型號雖已過時，但保養良好。當時吳先生正在忙於別的工作，於是與那名自稱陳小姐的女子約好，當天黃昏把車子交來，順利的話便可在兩小時內把車子修好。吳先生雖是超時工作，不過沒有收取額外費用，很博得陳小姐的好感。以後陳小姐經常來幫襯，都是些小修小補的問題。

陳小姐看來有三十來歲，衣飾打扮恰到好處，加上體態撩人，言談舉止別有一番韻味。不知道是否「七年之癢」作怪，吳先生很快就被迷上了，總是覺得陳小姐秋波頻送，惹得他心亂如麻。吳先生多次跟陳小姐約會，除了第一次陳小姐比較爽快應約之外，兩人相識近一年只吃過三頓飯。事實上，吳先生忠於職守、業務困身，二人根本沒有什麼花前月下之約，只是他總是覺得

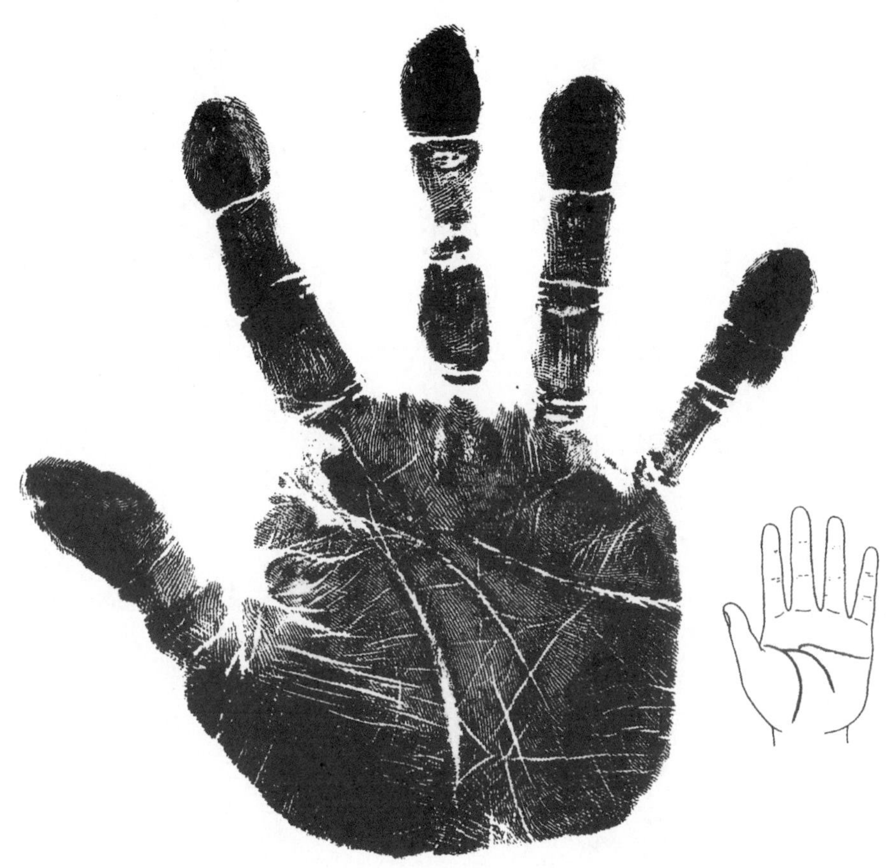

圖10

陳小姐跟他很談得來、陳小姐對他很有意思，但他對於陳小姐的了解，只限於知道她在九龍區主理一間時裝店。

有一天，陳小姐突然主動約吳先生晚飯。當晚陳小姐的情緒十分低落，問起原因，她說因為市道不好，時裝滯銷，無法如期償還銀行供款，如不及時處理，按揭的住宅單位就會被拍賣。情急之下，她向財務公司求貸，雖是利息相當高，不過可以爭取一個月的時間，既清貨套現，又可以把居住的單位賣個好價。說到悽惶處，陳小姐竟嗚嗚地哭起來。吳先生忙不迭拍胸膛保證為她解決困難。陳小姐建議不如找個地方待她把文件攤出來仔細研究，吳先生便提議返回他的車房一起商量。不料當二人剛返抵車房門口，緊隨的汽車走下三名彪形大漢，陳小姐見了為之花容失色。原來這幾名大漢是財務公司的人，吳先生當然是護花有責，又一次拍胸膛保證陳小姐依期本利歸還，人家問他拿什麼來保證，吳先生二話不說道：「就拿這間車房作擔保。」雙方當場簽字作實。餘下的故事不必細表，吳先生未曾真箇銷魂卻把一間車房拱手送人。

圖10吳先生的感情線末端插入頭腦線之開端，加上感情線清而弱，顯示他有以下特點：

一、不懂得感情上之收與放。

二、感情上容易被人控制，甚至可以無保留地作任何奉獻，包括自己的生命。

例11：破碎崩裂，情愛反覆

這幅掌印與圖10同樣屬於爪字掌。爪字掌有三十三種形態，共通性是：善惡不分、感情過重。爪字掌的線紋特點是，感情線略短，末端下彎接向頭腦線，即是感情線干擾了頭腦線，代表感情蓋過理智。凡是具有爪字掌的人，在知道了自己有這些缺點之後，只要刻意改進，慢慢是會改善的。英才教授掌相學，不提倡宿命論，我的格言是：「命由天生，運由自己掌握。」

圖11掌印的主人翁是張小姐，二十五歲，離過一次婚，任職家庭用品推銷員。張小姐的爪字掌與圖10比較，其特點是破碎、斷裂。例10的吳先生是把財產奉送別人，而張小姐則是獻上了真摯的愛情，換回來的結局是一顆破碎的心。

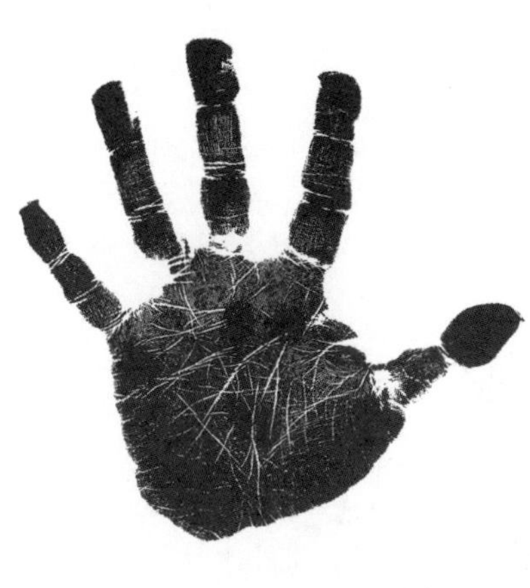

張小姐生長於上世紀六七十年代的徙置區，鄰居都是胼手胝足的勞動市民，品流複雜。張小姐的父母為謀生早出晚歸，她和她的弟妹基本上是乏人照顧。唸小六的時候，她就懂得拍拖，到中一時就跟男友玩性遊戲，又是接吻，又是愛撫，玩得性起就脫光衣服，處子之身就這樣送出了，那時她才十三歲。

到了十五歲，張小姐已亭亭玉立，但學業欠佳，不能升讀中四，只能到社會上混飯吃。她的父母就只當少養一個人，用不着她交家用，也不管她幹什麼工作。其實像她如此學歷的少女能幹

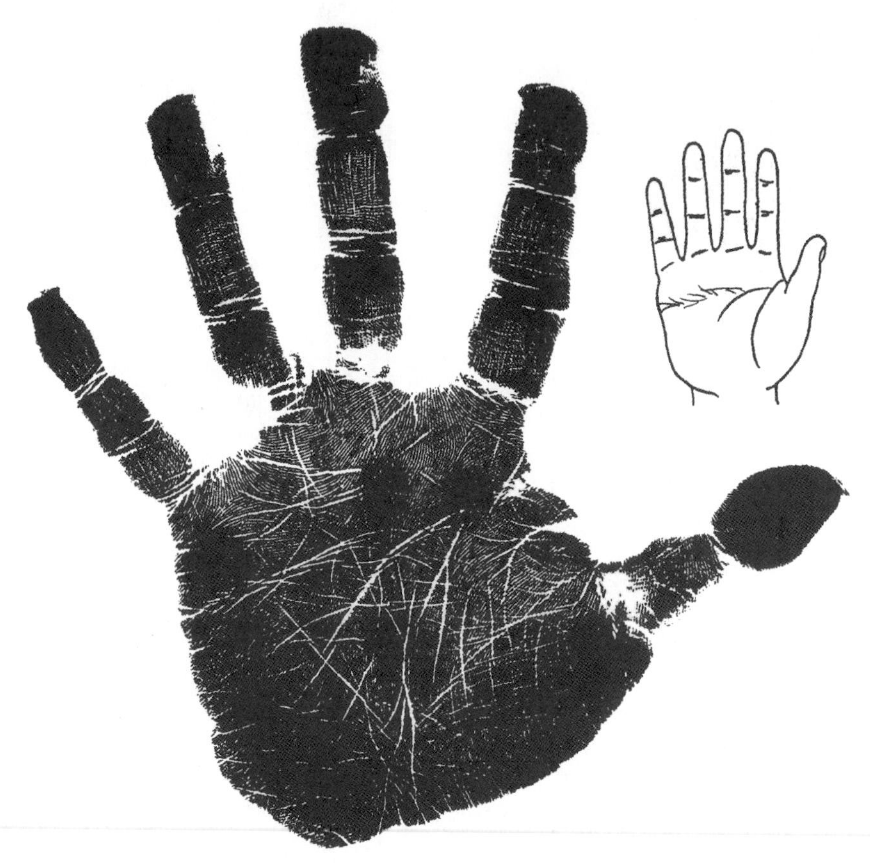

圖 11

什麼？無非是髮廊幫工、推銷員，反正她身邊有不少相同經歷的朋友，她便混一天是一天。當然，在她的朋友群中，男男女女都有，個個都是家庭背景複雜的人物，缺乏正確教育，走在一起便難免涉及愛與性。但什麼叫做愛？在張小姐眼中，今天喜歡你就是愛，可以跟你上床，明天不喜歡你，就沒有愛了！那麼，沒有愛會不會上床？張小姐毫不猶豫地說：「看心情囉！心情好，大家便玩一玩。」

儘管如此，張小姐終究還是動了真情。十八歲那年，她愛上了阿強。阿強是何許人也？車房工人，剛剛學徒滿師。張小姐覺得阿強很好，但他好在什麼地方？她卻說不出個所以然。反正她希望阿強一天到晚陪在她身邊，或者是她伴在阿強身邊。她害怕別的女性把阿強搶了去，就嚷着要跟阿強結婚。但沒有錢怎麼結婚？她的那一班從來不曉得盤算明天的朋友竟為她湊來三千多元，據她說這就是「義氣」，於是，兩個沒有經濟基礎的年輕男女就此結婚了。

兩人結了婚，並不等於他們便會思想成熟。兩人一如從前，上午吵架，晚上和好，明天又沿着這個軌跡重複，直到張小姐發現阿強跟別的女人上了床，她就動了氣，決定離婚！

圖11張小姐這一類型的爪字掌，感情線破碎崩裂，特點是：

一、欠缺家庭溫暖，早見桃花，不論男女，皆有可能在童年時已破身。

二、情愛方面反反覆覆、離離合合，甚至可以一再原諒對方的過錯，但最後仍要分手，留下極大的創傷。

此類掌形以遲婚為宜，待心智成熟時，便會選擇到合適的伴侶。

例12：每次「換畫」，必獲厚禮

圖12同樣是短促的感情線，只是線紋的末端沒有下彎觸及頭腦線，這就不是爪字掌，沒有爪字掌的特性，不過它依然有短促感情線的特徵；更重要的是，圖12這幅掌紋與圖11同樣是感情線破碎，代表掌紋的主人在感情方面波折頻生，幸好圖12的線紋較直，處事能夠比較理性、堅強。

此掌印的主人翁是趙女士，三十五歲，任職保險從業員。趙女士在十八歲就談戀愛，她巧妙地在裙下之臣中選擇了A、B、C三位青年來發展。而感情豐富與性格早熟的她，在二十一歲那年就嫁給了A，可惜這段婚姻維持不到五年，因「了解」而分手了。

離婚後，趙女士裙下亦不乏追求者，鮮花、禮物收個不停，她又從另外三名候選人之中選擇了甲君。第二次婚後仍有不少「飛來蜢」，其中一位S君更闖進了她的心扉，這段曖昧的感情竟維持了三、四年；不料期間又殺入了T君。一女三夫，結果是甲君忍受不了，趙女士再度離婚。至於S君與T君二人是否是她最後的選擇對象？仍未有結論。

圖12趙女士的感情線短促、線紋破碎不完整，特點是：

一、感情豐富而早熟，物質慾望強而且自私，所以每次轉換戀愛對象必然擁有大批禮品。

二、每次分手都能冷靜處理，不會忘記爭取自己的權益，決不會因感情用事而讓自己吃虧。

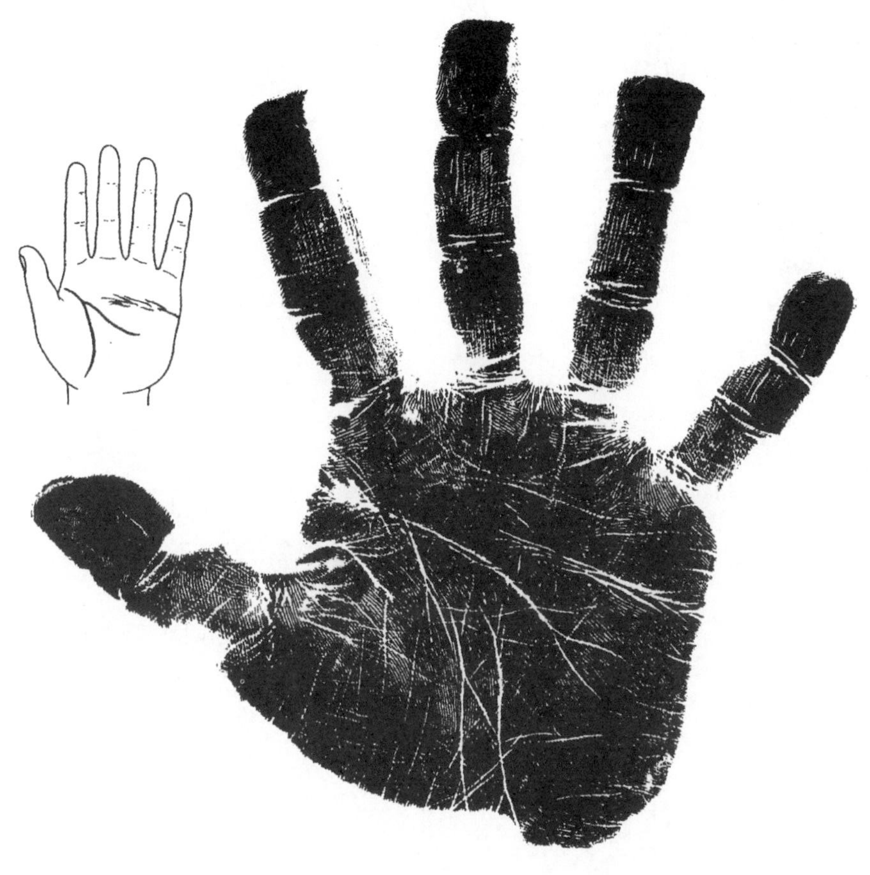

圖12

例13：愛情極端，面冷心熱

感情線忌短、忌破碎。此例的圖13的掌印又如何？

標準的感情線要求其末端上彎指向食指與中指之間的指縫，而此圖的感情線則指向中指下方，此種線紋較為罕見；而由於這樣的彎曲，可判斷它是短促的感情線。此線紋雖不是破碎，卻是附上許多小支線，這是在感情方面波折叢生的標誌。

圖13掌印的主人翁是陳小姐，三十二歲。她從不諱言自己的職業是舞小姐，而且在色情場所中打滾了十多年——做做停停，「桐油埕只能裝桐油」，她解嘲說：「有些人瞧不起我們，我便隨他去，反正我既不是偷，也不是搶，你買我賣，如此而已。」

雖然說陳小姐已是閱人無數，但講到底，人畢竟是感情的動物，有人對她好，她可以託以終身，可惜的是，她願意託付的人都似鏡花水月，不是經濟問題就是第三者介入，或者是生活習慣不相適應，幾次同居都散了。她說她會愛得很深，要求對方也是如此，一旦產生了懷疑，她就會大吵大鬧，以分手告終。

圖13陳小姐的感情線紋淺而附有許多支線，末端彎入中指下端，她的性格特點是：

一、極端的愛情主義者，一旦動了真情便會付出全心全意，但是自私、嫉忌心重。

二、面冷心熱，不喜歡受人支配、約束，亦難合群，只懂得享受自我。

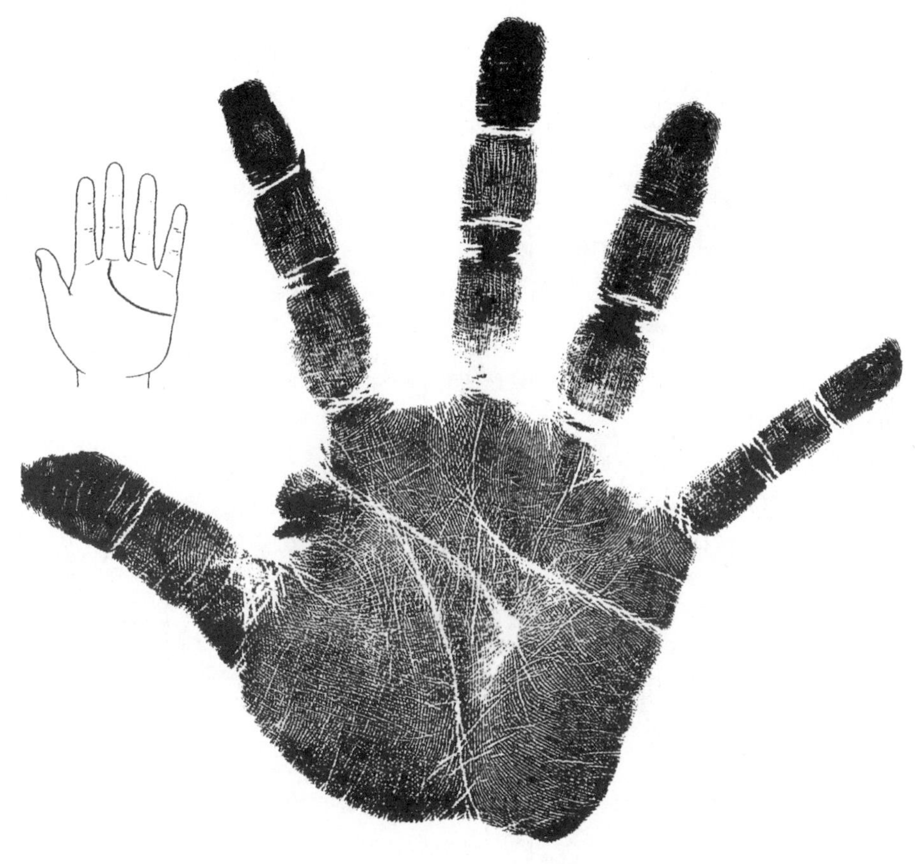

圖13

例14：支線多多，桃花多多

圖14的掌紋並非爪字掌。判斷掌紋，應以每一條線紋的正確走向來分析。初學者之所以對這幅掌紋產生誤會，就是以為感情線轉彎時的位置（中指對下）出現了兩條平行線搭向頭腦線，但其實這兩條線並非主線的走向；主線的走向也像圖13一樣，斜彎向上，指向中指。這也是一條短促的感情線，但是不能因此而輕率地判斷其人情感冷淡，原因是，圖中感情線上附有許多支線，而且這些支線比圖13更為淩厲，這是另一番含義，且聽黃小姐道來——

圖14的掌印屬於黃小姐，二十三歲，職業是秘書。黃小姐說，她從小就喜歡交朋友；十五歲就開始拍拖；十七歲時就鬧出三角戀愛，她同時與兩個男朋友都發生了關係，在二人之間的取捨很傷腦筋。不過，她較為喜歡成熟的男子，於是在十八歲那年選擇了與A君正式同居，但A君是有婦之夫。「同居有什麼關係？時興嘛！合則留，不合則去，雙方都沒有責任。」黃小姐說。

我問：「你有沒有考慮到破壞了別人的家庭？」黃小姐答：「我沒有向他索取一分錢，各自負擔自己的支出，房租也是各付一半……。我沒有要求他離婚，只是覺得生活在一起大家都開心。他間中在我處度宿一宵，不過這種情況不多，我也不計較，只要我有空的時候他能陪着我，我就心滿意足了。」

但好景不常，黃小姐與A君的關係維持不到兩年，就因性格不合而分手了。不多久黃小姐邂逅到一位「學者」，對方滿口新名詞，似是滿腹經綸，令她仰慕不已，很快便與他共賦同居。半

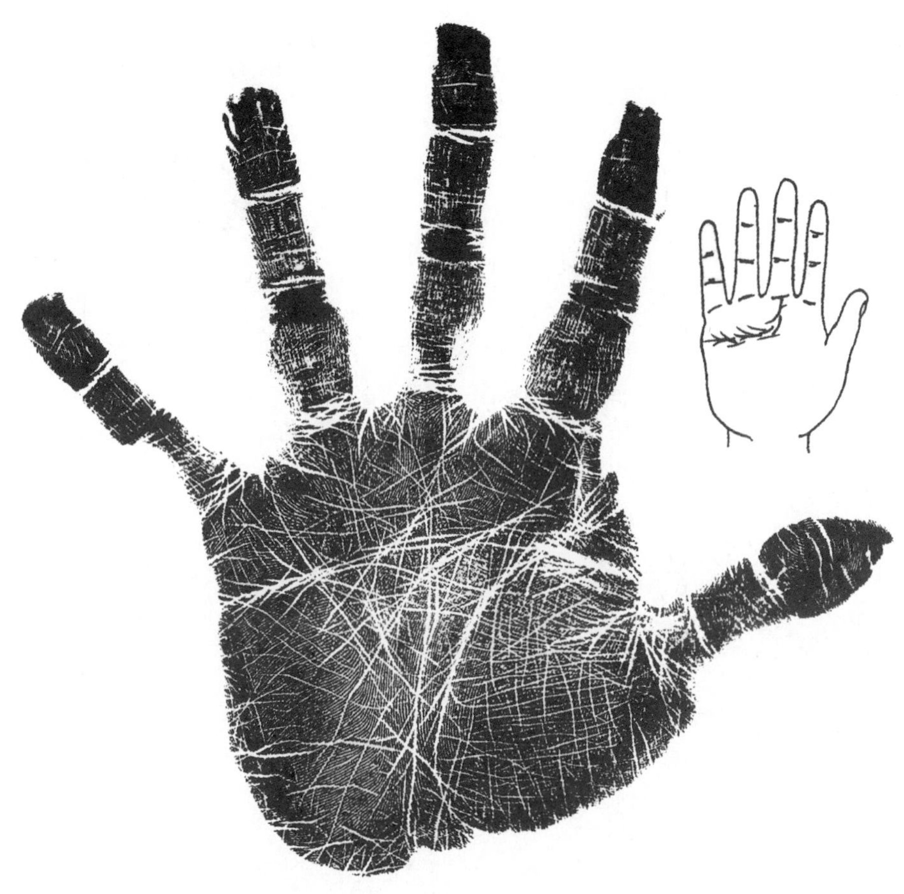

圖 14

年後的某天，黃小姐因身體不適提前下班返家，竟然撞破這位學者在房中與人鬼混，對方竟是「學者」的女學生，黃小姐嚥不下這口氣，就跟他鬧翻了。然而，年輕少女不愁沒有男伴，只要她看得上眼就行了，很快她又找到入幕之賓。不過，五年以來的經歷使她產生了一個疑問：「難道命中注定我要不停更換伴侶？難道我總是找不到一個知心的人？」她帶着這個疑問與她的新男伴來找英才解困。我只能籠統地回答她：「百步之內豈無芳草？唯今之計應以工作和事業為重，三十歲後必見真姻緣。」

為何英才會這樣回答她？因為黃小姐的掌紋告訴我，她的性格必惹桃花，心猿意馬，難以自控，必須待年齒稍長，入世漸深，性格穩定之後，始能找到終身伴侶。

有一個問題，英才經常被人（包括黃小姐）問及，就是人的一生是否先天注定？我的答案是，每個人出生之後就注定他具有什麼樣的性格（即：命由天定），這些性格特點鐫刻在他的掌紋上；但是後天的際遇對其人的影響更大，比如當他發覺了自己有什麼缺點，下決心改變過來，他的掌紋就會產生變化，而這個過程就是英才所說的「運由自己掌握」。

凡是具有圖14黃小姐這類線紋，其人的特點是：

一、一生桃花甚多，易招有婦之夫或有夫之婦，難解難分。

二、常常三心兩意，每每因此而一敗塗地。

例15：淺薄疲弱，騙色騙財

英才在拙著《看面相辨淫邪》中提到「鼻柱單薄，生性邪惡」，意思就是，鼻樑單薄的人機心較多。在書中，我舉了一個例子，一位在旺角社區裏教授自我推動創富的導師，表面上博學多才，骨子裏卻在窺伺對象，進行「偷心」，不少入世未深的少女慘遭狼吻。那麼，這類人在掌相上又有什麼表現呢？請看圖15。

圖15掌印中也是一條短促的感情線，線紋短且直。單從這一點，就可以知道其人十分重理性。理性的確可以用於追求事業和學問之上，可惜掌紋的主人翁卻用以粉飾自我以掩蓋其邪惡思想和觀念；而最重要的是，他的感情線淺薄及疲弱。為存忠厚，筆者姑且稱他為X先生。

X先生，三十三歲，身體具有先天缺陷。我常常告訴學生說，切勿以為「女人湯丸」都是貌似潘安；事實上，許多色情騙子都是其貌不揚，或者是相貌平凡，而是他們都有一套手段以討好女性。至於身體殘缺的X先生，他的外表雖然輸人一籌，但竟能騙得不少少女的貞操，必有其過人之處，那就是：一、善於掩飾自己的真正意圖，使對方沒有戒心。二、口才了得，能夠博取對方的同情心。X先生還有一個特點，就是善於寫情信。現將他的若干情信摘錄如下：

圖 15

「你驀然闖進我的心扉，使我驚喜若狂，又帶來身心絲絲的暖流。閉塞的心靈像是閉塞的房屋，會變得非常鬱悶。鬱結能使人惆悵、不安。」

「每晚思念您已成為我生活中一種精神享受。我不否認正在白白燃燒生命，感到愛情路上茫茫一片，我不忍心自己被情慾所困，亦感到思念一個人時會魂魄不全，魂不附體。」

「你的乍現令我柔腸百轉，而每一次與你在一起都會帶來我無窮的喜悅，而這些真真假假之情，使我難以分辨這到底是甜蜜抑或是苦杯？」

好了，再摘錄下去的話，英才就要變成文抄公了。

英才起初對X先生的印象不好也不壞，雖曾經有學生對我說此人如何如何，我還不大相信。後來聽到的傳言越來越多，我還說是「謠傳」，我的一位學員不忿氣，交來一批情信，那是一位險遭狼吻的女孩子收到的，至此我始不得不寫一個「服」字。我繼續了解，原來此人不僅騙色，還騙財。他利用被害人的同情心，編造經濟拮据的故事，有些受害人便把積蓄奉上。X先生後來轉投新界天水圍某會所繼續行惡，奈何！

X先生的感情線紋短、薄、淺，顯示他：

一、機心重，任何人在他眼中都是一枚棋子而已。

二、下手之後要撈取雙份收穫，色情騙子則是騙財騙色。

至於筆者如何能得到他的掌紋？只好抱歉說一句：此是「軍事秘密」，恕難奉告。

例16：自私小器，具性幻想

英才經常教導學員，看掌相不能單從一條線紋來作整體判斷。我在本書裏的介紹，只是指出一條線紋所反映的特徵，正如一部汽車具有某種功能，它的功能能否發揮到最高點，還要看駕駛者的技術加上路面情況始能決定。

對感情線影響最大的是頭腦線。頭腦線反映一個人的智慧，故又有理智線之稱。如果頭腦線下垂至月丘（亦稱太陰丘），這個地區被稱為幻想之區，反映其人想像力豐富；再加上其人掌紋不多，本來這類叫做清掌的人沒有什麼雜念，但是豐富的想像力影響到感情線短促的傾向，就變成性幻想了。

圖16的掌印屬於梁先生，三十一歲，未婚，職業是推銷員。梁先生的掌紋正是具有上述幾個特點。當筆者向他指出他的性格傾向時，梁先生點頭不迭，表示自己每認識一位女性，都會想像對方是依人小鳥，可以開心地跟她歡好，得到最大的快樂。梁先生說，他並非把這些女子看成是人盡可夫者，只是把她們看成是性慾對象而已。

梁先生的感情線短促，配上頭腦線下垂，加上清掌，代表他：

一、長期有性幻想，每每對異性自作多情。

二、性格偏向自私、小器及頑固，並且是大男人主義者。

圖 16

例17：過分重情，苦悶自殺

「阿堅又去找那個狐狸精了。昨晚我們又吵架，阿堅就跑了出去，到現在還未回家。我做人還有什麼意思？」珍妮感到納悶，又不得不耐心地聽取劉小姐的訴說。劉小姐是珍妮的同事，同在電腦部當文員，她跟劉小姐不算很熟，只不過是下班同路，有時候多聊幾句而已。這天晚上，她聽了劉小姐的哭訴，放下電話之後，想了一下，覺得不大對勁，連忙與丈夫直奔劉小姐住處，擾攘半天總算救回劉小姐一命。當消防員破門入屋時，劉小姐服食過量安眠藥已陷入昏迷狀態。

這些事情都是劉小姐被邀請擔任英才課堂實習嘉賓之後，珍妮告訴我的。珍妮是我的學員，她是在劉小姐決定了與丈夫離婚之後，把劉小姐邀請到課室，希望藉此機會給予開導，當然那些事情在上課之前並不需要告訴我的。

圖17的掌印屬於劉小姐，三十三歲，育有一女。記得當晚我在為劉小姐拓掌印時，我就告訴自己要打醒十二分精神，深知這位嘉賓頗難應付。原因是，劉小姐的感情線短促而且直插頭腦線，這條線紋跟圖15很相似，但當然還要觀察其他線紋——其頭腦線的走勢是，在到達中指對下位置時，突然急轉彎，呈直線下垂，這是一個很強烈的訊號，顯示其人有自殺傾向。從線紋的走勢已可推斷出她在那一年會出事。

英才經常告誡學員，不可把別人的私隱一下子講出來，要讓人家有個下台階。當劉小姐以嘉賓身份安坐英才課堂時，我首先說她性格內向，心裏有煩惱時少會找人傾訴，以致有些可解的煩

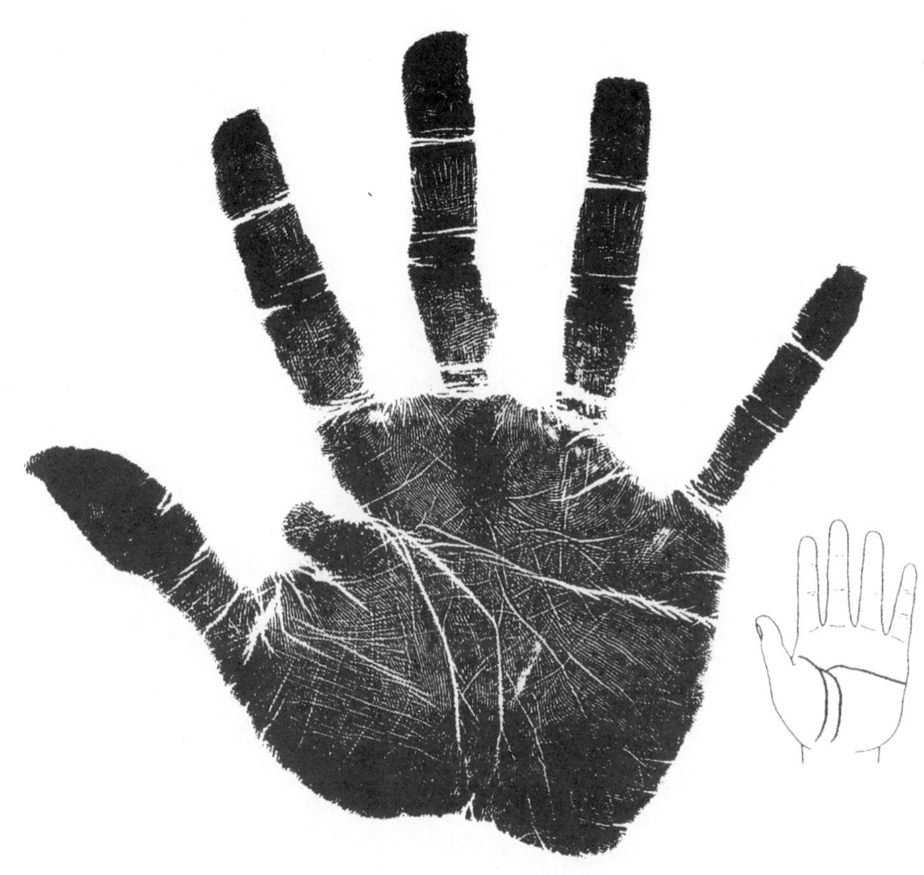

圖 17

惱慢慢變成了死結。

接着我略為向她提點一下説：「你把死亡看成是唯一的解脱方法，你卻沒有想到，你的死亡會給你的親人帶來很大的痛苦。」當時筆者還未知道她已育有一女。我看她聽後頗為意動，就接上一句：「去年發生過什麼事呢？」

劉小姐強忍着眼淚，道出因為丈夫移情別戀，自己做出自殺的傻事。

前來當實習的嘉賓需要服從於我的課堂進度，所以我不可能為劉小姐作全面分析。另外，她的個性如此內向，如此執拗，這類人我見得多，我承認我沒有本事能在一夜之間把她改變過來的；還有，從她的感情線上的斷口來看，她的感情波折還將持續三至四年。對於一個感情如此脆弱的人，我怎能明確地把我的判斷告訴她呢！因為此舉只會在她的心裏留下陰影，以致使她今後一步一驚心，所以我只能引導她積極、樂觀、向上，引導她多結交朋友，逐步改變她的內向心態，僅此而已。

凡具有圖17劉小姐這類感情線形態的人，性格特點是：

一、十分重視感情，一旦失去便對所有事物都失去興趣，這類人容易暗戀他人。

二、曾為情自殺，且長期處於苦悶之中，既不了解自己，又不了解他人。

例18：對愛情自私的線紋

志仔患有小兒麻痺後遺症，這是社會的責任。原因是，在上世紀六十年代末的一段時期，有效的疫苗突然供應不上，加上那個時候的醫療條件不那麼好，貧苦孩子就難免遭殃了。

志仔每天都是一拐一拐地拖着一條腿去上課，經常被不知好歹的同學當面叫他「跛仔」，不過志仔仍懂得用心讀書，以中等成績完成了中學課程，投身社會後成為一名「白領」。

年輕男女哪個不善鍾情？志仔雖有殘疾，但他的心靈是健全的，自然具有求偶的欲望。可是他經常遭人白眼，承受着無形的、被瞧不起的壓力，無論他處身於何時何地，首要任務都是保護自己，所以他對心儀的女同事不敢正面接觸，只能眄視一下；但當對方的頸項略一轉動，志仔就會連忙轉過頭來裝作不經意地掃視環境，並立即低下頭工作。他只能把少女的芳容鐫刻在自己的腦海裏，在更深人靜之際回憶她的一顰一笑，直至阿芳闖入他的生命之中，志仔始結束這種暗戀情懷；可是，此時卻輪到阿芳恐慌起來。

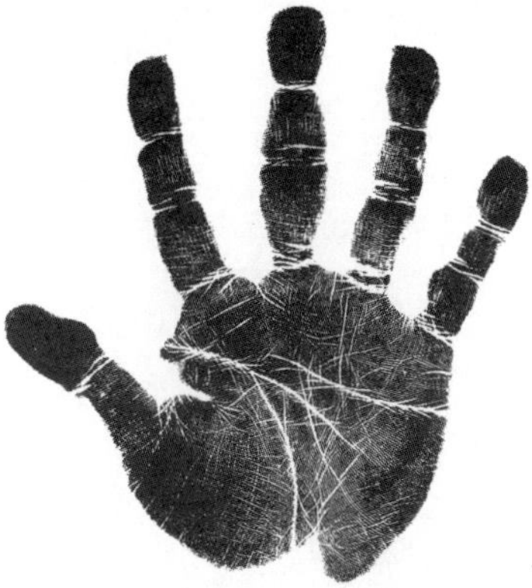

我的一位學員是阿芳的女性朋友，她把志仔的掌紋拓印回來在班上討論，當然沒有邀請志仔出席。圖18的掌印就是屬於志仔，他擁有一條短促感情線。

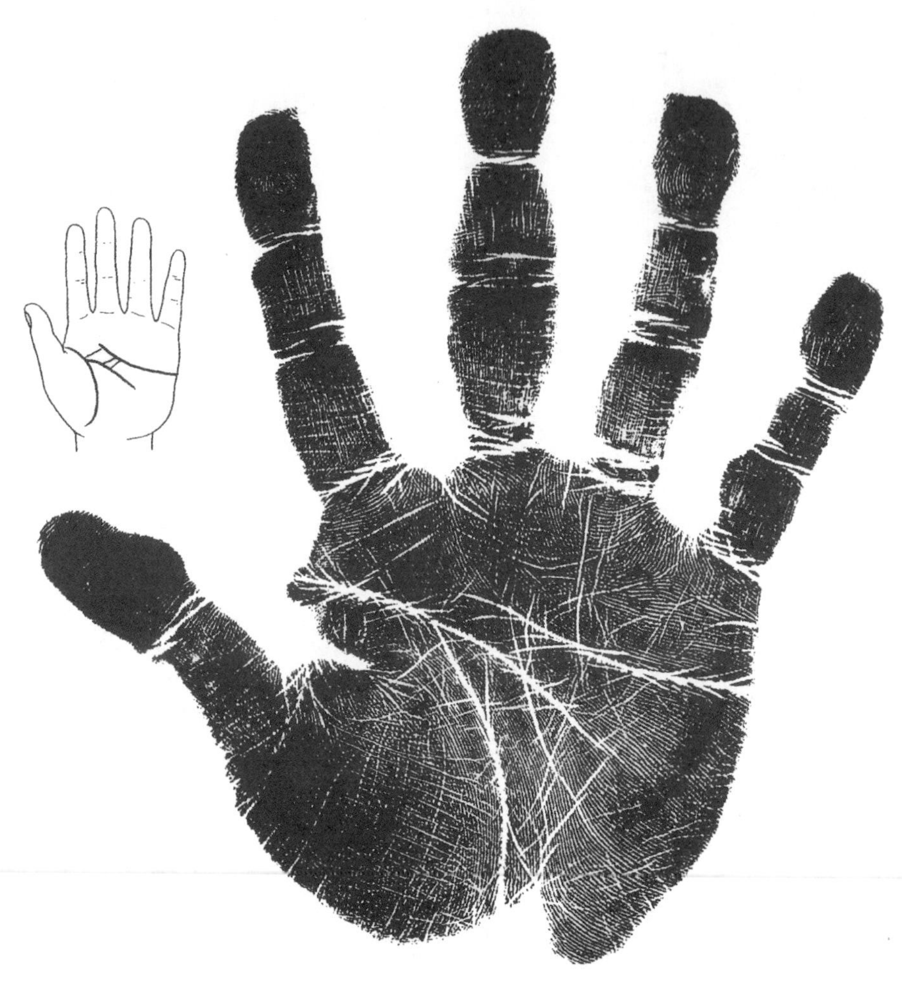

圖18

學員問：「為什麼志仔不像感情線短促之人那樣感情淡薄，反而是熱烈得驚人？」

「問題在於此感情線上有太多雜線，且看線尾有幾條支線插向頭腦線，彷似八爪魚一樣，這就是問題所在。」我答。

為什麼說志仔的感情熱烈？事情是這樣的：阿芳是一個待人熱誠、性格率直的女孩，與志仔在同一部門工作。阿芳心無城府，對任何人均一視同仁。有一次阿芳生日，同事們為她搞個小聚會慶祝，志仔也獲邀參加。若是換上別人生日，志仔定會一口答允，可是壽星女是志仔心儀的對象，志仔反而猶豫起來。阿芳知道後，便親身邀請他出席，志仔受寵若驚，馬上答應。不久後兩人更拖起手來。

志仔跟阿芳拍拖之後，一改過去對阿芳不瞅不睬的態度（那是偽裝的），對阿芳的任何事都表現得十分緊張。阿芳跟別的男同事到外邊驗貨，回來之後就被志仔盤問一番。阿芳在路上碰到普通的男友人，講了幾句話，志仔看見了就會追問半天。即使是阿芳講電話的語氣稍為友善，若電話筒傳來的是男子的聲音，就會馬上成為志仔詰問的話題……。這些事情使阿芳感到十分懊惱，她想「斬纜」，又怕志仔會因失戀而自殺。

筆者的意見是：志仔沒有自殺傾向，「斬纜」與否由當事人自行決定。我給予未拍拖的學員的忠告是，最好在拍拖前看清楚對方是否具有志仔的感情線紋，否則就會步阿芳的後塵了。

凡具圖18志仔的感情線紋者，對愛人極度自私，干涉對方的交友以至一切生活瑣事，主要原因是其本身自信不足，害怕會失去對方。

例19：變成「偷心」的騙子

小學教師非禮女學生偶見於新聞。多年前被揭發的一宗類似事件，被非禮的學生更在兩人以上，成為當年城中熱話。街市賣菜的阿嬸說：「睬！真係衣冠禽獸咯！」

非禮未成年少女已是罪無可恕，犯罪者身為老師更是罪加一等。此事不涉及雙重標準，因為教師的職責是培育人才，人們對教師的道德要求自然較高。不過，有一個問題鮮為人們所論及，就是教師也是人，也有七情六慾，也會面對感情困擾，所謂「衣冠禽獸」並非與生俱來，或者說「人之初，性本善」，犯事者之所以出現問題，在於後天的社會實踐而已。讓我們從掌紋來討論這問題吧！

圖19也是一幅感情線短促的掌印。為什麼說它是短促？前文說過，長度標準的感情線是，在越過中指之後斜斜彎上食指與中指的指縫之間。可是，這條感情線並不是斜斜彎上，而是到達中指之下時，幾乎形成一個直角上彎，而線尾是指向中指的指邊。這與標準的差距雖然微小（實際上不算是微小的了），但也應該判斷為短促的感情線。

感情線應該起自掌邊。此圖的掌邊確有一條短線，那麼可不可以判斷是兩條感情線？當然不可以！此線是一分為二，即起自掌邊的感情線在將近到達無名指時爆裂成為兩條，一下一上，這個爆裂是情感遭受重大打擊所致，這個打擊不一定來自男女之愛戀，但這條線中間出現的小島則證實了，這個爆裂確是男女之情所引起的。

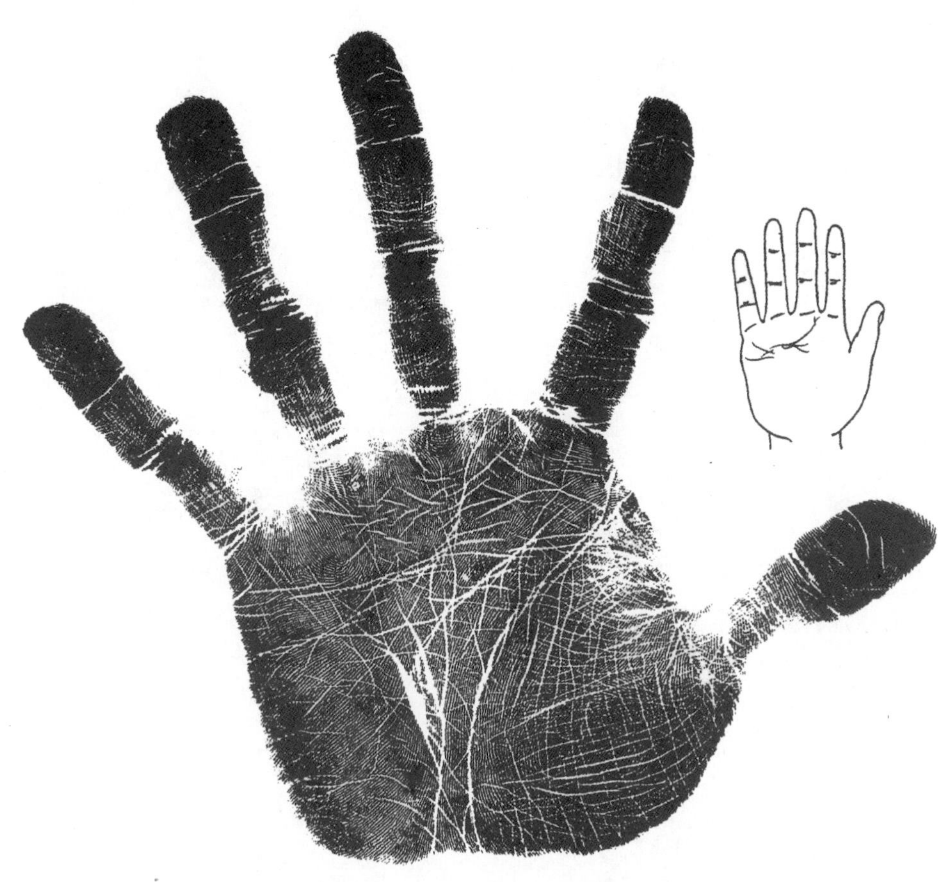

圖 19

圖19的掌印屬於葉先生，三十四歲，未婚，職業是教師。葉先生在教育學院畢業後在官立小學當教師，這是鐵飯碗，收入比文員好得多。許小姐是他青梅竹馬的女朋友，中學階段時二人就開始拍拖，不過許小姐在中學畢業後未能考上高等院校，只能在貿易公司當文員。葉老師對兩人的感情很有信心，加上初任教師的他不免誠惶誠恐，所以花在學校的時間比較多，與許小姐的見面機會大大減少。一晃眼五、六年過去了，他發覺許小姐對他逐漸疏遠，幾經了解，葉老師始知道她已移情別戀，對方為一富家子，雙方攤牌，十年感情告吹。

經過這一個打擊，葉老師覺得昔日的海誓山盟原來只是過眼雲煙，他對男女之愛看淡了。就在這個時候，陳小姐闖進了他的心扉，陳小姐是同校老師，她覺得葉老師教學認真，工作態度良好，二人開始發展感情。陳小姐是個頭腦冷靜的人，她總覺得葉老師的戀愛態度並不真誠，經過觀察、分析、研究，最後決定急流勇退。葉老師呢？再度失戀的他變得更加偏激，他把神聖的戀愛變成報復行為，成為了愛情騙子。

圖19是葉老師的掌紋。他的感情線爆裂，在裂口處出現分叉，顯示他：早年曾因感情關係受到沉重打擊而產生了報復心理，以後談戀愛不真心、不投入，嚴重者以甜言蜜語誘使無知少女上當，成為「偷心」的人。

例20：潛藏內慾的放縱

「起初我只當作是逢場作戲而已。」麥小姐以這一句話作為道出心中煩惱的開場白。

麥小姐，三十三歲，未婚，職業是玩具設計師。

莊尼是公司裏的客戶代表。麥小姐的設計着重於玩具的意念與外形的吸引力，而莊尼則從生產成本來考慮，他覺得麥小姐有些設計的意念雖好，但是工藝複雜導致成本高，為此莊尼好幾次否決了麥小姐的設計，最後終於爆發了「火星撞地球」事件，兩人大吵了一頓。幸好他們都是讀洋書的，情緒發泄過後，莊尼馬上道歉，並邀請麥小姐晚飯。麥小姐欣然接受，她認為莊尼有君子風度，對他產生了好感，過了不久，還跟他上了床，而這就是麥小姐煩惱的開端。

經此一役之後，麥小姐發覺莊尼的影像在她腦海內老是揮之不去，這是一個危險的信號，因為她知道莊尼有個幸福的家庭，如果二人發展下去，她自信可以把莊尼搶過來；但另一方面，她認為自己有足夠條件找到一位更理想的伴侶，條件不會比莊尼差，甚至比莊尼還要優勝，既然如此，自己為什麼要冒着背負被指摘破壞別人家庭幸福的罪名呢？可是，她的心裏又驅不去莊尼的影子！

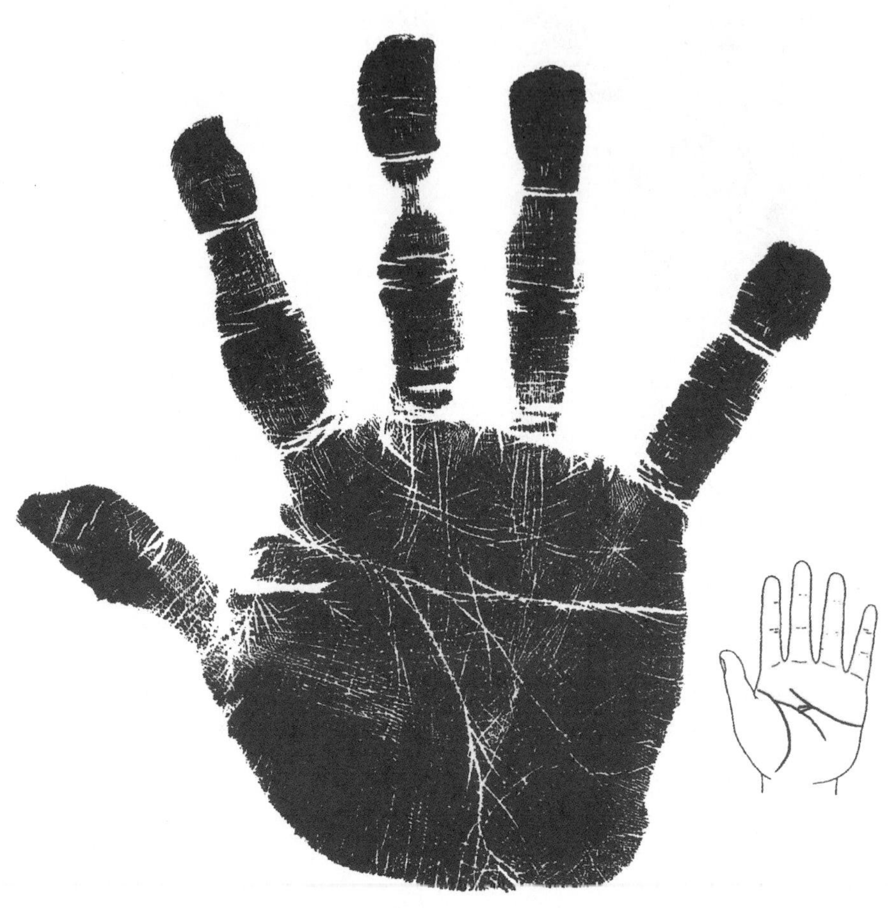

圖20

圖20就是麥小姐的掌印。筆者看了她的掌紋：感情線短促，線尾有一支線插入頭腦線中部，這就是問題所在，這條線紋說明了她具有某種性格。於是我笑笑說：「我知道你不是一個濫交的人，你要的是充滿着羅曼蒂克氣氛的戀情，但是你有一個缺點。儘管你不想隨便跟人家上床，可是當你對某男子產生好感，開始了第一步、第二步，則在一輪熱吻之後，你就會忘記了自己的禁約，並把對方視為熱戀中的愛人，要發生肉體關係了。」

這一番話說得她愣了半晌，臉上流露出「你如何知道」的神色。麥小姐的煩惱不在於她跟莊尼的關係，只要她橫下心來，揮慧劍斬情絲，就可以一了百了，相信莊尼亦不會糾纏。不過溯本尋源，問題在於她把感情推展得太快，其節奏是：慢——慢——火箭。麥小姐承認，她前兩次戀情都是沿着這個節奏發展的，最後是發覺雙方合不來而告吹，導致她要經過長時間來修補內心的創傷。

凡具有圖20麥小姐的掌紋，即是感情線短促、有一支線插入頭腦線中部者，代表其人：

一、要求愛情十分完美，卻又潛藏着肉慾的放縱，可說是具有雙重標準的性格。

二、一旦發生婚外情，便會失去自我控制，致使自己陷入感情痛苦的深淵。

例21：感情自私，着重色慾

圖21的感情線有何特點？大概讀者都可以判斷，這是一條短促的線紋，但是有一點要注意的是，切勿因為此掌闊大而將此線判斷為線紋深刻，其實這是一條又短又淺的感情線。

此掌闊而粗，可知此人性格相當粗獷而且具有霸氣。感情線淺弱代表在感情方面不懂得「花前月下」，而是只着重色慾；加上感情線極短，反映在感情上極為自私。

圖21的掌印屬於梁先生，四十三歲，任職裝修判頭。因為筆者與他相熟，我在搬家時就請他代為裝修新居。有次我看到梁先生的氣色欠佳，顯然是家庭問題。在「三點三」下午茶時間聊起此事，梁先生似有難言之隱，我便把前面那段掌紋向他分析，指出他的缺點。我說他的掌紋顯示他對工作極端負責，工作態度甚佳，但在愛情方面則不敢恭維。

我說：「你對妻子極不尊重，只把她視為泄慾工具及女傭而已。」

梁先生聽了筆者分析之後恍然大悟，他說前妻對他相當體貼，就是忍受不了他的怪脾氣，才決定跟他離婚。現在的妻子也對他時有怨言，他還以為是妻子的問題呢！「看來我要好好地檢討自己了。」梁先生說。

梁先生的掌闊而粗，配上感情線既短且淺，顯示他在感情方面除了自私及極端自我之外，還帶有霸氣，因而忽略了情感的交流和溝通，只着重色慾。

圖21

例22：呼來叱去，彷如購物

圖22掌印中是一條頗為少見的感情線紋，而筆者獲得這幅掌紋之過程，當中有個小故事。

話說當年筆者學習掌相，簡直是着了迷。當學到面相氣色時，恩師着令英才要多觀察、多實習，要達到只須輕輕一瞥就能看出對方臉上的氣色。那麼，有何辦法去訓練這種觀察力呢？筆者找到一個方法，應徵到某超級市場當收銀員，當顧客付款時，筆者先看他一眼，腦子則在飛快地打轉，然後在找續時再看顧客一眼，覆核有否錯漏。為此，筆者在超市工作了幾個月，認識了同事趙小姐，三兩年後再遇趙小姐，她已榮升為主管了。

圖22就是趙小姐的掌印。這是一條短促的感情線，特點是線尾呈現雲片狀，彷似一條條短線反覆向上迭升。趙小姐相貌娟好，頗有幾分姿色，她的身邊經常出現不同的男士，不過趙小姐對他們若即若離，在接聽這些男士的來電時，有時很不客氣地斥責，有時卻又會嬌滴滴地主動邀約對方。同事們都說趙小姐「高竇」，筆者卻知道原因所在，否則說不定也會成為她裙下之一分子了。

趙小姐這條感情線紋是孔雀狀之一個例子，在感情方面只顧自己，需要時索取，不需要時不瞅不睬，毫不理會對方的感受，對情感的事情視如到市場購物，有需要就買回家，不需要就不屑一顧。這也是一種自私的符號。

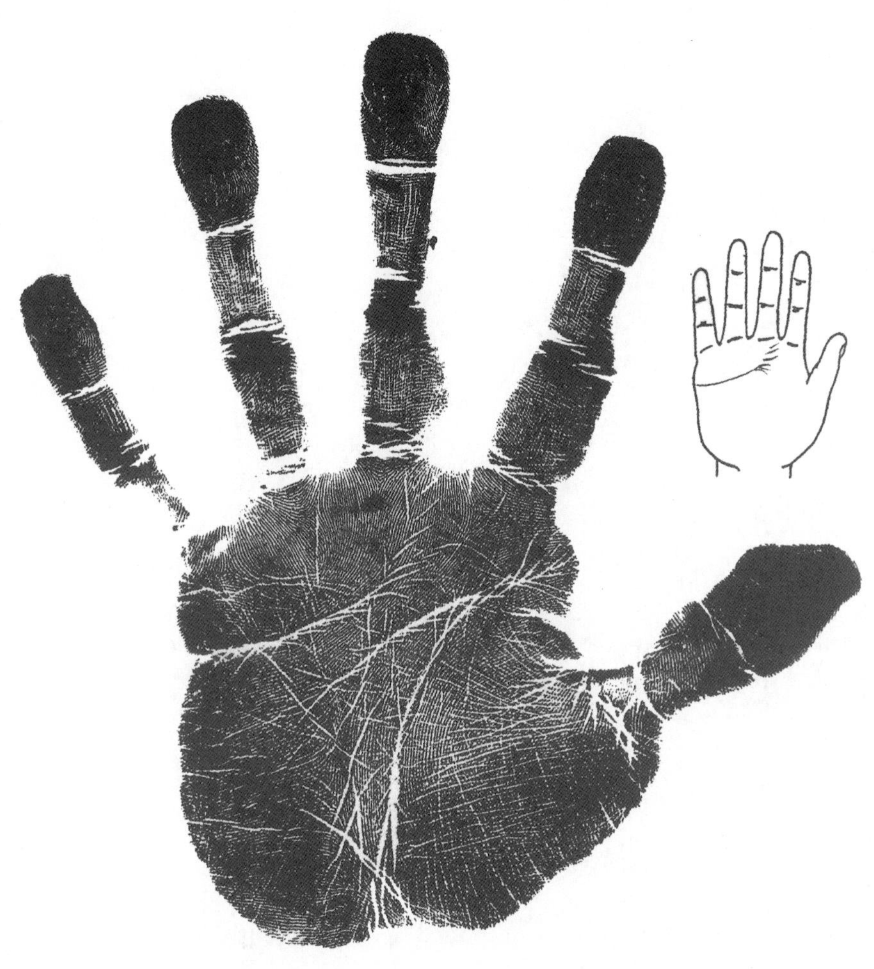

圖22

例23：為追求物質而擇偶

例19分析了一條爆裂後分叉成一上一下兩條線紋的感情線。此例也是一條爆裂的感情線。凡先天掌感情線爆裂，必主青少年時有一段傷心史。

圖23的掌印屬於黃小姐。黃小姐這條爆裂感情線是她在童年時喪父的記號，她跟父親的感情很好，父親過世，她的感情線就爆裂開來了。黃小姐出身於草根階層，喪父之後，一家生活靠母親獨力支撐，物質生活當然很缺乏，眼看着同齡的小朋友穿新衣、買零食，黃小姐心裏十分不是味道。中學畢業後，她幸能當上一名文員，第一個月發薪水，她就瘋狂購物，大包小包的拿回家去，幾乎分文不剩，給母親罵了一頓，規定她以後每月上繳若干作家用。

香港的白領麗人不少是表面互相攀比，而背地裏冷言冷語。黃小姐一向就有強烈的物質慾望，有限的收入不能滿足她的需求，只有求之於外，於是她在十九歲時就嫁給比她大十三歲的男子，對方是一名高級技工，能夠滿足她的物質慾望。結婚三年後，黃小姐就發覺雙方在性格、品味等方面都有很大距離，再拖了三年，便以離婚告終。

凡是感情線開端爆裂，必主童年有傷心事，同時兼會是家庭複雜或出身寒微。若加上感情線短促而指向中指，或者像黃小姐的感情線般到達中指之下的土星丘，便屬於為追求物質而選擇配偶，姻緣必不佳。此類掌紋的人不宜早婚，因心智未成熟也。

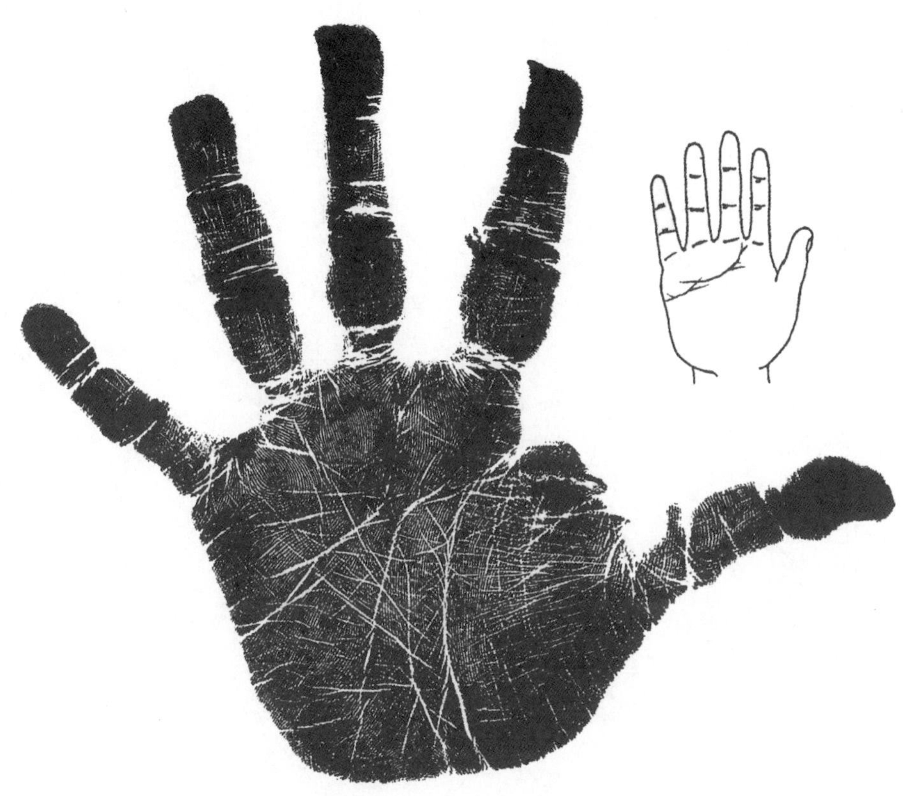

圖23

例24：戒絕色心，定有好報

圖24的感情線直而短，而且線紋由深轉淺（感情線由掌邊作為起點），終點勉強到達中指對下。這是筆者蒐集到的真實掌紋之中最短的感情線，不僅罕見，而且頗具代表性。

此圖的掌印屬於雷先生，已婚，三十八歲，職業是推銷員。雷先生的外表老實，但是一看他的掌紋，我已經了解到他的性格。我表現得蠻有興趣地追問他的戀愛史，雷先生敷衍說，香港的男女離不開那一套：結識後通了電，情愛日增，待到經濟有基礎時就安排婚禮。如果他是筆者的客人，我絕不會戳穿他，但他是筆者的學員，而且還有求於我，於是我就不客氣了。我說：「恐怕是奉子完婚的吧！」說得他臉孔脹紅。

我進一步說：「對於家庭，尤其是對你的妻子，你只是基於責任。不過你有一個可取之處，就是服膺於社會公認的道德規範。」講到他將來會否有成就，我的答案只是一句話；「戒絕色心，定有好報。」

具有圖24雷先生的線紋者，特點是：

一、情感冷酷，缺乏愛心；若加上線紋由深轉淺，更是刻薄寡情。

二、內心缺乏情愛，這類人很難用情感來軟化他，他們有的只是野性的色慾。

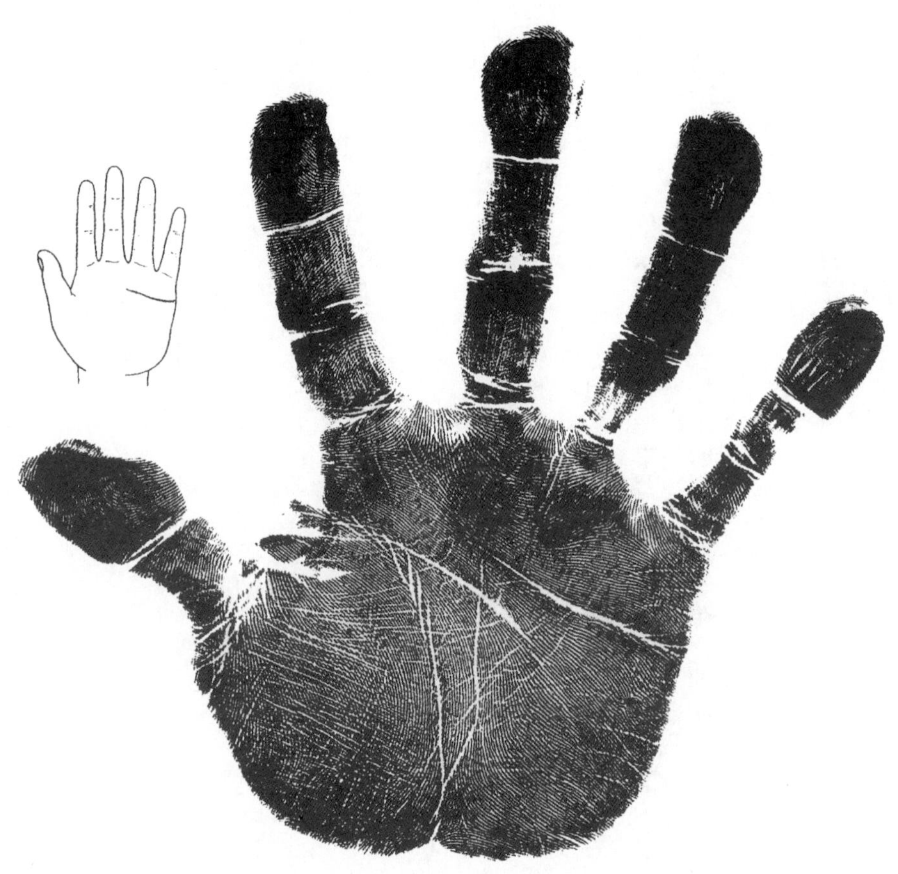

圖24

例25：感情善變，沉迷煙花

前面介紹了一系列的短促感情線，這組線形差不多是短線的典型了。在結束短線系列之前，這裏介紹一條頗為特別的線紋，特點是「你中有我，我中有你。」

這條感情線長度極為標準，線上沒有太多破壞符號，這不是一條理想感情線嗎？細心的讀者可能會看出端倪，覺得似乎不大對勁。能產生疑問的讀者有福了，因為你已經懂得推敲、對比的道理。此線的最大缺點是粗闊而不夠深刻，缺乏理想線紋應有的清且秀的要求。

圖25掌印的主人翁是林先生，三十八歲，未婚，職業是電子技工。林先生是筆者的學員，對掌相很有興趣，讀完一個課程之後又重讀，他表示重讀可以深化理解，更重要的是，他深感筆者課程的解說並非刻板的、一成不變的，以上課為樂。儘管林先生樂於支付學費，但對生活卻是十分克己，甚至可說是十分孤寒。為什麼林先生如此孤寒？這是他聽到了我的教誨之後幡然覺悟的表現。我曾對他說，十分欣賞他的專一學習態度，如果他對感情的事也能如此投入，必能在事業上取得更大成就；小林答稱說，若他把過去到訪煙花之地所花費的金錢積存起來，相信足以購入一層豪宅。

圖25林先生的線紋特點是：

一、感情善變，喜怒無常，有神經質傾向。

二、桃花極多，偏桃花尤甚，易沉醉於煙花之地。

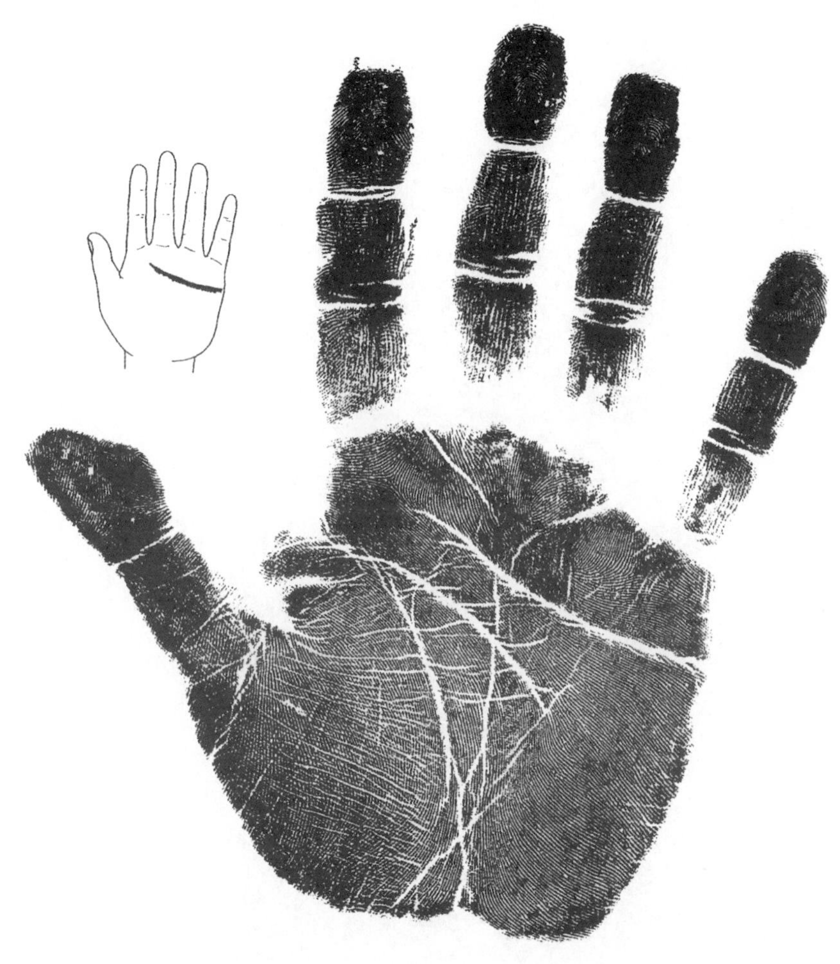

圖25

感情線斷口

例26：有大斷口，分手決絕

有人說愛情是盲目的、自私的，是絕對的佔有。英才不打算在這裏對愛情觀說三道四，在這個例子中只是講述一個故事，並非推銷上述的論說。

鄧小姐，三十八歲，職業是化妝師，曾兩次離婚。圖26是鄧小姐的掌印。她具有雙重感情線（雙重感情線的特點將在後面介紹），這裏着重的是她的感情線（上線）出現大斷口，斷口的危害性十分嚴重，即使感情線清秀亦於事無補。斷口代表分離，若是斷口細，有藕斷絲連之含義，甚至可以重拾舊歡；若是斷口大，分手時一刀兩斷，十分決絕。另外，斷口出現在後天掌（右掌），多主婚姻失敗；若斷口出現在先天掌，則不能作離婚判斷。

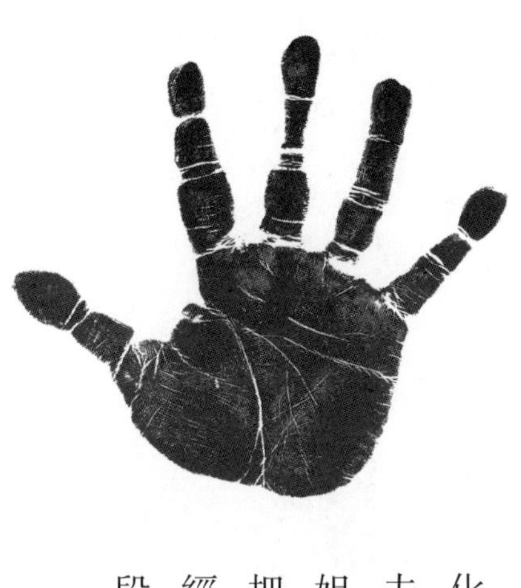

鄧小姐的第一任丈夫是公務員，入息一般。當鄧小姐掌握到化妝業務的竅門，也累積了一定的客戶，便自行創業，收入比丈夫高出許多，家裏許多開支都是鄧小姐掙來的錢支付，雖然鄧小姐絕不以此炫耀半句，可是她的丈夫卻耿耿於懷，後來發展到他把她的關心視為鄧小姐對他以上凌下，以致時有爭吵。鄧小姐幾經解釋也無法消除他的自卑感。經過友好勸解，兩人協議分居一段時間。

在分居期間，鄧小姐想盡方法去彌補誤會，但是她的高收入

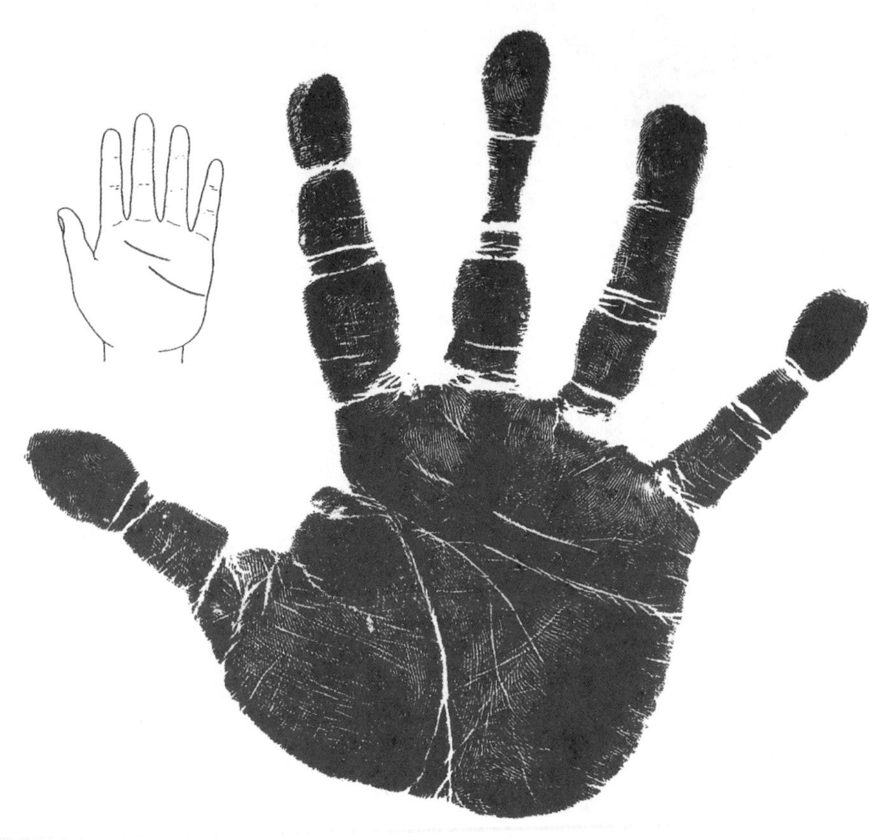

圖 26

是事實，除非她為了愛情而犧牲物質生活，但鄧小姐沒有那麼「偉大」，這段婚姻於是以離婚告終。

鄧小姐的第二任丈夫是她的顧客的男性友人B君。當時鄧小姐已為B君的溫文爾雅而傾倒，所以鄧小姐很快便投入B君的懷抱，但第一次婚姻失敗使鄧小姐暫時只願共賦同居。

其實B君的行為舉止比較女性化，不過鄧小姐具有大家姐風範，對此不以為然。然而，鄧小姐不久卻發覺B君的床上表現有異。鄧小姐曾經質問B君，盤問他的性經驗，卻得不到滿意的答覆。

經過明查暗訪，鄧小姐始知B君是雙性戀者，在同性戀中，B君是充當女性角色。某天晚上在鄧小姐的詰問下，B君坦言自己真心喜愛鄧小姐，他也盡力發揮男兒本色，無奈他只與同性戀人一起時才能得到最大滿足。鄧小姐認為這是詭辯、是謬論，她無法接受這個事實，決定與B君一刀兩斷。這次痛苦的遭遇就在鄧小姐的感情線留下一個大斷口，顯示分手決絕。

有關同性戀的掌紋表現，將在後面介紹。

例27：斷口較窄，問題已久

有一首俄羅斯歌曲《求你晚一點動手》，歌詞內容是一位少婦知道丈夫想殺死她，她哀求丈夫等到更深人靜時才動手，「不要把孩子們從夢中驚醒」。如此委曲求全，也許是上世紀的事情了。今天的香港，女性都能獨立謀生，還有沒有打老婆的事情？聰明的讀者自然知道英才此一問是有的放矢，必然答：「有！發生在知識淺薄階層。」英才曰：「非也！發生在知識分子階層。」

譚小姐，三十八歲，已婚。譚小姐師範學院畢業，現職小學教師。她的丈夫也擁有大專學歷水平，但是脾氣暴躁，在辦公室受了氣卻在家裏發泄。譚小姐一味忍讓，一方面是為人師表，不想鬧離婚；另一方面也為了一對兒女着想，不想家庭破裂。不料她的丈夫愈鬧愈兇，竟動了手，經過親戚友好為她冷靜分析，譚小姐意識到過去的忍讓是過分的遷就，在丈夫仍然死不認錯的情況下，她終於恨下心腸提出離婚。

圖27是譚小姐的掌印。她的感情線同樣出現斷口，但斷口不如圖26的距離那麼遠。凡是斷口較細者（上、下線比較接近），反映此次感情決裂是問題存在已久，多年來解決不了始以離婚告終。斷口之後感情線仍清秀完整，反映譚小姐雖遭挫折，但仍保持正常之愛情價值觀。

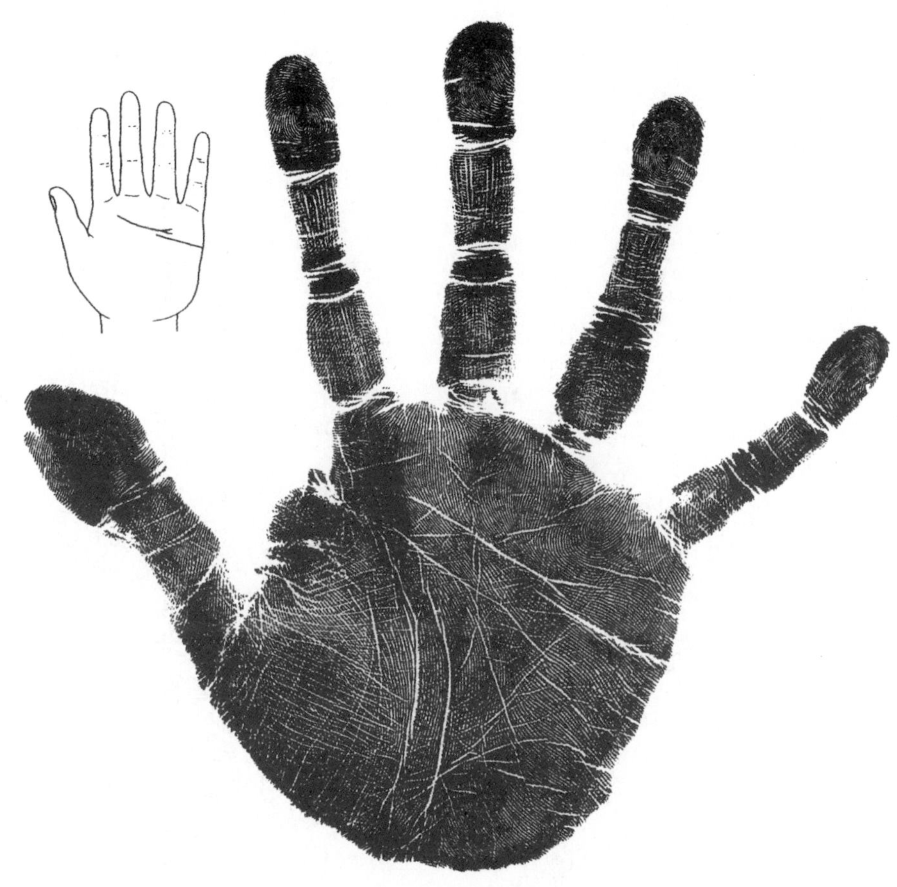

圖 27

例28：藤蔓相連，糾纏不清

感情線如有斷口，視乎出現在先天掌或後天掌，若出現在後天掌，其影響是頗為嚴重的。此例圖28的斷口則是出現在先天掌（左掌），雖然也是代表分離，但其嚴重程度比後天掌為輕。另外，這幅掌印還有一個特點：斷口處有細線相連，說得好聽是藕斷絲連，其實這是雙方在分手之後仍然「剪不斷，理還亂」。本門的觀點認為，一切問題均植根於當事人的性格，如果是優柔寡斷的人，縱使分手之後仍是情意結未解，以為對方還是愛自己的，因而墮入自己欺騙自己的深谷，不能自拔。所以，斷口處若出現幼線連接，不論斷口大或小，均可判之為：藤蔓相連，糾纏不清。

圖28的掌印屬於潘小姐，二十八歲，公務員。潘小姐十八歲唸完商科就投身公務員行列，當時電腦剛興起，她就上夜校學習電腦，認識了一位男同學成先生。上夜學的女生有兩類，一類是羞怯怯的、自我保護意識很強；另一類比較開放，不拒絕與異性交往。潘小姐屬於後一類，她在放學後與成先生乘搭同一路線巴士，於是就熟絡起來。成先生是美術設計員，不修邊幅，不拘小節，頗有點藝術家氣質。潘小姐不以為忤，反而接受了他。

潘小姐學習電腦是用於文書處理，當她知道成先生卻是想把電腦引入美術設計，這在當時是頗為新鮮的概念。於是她在下班時去到成先生家中觀看他的操作示範，兩人的感情突飛猛進。某年在一次聖誕舞會之後，潘小姐獻了身。

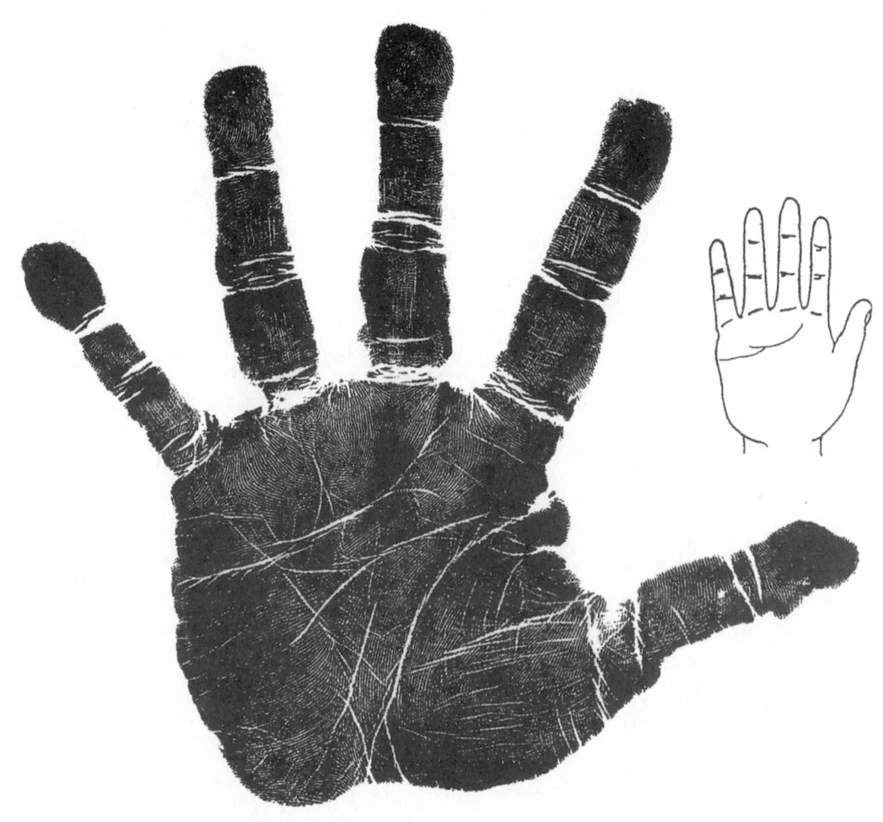

圖 28

不多久，潘小姐就意識到自己投入得太快了，她發覺她的性格與成先生是兩極。她自己是個比較活躍的人，阿成卻有點內向，兩人拍拖時，她自己滔滔不絕，而阿成則默默無言，有時反問阿成一句，阿成彷似魂遊太虛之後突然夢醒，答不出話來。二人郊遊時，阿成總是挑選一處樹蔭，攤開他的速寫板，一畫就是一兩小時。過去阿成畫速寫時，潘小姐在旁邊吱吱喳喳地發問，阿成還會答腔。可是現在，他好像身旁無人似的，「好似我是不存在」——潘小姐這麼想。於是她以雙方性格不合提出分手，阿成勉強答應了。分手之後，潘小姐似乎找不到一個合適的男友，心裏老是惦念着阿成，便忍不住撥通了電話：「阿成，你近來怎樣？」話筒裏傳來阿成囁囁嚅嚅、不徐不疾的腔調，似乎沒有什麼事發生過。「他還是愛着我。」潘小姐又是這麼想，於是她又投進阿成的懷抱，可是……。

「阿成是否還愛我呢？」潘小姐向我提出疑問。我的答覆很簡單：從掌紋來分析，潘小姐是作繭自縛。幸好她遇着阿成這麼一個敦厚青年，如果遇上一個情場浪子，潘小姐早就肝腸寸斷一遍又一遍了。至於以後的遭遇，在於潘小姐能否接受阿成這類「藝術家性格」的人而已。

例29：斷口有線，有苦難言

我在前文一再提及，線紋的走向稍有不同，所反映的情況便完全不同，觀察時如果粗心大意，就會作出錯誤的判斷。

有一次，一位女學員拿着圖29的掌紋來對我說，這是她一位頗為熟絡的朋友。從圖中感情線的走勢來分析，只能模棱兩可地猜測到一部分，結合到她所知道的事情，總是覺得有點不對頭。我認為這是一個頗佳的例子，便叫學員邀請她來當實習嘉賓，讓大家增長知識。

圖29掌印的主人翁是羅小姐，二十三歲，她知道在我的課堂是有話直說，她亦坦承任職卡拉OK公關。其實不論是實例嘉賓或客人，說話坦率對他們本身大有好處。不過有些客人總是吞吞吐吐，既然他們有禁忌，我在分析時便難免有所保留，免得傷了對方的自尊心，到頭來吃虧的只是客人自己，我收取的相金是沒有折扣的。

羅小姐作為嘉賓說話沒有保留，我也就直接指出她正在承受精神上的最大痛苦，她與她同居男友的關係是既愛又恨，心裏作過一刀兩斷的打算，但總是不忍宣之於口（或者是捨不得採取行動）。然而最痛苦的，莫過於她不敢將這件事與第三者商量以取得客觀的意見；相反，兩人在朋友面前仍裝作恩愛親密。英才的

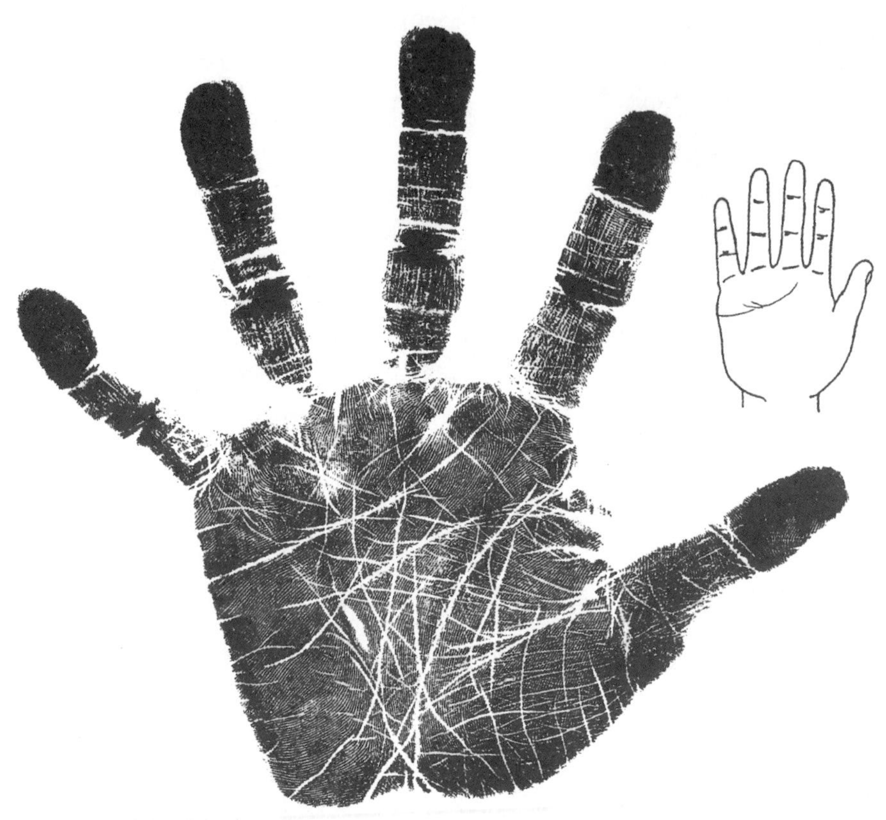

圖29

一番話使羅小姐聽得淚盈滿眶。我的女學員也就是她的朋友恍然大悟地說，難怪總是參不透其中玄妙了。

羅小姐原本任職文員，數年前與女友同遊長洲時，在渡輪上認識了現在的同居男友陳君，他是與一位美國華僑同行的。陳君英俊的外貌及彬彬有禮的風度很惹得羅小姐的好感，於是四人結伴同遊。不久他們二人就談起戀愛，尋且談婚論嫁，但當時陳君正在辦理移民美國手續，一旦結婚就會失去優先處理的優勢，變成了已婚人士，需要重新排期。他答應到達美國領得綠卡後，便立即回港跟羅小姐結婚，然後申請妻子到美國團聚。羅小姐很愛陳君，不惜一切，先行同居。

二人同居後，她發覺陳君優點很多，就是有個缺點總是改不了——爛賭，而且是獨沽一味賭「沙蟹」，他發起狂來一個晚上會輸掉兩三萬元。有一段時期陳君的賭運很差，不單輸光了兩人的積蓄，還欠下巨款。羅小姐在走投無路之際，只有轉職卡拉OK公關，借糧還債，當中辛酸難為外人道。現在陳君已取得移民簽證，赴美在即，到底是一刀兩斷還是嫁雞隨雞？羅小姐實在難以抉擇。

羅小姐的感情線的特點是斷口非常狹窄，雖是出現在先天掌，傷害性沒那麼嚴重，但斷口處歧生出兩條支線，顯示她埋藏着一個秘密；換句話說，就是分離與否難作決定。

請記住，在手相學上，線紋斷口要求清脆，如在斷口處出現線紋，大多數具有難言的苦衷。

例30：斷口破爛，線尾流蘇

某天下課之後，英才正在收拾講義、資料之際，內子說：「表姨的女兒阿芳來電，請求你為她的男朋友看相，看此人是否可託終身。」我對內子說：「如果是為阿芳看相，親戚關係當然不應收費；但對方只是親戚的朋友，我哪來這麼多時間應酬呢！」內子說：「阿芳也是怪可憐的，她難得找到個理想的對象，可是此人有些問題，使她心裏十五十六，下不得主意。」筆者念及童年時表姨對我的疼惜，我才讓內子斟酌哪一個班需要實習嘉賓，便請阿芳的男朋友到場。

盧先生，三十二歲，任職推銷員，一表人才，是拚搏型人士，怪不得阿芳對他心儀不已，但當他的掌紋一經拓印出來，我卻為之皺眉。

圖30就是盧先生的掌印。他的先天掌（左掌）的感情線出現狹窄的斷口，顯示他曾經失戀。斷口的狀況反映當事人在經歷巨變之後，能否經得起打擊，是否會出現後遺症。如果斷口乾淨利落則無問題，可是盧先生的斷口處破爛不堪，加上線尾出現流蘇，問題就大了

當日我把此事擱下不講，因為那天的課程是討論事業線，盧先生事業的疑難是公司的人事問題和他的晉升前途，我為他一一分析，此處不贅。

翌日，阿芳專程到訪，筆者想起少年時我們一班男仔頭欺負她的情景，不禁會心微笑。阿芳着緊地問我對盧先生的看法。我說他曾經失戀，那次失戀對他的打擊很大，以致改變了他的人生態度。於是阿芳講出盧先生的往事——

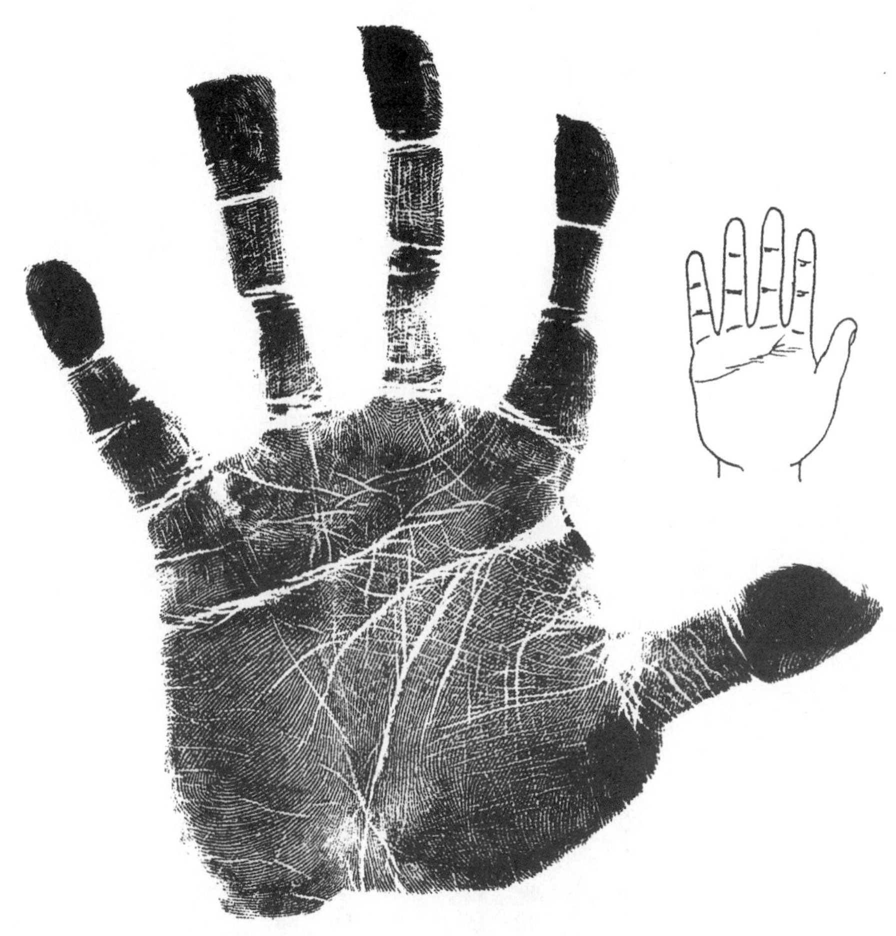

圖30

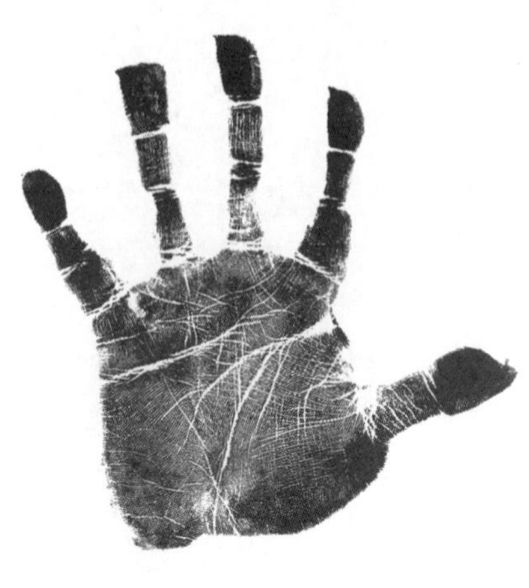

話說盧先生當年有一親密女友，雙方在銀行開設了聯名戶口，盧先生把畢生積蓄都存進去，準備買樓作為兩口子結婚後的新居。過了若干日子，他的女友突然向他攤牌說，她要移民加拿大，銀行存款已被她挪作投資移民之用，日後定然償還云云，以後就拒絕跟盧先生見面或通話。盧先生明查暗訪後，獲悉女友是被他的老友撬走了，此人頗工心計，藉着上世紀八十年代末期移民美加成為香港人仰慕之前途，便以移民作餌搶走盧先生的女友。遺憾的是，他的女友竟席捲二人聯名戶口的所有存款，不顧而去。

此時輪到我說話了。我說，盧先生的經歷給他留下極大創傷（感情線裂口破爛），問題在於他如何對待今後的人生。從他的感情線出現流蘇來看，這幾年他是抱着遊戲人間的態度來對待女朋友，並不認真，他認為與其讓自己痛苦，倒不如讓別人傷心。我對阿芳說：「這件事只能由你自己決定。」因為感情問題十分複雜，我常常告誡學員：第三者切勿當評判員。阿芳鞠躬而退。

過了一段日子，內子告訴我，阿芳堅持留在盧先生身邊，願用真愛來感動他。

例31：報復心重，紅杏出牆

某天，一位調皮學員突然問我：「李sir，我老婆經常出夜街，鬼鬼祟祟。請問，紅杏出牆在掌相上能否看出來？」我答：「當然可以！下一課請你帶同太太來課室，讓我給你指出來。」一堂惹來哄堂大笑。另一位學員還建議，全班同學科款給他買一頂綠帽作為下一堂的禮物。

笑聲過後，我正容向學員們告誡，我不主張把課堂的氣氛搞得近乎嬉戲，因為我輩中人容易看出人家的私隱，若言詞過於輕佻會惹來很大的反感，所以我希望大家習慣於收斂含蓄。

提到紅杏出牆——正確點說應該是婚外情，這樣就包括男與女，在掌相上是如何表現出來的呢？於是我翻出一份資料為學員們講解。

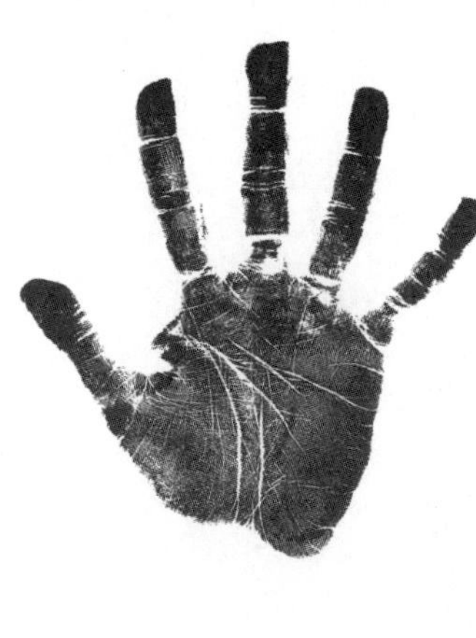

杜女士，四十七歲，家庭主婦。杜女士在十八歲時出嫁，原因很簡單，父親生意失敗，把女兒嫁了出去，家裏少養一個人，還可以收取禮金以應燃眉之急，日後還要仰賴親家照顧照顧。杜女士生來珠圓玉潤，家姑說她好生養，便把她娶了過來。丈夫是應父母之命娶她為妻，夫妻兩人毫無感情，婚後也始終培養不出感情。杜女士入門之後屁也沒放過一個，家姑自然在親友面前冷言冷語，她的丈夫更是明目張膽地在外邊搞三搞四，甚至築起外寓，如果外寓懷了孕，杜女士的地位就保不住了。由於外家要倚賴婆家的生意照顧，杜女士只有忍氣吞聲，

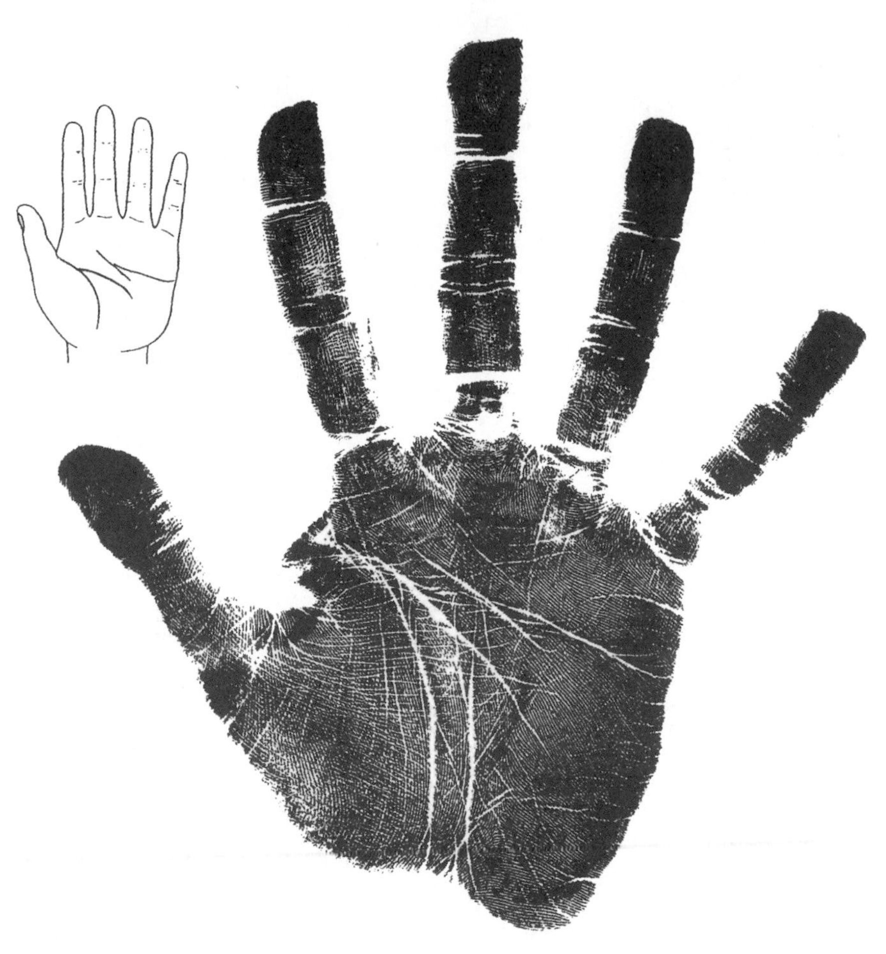

圖31

委曲求全，如是者捱過了七、八年。

杜女士有位當護士的小姑，她的醫學知識給杜女士幫了個大忙。在她的一再建議之下，杜女士夫婦去做了生育檢查，結果證明杜女士的生育機能良好，問題出在她的丈夫身上，精蟲短缺，何能生男育女？到了這個時候，杜女士始能吐出一口冤氣，公婆亦改變了對杜女士的看法。

十年前，杜女士家公年紀大了要退休，便把家產分給兒女，杜女士夫婦除了分得不動產之外，還分得一間洗衣店。可是她的丈夫身體虛弱，顧不上店務，還要在外邊胡混，杜女士屢勸不聽，一怒之下，便實行大報復……。

學員們聽得津津有味，忙問如何看得出來。

圖31是杜女士的掌印。感情線斷口除有闊窄之分之外，還有上下之別，絕大高分都是斷口之後感情線生長在上面，但杜女士的感情線斷裂之後則往下生長。凡在斷口之下出現延續的感情線，有兩重意義：

一、報復心重，平時隱藏，不露形迹，但在感情受創後，遇上時機即進行報復。

二、背着配偶與第三者來往，有些人只是尋求心靈慰藉；若是頭腦線深刻如同此圖，則肯定與第三者有肌膚之親了。

例32：性慾強盛，不肯結婚

「卻笑他紅塵碧海，多少癡情種，離合悲歡，枉作相思夢。參不透，鏡花水月，畢竟總成空。」這半闕《誤佳期》已記不起是從哪兒抄下來的。當年囫圇吞棗，跟着人家鬧「癡情」——實質上是一廂情願，自以為是失戀，尋找那瘋瘋癲癲的詩詞摘抄下來。現在翻找出來，正好為本篇的主人翁下注腳。

有些人多情癡纏，有些人寡情薄倖，有些人無膽入情關，這三類人在掌紋上都有所表現，並且在前面都介紹過了。此例要談的是第四類人，這類人是淺嘗即止，隨遇而安，卻不敢承擔戀愛的責任。不要以為這是某些男性遊戲人間的心理，一些女性也是如此。鍾女士是其中一例，四十三歲，任職保險經紀，與人同居不下五次之多。

我在前面講過，有些感情困擾的現象每每被人們胡亂推論，説三道四，社會學家則一一羅列，聽得人頭昏腦脹，但當案例由相學家進行分析，則毫無神秘可言，而且我們的結論與心理學家的結論大致相同。此無他，有些人生來的生理與心理確實與社會公認的規範有所不同，若以常人之眼光來看就認為這些人別具一格，他們只是沒能認識到這些特殊人物確是有特殊的生理或心理，好像鍾女士那樣，她可以同男性相好，可以共同生活，卻是始終不願結婚。

鍾女士出身於破碎家庭，他的父親收入不高卻在外邊胡混，還經常打老婆，這些行為在鍾女士的心靈上留下陰影。她同情和愛護媽媽，害怕結婚。她年輕時也曾戀愛過，由於生理上的反

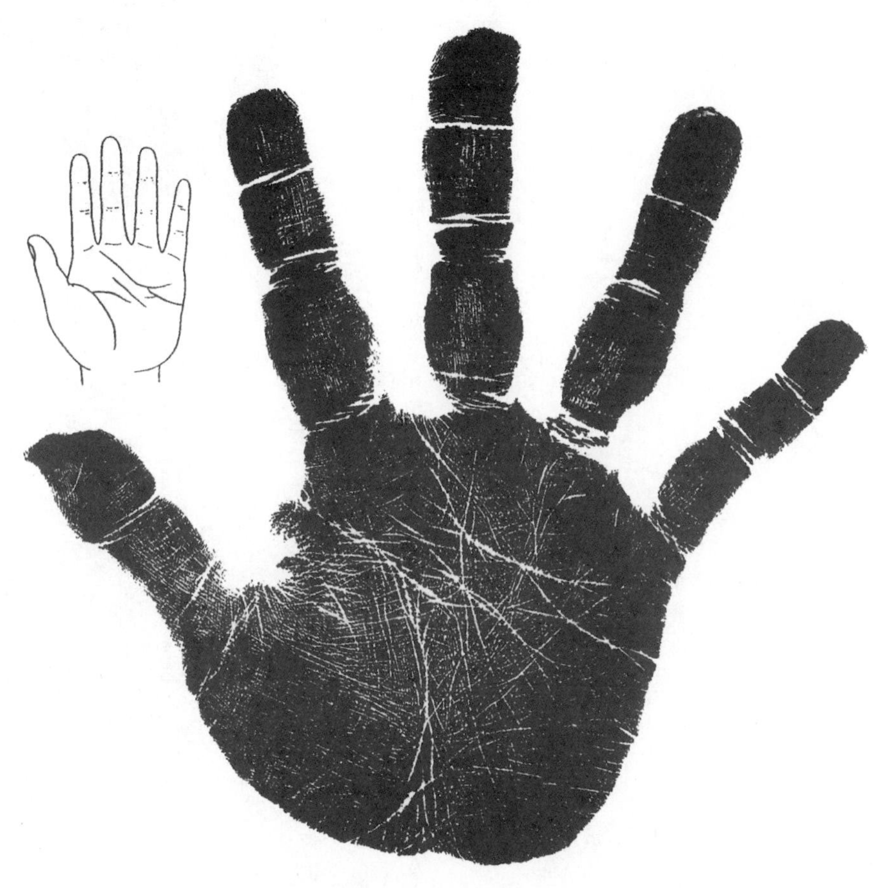

圖 32

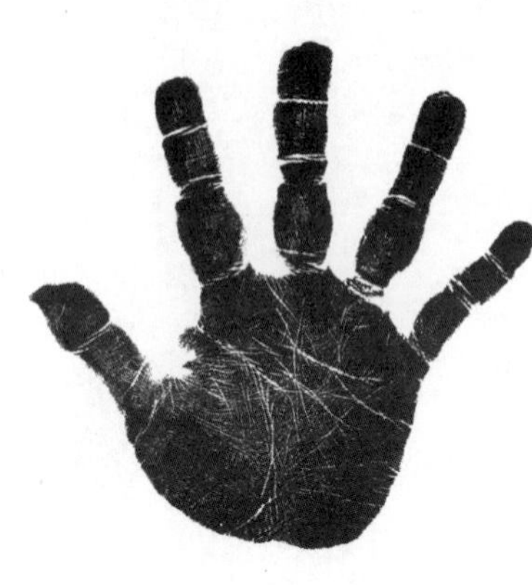

應，也不拒絕與心愛的男人上床，但是一談到結婚，她就有恐懼感，寧可同居。有些男子以為同居一段期間就可以軟化她的心腸，不料一提到結婚，鍾女士就很反感，有兩次就是因為這個問題無法談下去而與男友破裂。還有一位男友跟她同居三年，相愛很深，該男子被拒婚後割脈，以死懇求，但鍾女士仍不動心。

鍾女士的掌印是怎樣的？請見圖32。她的感情線和頭腦線均見斷裂，這是心靈破碎和心灰意冷的表現；此外，感情線兼有破碎、淺弱的特點，而且呈現弧形，線尾又指向食指與中指間之指縫，是正常感情線的長度。此種線狀而是表示抱着緣來緣去，具有「既來之則安之」的心態。

本來這類線紋亦會拒絕男性之追求，不過鍾女士的感情線尾在指向指縫時出現大分岔，顯示她性慾強盛，故肯接受同居，但不結婚。感情線主紋的邊緣破爛，反映她與同居男友多口角，所以多次以吵架收場。過去的婦女在經濟上欠缺獨立，所以很少有這種線紋。

例33：兩度喪偶，心結難解

圖33是一幅相當特別的掌紋，感情線爆裂一分為二，一上一下，而頭腦線也是爆裂為二，一左一右。

起自掌邊的感情線，淺弱破碎。如果不是看過前面九十多條感情線的形狀、位置，相信初學者無法斷定它是主線。爆裂之上線也是植基於水星丘，須注意的是，此線也是在疲弱破碎之中出現斷口，位置是在無名指對下。全條感情線破碎，反映其人在感情方面屢遭挫折，這樣的線狀如果出現斷口，即是說不一定需要顯露出爆裂，已可斷定其人有喪偶之痛。由此推斷，第一個爆裂已是喪失了一位親人；至於無名指對下之斷口則屬第二次，可說是經歷雙重打擊了。

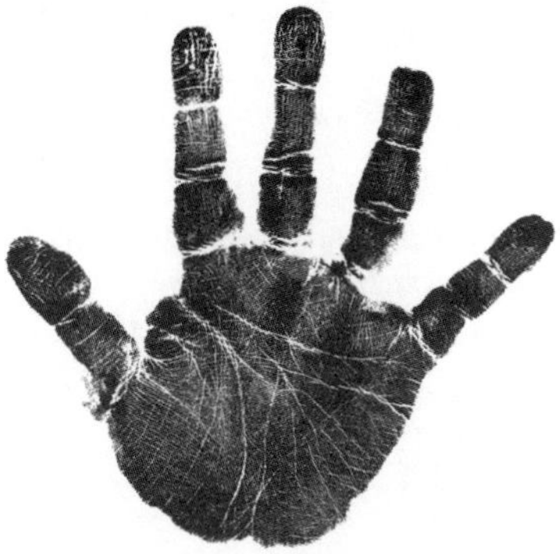

感情線有此線狀，如果頭腦線清秀，腦袋的清晰思想還能發揮一定作用，可惜的是，當事人的頭腦線爆裂，即是缺乏正確分析能力，簡而言之是對感情死了心，尤有甚者，其人的手指頭出現雜紋，以拇指、食指、中指至為明顯，無名指、尾指次之。凡指頭見雜紋者，均代表思慮過多、心煩氣悶。

圖33掌印的主人翁是袁女士，五十三歲。袁女士在事業上相當成功，在一間甚具規模的銀行任職經理，可是在婚姻方面就很不如意了。在她三十三歲時，她的第一任丈夫在海外因車禍喪生。袁女

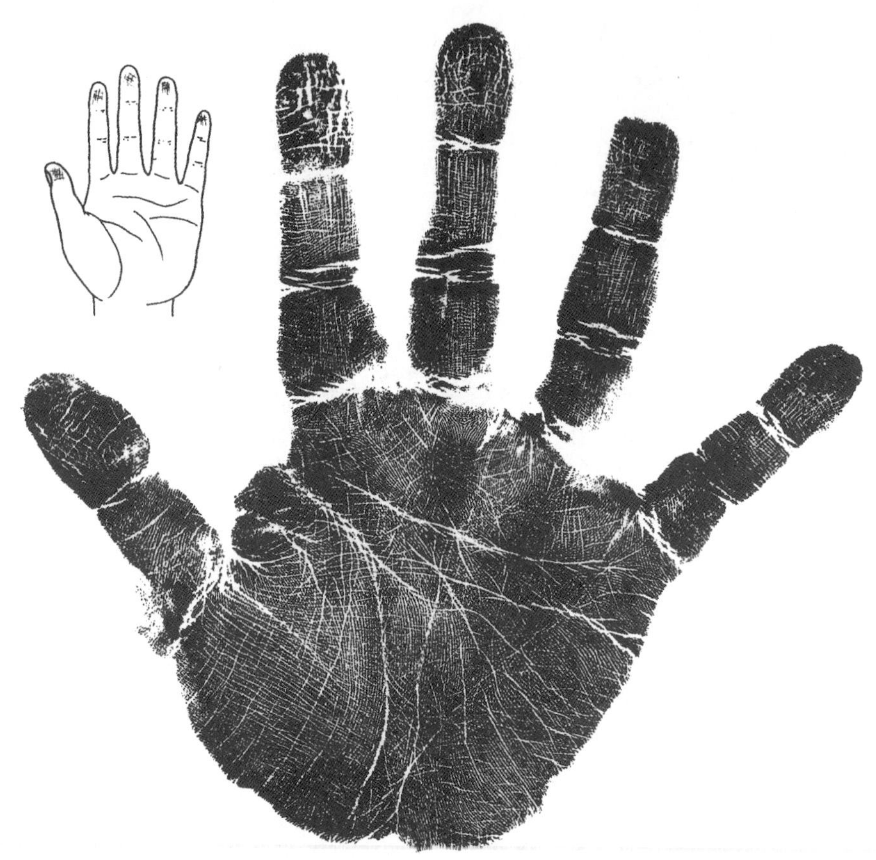

圖33

士時值盛年，事業又蒸蒸日上，很快又重披婚紗，不料五年後，一向身體健康的第二任丈夫心臟病發，猝爾謝世。這次意外給袁女士的打擊不單是事出突然，兩次喪夫更使她懷疑自己是否有剋夫命，這件事一直困擾着她，成為十五年來心中一個死結。

袁女士來找我正是想解開這個死結。原來她在四、五年前結識了一位男子，比她年長，也是中年喪偶。對方有一兒子，已被送到外國讀大學。雙方的職業、地位相近，性格相合，對方亦有意續弦，極力追求；袁女士反而更加恐慌，問計於筆者。

我對她說：「在相學而言，所謂剋夫也者是指二人性格不合而已。至於『劏豬凳』之說，相學上是有的，但閣下並非此類人士，大可放心。閣下的心結源於你自己作繭自縛，心事放不下，難免杯弓蛇影，如此而已。」

例34：喪偶之後，心如止水

感情線斷口出現在後天掌（右手）已屬不吉。若斷口大，延續之感情線升高，從尾指下之水星丘蜿蜒前伸，而且線紋短而疲弱，則當事人之心情已到達「心如止水」的程度。

一九九七年初，筆者應邀到加拿大勘察風水，結交到任職飛機工程師的岑先生。岑先生四十歲，旅加多年，兩名子女均在加拿大出生。我為岑先生的店舖勘察完畢之後，由他載我到他的家中小憩，筆者再打開羅盤察看其家宅情況，推算之下，主人房於一九九五年五黃星到床位，配以外邊巒頭帶煞，當年家中必見喪事，細問之下，原來是岑先生的太太患癌症過世。

細看岑先生之掌紋，此事對他的打擊很大。原來岑氏夫婦是青梅竹馬的戀人，兩人十分恩愛。日間岑先生上班，太太則打理餐館，不料岑太患上淋巴癌，病情猝爾惡化，匆匆棄世。岑先生說他打算把餐館交給親友打理，自己騰出時間照顧一對兒女，絕無續弦之想。

圖34是岑先生的掌印，他的感情線斷口大，斷口線如此升高，顯示他曾經受過非常劇烈之打擊，多為喪偶之痛。隨後之感情線疲弱，反映他「曾經滄海難為水」，無心再涉情場，不論旁人如何勸慰均無作用，徒費唇舌而已。

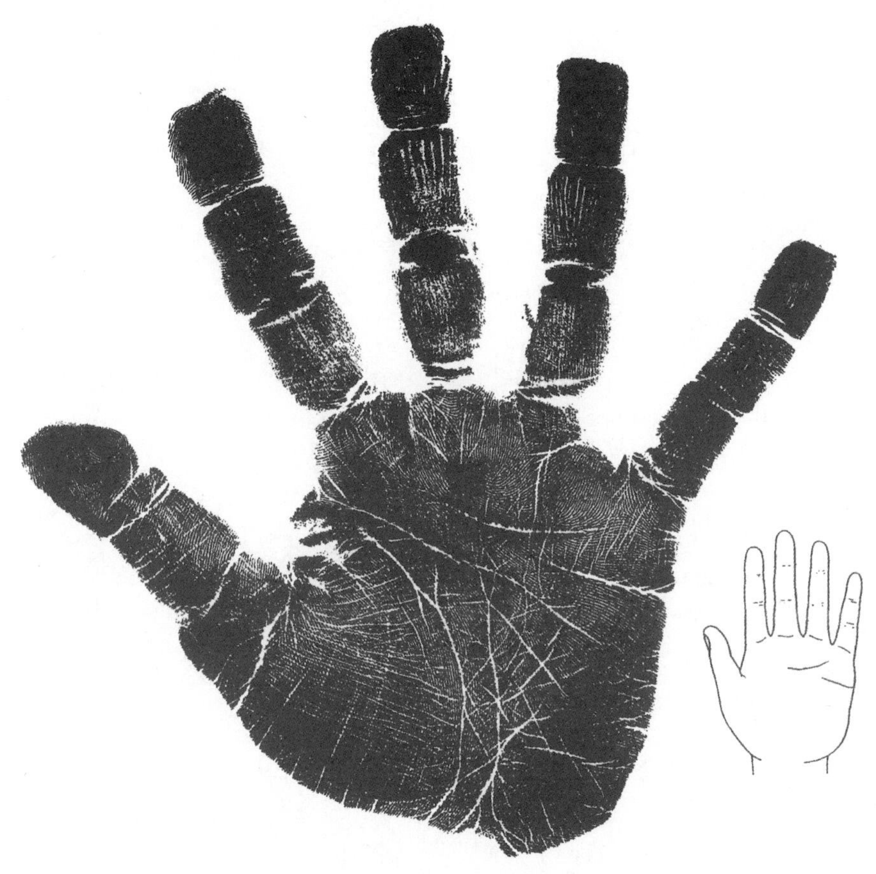

圖 34

例35：曾經滄海，自殺傾向

「竹影掃階塵不動，雁過潭底水無痕」，這是筆者送贈給一位客人的詩句。看過她的手相後，正是：余欲無言，她的複雜心情我是了解的，與其漫無邊際地勸慰幾句，倒不如送贈兩句禪詩讓她細細品味。

歐陽小姐，三十九歲，任職秘書。圖35是她的掌印，她的感情線斷口大，斷口線上升，出自水星丘，S形小走一段再斷一橛，中段以後的感情線疲弱細碎。這個情況跟圖34可說是大同小異，遺憾的是，此例的主人翁一直承受極大的悲痛。

先從大處來看，歐陽小姐是川字掌，說得好聽是性格獨立，缺點則是我行我素。感情線斷口之後升入水星丘再走出來，顯示她經歷極大之悲哀，這個斷口如同上例一樣是喪偶之痛。至於第二個斷口，讀者切勿誤判為第二次喪偶，而是她有自殺之傾向。從川字掌來分析，這個傾向很可能已付諸行動。至於中段以後之疲弱，則代表她已心如止水。

據歐陽小姐說，她在喪夫之後確曾自殺，打算隨夫而去，但被救回，現在她是了無牽掛（無兒無女），亦無心涉足男女之情，今後的際遇如何只是隨遇而安而已。

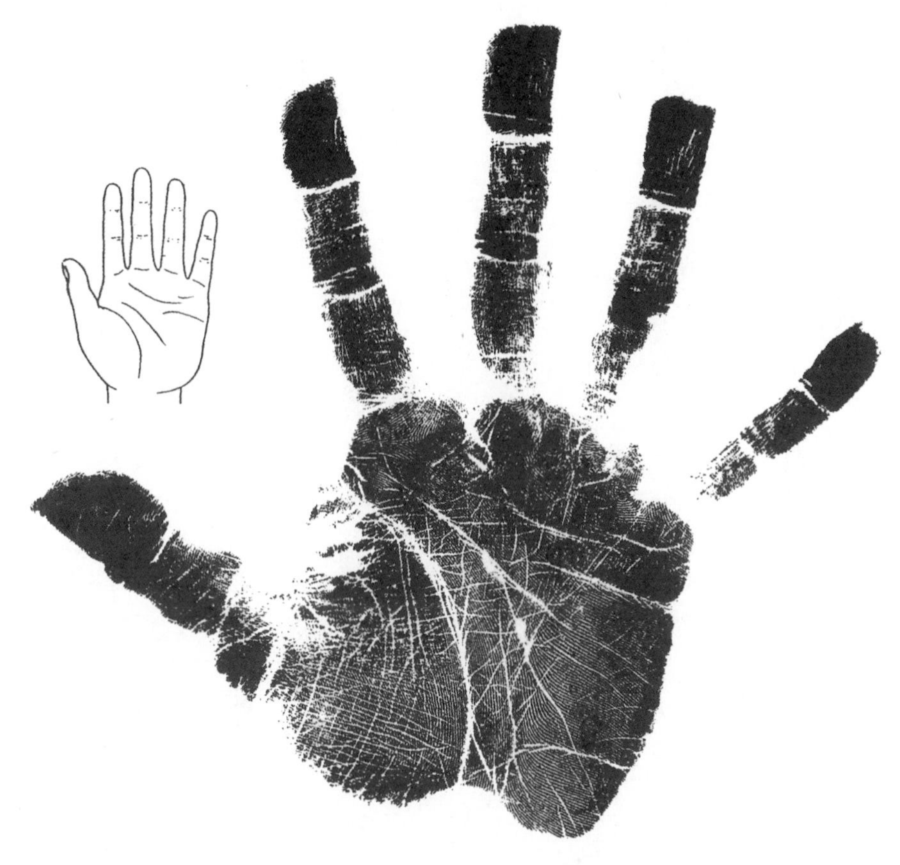

圖35

例36：失戀縱慾，關係隨便

人在遭受打擊之後，每個人的反應均有所不同，有些人會呼天搶地，有些人會頹萎喪志，有些人則處變不驚，視乎其人的學識和意志而定。

林小姐，十四歲談戀受，十五歲破身，十六歲踏足社會，十七歲失戀。她說在這四年之中以失戀對她的打擊最大。她說她很愛這位男友阿B，很想跟他結婚，共同生活，想不到突然之間遭到拋棄。失戀翌日她沒有上班，百貨公司的經理打電話來催促，她沒有接聽，於是就被炒了魷魚。她混混沌沌地過了一天，晚上去酒吧飲酒，只要她點頭，就有人會代她付鈔，她隨意挑選了一位男士，當天晚上就顛龍倒鳳地過了一夜。酒精麻醉加性興奮，胡胡混混了一個星期又重新去找工作，但是失戀的創傷始終難以磨滅。

我說：「這次失戀你自己有一定的責任，因為你也曾背着阿B去找別人解饞。是嗎？」

「我放了工，阿B唔知死咗去邊，我咪落酒吧蒲囉！」林小姐答。

我是從圖36林小姐掌印上的金星帶及縱慾格子推斷出來的，才十八歲的小姑娘就出現縱慾格子，可見她的性放縱。本來她的感情線斷口出現於水星丘，又是先天掌，只作失戀論。但其斷口大則痛苦亦大，加上金星丘及縱慾格子，林小姐的性關係相當隨便。

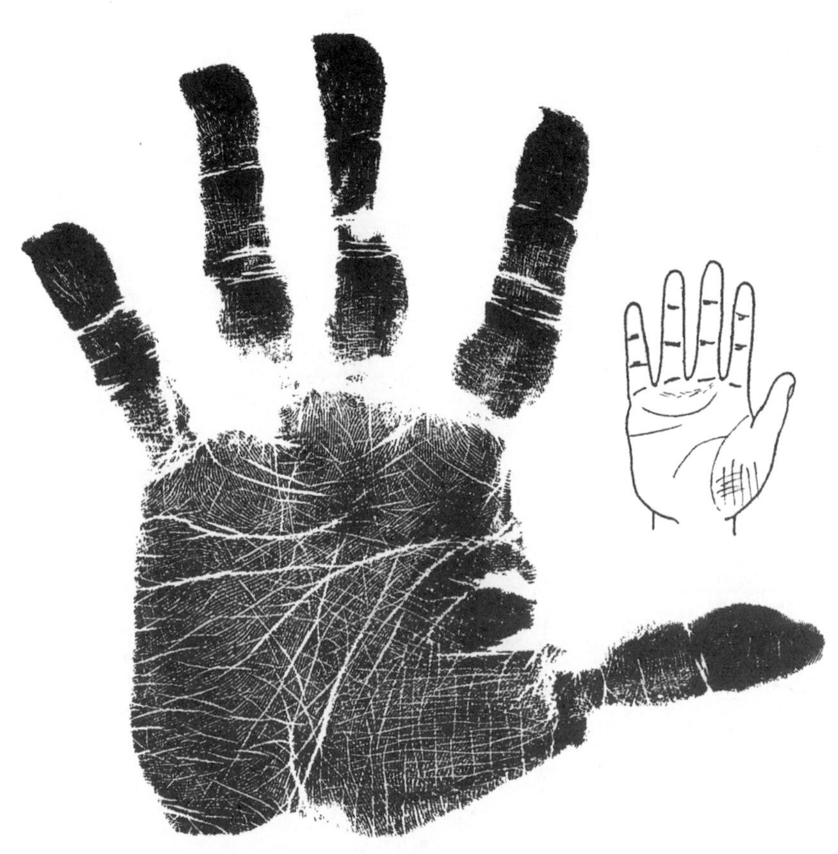

圖36

例37：往事成空，仍在夢中

感情線斷口出現在先天掌，斷口大，代表其人失戀，同時感到極度傷心，此點當無異議。不過圖36掌印的感情線長，如同前文所述，其感情有一發不可收拾的現象；換言之，其失戀之創傷會持續相當時日，帶來無限傷感。正如李煜所詠：「人生愁恨何能免，消魂獨我情何限。……往事已成空，還如一夢中。」

趙先生，三十九歲，是風水從業員，已婚。趙先生說，失戀是二十三四歲時的事情了。第一位戀人無論從容貌到性格都比不上現在的太太，可是當時趙先生傷心欲絕，就算是跟現在的太太拍拖、結婚之後，還有相當的日子未能對舊戀人忘懷，半夜囈語還會叫出她的名字。幸而太太諒解他的心情，還說就是喜歡他的「長情」。

有學員問趙先生，如果這位女子再度出現在他的生活圈子，並且有所表示的話，他會不會覆水重收呢？趙先生當然說不會。不過我的分析是有此可能，但成數甚低，視乎當事人當時的思想感情而定，不可一概而論。

圖37就是趙先生的掌印，特點是感情線過長，還要注意的是，在斷口時出現支線與頭腦線接觸，即是說感情干擾了理智，有加重他之傷心及憶念之功效。

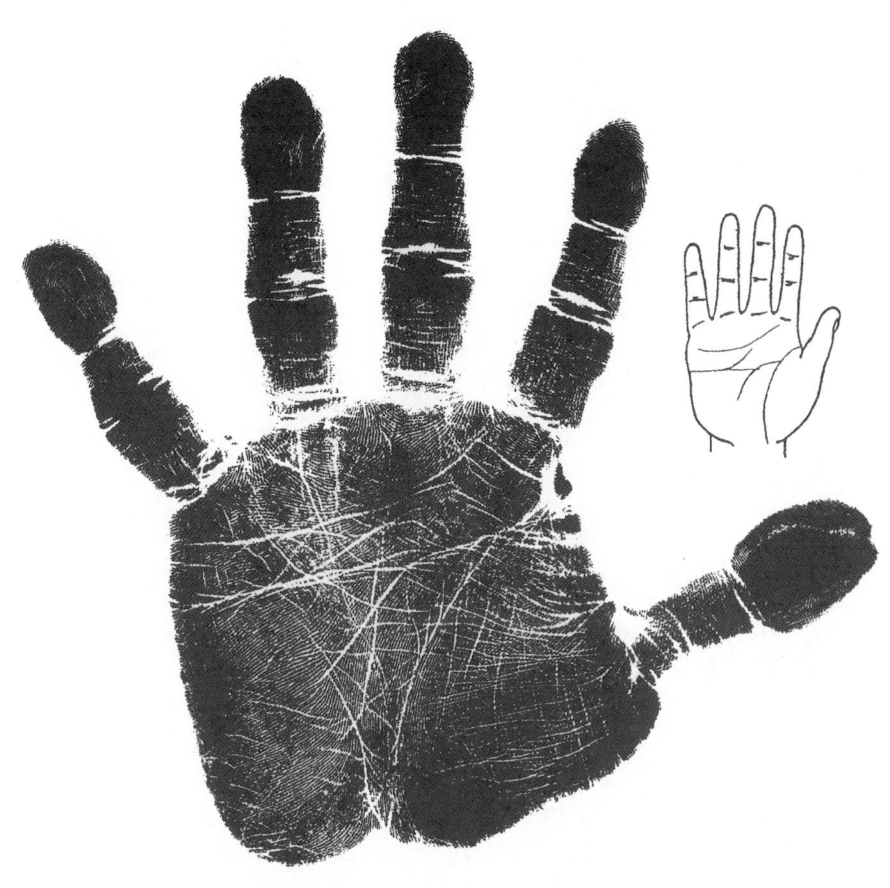

圖37

例38：憤世嫉俗，姦污女童

前文提過，感情線出現斷口之後，還要視察其走勢，以觀察此次分手、失戀或離婚對其人產生的影響或反應，因為此事會左右其人今後處理感情問題的態度，而這種影響會在頭腦線上表現出來。

圖38掌印中感情線的斷口非常大，顯示分手來得突然，給事主帶來很大的痛苦，而斷口破碎反映其人有痛不欲生的感覺。其次是感情線疲弱，上文亦已經講過，這種跡象代表其人不願再涉足情場。還有，頭腦線也是爆裂，上文講過這是心灰意冷的反映；值得注意的是，頭腦線出現太多叢毛狀，顯示其人有變態之心理，有可能以年幼之女子作發泄對象。

圖38的主人翁是梁先生，二十八歲，機械工程師，未婚。他在英國大學畢業，在英國失戀，於是誘騙洋人幼女來發泄；回港後任職於一家大機構。他來找我是因為涉及官非，罪名是與未成年少女發生性行為，他問我這樁官司前途如何。

我見他印堂凹陷，是年的事業已屬不濟，而天庭現赤，山林微陷，牢獄之災已成。客人來找慰藉，我怎能以實相告？他見我支支吾吾，深知大事不妙，又問可否擺風水化解。其實真正的問題在於其人的心智是否健康，憤世嫉俗而又做出傷天害理之事，即使張天師再世亦難以為這類人消災也。

圖38

例39：雖具清掌，個性執着

世事無絕對，好的不能說一直都好，因為事物在發展的過程中會有變化，這些變化會使事物局部變壞或全部變壞。掌相學上也是這樣作分析的，但是卻有人把這些符合辯證規律的解釋視為「信口雌黃」，以此來反對掌相學，我們只能斥之為強詞奪理。

掌相學上的清掌，即是掌上很少雜紋，這類人的性格是樂觀愉快的。但是世上的事情是複雜的，這類人也有悲歡離合，他們也會遇到感情上的困擾，事後又如何呢？請看圖39：清掌，感情線有斷口，出現在無名指對下處，配上感情線短促（短感情線在前文已有介紹），那麼，讀者諸君大概就可以作出判斷了。

圖39的掌印屬於馬女士，三十八歲，作家，已離婚。馬女士雖是清掌，但個性執着、小器，對愛情既有強烈要求，有時又表達不出來，這些可能就是她離婚的原因。可是她對此次婚變耿耿於懷，請注意她的感情線既粗且闊，就有「寧為玉碎，不作瓦全」的想法，於是她的筆下出現戾氣，她把前夫的缺點誇大，寫成小說，在發表時甚至寫上前夫的名字。親友們看到了，為之搖頭嘆息：「這又何苦呢？」

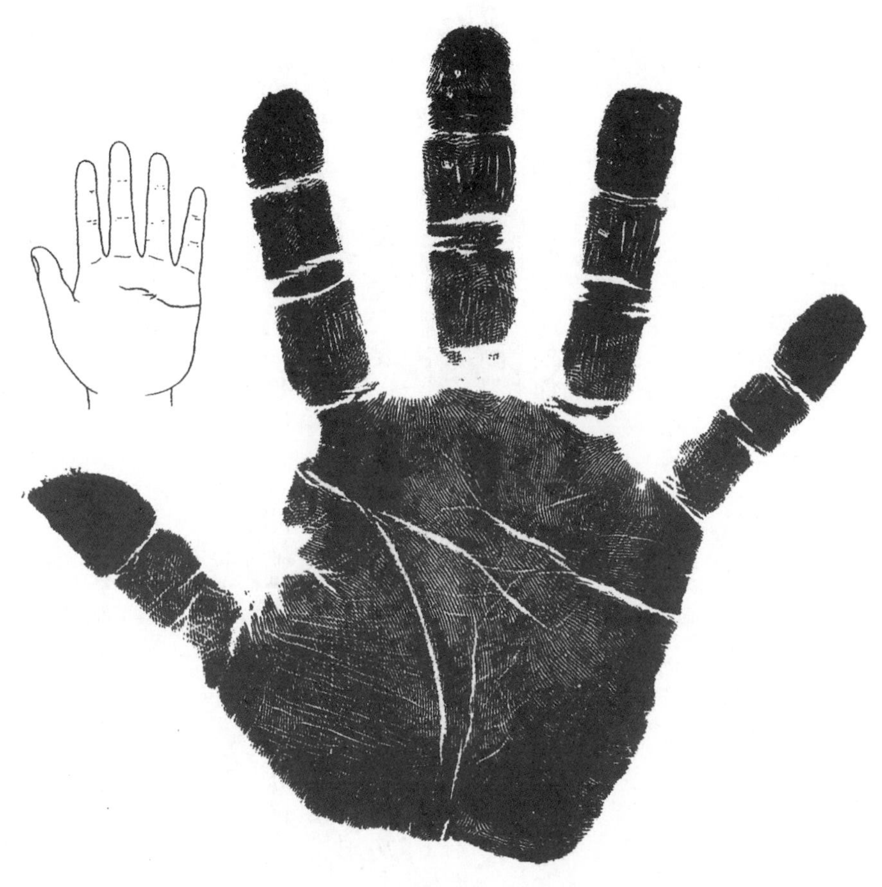

圖 39

例40：「劏豬凳」的線形

圖40是另一幅罕見的掌紋。若非要編寫本書，這個案例資料就被湮沒在我的資料庫之中。前不久，我在上課之後把這份資料歸錯檔，下一班上課時遍尋不獲，後來翻箱倒篋才找到，當天馬上給該班補課，因為這個掌紋實在相當罕見。

此圖感情線斷裂分成三條，第一是感情線開端破爛，這種線狀前文已有所述，是童年生活不愉快形成，大多源於父母的婚姻失敗，其人生長在破碎家庭之中，即使不是父母離異，也是父母常日爭吵——這種爭吵並非貧賤夫妻百事哀那一種，導致家庭生活十分不愉快，影響了兒童的生理和心理。第二點，三條線兩個斷口呈現驟升現象，層層而上，這種線狀叫「剋夫命」，重者喪夫，輕者離婚，而且離婚也並不乾脆，其間穿插許多麻煩轇轕始能分手。前幾例曾經講過剋夫，那些只是小兒科，此例的線狀才能列作「劏豬凳」的剋夫之列。有一點要告誡讀者的，凡是遇見此種線狀，為免增加當事人的心理負擔，請勿直言為要。

先聽聽故事。謝小姐，三十歲，任職卡拉OK公關，喪夫兩次，面臨離婚。謝小姐生長在一個破碎家庭，父親無所事事，但很少在家中，一旦出現就與媽媽爭吵，甚至掄刀摔罐，媽媽則哭得要生要死。有一段時間，家裏經常有陌生人出現，不是警察就是黑社會人物，每一次媽媽都摟着他們三姐弟，縮坐一角，害怕得很。所以她很希望自己快快長大，出來做工掙錢，脫離這個家庭。

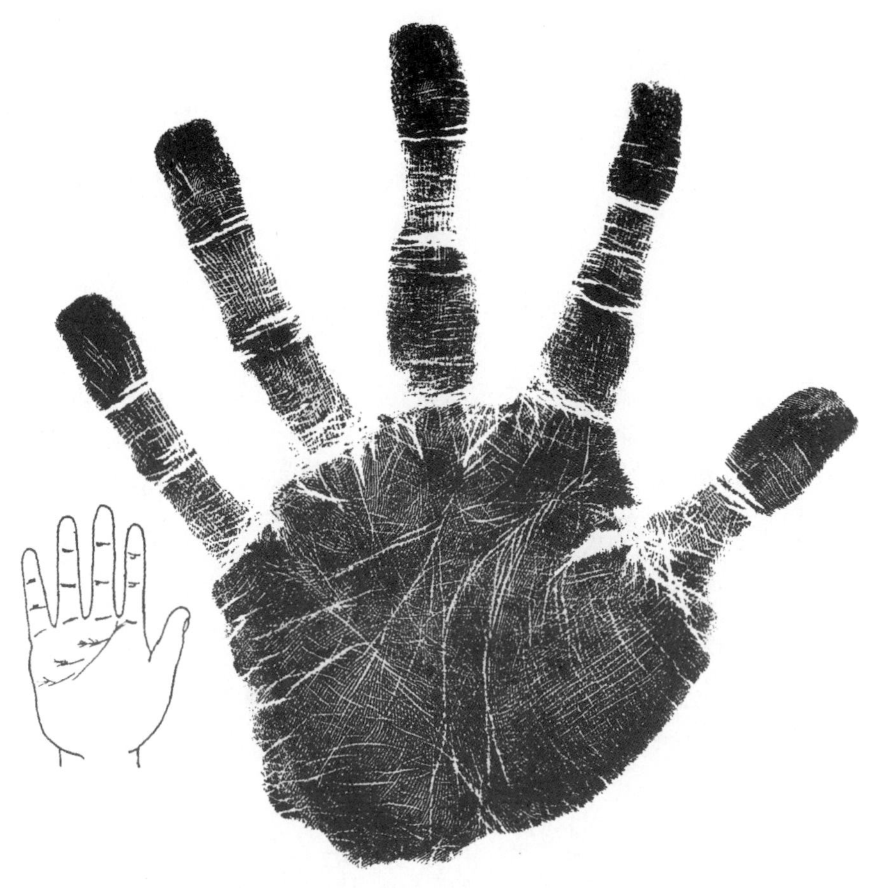

圖 40

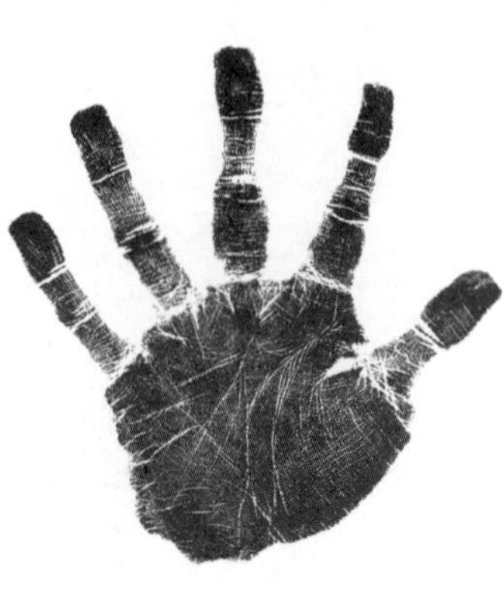

十七歲時，她嫁給阿強，阿強做什麼工作她並不清楚，反正阿強很愛惜她，有時掙到錢就帶她去吃喝玩樂，又買新衣服給她。有時阿強愁眉苦臉說欠了數，她說要典當首飾代阿強還債，阿強說不用，因為那是送給她的紀念品，他會自己想辦法解決困難。有一次油麻地黑社會爭地盤，阿強慘死在西瓜刀下，那時謝小姐才十九歲。

二十二歲時，她嫁給阿昌。阿昌是汽車零件推銷員，兼營二手車買賣，他的嗜好是電單車賽車。有一次阿昌半夜賽車，在公主道失事，魂歸天國，謝小姐才二十四歲。

二十七歲時，她與卡拉OK經理盲炳同居，她不要求經濟支持，只求有個男伴可以傾訴心事。不料此君有一情婦在另一間卡拉OK工作，情婦比謝小姐年輕漂亮，並認為是謝小姐搶去她的男友，令她面目無光，謝小姐本擬退出，但盲炳說無妨，卻又不能把事情擺平，情婦卻指使某些人揚言要向謝小姐淋鏹水，弄得她不知如何是好。

圖40就是謝小姐的掌印。凡有這類掌紋的人切記不可早婚，須待心智成熟始能找到如意郎君。否則，煩惱必多。

波浪感情線

例41：波浪線形，態度曖昧

從此例起，我們開始學習分析方法，先看整條感情線線形作宏觀鑑別，再從線紋當中的微細變化，看出其人運程之必然性，必要時還要糅合其他線條的特點以作出更準確的推論。

現在談談波浪形感情線。圖41是袁先生的掌印。袁先生的感情線起點偏高，向下斜走，在無名指對下時大彎下沉再上翹，其前段與中段已形成一個很明顯的S形，這就是所謂波浪形了。

具有這種線狀的人對愛情感到模糊、不穩定。有些人在拍拖時發覺對方的態度曖昧，曾經嚴詰對方是否愛自己，而對方的答覆還是模棱兩可。當事情發展至此，許多人都會認為此人可能是「腳踏兩條船」，或者是「騎牛搵馬」。我不否定這種可能性，而且比率頗高，不過我得向一些「愛情顧問」提出忠告，還有一些人真的是無膽入情關，例如就像具有袁先生這類感情線的人。

袁先生三十八歲，仍是一名王老五。他說，曾經拍過兩次拖，兩次都被對方問及是否真心愛她，他不知道如何作答，於是兩位少女都拂袖而去。

具有圖41袁先生這類感情線者，其人：

一、對什麼是愛情感到迷惘，不肯定自己是否真的喜歡拍拖中的戀人。

二、性格偏向孤僻，朋友不多，生活圈子狹窄。除非線中有良好符號補救，否則可能會孤零零地度過一生。

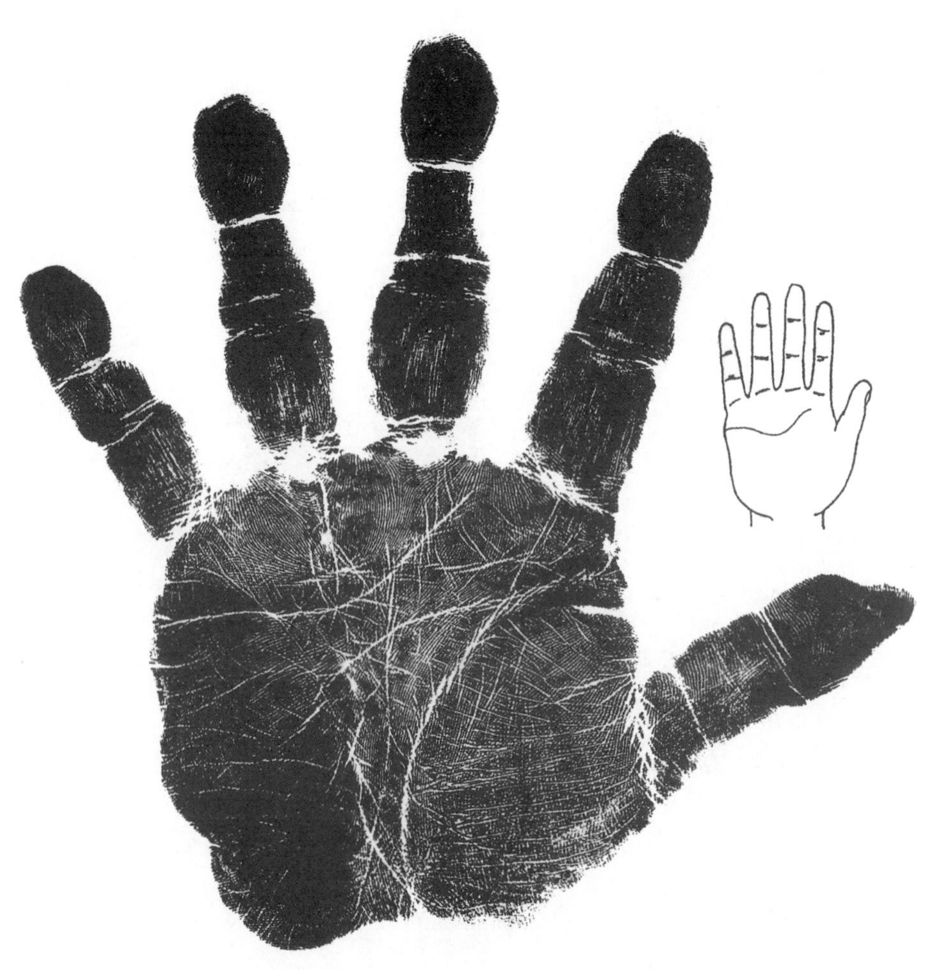

圖41

例42：波浪短線，時冷時熱

張先生是找我勘察風水的客人。按照當年飛星所示，張先生家中睡房納入六煞凶氣，從運盤推出三八兩星同宮，英才即以三串明咒葫蘆為之化煞擋災。此種化煞方法的花費有限。後來張先生來電告知，財運漸佳，有幾單大買賣進行亦相當順利，只是有位熱戀中之女友突然棄他而去，英才便請他到我的辦公室詳談。

看過圖42張先生的掌紋，筆者不禁啞然失笑，感情問題源於他與生俱來之性格，與風水無關。張先生三十九歲，年齒已長，仍未結婚。依我看來，他的性格已經固定，難以改正。他的性格是怎樣的？是他對男女之情愛看得過重，卻又時冷時熱，他還具有頗為強烈的幻想。在我的引導下，張先生承認他與女友只是偶爾見見面，雖然大家很談得來，但張先生只是碰觸過她的手指而已，算不上是熱戀情人。

我之所以作出如此判斷，就是從他的短促波浪感情線推論得來的。波浪感情線有長有短，像張先生的波浪而短的線形，對感情有強烈的要求，而且對情愛之事看得很重，卻不知所愛者是誰；更遺憾的是，他的情感時冷時熱，對方還未感受到他的愛意時，他便已放棄追求了。另外，張先生的頭腦線過長，代表幻想過度；他的掌形短、闊而厚，對異性的追求耐力是不持久的。

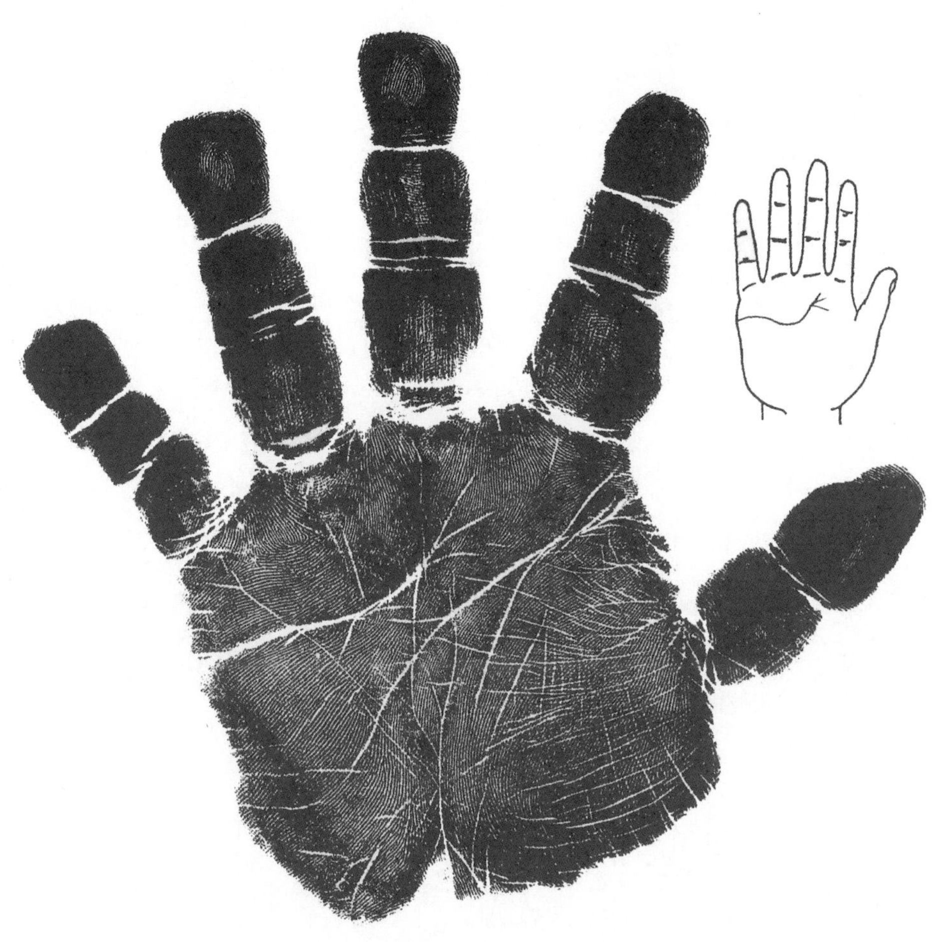

圖42

例43：開端破爛，離婚收場

這是另一條呈波浪形的感情線。這幅掌紋拓印得不大好，但筆者找不到同類掌印，不得不以此作例證。驟眼看此圖43，感情線的開端似乎離開了掌邊，其實這只是開端破爛而已。這幅掌紋有五個特點：一、感情線開端破爛。二、感情線深刻。三、明堂（即掌心）狹窄。四、雙重頭腦線（上、下共兩條）。五、婚姻線淺而弱。在作出判斷時，必須把這幾個特點作綜合參考。

波浪感情線配開端破爛，出現在後天掌（右掌），代表感情容易失敗，若是早婚更差，必以離婚收場，但當事人不會為此而傷心，因為他具有雙重頭腦線，為人深謀遠慮，理智勝於感情。本來感情線深刻是代表其人重情重義，但因他有雙重頭腦線，這就掩蓋了重情義的特性，此點是必須強調的。

此外，明堂狹窄顯示其人心胸窄、氣量小，但是這個缺點被他的雙重頭腦線隱藏起來。婚姻線淺薄，即是其人對婚約觀念不強，所以說他離了婚亦不會感到傷心。最後，掌中有神秘十字紋，天生對玄學有天分，加上上述特點，此人會利用術數進行騙財騙色，逢假日還在屯門某酒店內繼續行騙，令人齒冷。

圖43的掌印屬於梁先生，三十五歲。但筆者不願詳述他的生平劣蹟，免使讀者讀來掩卷嘆息。

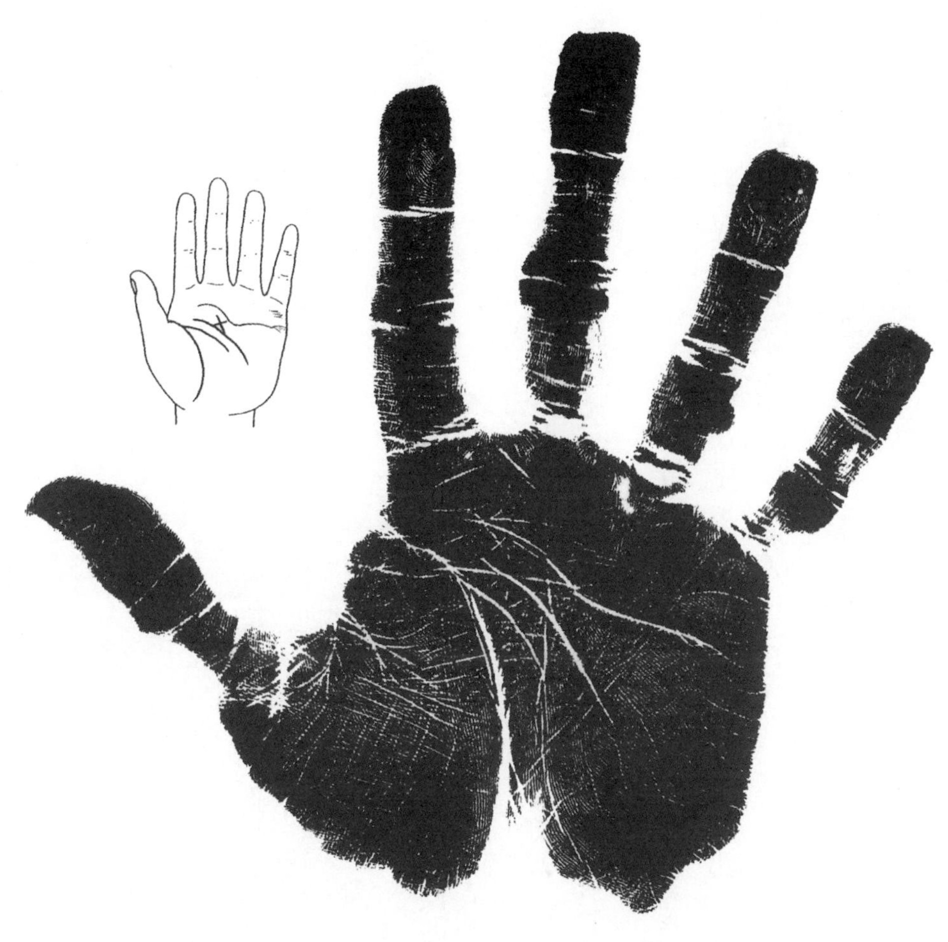

圖43

例44：若即若離，蹉跎歲月

上例的掌紋相當複雜——五個特點加上神秘十字紋，可是筆者沒有把主人翁的故事講出來，有些讀者可能會感到不滿足。說真的，該掌印主人翁梁先生的故事相當複雜，如果認真鋪排的話，大概可以寫成一部中篇小說，故事的複雜性甚至會掩蓋了我們學習掌紋的目的，這就是英才不願詳述梁先生事迹的原因，也是我教授風水、掌面相學的手法——應繁則繁，應簡則簡，務求使學員得益。

現在回到波浪感情線的研究，請參看圖44。前例講過，波浪形感情線的特點是對愛情感到模糊，亦可引伸為對愛情不認真之解釋。圖中感情線的主線附有許多短而弱的雜線，還加上一個三角符號。除此之外，請讀者們留意另一個特點，就是全幅手掌掌紋斑駁，我們稱之為濁掌。濁掌的特點是，心裏雜念太多，讀者們遇見有濁掌者即可如此判斷，保證錯不了。

圖44掌印的主人翁是華小姐，三十三歲，文員，未婚。筆者跟她見面後第一句話，就是說她的性格主觀而倔強，因為她的掌形不像女兒家般纖細，我們稱之為「女生男掌」。華小姐具有如此複雜的掌紋符號，難怪她的愛情道路坎坷而顛簸了。

華小姐說，她自踏足社會以來，身邊不乏追求者。此點我早已知曉，因為感情線附有許多幼線，表示此人桃花極重（男女皆然）。華小姐端莊嫻淑，別有一股韻味。

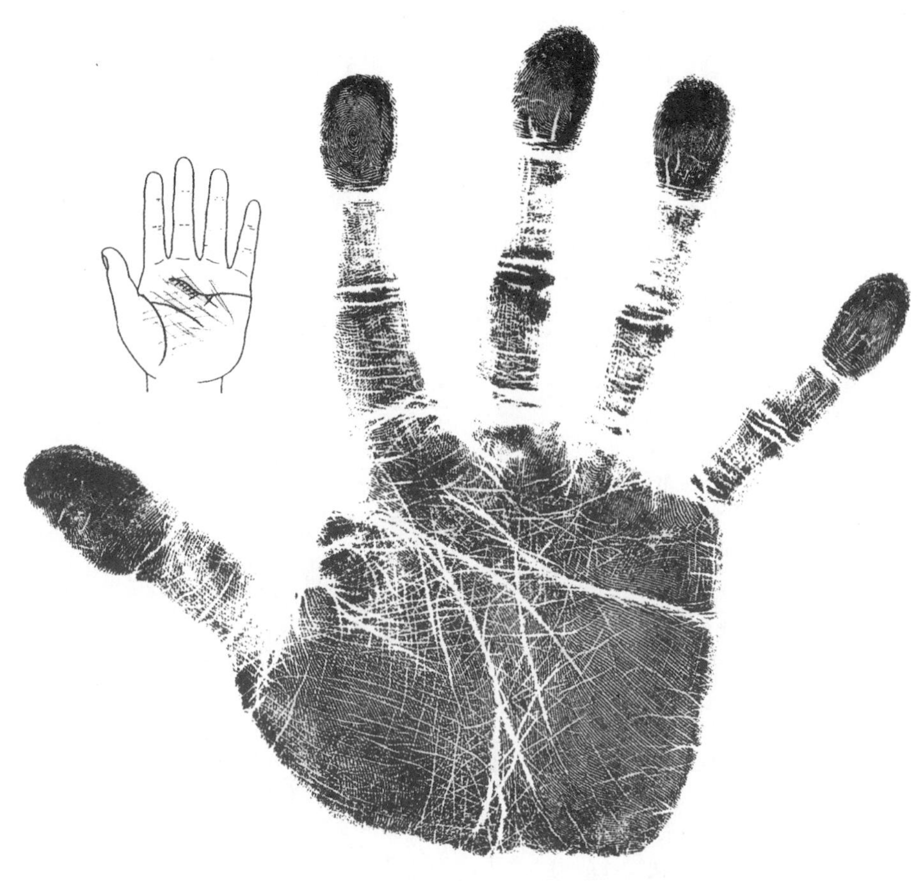

圖44

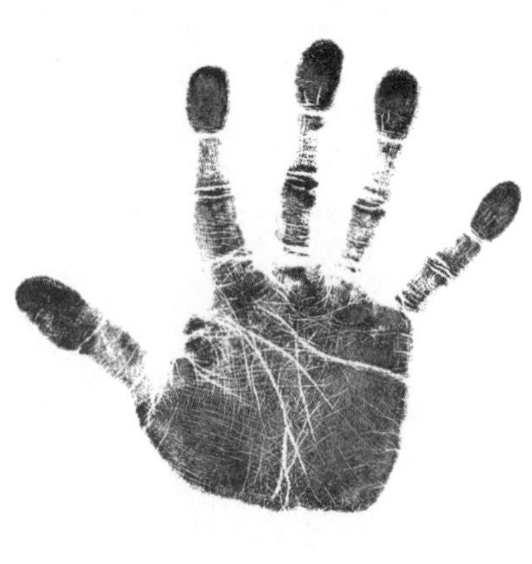

我常常告訴學員：桃花重之人不一定是俊男、美女，美麗只是外表，重要的是內涵，而內涵包括其人之性格。像華小姐這類人，她不懂得什麼是愛情，什麼是友情，男士向她示好，她不懂得如何拒絕，更糊塗的是，她自己往往在三岔路口徘徊。換句話說，她很希望得到愛情的滋潤，但遺憾的是，她的表現若即若離、欲拒還迎，這些都與她的性格有關，正是：「人生自是有情癡，此恨不關風與月。」

有時候不能不嗟嘆緣分這回事。如果華小姐碰到長感情線者或是像圖18志仔那種八爪魚感情線的人，死纏爛打，也許華小姐的芳心早就被人攻佔了（後果如何是另一回事）。華小姐的曖昧態度每每被人視為高竇、冷酷。當今社會一切講求效率——包括追女仔在內，時興是直接地問：「我可以追求你嗎？」若得不到肯定的答覆就馬上顧而之他。難怪華小姐蹉跎了歲月。麻煩的是，華小姐近來愛上了一名有婦之夫，對方是客戶代表，老闆指定華小姐跟對方聯絡。像華小姐這種慢熱之人當然不是一朝一夕動心的。經過一段長時間，雙方才發展至非常密切的關係，不過華小姐緊守着最後一關，她說：「至今我還是女仔（處女）啊！」這類人在今天已是鳳毛麟角了。

如果華小姐的掌是「清掌」，其人心胸豁達，可以減輕思想痛苦，可惜她是濁掌，我的勸解和分析的功效是很微弱的。

例45：龍生蛇腹，不能自控

感情線清秀屬於優良之列，其特點是：一、感情豐富，對友好之幫忙可以說是不遺餘力。二、對人對事均能冷靜處理，甚至不計較恩怨得失。

圖45掌印的主人翁是黃先生。他本有一條清秀的感情線，可惜的是配上波浪。讀者諸君切勿以為它只是那麼微微的一彎，試問掌中方寸幾何？這一個小彎就可以否定它不屬於清秀一族，而應將之劃入波浪形範疇。難怪黃先生踏入我的課室時，面對陌生的朋友，強作鎮靜，臉上卻流露出絲絲哀怨。正是「心似雙絲網，中有千千結。」

黃先生是工模技工，二十八歲，卻是離婚已有三年了。黃先生出身草根階層，住在新區。他的前妻阿蘭是住處附近辦館的老闆女，一家六口，環境比黃先生好不了多少。阿蘭因為經常要到辦館幫忙，兩人因而相識、拍拖、談婚論嫁。

結婚那年，黃先生已榮升師傅，每天工作十一小時，收入中等。不過他滿師只兩年，能有多少積蓄？加上阿蘭的母親是勢利之人，談起禮金與酒席就獅子大開口，令到小兩口子十分為難。倒是阿蘭機靈，她知道父親的脾氣，只要兩杯到肚就好說話。趁着有一天晚上母親在家裏忙着，阿蘭在辦館幫忙收舖，便把黃先

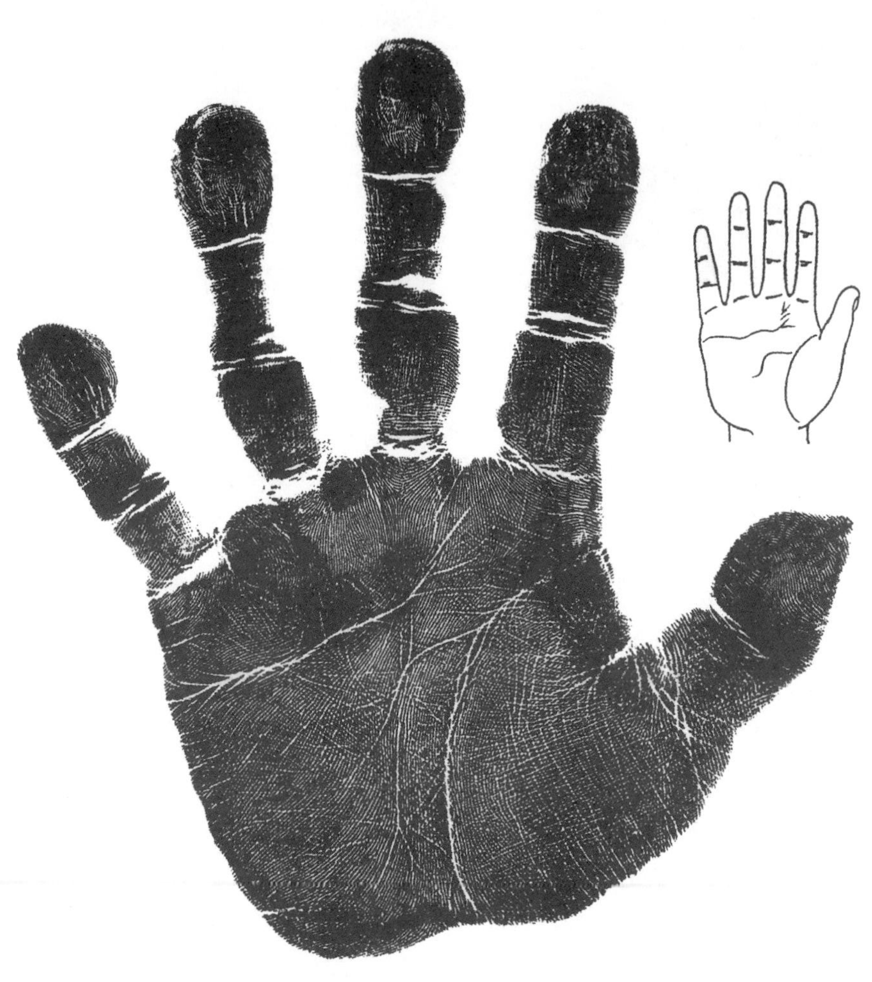

圖45

生叫來，力邀老父去大牌檔宵夜，一支二號拿破崙哄得老頭子高興不已，由老頭子為這門婚事拍板。無奈勢利眼的母親始終埋怨黃先生沒有本事買樓迎娶嬌娃，這些怨懟便成為他們二人日後離婚的伏線。

兩人婚後住在黃先生家中，黃先生因為工作時間長，早出晚歸，阿蘭有許多空閒時間返回外家或舖頭，常常聽到母親數說黃先生家貧，連阿蘭的妹妹也說姐夫不夠豪爽，這些就成為小兩口子時生齟齬的話題。

黃先生有個死黨叫阿成，是由小到大的玩伴。阿成個性懶散，不像黃先生唸完工業中學之後去學師，得到一技傍身。阿成讀書不成，學師不成，又不肯從事粗重工作，入息不穩定，所以阿蘭母親謝絕給他賒賬。阿成懷恨在心，遇上黃先生向他傾訴與妻子口角之時，就火上加油，說什麼「男人大丈夫何愁無妻！」在黃先生的心裏埋下陰影。

以後的事情不用細表，愛情路上出現波折必須由雙方一起彌補，何況「相嗌唔好口」，兩口子爭吵起來，所有不好聽的話都會說出來，裂縫就更大了，一方提出離婚，另一方馬上答應，就此散了。

參看圖45黃先生的掌印，清秀感情線出現波浪，手相學上稱之為「龍生蛇腹」或「鳳出雞巢」，而黃先生的感情線線尾破爛，更是早婚不利。最重要一點是，他的頭腦線亦呈波浪形，代表其人三心兩意，意志浮動，容易受他人唆擺而作出錯誤決定，黃先生對離婚後悔不已。請記住，感情線和頭腦線皆波浪，屬不能自控之人。

例46：杯弓蛇形，幻想多多

圖46的感情線亦是屬於波浪的一種。正如我在例45所說，微微一曲就不能列入正常線形。筆者能獲得這幅掌印，實拜周老闆之賜。

周老闆說他的妻子是疑心很大之人，懷疑他包二奶，他為之困苦不已。我說解鈴還須繫鈴人，問他是否有辦法讓他的妻子趙女士來找我。於是，周老闆說服了妻子的老友來見我，再由此人把我向趙女士推薦。因為一個問題令筆者有三筆進帳，慚愧！慚愧！

趙女士，四十三歲。圖46就是她的掌印，掌紋顯示，所有麻煩都是她想像出來的。微型波浪感情線代表其人的煩惱是自己想像或製造出來，形成思想包袱。如線紋粗闊深刻，就會加深其不能自控之程度。若發現有此表象，就要同時研究頭腦線以推斷其危害性。趙女士的頭腦線尾部出現一條大魚線狀，反映她幻想多多；加上感情線線尾直插指縫，顯示她思想早熟，卻又疑慮重重。

我從她思想早熟這方面入手，推斷當年是她主動追求周老闆，卻又疑心有第三者，而周老闆則為了顯示真心而同她結婚。筆者先行贏得她的信心，接着便指出她的缺點是：她與丈夫不和，不少情況都是從她的幻想中推斷出來的。她說，丈夫與她燕好幾乎是周期性的，中間的空檔不是大有疑問嗎？我便為她解惑：「這是中年人的養生之道，切勿以為凡是男人都是要去『滾』的。」

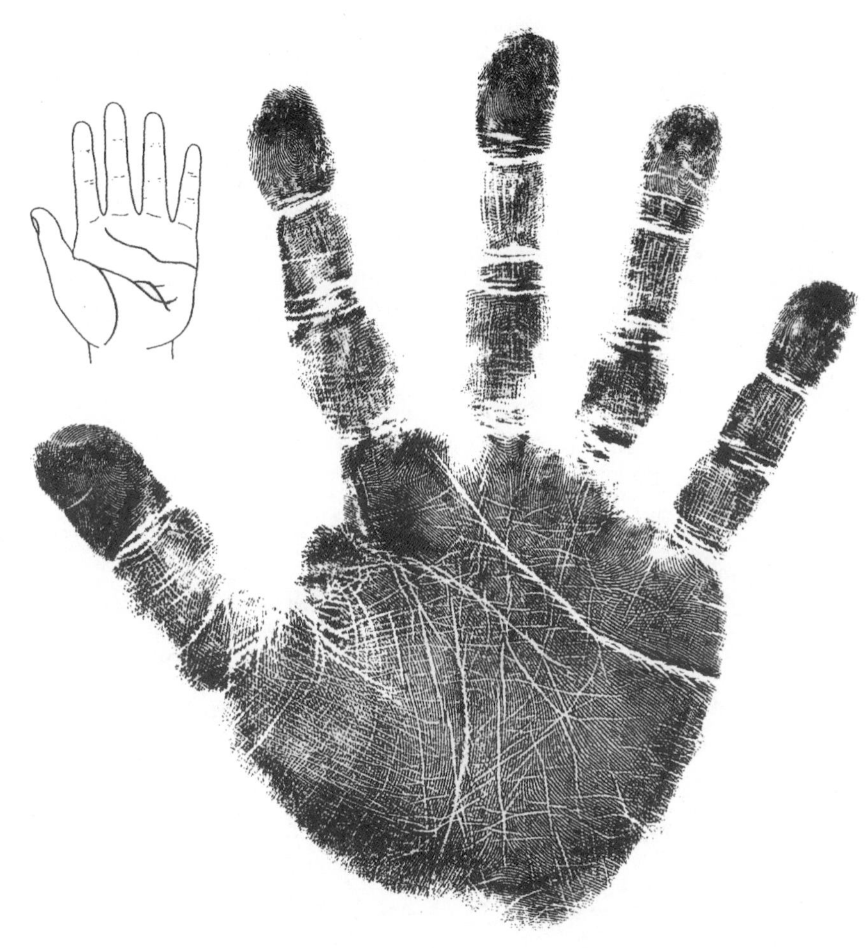

圖46

例47：波浪而高，長阻力線

圖47的掌印是由英才的一位學員提供的，因為他對其中一些符號不能作出判斷，故此拿到課堂與大家一起研究。由於此幅線紋頗為少見，而我當時正為編寫本書搜集資料，便將之存檔。

此感情線也是波浪形，特點之一是線頭長得高（接近尾指），蜿蜒下垂到小指指縫突然一沉出現一個凹陷。凡是起點高、下沉而形成波浪者，代表婚姻感情有大變化。特點之二：線頭出現阻力線（小指對下）斜穿而過，此阻力線深刻而長，這是有第三者刻意破壞其婚姻，而且是按部就班有計劃地進行，始會出現如此深長的阻力線。

在前面的例子，英才提到要同時檢查其人的頭腦線，但是這一例則要審視其生命線。這條生命線的形態本來是不錯的，但中段突然轉弱，顯示其人有自殺的可能，結合到阻力線的出現，可推斷此事發生在三十三歲。

這幅掌印的主人翁是董小姐，三十五歲，任職卡拉OK公關，是英才的學員的朋友。學員答應去尋找答案，印證以上筆者分析是否正確。後來學員回覆的答案是肯定的，只是當事人不願透露個人經歷，故未能以饗讀者。

關於這個掌印，值得注意的是那條阻力線，在雜線之中可算是相當長、相當深刻，破壞性極強。

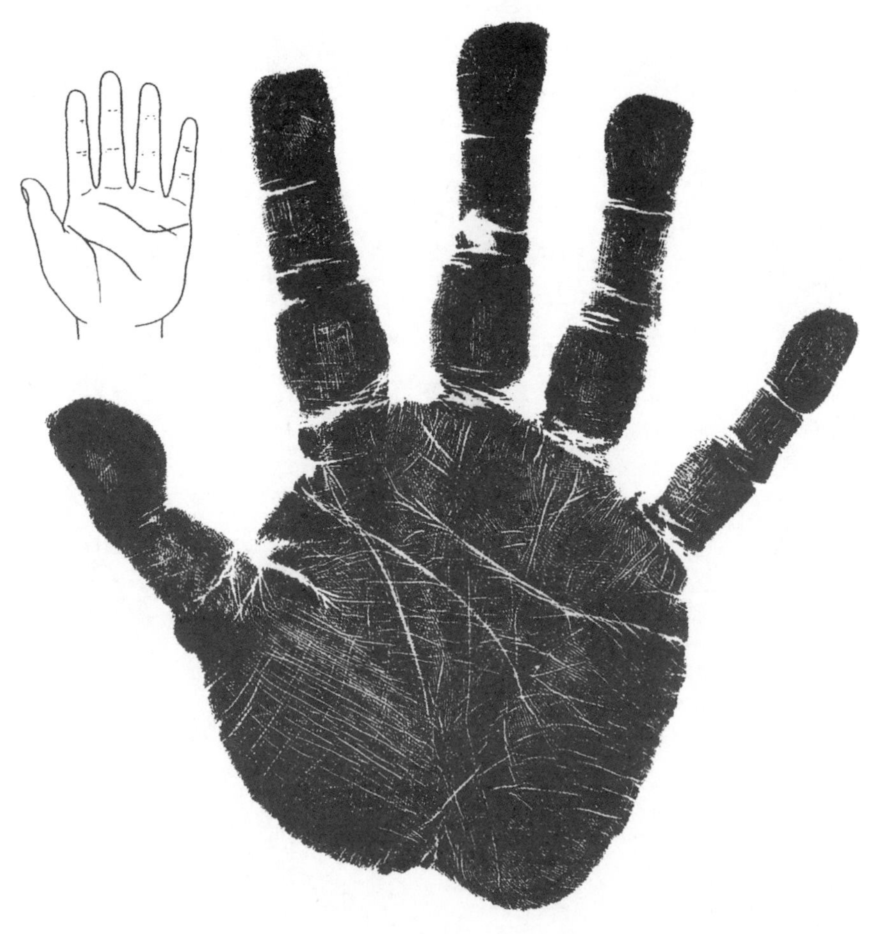

圖 47

例48：情海翻波，情場浪子

「人到情多情轉薄，而今真個不多情」。清代詞人納蘭性德是官宦子弟，一生順利，卻能寫出剖析如此透徹的詞句，概括了一些人在情海翻波後的感受和發展。這裏介紹的主人翁不單是「不多情」，甚至是一反常態，變成了情場浪子。

首先看看圖48這幅掌紋的特點：感情線雖是微曲，亦應列入波浪形。具有波浪形感情線的特性——對情愛模糊又迷惘；更重要的是，此線是微曲之中再見斷裂（尾指與無名指的指縫對下），代表在最深情時突告分手或結束，事後始發覺原來對方是自己最深愛的人，以致傷心欲絕，有諸內則形諸外，其感情線紋慢慢就爆裂開來了。

其次是線上附有許多叢毛，代表口角或風流。愛人已經沒有了，何來口角？而且前段不見叢毛，在爆裂之後始出現微小點的毛狀，可以判斷那是經歷過挫折之後，自暴自棄、尋花問柳的紀錄。

第三、其人雖有雙重頭腦線，奈何不及感情線深刻，即意志力難以控制感情。

這幅掌紋的主人翁是劉先生，四十七歲，是魚檔老闆。他表示自己在三十五歲離婚後，也曾遇上三數名女子，不過「曾經滄海難為水」，對方願意就結霧水緣，有些女子跟他來往了兩、三年，見他確實不願再婚，也就離他而去了。

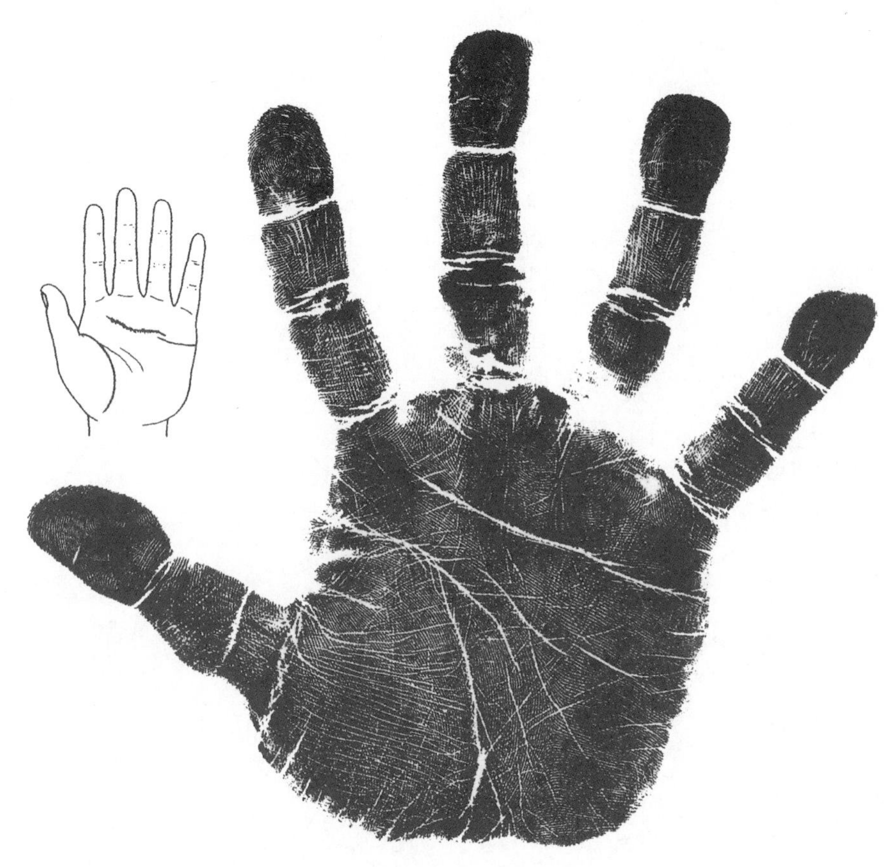

圖48

例49：波浪下彎，戀母情意

波浪形感情線有三十多種形態，這裏只擇其重要者刊出，因為線紋的含義是大同小異的，本書介紹主要者，即可概括其他矣。

波浪感情線的走勢，線尾大多是向上伸延的，本例刊出的感情線則是向下走的，雖然它只是微微下彎，亦作此判斷。下走的波浪線具有戀母或戀父情意結，但並不是指當事人戀父或戀母，而是說其人對年長之異性十分傾慕，即使對方比自己大十多二十歲亦不計較。我們從新聞上不是看到師生戀的報道嗎？甚至有中學男生追求年長的女教師，所以，某些人的確具有這種心態。

林小姐，三十歲，未婚，職業是成衣質量檢查主任。林小姐在十五歲時就暗戀她的班主任何老師，在春節期間，她聯同幾位同學藉口拜年取得何老師的住址，亦得知何老師仍是一名王老五。拜年後不久的某個星期六晚上，她再次造訪，老是賴在何老師家中，直至何老師連哄帶騙地把她送到巴士站，親眼目睹她上了車才回家。儘管如此，何老師的一舉手一投足始終銘刻在她的腦海裏。

參看圖49林小姐的掌印。在她的生命線內有兩條弧線，名叫癡情線，其中一線是何老師的紀錄，那麼另一條是誰呢？林小姐說是中學時一位籃球健將，比她高一級。每逢有籃球賽，林小姐不單作壁上觀，更爭取當啦啦隊，藉機與這位健將接近，雙方也曾來往一段短時期，直至雙方畢業之後，雖是放淡了，但是他的影子仍時常出現在林小姐的腦海。

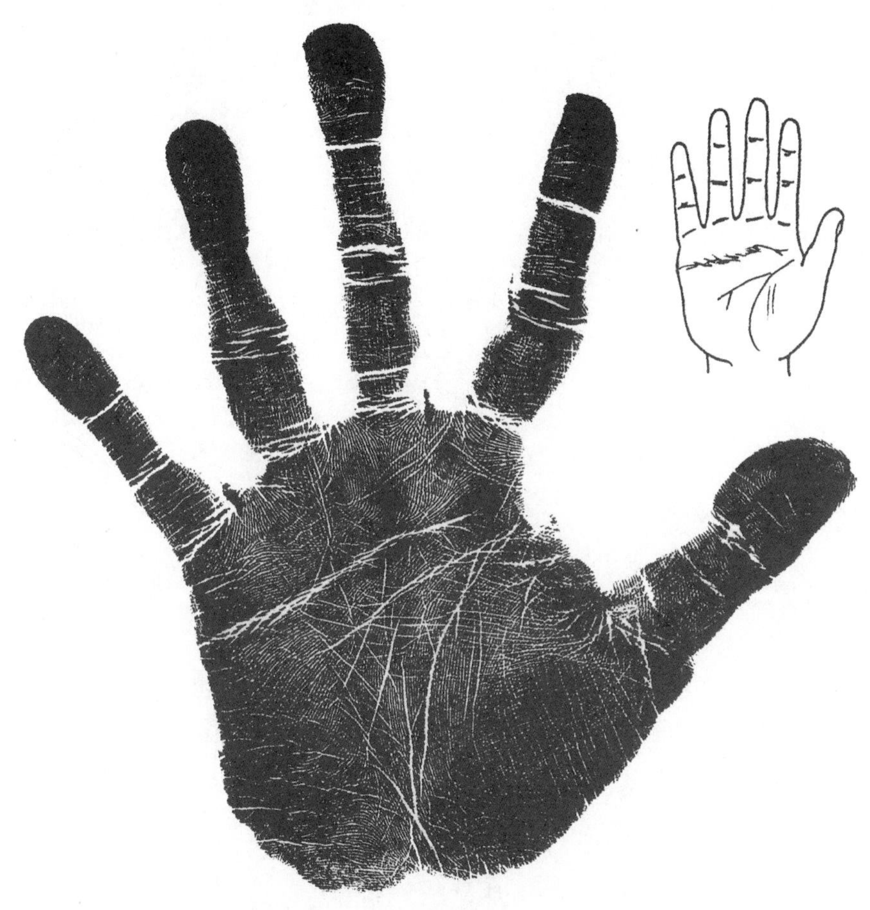

圖49

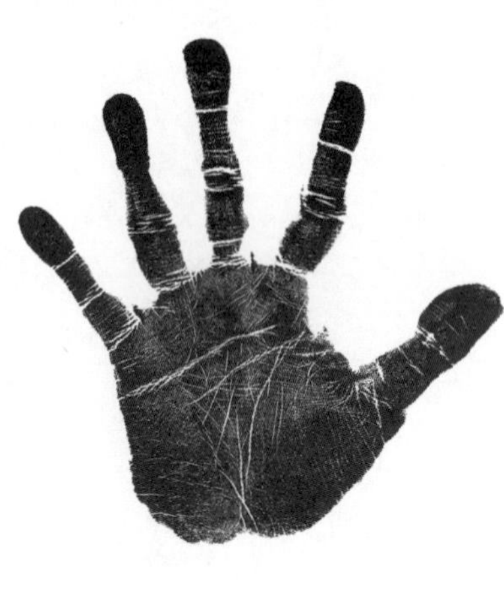

必須指出的是，癡情線不一定是指固定一個人的，很有可能是某甲的容顏、某乙的談吐、某丙的舉止……融合在當事人的腦海裏，凝結成一個暗戀的形象，如此而已。

林小姐這種心態跟她的童年生活有關，這從她的感情線就可以看出來。其線狀是全條均由短線組成，全線有太多破口及雜線，可以說沒有一段是完整的。這種線狀反映她的童年生活並不快樂，在成長期間，便將感情寄託轉向異性，甚至主動追求對方。再觀察林小姐的頭腦線，線末出現叉狀，代表她具有衝動、冒失的性格。這就解答了林小姐為什麼會摸上門去追求何老師了。

另有一點要強調的是，雙重癡情線不一定代表癡戀兩個人，通常的情況是反映其人對舊愛的癡念，而且舊愛的年紀比當事人年長許多，分手之後，其人思念不已。至於癡情線的其他含義，留在另一本書再作詳細介紹。

例50：為人小器，計較眼色

感情線除了反映一個人的愛情觀之外，還包括其人情操的高低、心緒的變化、人際關係的優劣等方面，遺憾的是，男女的情愛對人們的言行影響相當大，在前面的四十九條線紋之中，絕大部分都是論述男女之愛，這可能會使讀者產生誤會，以為感情線只是反映愛情方面，故筆者在這裏特別舉出一款與愛情無關的線紋。

麥先生，四十九歲，工廠雜工，已婚，育有三子。麥先生出生於鄉間，解放前夕隨同家人移居來香港。他的童年可說是與貧窮結下不解緣。話說麥先生兄弟四人，他排行第三，大姊姊很早就在石硤尾木屋區的山寨廠當童工，每天工作十二小時已可賺得兩塊多錢，加上勤工獎，每個月可賺得七十元，成為家庭經濟支柱之一，親戚們都讚她能幹。

一件新衣買回來，首先是大哥哥穿用，過了兩三年始輪到麥先生穿著。每當爭奪玩物，父母們都護着小弟弟。麥先生覺得四兄弟之中，只有他最不受重視。小學未畢業，他就嚷着不再讀書（其實是成績不及格），要去茶樓賣點心，儘管三十塊錢月薪全部交給母親，卻沒有人讚他叻仔，麥先生感到很不公平。

青年時期，麥先生在雜貨店打工，每天扛着幾十斤米、一大

圖 50

桶火水爬樓梯送上六樓、七樓。這個時候，他結識了在舖頭門前設織補檔洪叔的女兒阿娟，阿娟在五金廠當啤工。窮苦人家另有一套拍拖模式，阿娟每期糧（半個月）有半天假期，但麥先生則一天都沒有，只能半個月或一個月向老闆請假一、兩個小時去拍拖，最昂貴的消費是看電影。

阿娟十分痛惜她的弟弟，她說弟弟想學習駕駛技術以便轉職司機，麥先生就從他那一百三十元月薪中抽出二三十元資助未來舅仔的學車費。阿娟的弟弟後來真的當上了職業司機。麥先生說這位小舅從來沒有對他這位姐夫說過半句感激的話。

中年時期的麥先生娶了阿娟，生了三個兒子，一家人住在徙置大廈。麥先生在工廠當雜工，孩子們一個、一個升讀中學，麥先生感到生活擔子越來越重。雖然妻子沒有吭聲，他總是覺得妻子好像是嫌他入息低，似乎連孩子也有這種論調，因為他們不是吵着要買參考書，就是要買某某型號的計算機，使他感到為難和苦惱。

麥先生有這些感覺，是因為他有一條短促而有波浪的感情線（見圖50）。感情線到達中指對下就屬於短促。短促感情線的特點是，為人小器，有時難免計較他人的眼色、語氣而對之多加揣測；再配以微曲的形態，代表麥先生一生被感情所牽累，幼年受家庭牽累，成年為家庭牽累，到晚年還會受媳婿牽累，全因他拿不起、放不下所致。另外，麥先生的三大主線均出現叢毛，顯示他的心態不平衡，遇事每每向痛苦、煩惱方面想去，總是認為自己是天生不幸之人。

例51：波浪見島，易受傷害

「因愛成恨」這句話是許多哀怨故事的概括，這些故事並非文人杜撰的，君不見新聞中常有什麼丈夫遭去勢、同飲五花茶，共歸黃泉路……這些事件嗎？這都是其中一方在感情上受到打擊後，產生強烈的報復心態所造成的。

請先看看圖51的掌印，微曲的感情線上出現島狀，中末段線上有線（名為姊妹線），主線線末破碎，這些都是不良的符號，再配上代表性格自我、獨立的川字掌，這種自我的性格難免滲有任性的成分，因而為自己帶來無窮困擾。

圖51的掌印屬於余小姐，二十八歲，未婚。余小姐的初戀是很甜蜜的，男朋友阿傑是街坊兼中學同學，畢業後在機電署工作，全家遷到青衣的自置物業，住處雖遠，但不減雙方感情。

余小姐有一位好友阿蓮，她萬萬想不到阿蓮竟會橫刀奪愛，直到阿蓮與阿傑傳出婚訊，余小姐始知道阿蓮是「送貨上門」，趁阿傑母親回鄉時，天天去阿傑家裏藉詞為他料理家務，誘他上床，藉口懷孕迫婚。

得悉噩耗，余小姐像瘋了一樣，把阿傑送贈的禮物統統丟掉，還拿出刀片割脈，幸好她母親加強監視，及時把她送院治理。出院後，余小姐立即去廉政公署舉報阿傑貪污受賄，但她編造的故事經不起推敲，在窮詰之下承認了虛報，廉署亦不予追究。

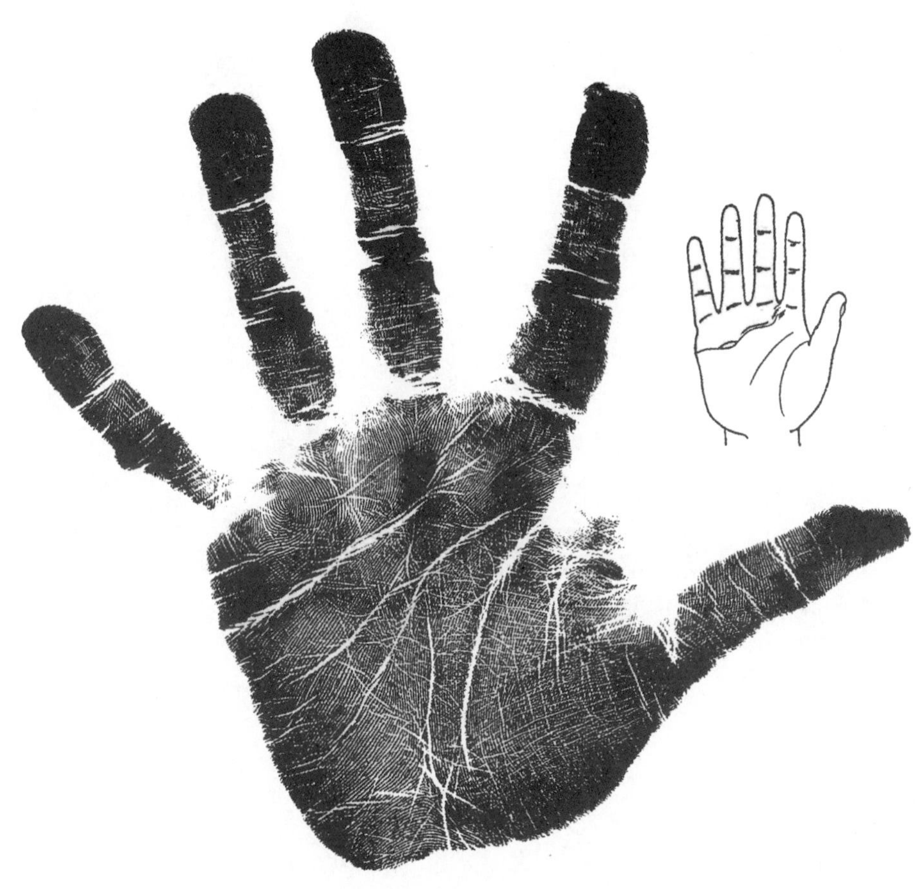

圖 51

一計不成，又生一計。余小姐天天打電話去阿蓮的公司找阿蓮的老闆數說她的罪狀，從性格、能力到私生活，胡謅一通，搞到該公司要報警。直至阿蓮辭了職，余小姐始感到快意。

在愛情道路上摔交是常見的事，問題是「曾經滄海」之後該怎麼辦？起初余小姐採取的是憎恨的態度，認為「男人心，海底針」，不過午夜夢迴想到遭人拋棄的傷心事，又燃起報復心理。當她結識到新男友，打算狠狠地懲辦那些臭男人時，卻又下不了手。她說自己不清楚是愛是恨，男朋友不明白她的心理狀態，只好黯然離去。余小姐雖然後悔不已，但始終解不開內心心結。

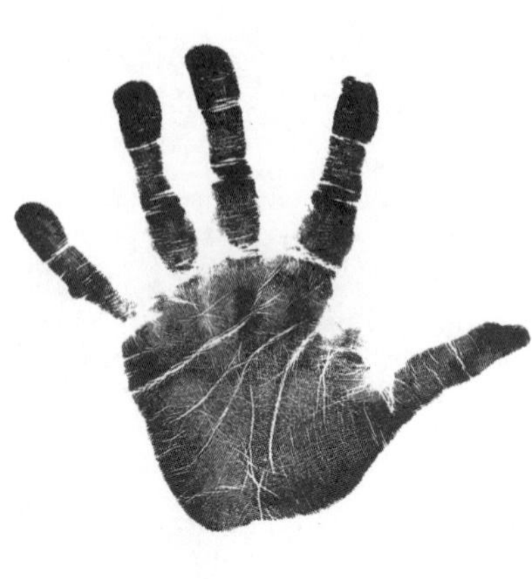

參看圖51余小姐的掌紋。感情線微曲見島狀屬不祥之兆，凡見島狀均代表感情上遭受過挫折或打擊，若出現在波浪線上，特性有三：一、感情容易衝動，受到半點刺激，便會傷害自己。二、缺乏自我保護能力，在愛情道路上，每每情到濃時亦是最易受傷害之時。三、有強烈的報復心態，一經觸發，內心之惡念油然而生。

此外，波浪線之中出現姊妹線，加上線末破碎，感情會是一塌糊塗，此點是與川字掌有關，因為川字掌之人比較任性。幸而余小姐之掌形清秀，否則，晚年必主孤獨。

例52：線尾有島，缺乏主見

現今的香港，超過適婚年齡而未婚的女性比目皆是，在筆者的女學員之中所佔的比率也不小。她們都是事業有成，能獨力支撐家庭並且擁有一個自住單位。個性獨立、工作能力強是她們的共通點，不少人認為這是她們蹉跎歲月的原因。我則認為這是表面現象，甚至連擇偶條件苛刻也是表面現象，骨子裏實是她們對待感情的態度。當中有少數人態度曖昧，連她們的知心女友也不曉得她們內心的想法。於是，一位女學員便邀請她的知己來到課堂當實習嘉賓。

李小姐，三十三歲，未婚。李小姐應邀出席時已知道在筆者的課堂內是無所不談的，她亦樂意公開她的戀愛經歷。

李小姐中學畢業後便進入一家英資集團工作，起初當接線生，後來轉任打字文員。同事們都說她cute，她也知道自己的心態幼稚，要想在社會上立足，就要向長輩、前輩學習。她的上司是部門經理，處事井井有條，對下屬和藹而有原則性，李小姐對他十分仰慕，她覺得上司不獨做事能幹，而且很有男人味。開會之時，聽到上司滔滔不絕的分析，看到他成熟的臉龐，李小姐有點神魂顛倒了。突然聽到上司向她大喝一聲，李小姐馬上收神斂魄把思想集中起來，但是她並沒有感到不好意思，心裏反而是甜絲

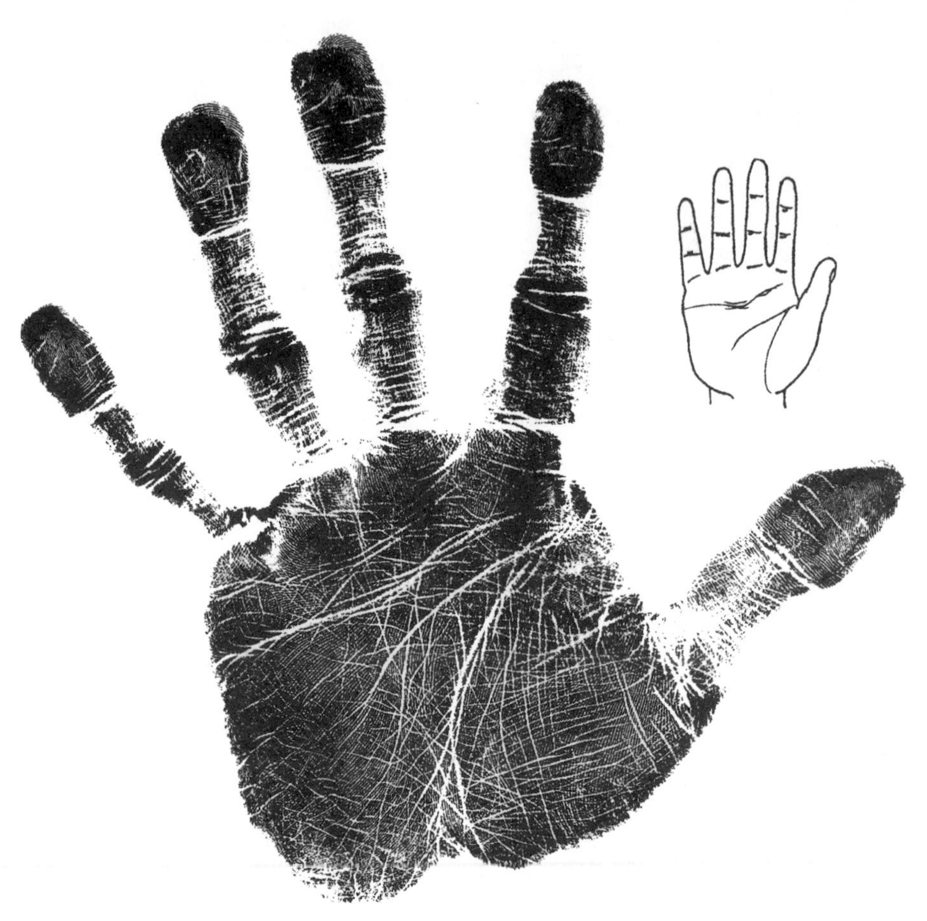

圖52

絲的。她很喜歡接受上司的差遣，即使工作難度大而且要加班加點也不計較。一個人的影子老是在她的腦際縈迴，那就是她的上司。她不知道這是不是暗戀，她說這是不可能的，因為上司將近四十歲，已有妻兒。這個情況直到上司調升至海外始告結束。

在她二十四歲時，已累積了一定的工作經驗，負責內部聯繫，跟許多部門的同事都熟絡，裙下不乏追逐之臣。雖然她有選擇地接受朋友，這些「好」朋友為數亦不少，但沒有一個能奪得她的芳心。說到這裏，她的好友，也就是筆者的女學員終於按捺不住，就向她質問：「你既然不想發展下去，為什麼接受他們的愛？」

「我沒有接受啊！難道他抱着我的腰，我拖着他的手，就成為定局了嗎？大家談得投契，親親嘴，難道不可以嗎？」女學員聽到這種解釋為之氣結。

圖52就是李小姐的掌印，感情線同樣是微曲見島，不過島形出現在尾部，含義與上例的圖51大不相同。感情線微曲線尾見島，代表她：一、缺乏主見，易受人擺佈，尤其受到成熟之異性所左右。二、在感情最好時會失去信心，甚至自行失蹤。有些愛情小說就是以此收場，留給戀人沉重的哀思。

無名指下感情線出現條姊妹線，即是李小姐在一段期間感情迷惘，而且同時愛上多位異性。幸好頭腦線清秀，能以理智克制感情，否則，愛情路上必然一塌糊塗。

例53：難覓對象，眼疾嚴重

再談波浪感情線，英才必須指出，感情線上出現島狀與微曲感情線出現島狀是有分別的。後者（微曲感情線出現島狀）是不吉之兆，視乎島狀出現的位置而定所發生之事。至於感情線上有島，也是視乎其位置而判斷有何遭遇。一般而言都是感情上有波折，如果島狀出現在無名指對下，反映其人眼睛有問題而影響視力。老一輩人家若有深度近視者會有這個島狀，今天香港的居住環境比以前差得多了，深度近視者與日俱增，但是這類人的掌上不一定出現這個符號，可見符號的出現與否是跟環境的變化有關的。因此，我們研究掌相就不能「一本通書睇到老」了。不過島狀出現在無名指對下的感情線，仍可判定眼睛有問題。

請看圖53這幅掌紋的感情線：一、微曲感情線。二、無名指下出現島狀，但極不完整。三、無名指與中指間對下之位置出現第二個島狀。四、線條破爛不堪。其中一、四兩項在前面的例子中已有詳細論述，相信讀者們都知道它們的含義了。現在重點講述第二、第三兩項。

林先生就是此圖掌印的主人翁。他給我的第一個印象是兩鬢斑駁，容貌憔悴，絕對不像一個只有二十八歲的青年。他的右眼球晶體混濁，據說是患了大多出現在老年人身上的白內障，醫生告訴他，這是因為他長期苦惱和悲嘆導致眼睛緊張而形成的。

林先生說，他在二十二歲時認識了一名歡場女子阿彩。阿彩只有十八歲，童真未除，沒有歡場女子那股「撈」味，所以他對她很有好感，以後又去了幾次。阿彩跟林先生談得很投契，還勸

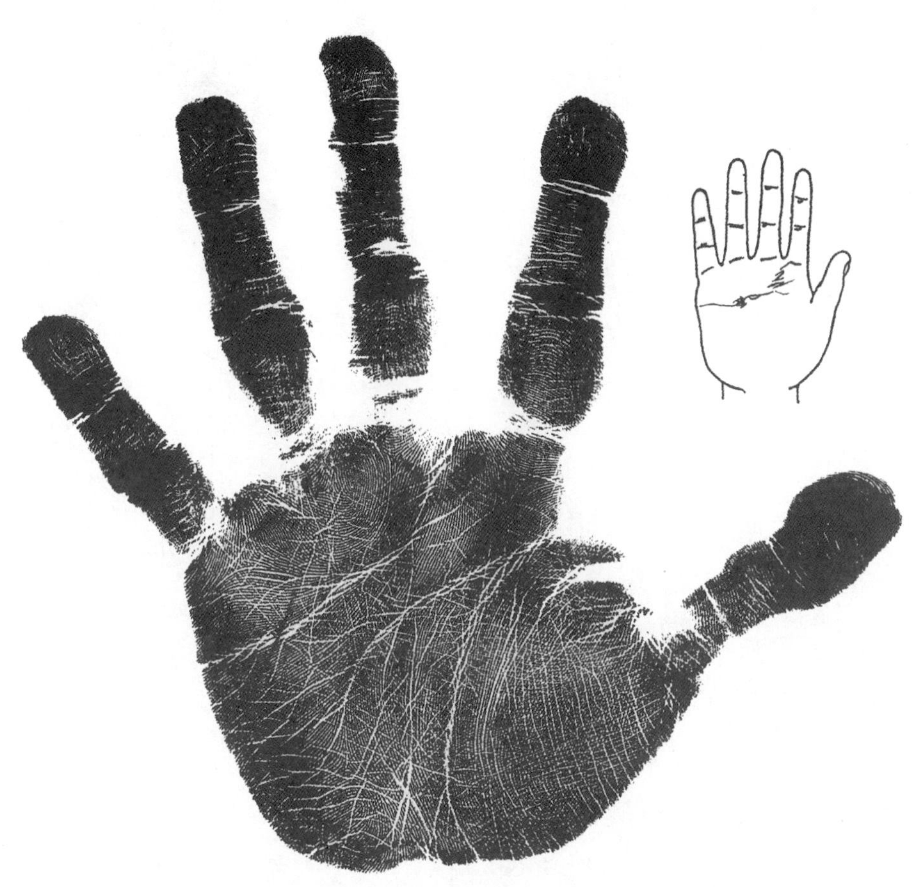

圖53

林先生不要為她花錢，要找她就相約到外邊遊玩不是更開心嗎？兩人的感情上升得很快。林先生藉口家中住處距離公司太遠，就搬離父母的家，租了一個單位自住，不久就與阿彩同居了。

林先生幾次勸告阿彩另覓工作，阿彩起初支吾以對，後來跟林先生坦白了，她表示自己不可能幹那些低收入又辛苦的工作，彼此談得來就相好一段日子，若林先生再囉嗦就散了吧！林先生原本打算改造阿彩，然後稟告家長正式成婚的，但這個打算落了空，使他沮喪了好長一段日子。

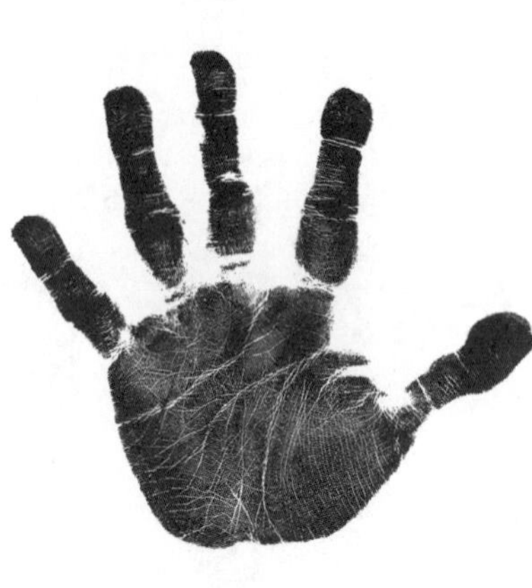

這個時候，阿雲闖入了他的心扉。阿雲任職的公司與林先生在同一幢商業大廈，因為業務接近，兩人不時交換工作經驗，當然也會議論老闆的是是非非。阿雲比林先生年長一歲，當他極度沮喪時，阿雲便會開解他，兩人慢慢就好了起來，繼而結為秦晉。婚後不久，林先生發覺自己找錯了對象，他絕對不能容忍阿雲像姐姐般呵護他、管束他，所以這段婚姻很快就告吹了。兩次失敗使林先生對愛情感到迷惘。

再看圖53林先生的掌印。感情線微曲見島而出現在無名指下，代表他：

一、總是覺得找不到合適的對象，老是帶來痛苦的回憶。
二、不可早婚，若是二十八歲前結婚，不到一年便覺後悔。
三、眼睛出問題，有失明的可能。另外，前後出現兩個島，心靈受創，故線尾破爛。

例54：心胸狹窄，老尚風流

愛情是什麼？有人說愛情是付出；有人說愛情是雙向的，在共同生活中要互相接受、互相體諒；也有人說，愛情是自私的，是佔有，尤如攻城掠地一樣，攻佔了它，它就是我的！張老闆就是這麼說，也是這麼幹的。

然而世間的事物是在不斷變化的，人的思想認知、處事方法也應隨着環境而變化，兩個人在長期相處中亦會出現很多變數，如果一方在變而另一方不變，就會發生問題，而張老闆就是一個失敗者。

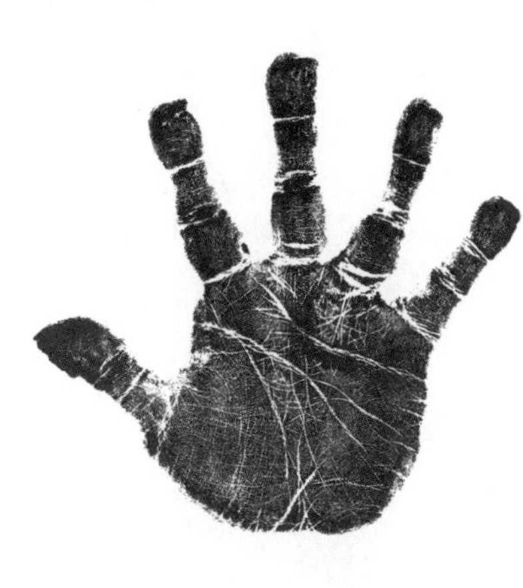

張老闆，六十五歲，離婚，子女不在他的身邊。張老闆是鴨脷洲一家船廠的太子爺。早年，鴨脷洲的交通只靠街渡來往香港仔，它同香港仔的關係很密切。

十八歲那年，張老闆看中香港仔一家粉麵店的老闆女阿雲。粉麵店沒有僱請夥計，一家大小在店舖應付日常工作。張老闆每次都纏着阿雲傾偈，遇上客人多，阿雲去招呼客人，他就老大不高興，如果阿雲跟別人多講幾句話，他就大喝一聲：「阿雲，過來！」後來阿雲的媽媽搶白說：「你是什麼人，妨礙我們做生意！」張老闆氣不過，揚言要燒了他們的店舖，又說無論什麼人

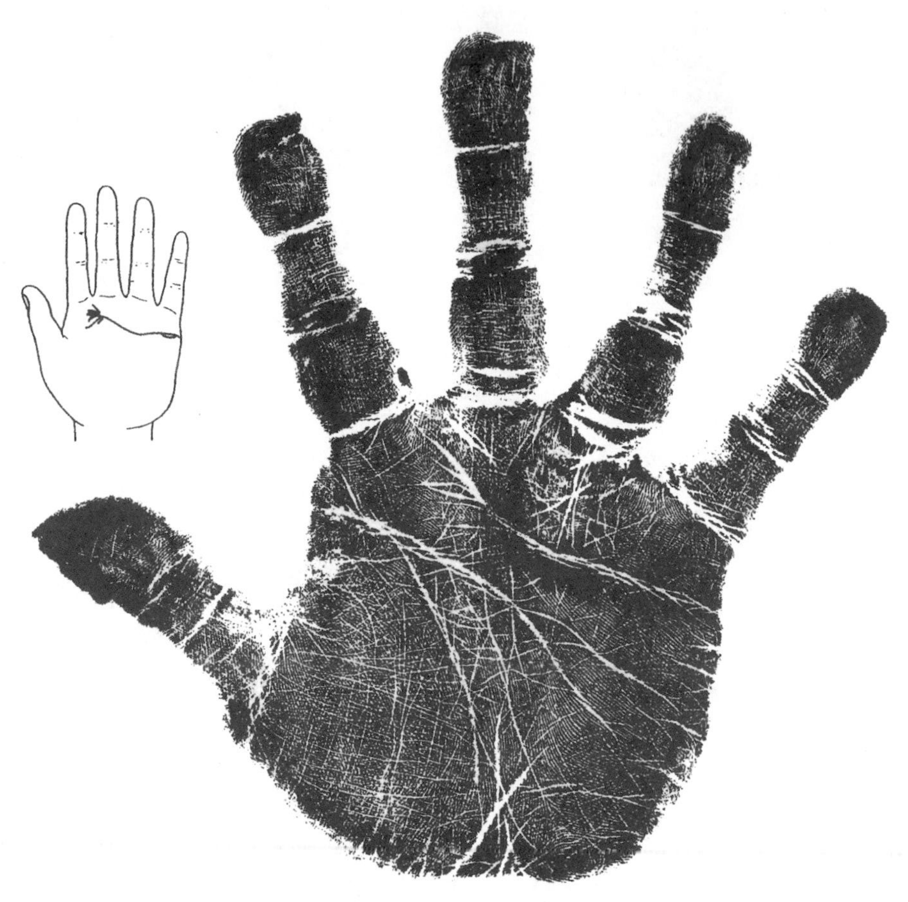

圖 54

敢追求他的阿雲，他就要打斷那人的腿。一些老街坊看不過眼，把張老闆的言行告知他的父親，由老頭子出面數說他一頓。張老闆略為收斂，但仍然經常去粉麵店附近窺伺一番，直至他找到另一個對象，此事始告一段落。

後來張老闆結了婚，不過他對妻子阿香擺出大男人作風，動輒打罵，有時候還數說：「你一家人都要靠我！」其實只不過是阿香的弟弟在船廠學師，遇上新學年開課，阿香要為其他弟妹籌措學費和書簿費（當年的學費是按學期繳交的），阿香只好逆來順受。

一晃眼二十多年過去了，阿香的弟妹早已獨立謀生，她的另一個弟弟還向船廠訂購了一隻漁船，不料漁船落水後發覺龍骨有問題，阿香的弟弟當然要同姐夫交涉。當天晚上，張老闆又找阿香作出氣袋，還說她勾三搭四，害得龍骨裝歪了，鬧得阿香服毒送醫院。出院後，阿香的弟妹把她接回家去。開了好幾天家庭會議，最後決定鼓勵阿香離開張老闆，連阿香的兒女都知道父親多年來沒有善待媽媽，表示支持。離婚的事情搞了好幾年，又是贍養費，又是賠償漁船，加上造船業生意下降，最後張老闆把船廠結業，單身一人住在香港仔。

圖54是張老闆的掌印。他的感情線微曲、線尾出現島狀，代表他：

一、心胸狹窄，自己喜歡對方便以為對方也愛他，並想方設法破壞其他人的追求。
二、嫉妒心重，易產生嫉妒幻想。
三、會因經濟問題導致離婚。線尾深刻但爆裂，反映晚年孤獨；線尾出現太多支線則是老尚風流。

例55：島狀重疊，雪上加霜

一輛又一輛賓士夾雜勞斯萊斯或保時捷停在某大酒店門前，一對對珠光寶氣的紳士淑女從車上走下來，筆者此時始領略到何謂衣香鬢影。這是上流社會的聚會，叫做什麼慈善餐舞會，餐券價格高得令人咋舌。筆者一向不喜歡這類應酬活動，因為這種餐舞會是眼睛耳朵享福，肚皮受罪，菜式精美卻難以裹腹，但餐券是客戶送贈的，又因內子得知某大歌星會蒞場，適逢當天晚上英才沒有課堂，才硬着頭皮來湊熱鬧。

英才靜坐一角，默默觀察一對對伴侶的相格，低聲向內子分析夫妻相。突然眼前一亮，一對年約四十歲的紳士淑女來到我與主人家跟前打招呼。我的客戶當然為我們引見，並介紹他們說：「李先生，李夫人，你們是同宗！」雙方交換名片，寒喧而退，只見李夫人親暱地挽着李先生到別桌交際去了。

我看着他們的背影，詢問我的客人：「他們是夫妻嗎？」

客人反問：「你認為呢？」

「不像！他們沒有夫妻相。」客人大笑，說我有眼力。原來那位女士只是情婦而已。

接着客人簡單介紹了他們的背景：李先生的元配近幾年潛心向佛，謝絕交際；李先生早就釣上了這位林小姐，金屋藏嬌已有好幾年了。元配獲悉後，跟李先生約法三章，允許林小姐以伴侶

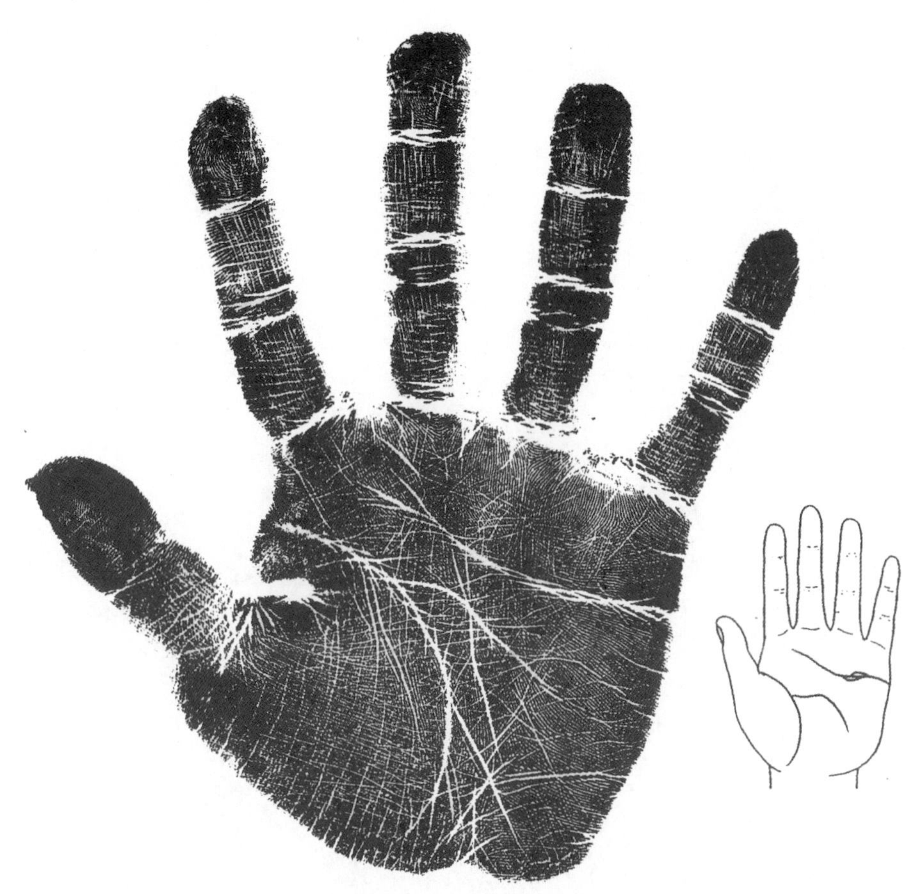

圖 55

角式陪伴李先生出席宴會，但不能正式入宮，更不許有子女，並要李先生把若干物業歸入元配及婚生子女名下。

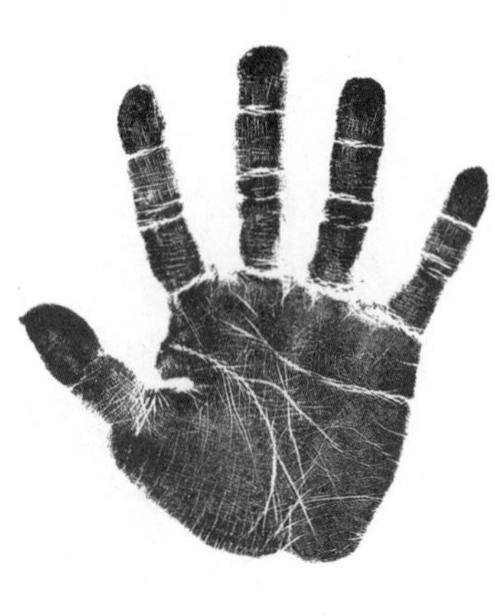

事隔不久，林小姐突然造訪筆者，她是介紹她的女友到來談論風水問題的。正事議過，林小姐要求筆者贈幾句，我表示名片上已清楚印明「贈相免問」。林小姐便說：「就按議事付值吧！」立即打開手提包付過相金。

她要問什麼呢？原來，林小姐想知道能否與李先生白頭偕老。我要求屏退左右，林小姐表示不用，女友對她的事情知道得一清二楚。

我遲疑了一會便說：「別怪在下直言，閣下擇偶的條件是性愛重於感情。」

林小姐一怔，她的女友則鼓掌大笑曰：「李師傅真神人也！」

林小姐絲毫沒有尷尬，坦率地講述自己的生理特點，她說自己不是濫交之人，也曾遇上幾位性伴侶，但總不能使她感到愜意。她不是刻意要求交合時間的長久或次數的頻密，也不要求花式多多。自從認識了李先生之後，雙方在各方面都「好夾」……所以就跟了李先生。

女性「大食」是指幾個方面，或要求交合時間長始能出現高潮，或要求高潮一個接一個，又或要求次數頻密……。這些都可以從她的縱慾格子或者金星丘的形態看出來。林小姐如此解說，在下於是云云照錄，但其實筆者已在林小姐掌印的縱慾格子中得到答案——她是「大食」之人。

回到正題，林小姐詢問她與李先生能否白頭偕老。我的答案是，從掌紋中看不到離異的跡象；換句話說，在可見將來沒有這個可能。不過事物總是不停地變，變數很多，視乎他們二人今後如何相處而已。

林小姐說：「我是無所謂的，如果真的是分手的話，他就要負擔我的開支。如果謝絕一切交際應酬，生活簡單一點，每年的開支不會超過一百萬元。」如果不是禮儀所限，英才早就把舌頭伸出來了。

至於她的晚年，我的分析是，她的身體十分健康，因性慾仍然強盛也（參閱上例感情線尾的分析）。林小姐是年三十八歲，根據我的分析，兩年後會有第三者介入（無名指下見小島），不過這一點我並沒有告訴她。學相之人務必緊記這是自保方法，為免將來惹麻煩也。

圖55就是林小姐的掌印。她的感情線清秀本是好事，無奈在尾指與無名指之間出現重疊之島狀，在微曲感情線之中就有雪上加霜之苦。這種線狀反映她：

一、將性慾放在首位，感情居次。
二、個性固執，要人家遷就他。
三、有強烈物慾，可以不擇手段奪取不屬於自己的東西。

另外，林小姐的頭腦線亦呈波浪，顯示她早年因為三心兩意而車輪式地選擇性伴侶。這種頭腦線亦代表，她難以運用頭腦來分析自己的所作所為。

例56：波浪清秀，性格矛盾

圖56這幅掌紋同樣屬於清秀，甚至可說是典型的清秀格局。可惜的是同時出現波浪，變成了清秀見波浪這種罕見線紋。這款線紋可說是優劣並見，特性如下：

一、性格十分矛盾，對一個人既愛且恨，疑幻疑真，自己亦說不出所以然。

二、對人對事有時很負責任，信誓旦旦，回過頭若無其事，彷彿自己從沒有作過承諾。

梁先生是圖56掌印的主人翁，二十九歲，未婚。梁先生透露自己只拍過一次拖，後來散了。他只承認在拍拖期間與女友有很多爭吵，亦不是有第三者介入，但他沒有透露半句吵架的原因。

梁先生是英才課堂的嘉賓，而因為當天學習的是生命線，我就沒有追問下去。到研習感情線的時候，這條罕見的線紋被用作學習題材，只好勞煩推薦梁先生的學員去找梁先生的前任女友尋求驗證，得到的答覆是：許多爭吵是莫名其妙的，有時候梁先生愛得很熱烈，有時候卻表現很冷淡，甚至無中生有地提出指摘，大吵大鬧。這位少女以為梁先生另有新歡而藉機尋釁，遂主動離開了他。後來知道他確實沒有新女友，雖然感到有點懊悔，不過她的女友們都勸說既然甩了就算了吧！「天涯何處無芳草」？

此外，梁先生的感情線中有三角符號，顯示有三角戀愛，即使婚前沒有發生，婚後亦會出現婚外情。

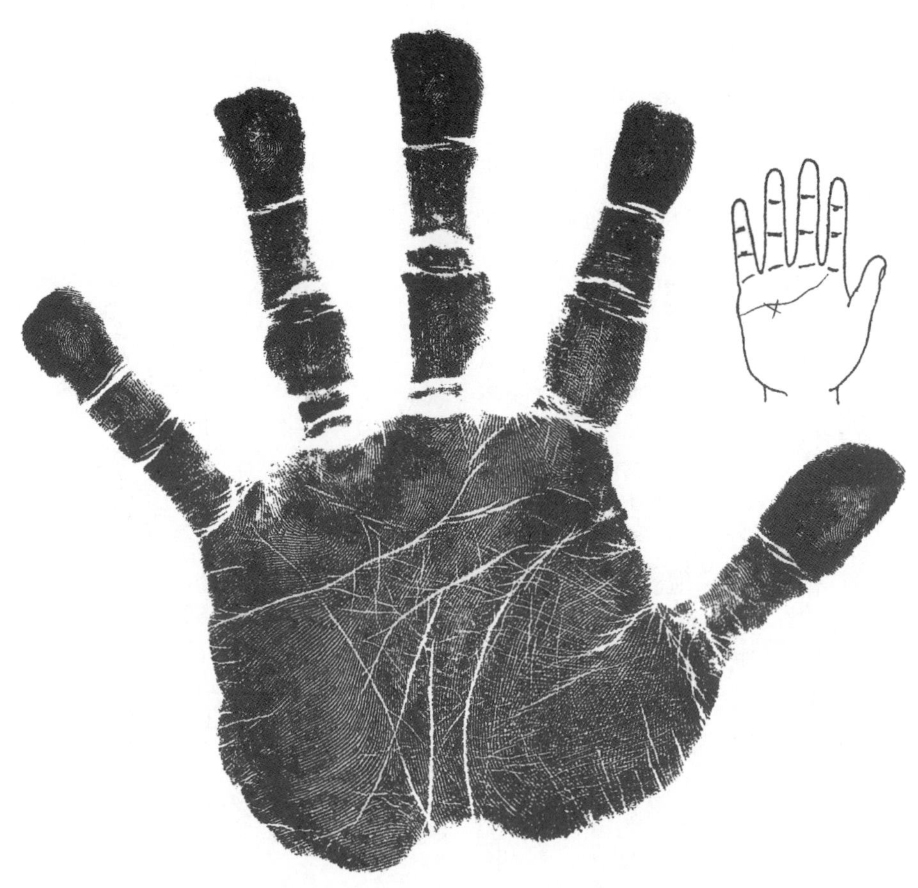

圖 56

例57：粗闊微曲，為人衝動

圖57這幅掌印很容易被人誤會為正常之感情線，因為線形粗闊，容易忽略了它微曲的現象。

這幅掌印屬於章先生，四十八歲，已婚。章先生稱讚他的妻子賢淑很遷就他。我笑說，拍拖的時候不是那麼甜蜜的吧？恐怕還有許多爭吵呢！章先生辯稱那是青年男女戀愛時的必然現象。我進一步分析說，問題不在女方，許多爭執都是由章先生挑起的，其中包括他曾一而再地、無緣無故地冷落對方。章生說他當時已經二十八歲了，還像個大孩子，幸好女朋友了解他的性格，對他呵護備至，否則早就掟煲了。

我為什麼能夠了解章先生的戀愛史？就是從他的感情線的形態來作推斷。

他的感情線粗闊而帶微曲，顯示：

一、為人衝動，尤其是在感情方面，受了某些刺激時，情緒異常激動。

二、忽冷忽熱，容易與人熟絡亦容易疏遠（包括交友在內）。

三、成年人的心態卻似小孩般，一會兒要雪糕，一會兒要玩具。

章先生的感情線沒有斷裂，以他這種心態及表現，她的配偶對他長期遷就、容忍，真是難得。可惜感情線末出現三叉，配偶很可能比他早逝（或離去），難以同偕白首。

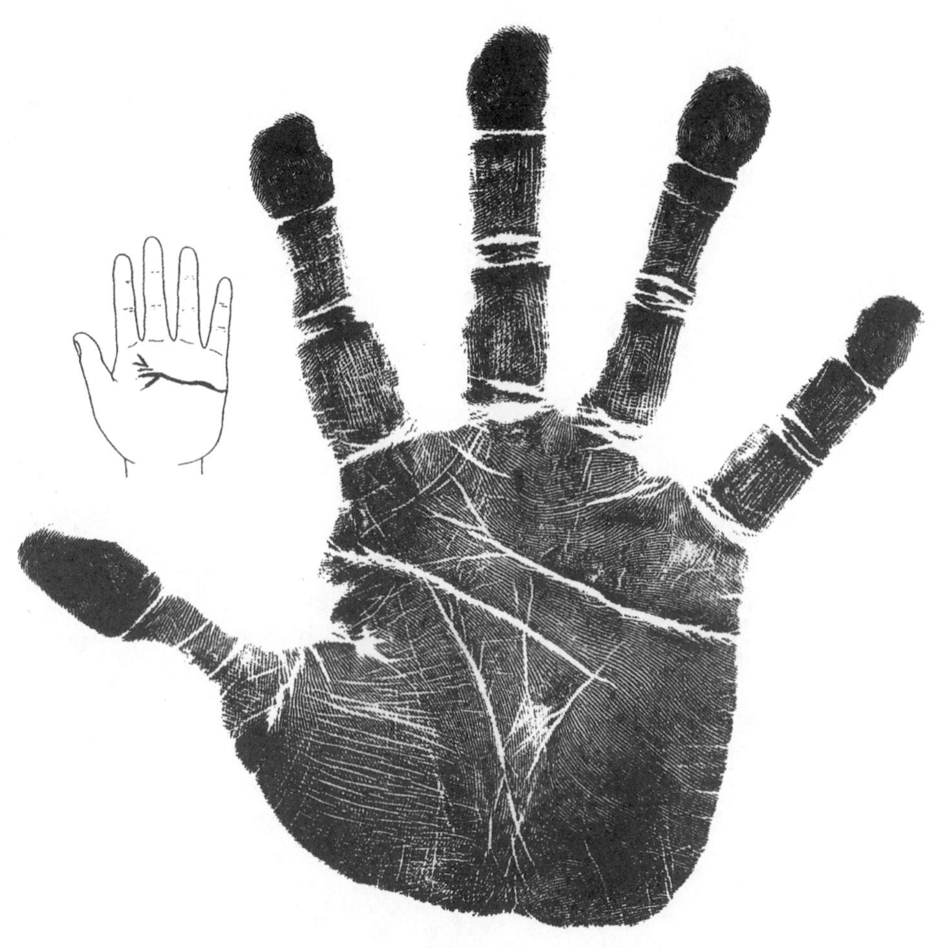

圖 57

例58：遍嚐蜜杯，不願結婚

「結婚是戀愛的墳墓」，不要以為這是某些人觸景傷情的慨嘆或者是文人筆下的哀思，的而且確，有些人確實會視結婚為苦杯。他們不是不想承擔婚約的責任，而是喜歡愛情的長跑，沉醉於無窮無盡的卿卿我我、濃情蜜意之中。

葉先生，五十歲，未婚。葉先生在青年的時候藉口事業未有基礎，以此堵住媽媽、外婆的嘴巴，不肯結婚。老人家問：「有拖拍未呀？」葉先生就答：「有！」老人家看到葉先生的確有親密女友，也就不再哼聲了。等到葉先生事業有成，他已搬進自置的物業，過着單身貴族的生活，老人家的絮聒只能從電話筒中傳來而已。

十多年來，葉先生的身邊出現過很多少女，有些甚至搬進他家與他同居，企圖以長期接觸來軟化他，但兩、三年過去了，沒有收效，女的便灰溜溜地離開。葉先生聲明，他對愛情態度只求那種羅曼蒂克的氣氛，不一定要佔有少女的肉體。

圖58就是葉先生的掌印。他的感情線淺弱、微曲，加上短而無力，代表他：

一、感情的成熟較遲。

二、不願承擔婚約責任。

三、情緒不穩定，喜怒無常。

葉先生有一條良好頭腦線，顯示他是有計劃地享受愛情生活，而且難動真情。

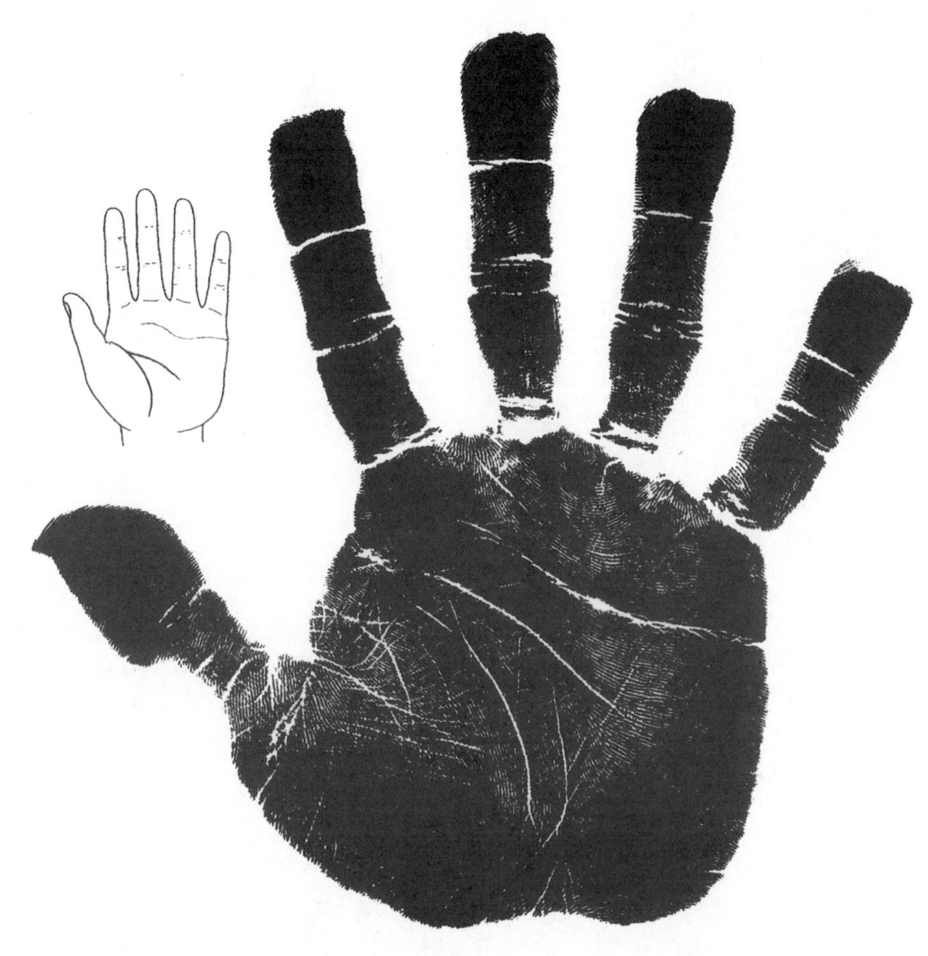

圖 58

例59：長期鬱結，感情多變

圖59是呂先生的掌印。他有一條標準之財富線，顯示他在事業上是成功的（請參閱拙作《看手掌添財富》），可是他的感情生活卻是一敗塗地，先後兩次離婚。有些人經受打擊之後精神頹萎，呂先生卻以加倍勤奮地工作來修補心靈的創傷，這種意志是值得許多人學習的。

呂先生在年輕的時候與一位刁蠻富家女談戀愛並結了婚，但必須強調，他並沒有動用過妻家一分一毫來開展他的事業，銀行亦沒有因為他是名人的女婿給予他信用貸款。當然，由於妻家的關係，他認識了不少富商，可是當他的事業發展了之後，妻子總是絮絮不休地認為他是沾了妻家之光，加以呂先生發覺他沒有能力改變妻子的刁蠻脾氣，這段婚姻就此完蛋。

經過第一次婚姻失敗，呂先生就選擇一位小家碧玉，打算把烏鴉變成鳳凰，可惜他忽視了內因的重要性，第二位妻子只會享福，不懂得交際，經常失儀，導致婚姻破裂。

在呂先生的掌紋中，感情線波浪而全線破爛，出現在後天掌為婚姻失敗之徵兆，代表他：

一、長期有鬱結心理，精神苦悶而無人理解。

二、感情多變。若頭腦線明朗可減輕其傷害性，可惜呂先生之頭腦線一分為二，向上直插感情線，有盲目投入感情之傾向；另一條則下垂至掌邊，這是呂先生產生過度幻想的原因。有關這條頭腦線的闡釋，留待在頭腦線專論時才作詳細介紹。

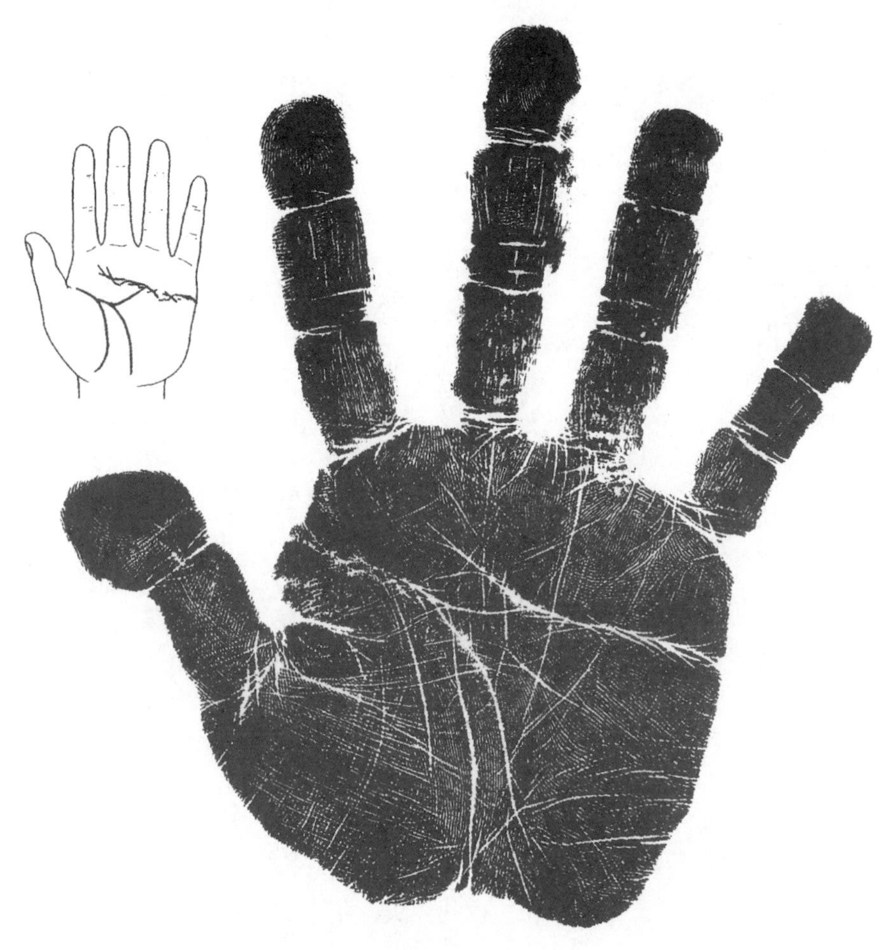

圖 59

例60：童年不快，患得患失

在二十幅波浪感情線之中，此掌的特點十分明顯：一、開端有斷口，並有一條姊妹線承接。二、尾部開叉並呈現疲弱。三、全條感情線淺薄乏力。

圖60掌印屬於孫先生，三十歲，鐵器檔老闆。孫先生出身於中等家庭，在上世紀七十年代股災時，父親輸掉了自置物業，全家人搬到新界區投靠祖父。他的父親自此萎靡不振，孩子們亦籠罩在寄人籬下的陰影，學業退步。張先生在完成中三之後，便經親友介紹到就近的鐵器檔學師，總算有一門手藝。數年後，鐵器檔老闆深感一個檔口養不了兩口人，就決定回鄉養老，把店舖頂讓給孫先生，頂讓條件很優厚，生財及原料作價若干，可分期支付，自此孫先生便榮升為老闆。

孫先生的妻子是新界圍村人，雖然沒有遺產繼承權，但性格十分獨立。妻子認為經營鐵器檔只是搵兩餐，建議移民英國，因叔伯們都在那邊。孫先生聽到要投靠別人就心裏發毛，他的妻子不知道他的心理狀態，於是就產生了大時代的小悲劇——離婚。

參看圖60孫先生的感情線：

一、線頭斷口，反映童年不快樂並留下陰影，其駁口之姊妹線不能彌補其痛楚。

二、線尾疲弱開叉，三十歲前結婚不佳，必以離婚收場。

三、波浪大配全線淺薄無力，難怪孫先生面對感情會患得患失。

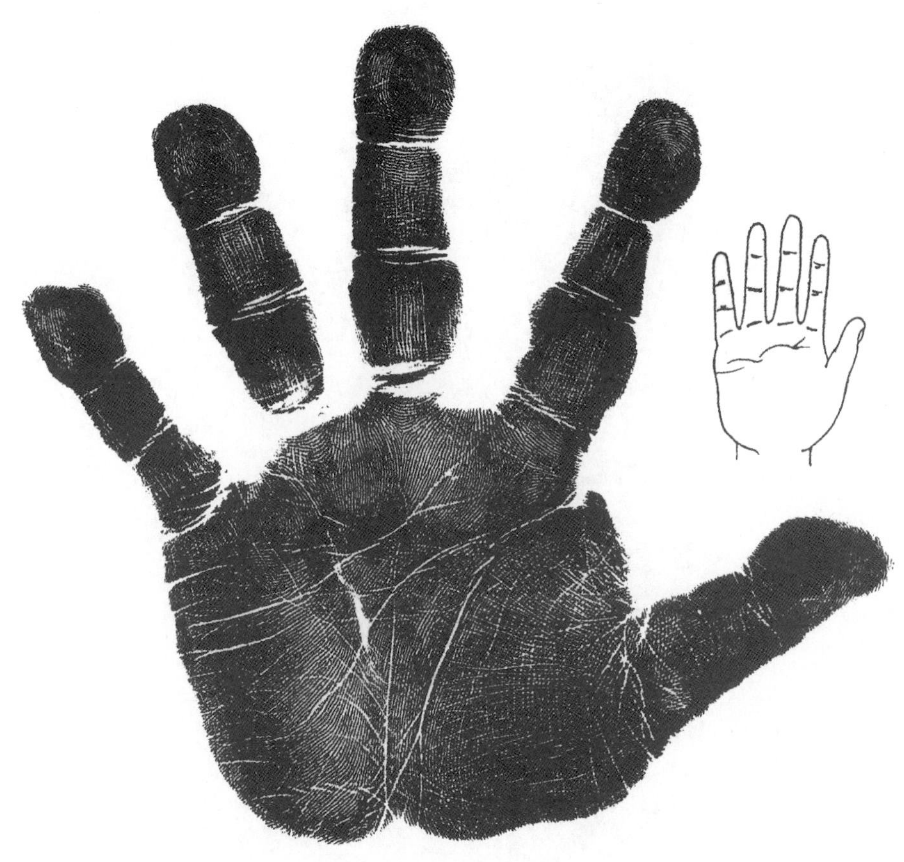

圖60

雲片狀感情線

例61：雲片線狀，情來情去

從本例開始介紹雲片狀感情線。這類線紋不是完整的一條，而是由較多長短不等的短線組成的。

具有這種線狀的人在感情上不穩定，具有見異思遷的性格（不一定由當事人作主動），其變遷程度視乎雲片狀態而定，例如圖61掌印的主人翁趙小姐則是屬於變遷較大的一類。

趙小姐，二十九歲，未婚，職業是服裝設計師。她在十六歲就開始拍拖。第二段戀情則發生在巴黎，當時她在法國攻讀時裝設計，每到假期就喜歡到塞納河畔的跳蚤市場選購廉價的古老藝術品作功課參考。有一天，她不經意地碰撞了一名東方男子，她以為對方是日本人，隨口道歉一聲：pardon，後來她發覺對方有意無意地注視着她的一舉一動，這在巴黎是司空見慣，所以她不放在心上。過了兩三個星期，她再去到跳蚤市場，那名男子又出現了，並主動向她搭訕。原來這位A君也是來自香港，在巴黎攻讀美術。一對香港青年在異地結識，很容易建立友誼，而且大家的課程又是與藝術有關，在洋溢着浪漫氣氛的巴黎，A君就成為趙小姐的閨中蜜友，不過這段戀情並不長久，隨着趙小姐畢業返港，A君就被她拋諸腦後了。

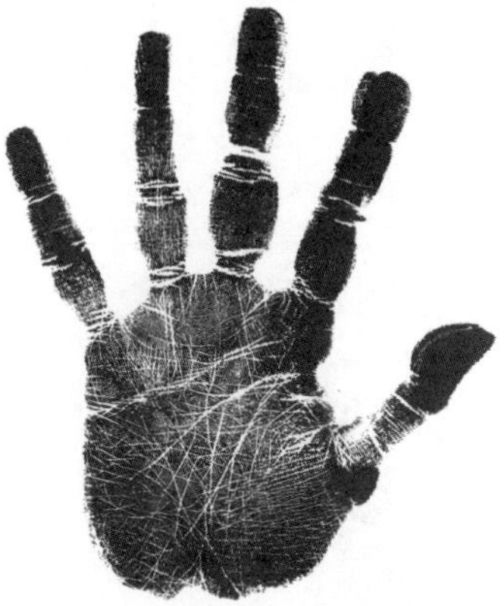

趙小姐學成返港之後，香港的服裝業相當蓬勃，她得以一展

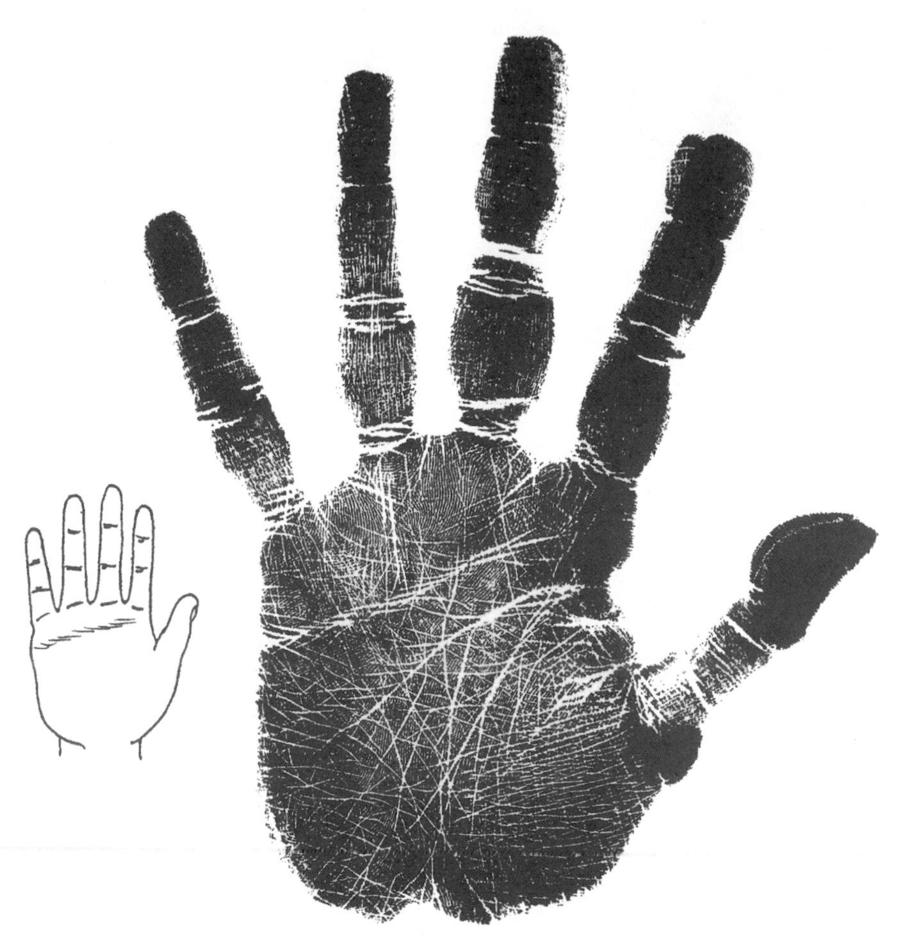

圖61

所長，擔任時裝設計師。因為業務關係，趙小姐經常要出席時裝展覽、參觀畫展、雕塑展，還要逛逛時裝批發中心，並且爭取出席上流社會的舞會、酒會，為的是看看不同款式的衣服穿在不同的女士身上，給予觀眾什麼樣的感覺。

趙小姐返港之後便重回第一任男友T君懷抱。T君是大專畢業生，攻讀電子系，整天埋頭於電腦程式設計，而且經常要加班工作，無法經常陪伴趙小姐去逛展覽、參加酒會。因為雙方分隔了一段時期仍能保持關係，所以T君對這段戀情十分放心。雙方的來往越來越疏，等到三年後他知道已有第三者介入，而趙小姐一直拒絕與他見面，T君始如夢方覺，悔之已晚。

走筆至此，筆者慨嘆T君其實並不是真正了解趙小姐，如果他懂得手相學的話，他就會知道趙小姐的感情是會反反覆覆的，而他在當時就不會悲痛欲絕，幾乎自殺了。

趙小姐的性格特點是：容易接受人家的好感，當對方作進一步示意時，她不僅不會拒絕，甚至會表示接受。因此在這些年來，她先後有五位男朋友，這是指能夠擁抱、接吻……而言，至於來往較多、很談得來者，並不計算在內。

圖61趙小姐的感情線特點是，全線由開頭至線末都是由雲片組成，此形態代表：不論男女都把戀人視為感情上的過客，兩性生活並不檢點。當感情或婚姻出現問題時，便會有反叛傾向或是採取劇烈手段刺激對方。

例62：偶爾動情，亦予拒納

世人都道男歡女愛、情海翻波惹來無限惆悵。「無故尋愁覓恨，有時似傻如狂」，但是有誰知道世界上有些人對愛情這回事卻是退避三舍，寧願孤單獨居，正是：「請君看皎潔，知有澹然心」。雷小姐就是這樣的人物。

雷小姐，二十八歲，職業是售貨員。現代女性思想不如以往保守，當中不乏未婚而與伴侶同居者，至於三角戀愛、四角戀愛也是司空見慣。可是，雷小姐卻是截然相反的一個人，她對愛情抱有抗拒態度，有些顧客故意向她挑逗，她則以冷漠的臉色來回應，她說這樣可以省卻許多麻煩也。

雷小姐說，曾經有同事勸她放寬臉容，因為當售貨員不能經常冷冰冰板着臉。她聽從了勸告，不料惹來一番麻煩。這個麻煩是來自鄰店的男同事，此君藉故與她接近、邀約，她知道此人是正人君子，對她也是有誠意的，但是她不大喜歡與別人（包括同性）接近，於是悄悄離職，離開了這家大百貨公司，轉到新界的小店工作，至今仍是單身。

圖62是雷小姐的掌印。感情線的特點是，雲片狀只是出現在線尾，一直伸展至食指與中指的指縫，形成一個半月形。此線紋代表：她自小有孤獨的傾向，有人強烈追求亦難以改變其落寞心態，縱使偶爾動情，不旋踵就興起放棄心態。

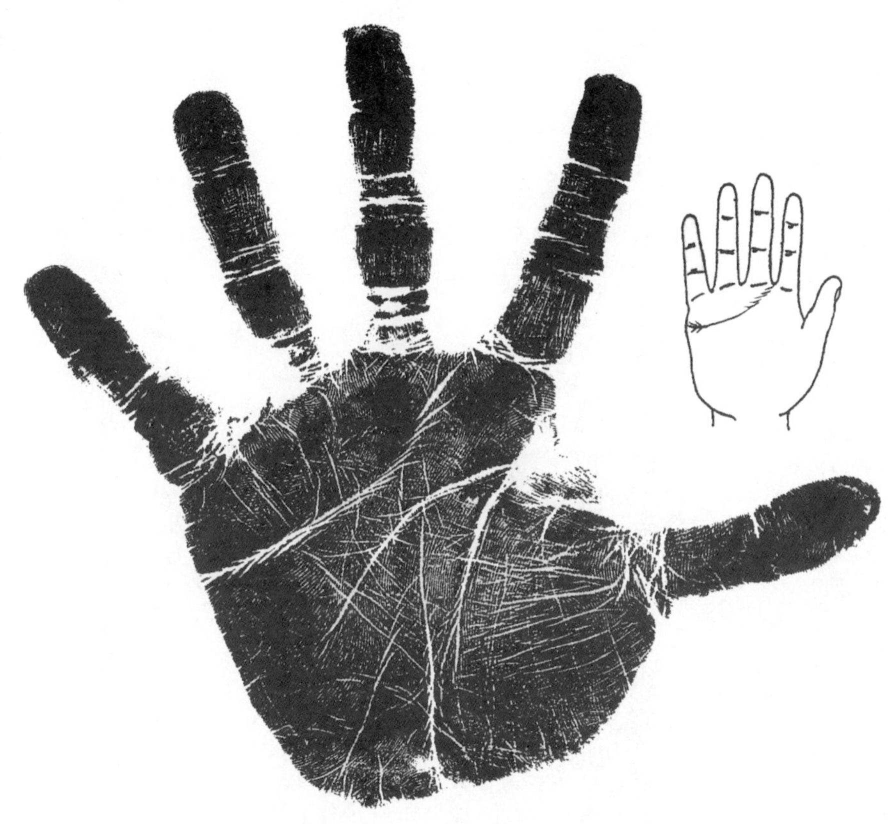

圖62

例63：野性難馴，缺乏主見

圖63也是一幅由短線雲片重疊組成的感情線，形狀與圖61相似，但是它每條雲片線紋更短，所以有不同的解釋。筆者看到了這條線紋，不禁慨嘆「江山易改，本性難移」這句成語可在這裏用得上了。

筆者經常被學員問到：「每個人的命運與性格是否與生俱來？」我給予的答案是：「命由天生，運由自己掌握。」意思就是，性格是與生俱來的，性格可以影響人的運程，如果每個人都知道自己的缺點，並刻意進行修正，他的運程是可以改變的。筆者反對一成不變的說法，雖然我極力鼓吹每個人去改變自己的命運，不過事物的變化不以主觀意志為轉移，尤其是有些人表面上對我們這些相士十分尊重，至於會否接受我們的忠告？像唐先生那樣的人就很難了。

唐先生，三十八歲，已婚，職業是電子技師。唐先生畢業於工業專科學校，換句話說是中專水平，職級與待遇當然比一般中學畢業生為高。雖然唐先生學歷水平不太低，但他在感情方面卻是個糊塗蟲。

圖63就是唐先生的掌印。他的感情線紋在外形上與例61的趙小姐相若，但在性格上則與趙小姐小同大異。唐先生也愛結交朋友，但是不像趙小姐那麼活躍和廣泛。趙小姐相當容易接納異性朋友的好感和暗示；換句話說，她是一座比較容易攻佔的城堡。而唐先生呢？由於他的性格有點木訥，只要捨棄通用方式，換個辦法還是可以把他俘虜過來的。

圖63

說來奇怪，「姐兒愛俏」並非千古不易的道理，像唐先生這樣的人竟然也會成為「女人湯丸」。

唐先生並非「花心蘿蔔」之人，他不會採取主動，他是屬於被動的類型，但是一旦對方發動攻勢，唐先生就無法防禦，或者說他是不知道如何防禦，到他成為對方的俘獲物之後，也不懂得如何去擺脫對方。

唐先生承認，婚後曾兩度發生婚外情，他既想嘗新，又知道這樣做是不對的，他心裏恐慌，處於矛盾狀態，結果被對方玩弄一番之後，便被對方一腳踢開，唐先生亦感到如釋重負。可是過了一段日子，他又懷着忐忑的心情，陷入第二個女子的羅網……。

讀者諸君如認識有類似情況的親友，他們都具有唐先生這樣的感情線，但程度輕重不同，這就會反映在他們的頭腦線上面。

擁有由短線紋重疊組成的雲片狀感情線者，其人一方面對愛情嚴重缺乏主見和信心；另一方面又有野性難馴的表現，此種情況會持續至晚年。

例64：欲拒還迎，心理矛盾

雲片狀掌紋不一定都是短線，也有長形的雲片。由長形雲片組成的感情線，如果結構呈現深而長者，其人的性格就與短雲片狀有所不同。

劉小姐，三十三歲，未婚，職業是社區中心文員。劉小姐在中學時期已經參加女童軍，她很喜歡接受童軍訓練，也接受助人為樂的精神，亦樂於接受派出工作。預科畢業之後，她當上了文員，工餘參加義工工作。她為人隨和，熱愛工作，因此結交了不少朋友。她認為文員的工作過於沉悶，而且她服務的公司生意太好，經常要加班，影響到她的義工工作，便決定放棄這份好職業，投身社區，入息雖比前減少，卻從精神上得到滿足。

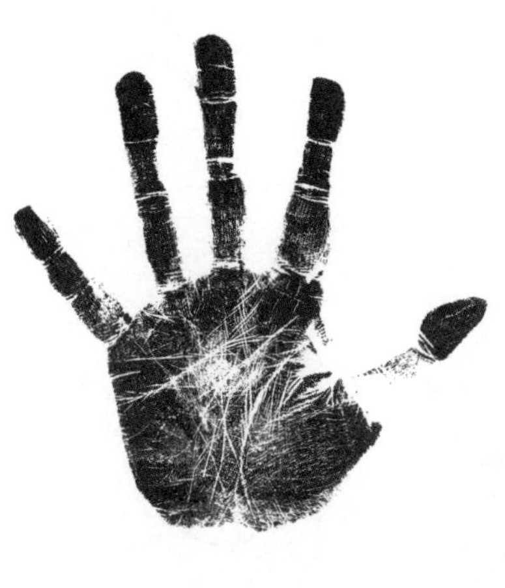

在劉小姐原來工作的公司，有位同事C君曾經追求劉小姐，但遭到劉小姐的拒絕，後來這位C君追求另一位同事（與劉小姐同一部門）並且結了婚。劉小姐轉職之後仍經常與舊同事來往，C君伉儷也屬友好之列。有一年聖誕節，C君的太太去了加拿大探親，C君就成為劉小姐的舞伴，在節日氣氛加上些微酒精影響之下，兩人當晚便上了床。所謂「和尚食狗肉，一件污，兩件穢」，往後劉小姐就成為C君的性伴侶，這種關係維持到C君移民加拿大方告結束。

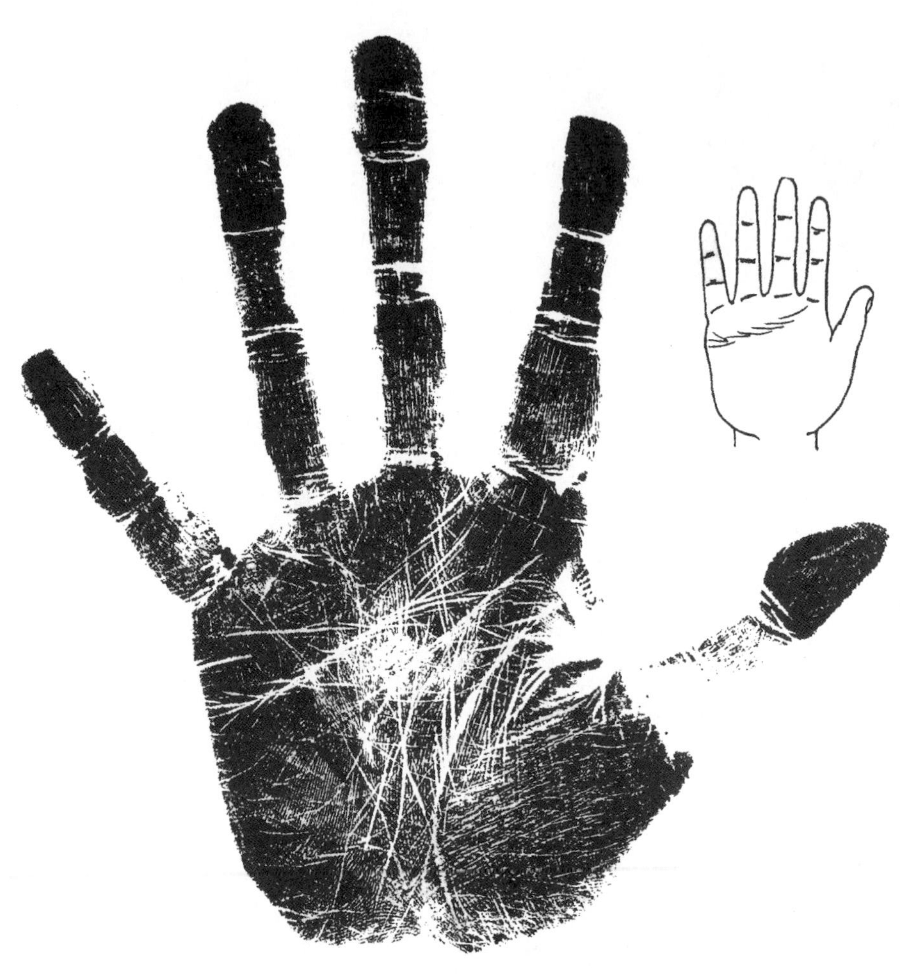

圖64

其實劉小姐並不是隨便的人，只是她有點天真、好奇，聽到了任何新奇的東西或事物，她都想見識一下或者嘗試一下。在她與C君保持着曖昧關係的日子裏，她因為幫忙籌備一個大型活動，需要跟贊助商某大公司一位中級職員經常聯絡，這位L君比她大七、八歲，已婚。L君覺得與劉小姐合作愉快，雙方很談得來。活動前夕，由於工作編排有點混亂，贊助禮品的數量未能定下來。當天下午，L君隨同劉小姐在社區開會、核點人數，入夜兩人趕回L君公司點算禮品是否足夠。核算到晚上八時多，一切順利，劉小姐累得倒在梳化上深深噓一口氣，L君以異樣的眼光凝視着她，兩人的頭部漸漸接近，熱吻起來，一對青年男女就此發生關係了。

C君移民之後，L君就成為劉小姐的唯一性伴侶，雖然她知道L君是有婦之夫，不過她並不打算跟L君結婚，所以她認為並不存在破壞別人的家庭幸福，何況她不是濫交之人，在她的觀念中看來，兩個人要好，可以有性關係，但是並不一定要結婚，只是她感到懊惱的是，先後兩位入幕之賓都是有婦之夫，難道是她命中注定的嗎？

那天我跟劉小姐分析，她的性格是對成熟的男人感興趣，現在她已步入而立之年，應該有能力分析和選擇終身伴侶的了。

圖64是劉小姐的掌印。感情線長而呈雲片狀，代表其人感性太重，又愛新鮮事物，惜意志薄弱，既想做又怕做，長期處於矛盾心理狀態。

例65：偷心為樂，婚姻欠佳

談情說愛是不是就像人們所想像的：花前月下、郎情妾意、卿卿我我那般具有浪漫氣氛？又或者雙方一時不能見面，是否又是「愁無限，寂寞淚闌干」？

董先生可不是這麼文謅謅的。「如何談情說愛？唉！總得要找個靚女嘛！不是靚女，怎能動心？」董先生說。問到他的靚女標準，他搔破頭皮可就講不清楚。他說：「比如像關芝琳啦、李嘉欣啦，這類型的靚女對我們這些人當然是不屑一顧，我做夢也不會想到能摟着這些靚女同床共枕。或者比她們差少許吧！五官端正，不太肥，也不太瘦……。身材該如何？當然要有胸部，沒有胸部怎能算靚女？臀部也要微凸，只有這樣才算曲線玲瓏，而且好生養呢！」說了半天，董先生眼中的靚女都是着重於外形，絕口不談內涵。

董先生，四十五歲，職業是跟車工人。跟他談及對愛情與拍拖的看法頗有意思。他說：「拍拖就是拖着自己喜歡的女仔。為什麼一定要女性的手挽着男性的臂膀？難道我摟住女性的腰肢就不算拍拖嗎？」

至於他對愛情的看法則是佔有，絕對的佔有！他說，如果他看中一個女孩子，就會約她飲茶、看電影，在黑漆漆的電影院裏，藉機撫摸她的手臂，進而吻她一下，如果對方沒有抗拒的話，散場後就可以約她去開房燕好了。董先生心目中的愛情就是這麼簡單。

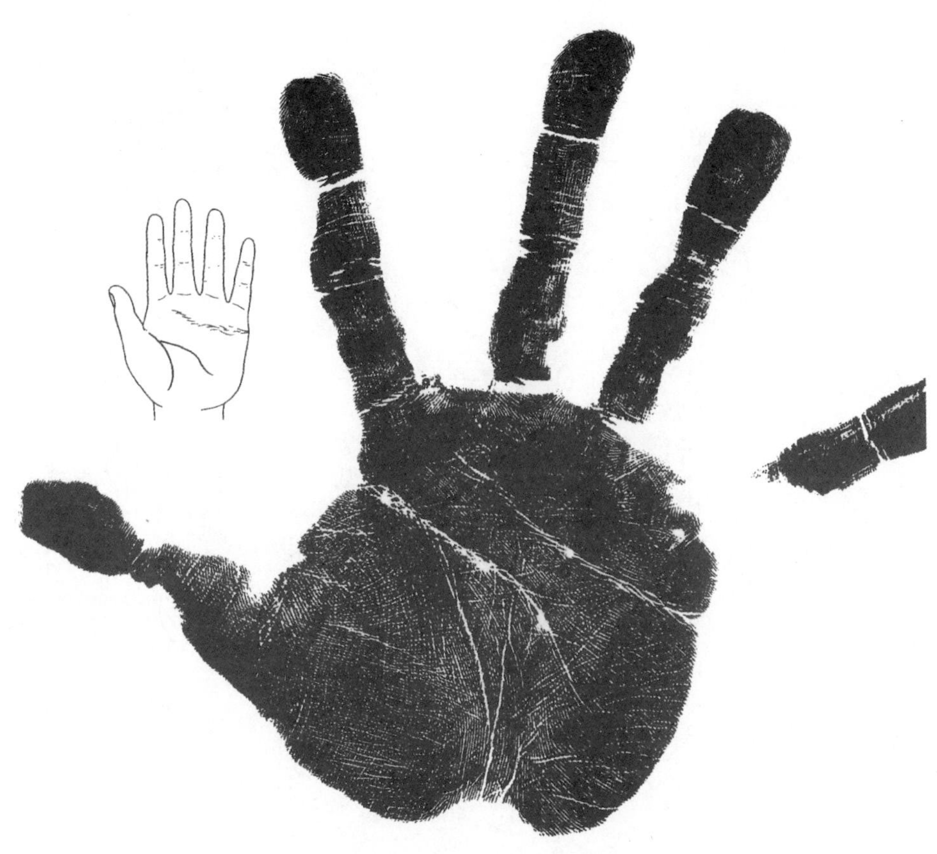

圖65

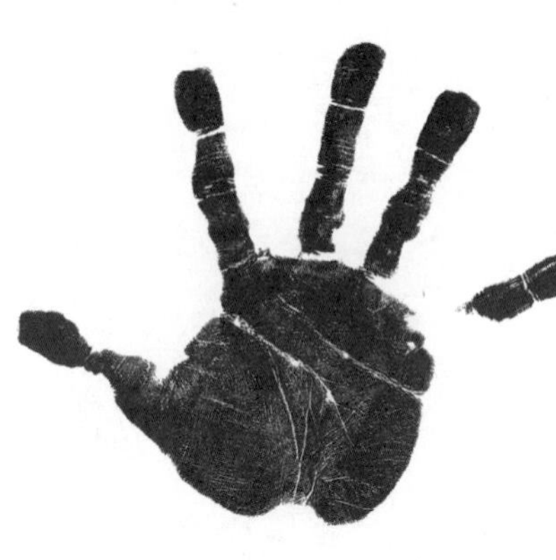

不要以為董先生這種做法簡單得可笑，他已經施用這種手法釣上了好幾位女性。俗語有云：「人夾人緣」，像董先生這種草根階層的人也有他們的獵物階層。不過有一點很重要的是，每當董先生「拍拖」時，他都會告訴對方自己是單身，「收入低微嘍！無人肯嫁我嘍！」

不要以為香港的女性都要嫁金龜婿，有些人知道自己的條件不高，就想找個老實可靠的伴侶，而董先生身材結實，對人豪爽，所以他那兩句謊言倒能博得同情，於是他們繼續「拍拖」，直到對方發覺他是有婦之夫，謊言拆穿了，董先生便面懵懵地承認一切，雙方分手，於是他又去物色另一個對象。讀者不要以為這類人只是出現在董先生這個階層，事實上，任何階層的人都有這類愛情騙子，而且後者的殺傷力更大，會在被害者的心靈上留下極大的創傷。青春少女，不可不慎！

圖65是董先生的掌印。他的感情線也是由短的雲片狀組成，只是雲片的弧度不那麼大而且略呈直線，同時線紋淺弱，有弱不禁風之感。這種形態的感情線代表其人頗難與人溝通，朋友不多，卻喜歡玩弄愛情遊戲，並以偷心為樂，婚姻不佳。

例66：飽受煎熬，生離死別

前文提過，爪字掌的特點之一是感情過重。如果爪字掌加上雲片狀，就要觀察它的雲片狀形態。如果像此例圖66趙先生的掌印那樣，雲片狀是長形的，單是這一點已是感情過重，再加上爪字掌，那麼趙先生的性格，說得好聽是「長情」之人，實際上，他會是飽受感情的煎熬，其中辛酸能對誰傾訴？

趙先生，二十歲，大學生。不要以為大學生就「百毒不侵」，大學生也是人，他只是比別人幸運些，有機會進入高等院校接受有系統的教育培養而已。趙先生的掌上還有一條分離線，這裏隱藏着一個生離死別的創傷。

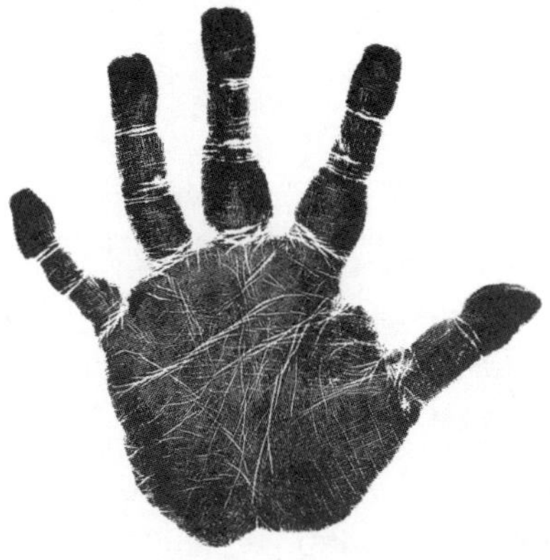

趙先生與孫小姐是青梅竹馬的男女朋友。兩人識於微時，起初是低頭不見抬頭見的街坊情；小學畢業後，兩人考上同一所中學，兩人一起上課，一起放學回家，感情十分要好。升中五時，孫小姐父母決定舉家移民澳洲，她將在那邊完成中學課程，再唸大學。趙先生對孫小姐難捨難離，花前月下向她許下承諾，他會向父母爭取，在香港完成中學以後，便赴澳洲升讀大學，這樣雙方又可以在一起了。

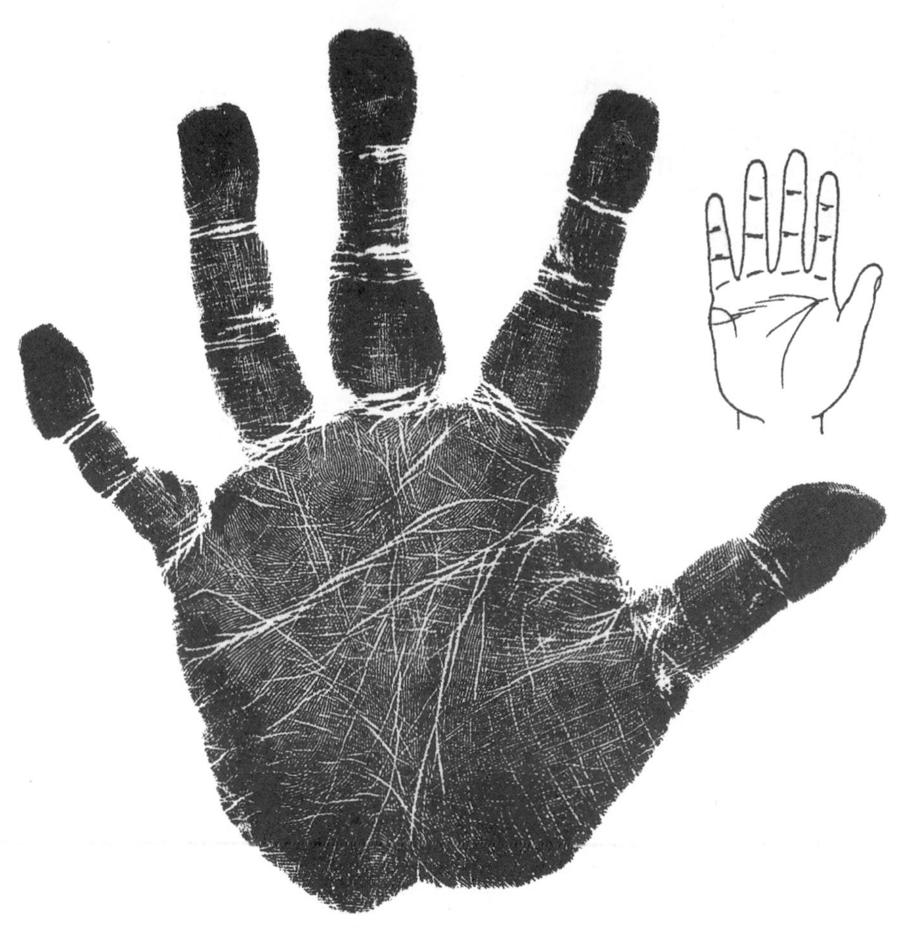

圖66

豈料兩年後，趙先生風聞孫小姐已移情別戀，趙先生半信半疑，但是種種跡象又使他不敢否定。當這份疑慮尚未釋除之際，又傳來另一噩耗——孫小姐因車禍去世，趙先生傷心欲絕，掌上就長出這條生離死別之線紋了。

在趙先生的掌印上，長形雲片狀感情線加上爪字掌，代表感情過重，這類人難以用理智處理戀愛關係。至於出現那條分離線，這類人可說是完全不能經受打擊，痛苦的心理會維持很長的一段時間。

例67：看淡情感，難諧連理

歡場女子的兩性關係隨便，部分人的婚姻生活亦不好，屋邨師奶簡單一句話，斥之為「賤格」，而社會學者則引經據典，拿出許多數據，羅列出：甲、乙、丙、丁、A、B、C、D的項目。很遺憾，他們沒有找我們這些相學家來做分析，否則我們就會告訴他們，這些女性之所以淪落風塵，除了家庭與社會這些客觀因素之外，亦不可排除主觀因素，就是這些女性與生俱來的性格。

張小姐，三十七歲，曾離婚三次，現仍在風月場中工作。單從這些簡短的敘述，衞道之士可以喟然長嘆曰：「吾不欲觀之矣！」其實張小姐之所以有此際遇，是因為她長有一條以短形雲片狀組成之感情線（見圖67）。這條線生長得密而深刻，大有深刻於頭腦線之狀。換言之，理智不能指揮她的感情，於是她的所作所為難免會超越社會規範，加上這條線狀反映她輕視婚約的承諾，所以出現離婚三次的紀錄。張小姐的感情線中藏島，反映其中一次動了真感情，卻是以悲劇收場。因此，我們分析社會現象，不能只強調外因而忽略了內因。

請記住，擁有圖67張小姐這類感情線的人對婚姻很草率，即使結了婚亦難把她束縛住。小島出現在雲片狀之間，代表張小姐動了真情，但結果還是要分手，使她對男女之情看得更淡。

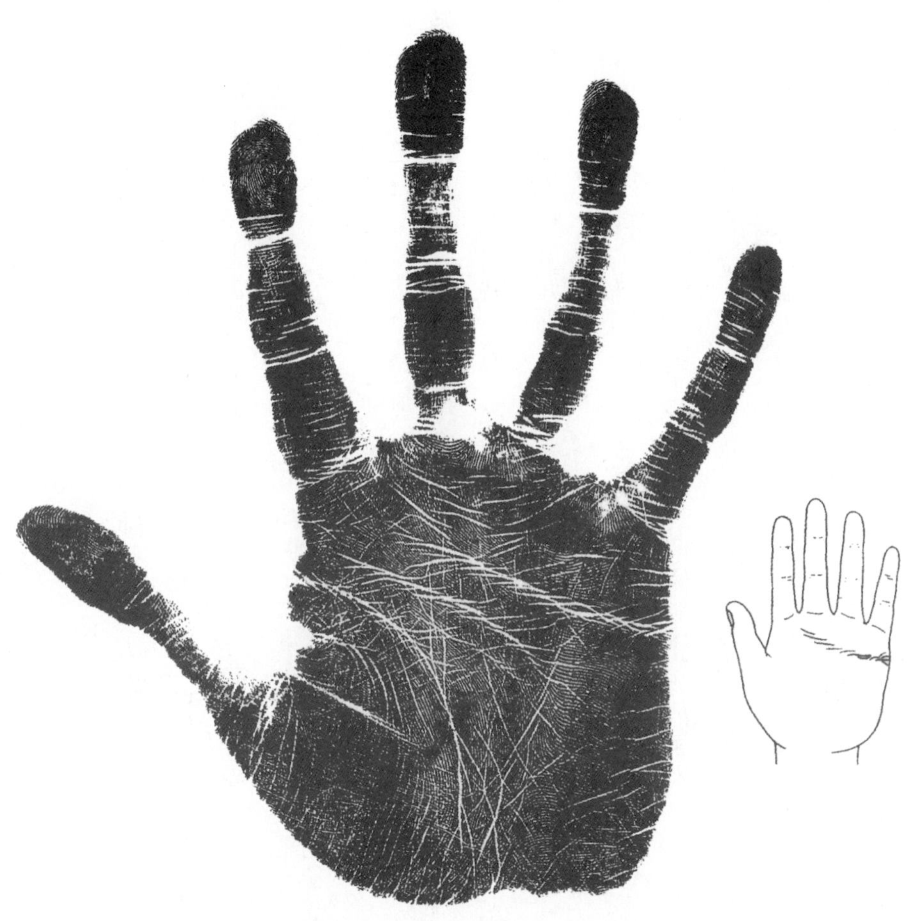

圖67

例68：八爪魚狀，偏好偷情

「二八佳人體似酥，腰間仗劍斬愚夫。雖然不見人頭落，暗裏教君骨髓枯。」這是小說《金瓶梅》作者在書中第一回開宗明義地告誡世人不要縱慾濫淫，淫靡則貽禍於人。可惜言者諄諄，聽者藐藐。這類不肯接受忠告的人大多長有一條不大好的感情線。

范先生，四十三歲，已婚，是一家海鮮店的老闆。他來找筆者時，說是因為一件煩惱事登門求教，但當時沒有馬上講出因由。

我審視圖68范先生的掌紋之後便說：「閣下一生重情，卻又不專情，總是喜歡偷偷摸摸。照我看，閣下以前已有幾次婚外情，每次分手總要陪上大筆金錢。」范先生聽後不勝驚訝地說：「怪不得朋友們都說你料事如神！」

范先生身型高大結實，雖然說不上英俊瀟灑，不過待人誠懇，所以早年就被幾名少女纏上。范先生左右為難之際，卻被他的現任太太緊緊把他抓住。范太太秀外慧中，屬於「入得廚房，出得廳堂」的人物。范先生被她俘虜之後，覺得再難與其他少女周旋了，於是在「成個老襯，從此被困」的歌聲中成了家。結婚後，范先生覺得自己的確沒有選錯對象，太太不獨持家有道，而且在事業上幫忙很大，比如開辦海鮮店就是她的主意，兩人勤懇工作，從小型店舖發展到頗具規模。為了在激烈的競爭中爭取有利地位，又是范太太的主意，自辦進口海鮮，雖然因資金不多而品種有限，卻可以據此跟同業交換到優質和合時的貨源，所以范先生對太太敬佩不已。

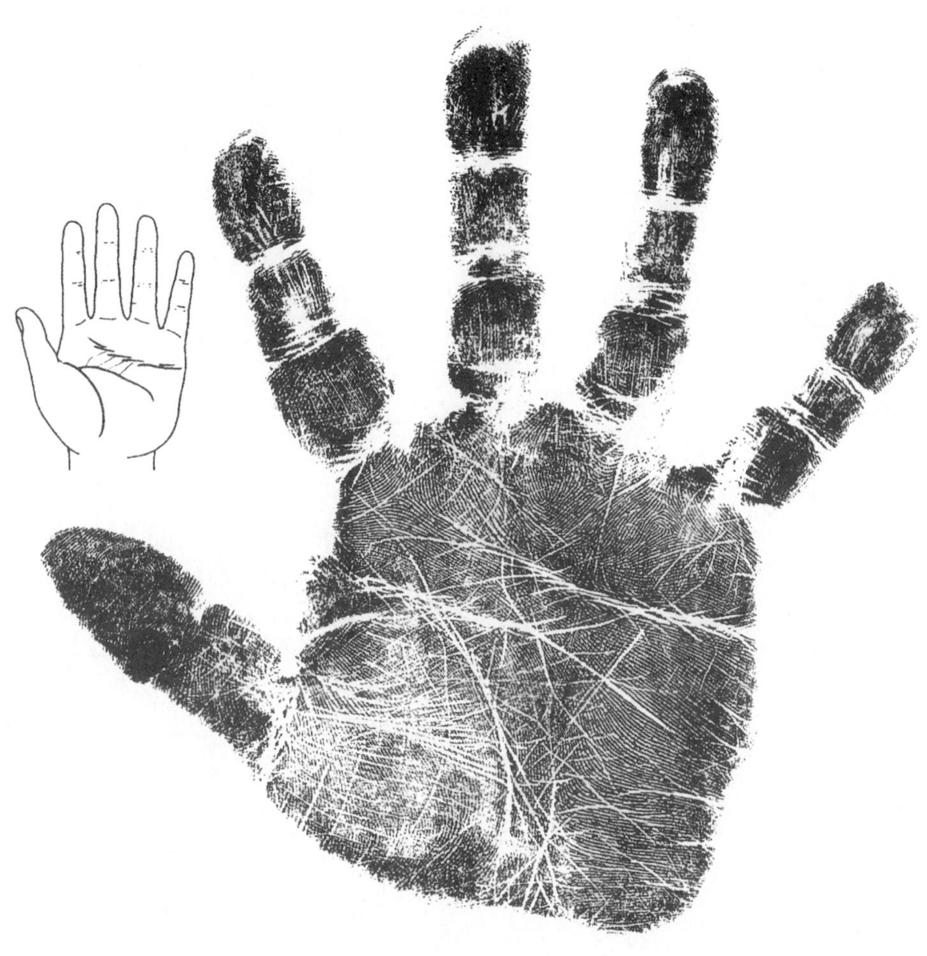

圖68

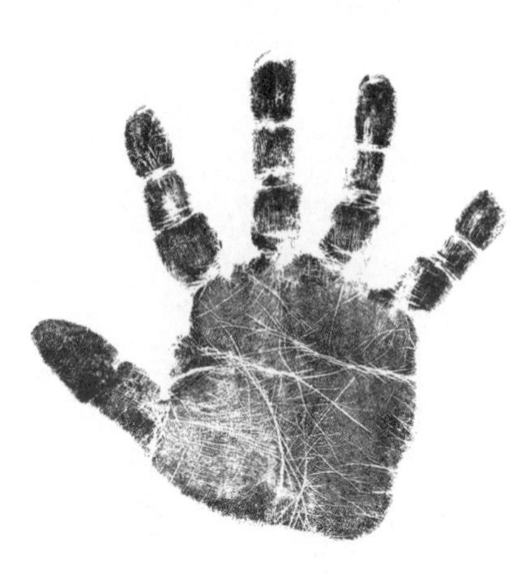

做生意難免有交際應酬，亦會涉足風月場所，偏偏范先生又是一個愛刺激又容易動情的人，他與一名風塵女子小紅打得火熱，甚至把她「包起」，可是他懾於妻子的精明，只能暗渡陳倉。這種關係維持不到兩年，連他自己也覺得痛苦，便向小紅提出分手。小紅好不容易抓到個大戶，豈能善罷甘休？於是搬出有背景的「大哥」來談判，結果范先生賠了二十萬元「掟煲費」。

可是，這個教訓未能使范先生幡然醒覺，他反而產生了「野花不如家花香」的念頭，於是勾搭上店內一名女職員，又是金屋藏嬌，享起齊人之福。日子一久，煩惱又來了，這段霧水姻緣日久是會被發現的，幾經衡量，又是要求對方分手，不料此次的代價更高，對方要求海鮮店的一半股權。

最後我向范先生分析說：「化解之道只有為你佈風水局化解桃花，此舉可增強你的談判信心，同時挫減對方的銳氣。」

圖68就是范先生的掌印。他的雲片狀感情線有許多支線走出來，彷似八爪魚般抓住頭腦線，代表他喜歡偷情、愛刺激，對愛情和伴侶不忠實，但又易動感情，失去自我控制的能力。

例69：經常吵架，裝作恩愛

圖69也是雲片狀的感情線，但似乎沒有圖68那麼凌亂。從線形的走勢來看，甚至可以說比圖68平順許多。那麼，是否可以說這條感情線比上圖好得多呢？從表面來看，這個推理似乎能夠成立，比如說一幅是起伏不平的丘陵，而另一幅土地則相對平坦，後者便較宜種植及建屋。可惜掌相學並非如此，否則林先生就不會那麼煩惱了。

林先生，四十五歲，已婚，任職公務員。他是筆者的一位聽眾。事緣我於一九九六年末與某雜誌社合作，創辦了電話查詢流年運程，配以三世書及流年干支五行，以電話錄音形式指導讀者如何制訂新一年的計劃，可以迅速而又直接地解答讀者的疑難。不過林先生的疑難不可能從錄音電話中得到解答，原因是他的問題比較特殊，所以他便親身找上門來了。

林先生跟筆者見面之後，並不是把他的疑難馬上和盤托出，而是問筆者：「我幾時發達？」我看過圖69他的掌印之後打趣說：「閣下若能把花在桃花色心的時間和心力用於工作，相信閣下現在已是腰纏萬貫了。所謂修身齊家治國平天下，修身與齊家應放在前頭。閣下若能整頓色慾之心，同時加強與妻子溝通——恕我直言，閣下與妻子時生齟齬，家不齊，何能發？」一頓話說

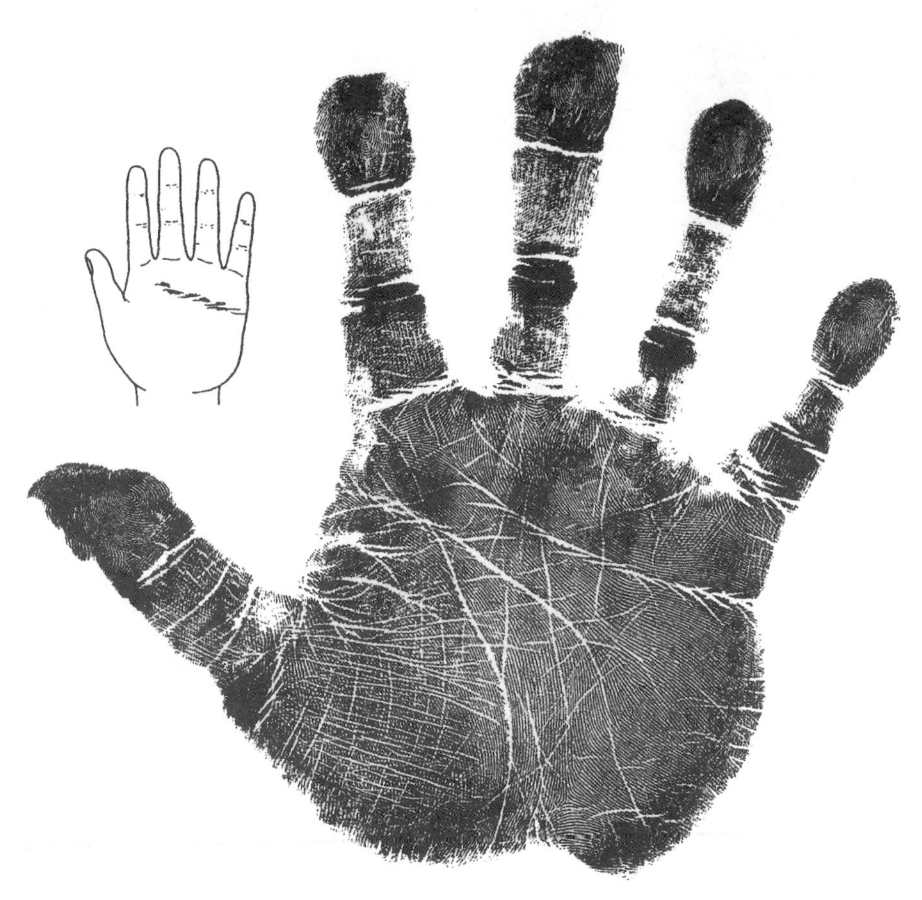

圖69

得林先生啞口無言。

我進一步說：「我說了這頓話，閣下的內心仍是不服的，因為閣下的主觀太強了！主觀加上大男人主義，問題多多，怎能把事業做好？」

林先生表示，想不到我們第一次見面，自己的秘密就給筆者說穿了。他坦承自己的性慾頗強，婚前婚後常有拈花惹草，尋找刺激，亦曾經被「捉黃腳雞」，暗地裏付了十萬元作掩口費。他說他的色慾傾向連他的老朋友都不知道，可見掌相之學實在不是信口雌黃。

接着林先生說出他的煩惱緣於與妻子的關係。他表示他與妻子越來越疏離，只是為了下一代的關係，不想把事情鬧得表面化，這件事情連雙親都不知道，可是如此下去不是辦法，他們兩人都感到痛苦。

筆者於是為他仔細分析說：「閣下經常與妻子吵鬧，問題在哪裏？閣下當然會說是妻子不對。我不跟你爭辯雙方責任的百分比，我只是指出其中部分原因源於閣下的大男人主義。如果閣下有修補雙方關係之心，何不從你自己做起？不要計較妻子有什麼不對，只要你肯走出第一步，雙方關係自會彌合。」

我之所以講出這番話，是因為從他的掌紋中看不出有離婚的跡象。圖69就是林先生的掌印，雲片狀中線紋邊緣呈鋸齒狀，代表他主觀強又好色，夫妻間常有爭吵，外間人士卻不知內情，但絕不會離婚。

例70：雲片流蘇，玩世不恭

人們把 playboy 譯作花花公子，但是 playgirl 則似乎沒有貼切的中文翻譯，這也難怪，不論中外古今，女性都只能是玩物；playgirl 是這個時代的產物，沒有現成的名詞可供借用。不管是 playboy 也好，playgirl 也好，他們玩世不恭的態度都不是同一個模式的，程度有深淺的不同，這些情況都反映在他們的感情線上。

讀者可參看圖70，掌紋的特點是：雲片狀感情線的尾部出現流蘇，雖然不少感情線尾都有流蘇，但是這條線狀的流蘇深於主線，那麼這位「花花小姐」的遭遇就使人為之慨嘆了。

圖70掌印的主人翁是顧小姐，二十八歲，職業是秘書。顧小姐長得清秀脱俗，瓜子臉，就是眉毛略粗，眼神活潑之中流露些許迷惘，這點神采令許多男士傾心。

顧小姐生長在中上家庭，父母親都是專業人士，不分晝夜都把他們的精神專注在事業方面。拙著《看手掌親子女》中曾經舉出一個例子，一對夫婦整天忙於事業，疏忽了親情的培育，導致他們的小孩性格內向、心智不平衡。顧小姐的情況與此相若，不過她的發展是「近墨者黑」。

話説顧小姐在成長期間，每天見到父母的時間少之又少，大部分時間都是與女傭和電視機為伴，一年之間難得有幾次一家人高高興興地出外遊玩，不要説舉家外遊了，連太平山頂或海洋公園都未去過。每當她聽到同學講述與父母外出或遊玩時，她都羨慕得不得了，多麼渴望自己有一天能像小鳥般任意飛翔。

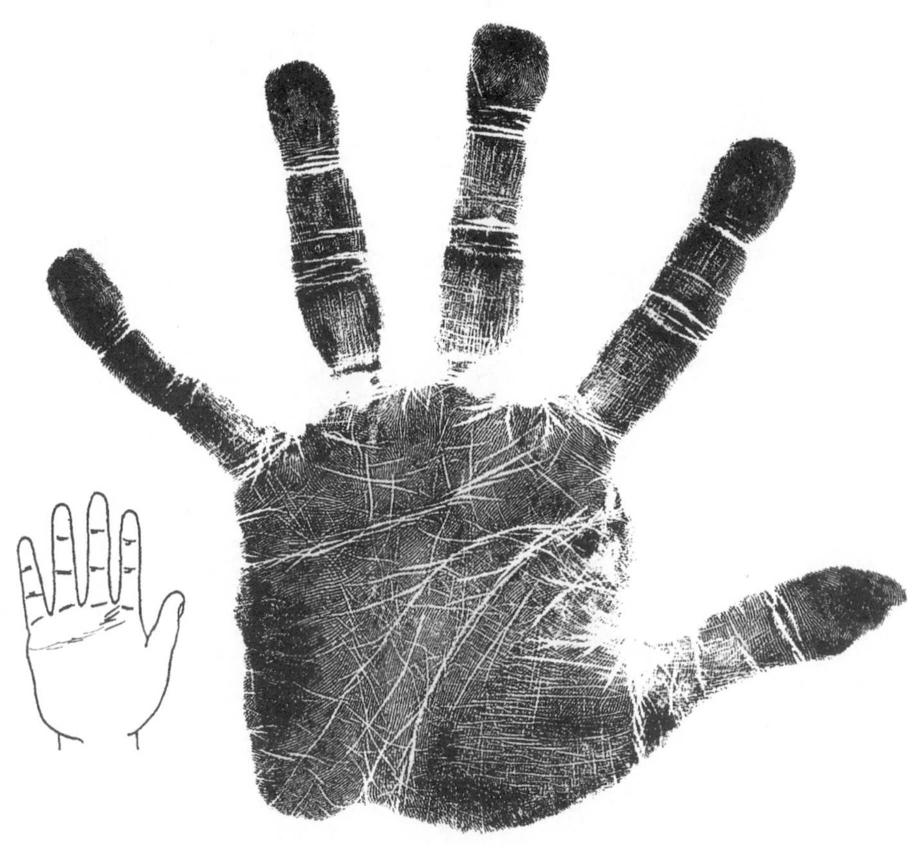

圖70

父母親只能從顧小姐的學業成績來評定她的成長。顧小姐清楚地知道，只要她的成績保持水平，她的物質慾望就能得到滿足，而父母對她的管教就不會那麼嚴厲了。她把自己的慾望壓抑在心底，到升中四時，她懂得利用生日會、聖誕派對這些藉口出夜街、結交朋友，只要不會太夜返家，這些活動就不會被制止。

顧小姐中學畢業後唸了兩年預科，考不上大學，再讀一年商科，就投身社會。經濟獨立了，壓抑多年的慾望呈惡性膨脹，一些喜歡吃喝玩樂的同事成為了顧小姐的知己，她的慾望已不是孩提時那麼簡單了，很快她就沉醉於男歡女愛，第一次性接觸還是誠惶誠恐，以後就不當是一回事，很快便成為名副其實的playgirl了。

五年後，顧小姐終於嚐到苦杯，她認識了一位有才幹又體貼的同事，顧小姐真正墮入愛河了。可是當那位同事得知顧小姐曾是濫交之人，便拂袖而去，不屑一顧。顧小姐為此深感痛苦。

圖70顧小姐這條感情線紋，代表玩世不恭，對愛情搖擺不定，當其人打算修心養性時，卻難以得到好結果。這是感情多變化的表現。

淺弱感情線

例71：理想過強，偏向禁慾

「三十年來尋劍客，幾回落葉又抽枝；自從一見桃華後，直至如今更不疑。」這是一首並不為人熟悉的唐詩，名曰《三十年來尋劍客》，作者是一位法號志勤的禪師。志勤禪師觀桃花悟道，修行三十年。由此可見，世界上的確有些人是「身是菩提樹，心如明鏡台」，筆者就曾碰過這樣的一個人。

圖71是布先生的掌印。布先生，四十歲，職業是護衛員。他給予筆者的第一印象是相貌有點奇特：眉骨高、鼻樑削、唇薄，平凡之中卻是眼神亮而泛。從他的掌紋來看，三大主線（生命線、頭腦線、感情線）中，以感情線最淺弱，反映他是一位過於理性化的人，由於重理性而不重情感，在群體生活中有落落寡歡的表現，要約他飲茶、燒烤真是難上加難。如果你的身邊出現一些不知異性相吸為何物的人，切勿以為他們是性格害羞，不敢找異性朋友。如他們具有與圖71相若的感情線，那是他們以理性來壓抑情慾。

布先生說他不喜歡結交女朋友，卻對佛經有興趣，也曾動過出家之念。他問及自己是否有佛緣。我從他的面相與掌相結合來看，給予肯定的答覆。

從世俗人士的角度來看，感情線淺弱並不是好徵兆，代表其人：

一、理性太強，以理智克制情慾。

二、欠缺追求情愛的興致，有禁慾或獨居的傾向。

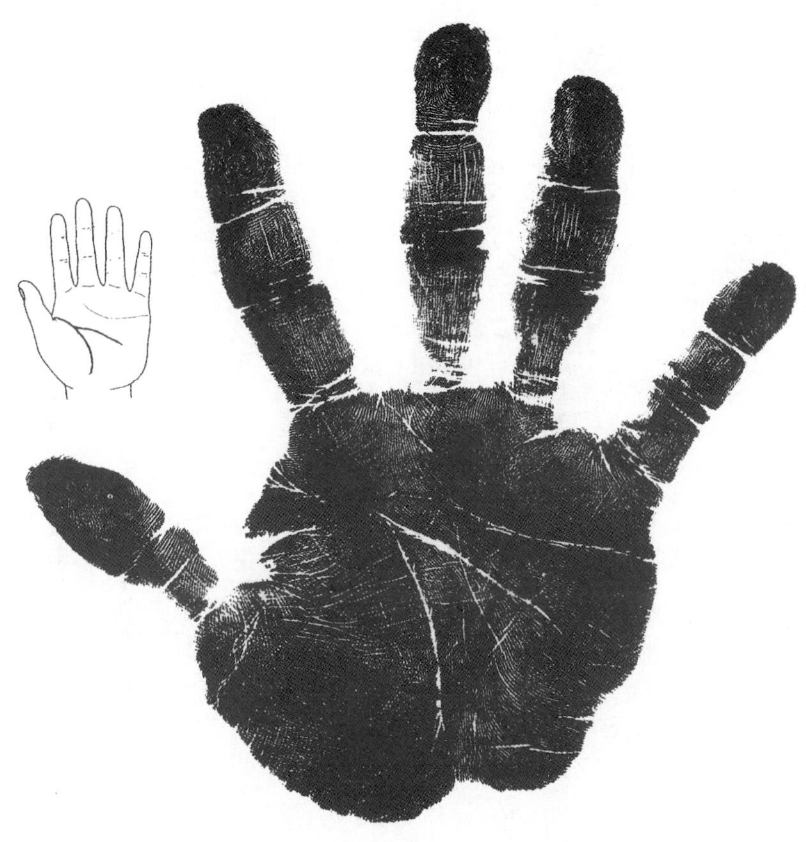

圖 71

例72：懦弱怕事，晚運不佳

筆者能夠拓印得此例的掌紋，背後有個小故事——

圖72掌印的主人翁是黎伯。黎伯，五十九歲，獨身，是一名露宿者，以拾荒維生。某年寒流襲港，黎伯去到附近街坊福利會收容所暫住，適逢筆者應邀正在該處主講「老人黃昏戀」。黎伯百無聊賴，便溜進會場內坐在角落裏。筆者一向最留意性格內向又瑟縮一角之聽眾，因為這些人最需要心理轉導，於是便邀請黎伯出來作驗證嘉賓。

黎伯的掌紋說明他性格懦弱，被人欺侮從不敢反抗，因此生活一向拮据，在這種環境下，他怎敢面對異性？即使有人對他伸出同情之手，他也只是連聲「多謝」後便歉然引退。

筆者耐心地向黎伯（其實也是對着當晚的聽眾）分析群體生活和互助的重要，講述施與受的辯證關係，當然離不開積陰德這些最為老人家接受的道理。事後知道黎伯開始參加一些老人活動，筆者為之欣然。

圖72黎伯的感情線雖弱，但與上例的圖26不同。此線是線頭疲弱到似乎沒有，其後轉變為略為深刻（比較而言）。此線的特點是：

一、為人懦弱怕事，對感情一事更為怯懼，不敢吐露心聲，當事人認為這是很大的冒險。

二、中年後不與人交往，脾氣差，晚年貧寒、孤獨。

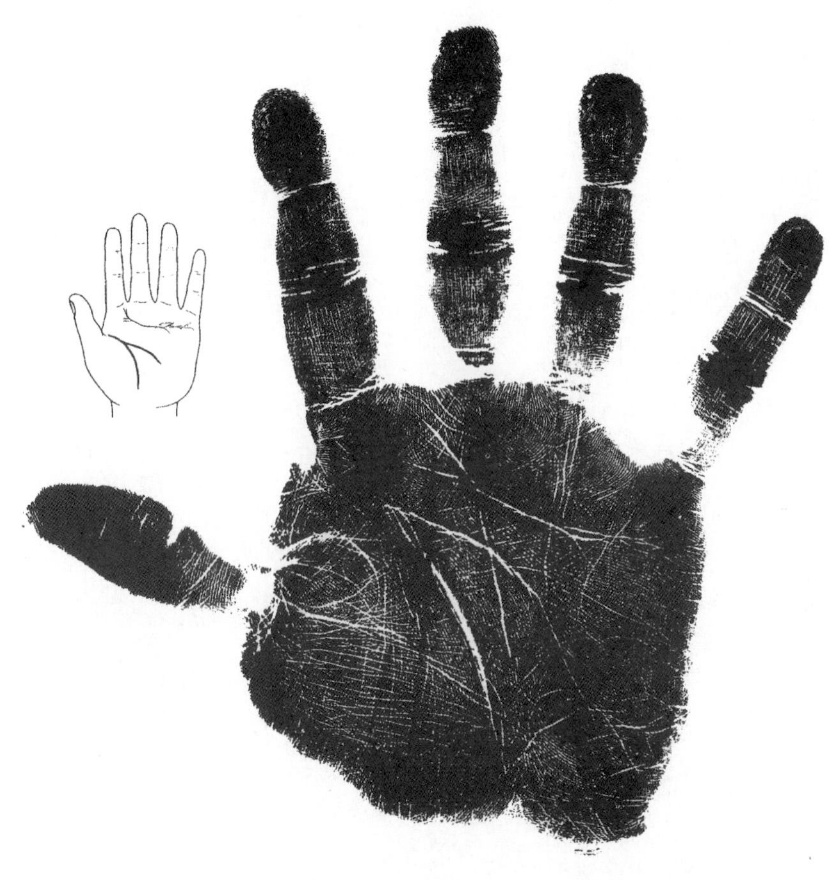

圖72

例73：感情創傷，心灰意冷

筆者一位學員是零售店東主，他的店舖位於一間規模頗大的購物商場內。各家店舖的售貨員閒下來時，每每相互探訪，跟談得來的友好講心事，話題除了講自己的老闆如何刻薄，又如何與同事們冷戰之外，更多的是講男朋友。我的學員說，現在的女孩子開放得很，未婚而同居者比比皆是，這些售貨員偶然跟男朋友吵架，上班時就鬧情緒。當時筆者的課堂剛巧在講授感情線，我說這些情況都會在感情線上反應出來，便着學員在下一課邀請其中一位來當實習嘉賓，張小姐就是在這種情況下來到我的課室。

張小姐，二十八歲，未婚。當她踏入課室時，只見她蛾眉半蹙，臉凝冷霜，任何人都可以看出她滿腹心事，把她的掌紋拓印出來，答案就很明顯了。

圖73就是張小姐的掌印。她的感情線紋同樣顯得疲弱，不過疲弱之處在線尾，跟上例黎伯的感情線線頭疲弱並不同（圖72）。此外，張小姐的婚姻線開叉，說明她的婚姻（或同居關係）經已完蛋，顯見她的心事重重是與情感問題有關的。她的感情線紋爆裂，看似是由三、四條短線組成，顯然是一再出現三角戀愛。

我在課室裏絕不會要求學員或嘉賓一定要講出他們的私穩，不過在徵得他們的同意之後，他們可以選擇「是」或「否」的答案。幸而現代的年輕女性不會扭扭捏捏，在我的巧妙引導下，張小姐分段講出她的遭遇。

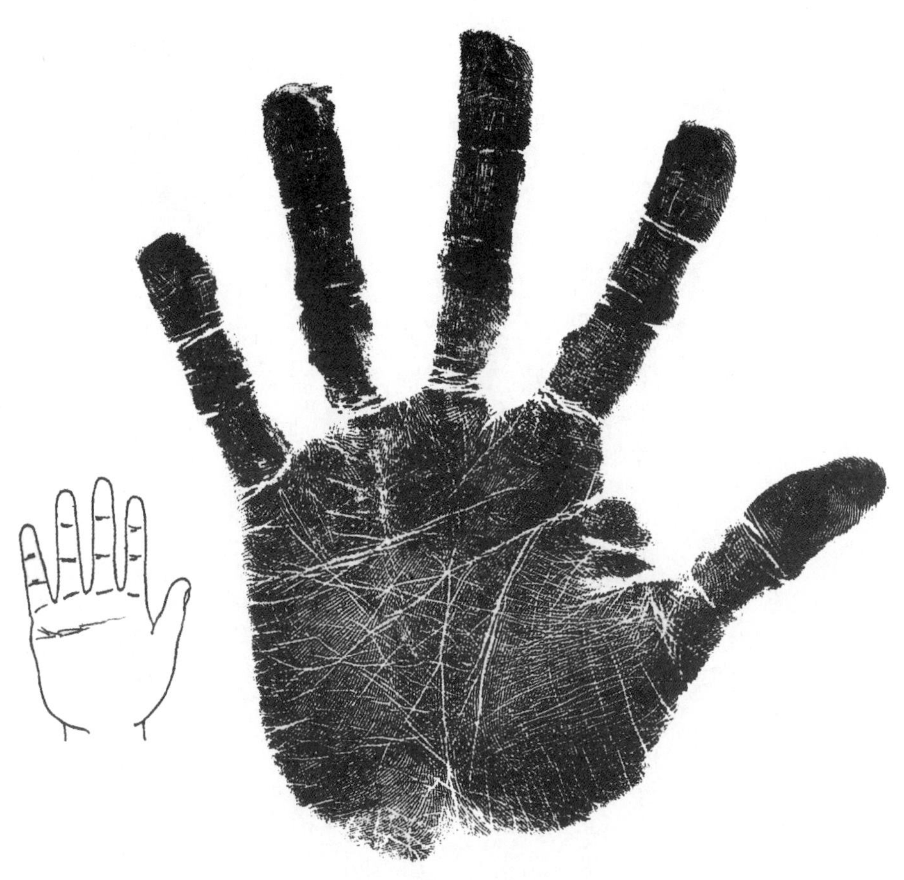

圖73

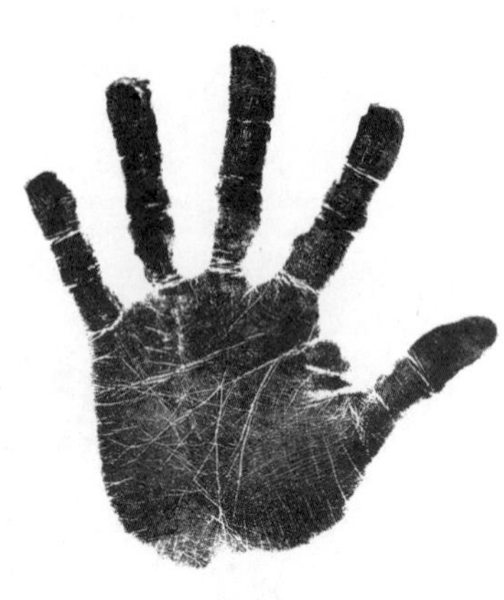

張小姐說她十四歲就開始拍拖，十五歲就鬧四角戀愛，其關係是這樣的：張小姐的男友是A君，她的好友瑪莉的男友是B君，四個人常常在一起玩樂，某天B君忽然單獨約會她，而張小姐又發覺瑪莉常常與A君在一起，於是她狠下心來，踢走了A君，然後把B君搶過來，這段關係維持了一年有多。在她任職售貨員之後，接觸到的顧客很多，其中「口花花」的男子也不少，張小姐說她懂得如何大方得體地應付這些人，不過其中有位C君常常趁着顧客最少的時候來到店鋪跟她閒聊，她對C君也頗有好感。此時她對B君已感厭倦，不過在她的心扉中佔有最多位置的，卻是鄰店的電器技工D君。結果是B君出局，D君入幕，而C君則因為他另有高就而失去聯絡。

張小姐跟D君要好了一段日子，漸漸發覺D君與自己的性格不合，時生齟齬，這時候竟然再次邂逅C君，二人舊情復熾，雙方共賦同居，這段感情維持了三年。後來她發覺C君又結新歡，她嘗到被遺棄的痛苦，午夜夢迴經常想起D君，而D君卻是被她拋棄的，她感到十分痛苦。

張小姐的感情線線尾疲弱，代表她因感情上受到創傷而心灰意冷，對未來缺乏信心。婚姻線開叉表示離婚，同居亦作同樣解釋，因同居已具有雙方共同生活的事實。

例74：經常「換畫」，壓抑精神

感情線完整無缺，顯示其人心智正常，處理感情時符合社會規範。若是感情線出現缺點，反映其人在感情上會有某種偏差，其中一種是過度的壓抑歧生出放蕩不羈的行徑，旁觀者以為此人是花花公子，沒想到這是不平衡心態衍射出來的結果，譚先生就是這樣的人物。

某年筆者在香港太空館舉行公開收費講座，主題是夫妻相格。譚先生是其中一場的聽眾，這是他首次接觸到掌相學，興趣盎然，其後他親身上門來請筆者為他作進一步分析。

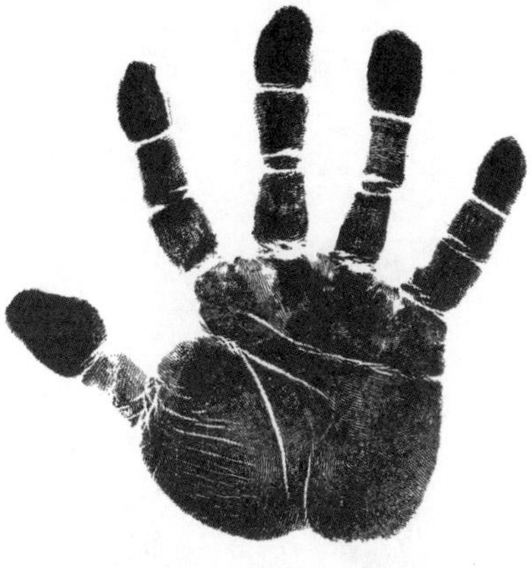

譚先生提出的問題是：放蕩不羈的性格是否與生俱來？他説他喜歡交女朋友，只要合眼緣、説得來，他都喜歡結交，目的也不是要佔有對方的身體，只是經常往來，吃喝玩樂，若對方強烈示意，也可以接吻、愛撫，甚至是進一步的「玩」一場，但由始至終，只是大家高高興興地「玩」而已，他不想把對方視作獵物攫取過來。説穿了，他不想成為愛情俘虜。

圖74是譚先生的掌印。譚先生，三十歲，單身，職業是電梯維修高級技工，收入中等。他的個子修長，談吐頗有條理，要結交女朋友並不困難，為什麼他只願「玩」而不肯墮入情網呢？不明就裏的人以為他是擇肥而噬的色狼，但他的掌紋已向我透露他

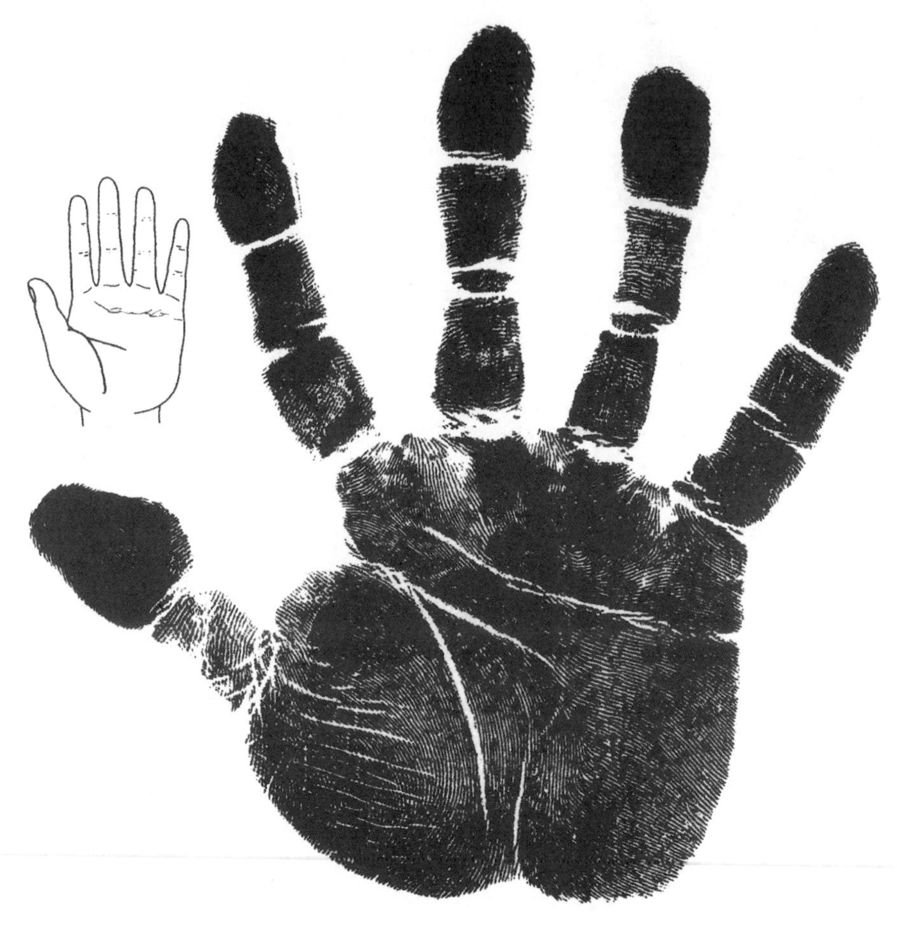

圖74

的底蘊。我耐着性子聽他講完之後就向他揭盅了。

我說：「你抱着彼此尋歡的心情與異性交往，我確信你並非玩家。」他聽到之後笑得裂開了嘴巴。「其實你是在逃避責任！」譚先生聽到我這句正言厲色的說話馬上為之一怔。

我繼續向他分析，他的個性特點是見一個愛一個，結交新女友時只看到對方的優點，這是舊女朋友所沒有的，於是他就拋棄舊女友而沒有念及她的優點。幸而他還能顧慮到社會的道德標準，不願被人家說他是經常「換畫」的薄倖郎，這就是他不願踏入情關的原因。

我向他進一步分析，他只是與自願獻身的女孩子結霧水緣，而不是採取欺騙愛情來誘姦，雖然是上述心理的反映，從道德觀念來看難以入罪，不過有一點是譚先生自己也不知道的，這種做法其實是他自己在壓抑自己的矛盾心理，長此下去，他的精神狀態難以保持平衡，神經衰弱將日趨惡化。正本清源是端正態度，克服見異思遷的心理，將來會有一個幸福家庭的。

圖74譚先生掌紋的特點是，整條感情線淺弱模糊，只得中指對下一段深刻，代表他：

一、薄倖、容易移情別戀而自我矛盾。

二、精神上因過度壓抑而有神經質傾向。

例75：尋找獵物，無妻無兒

拙著《看手掌親子女》開印那天，筆者大清早便趕去印刷廠作最後檢查。本來印前版樣應該由印刷廠送來給我看的，但為免稿件「旅行」，同時也為爭取時間，筆者就決定自行前往印刷廠檢查了。看完書樣又是會客，又是午飯約會，到下午始有時間匆匆一瞥當天新聞。怎麼又是教師非禮女學生？眼睛一掃而過，突然一個頗為熟悉的名字影入眼簾，一段往事勾起我的回憶。噢！真是不幸而言中。

鄧老師，五十四歲，未婚，多年前筆者在某書院校外課程部授課時，鄧老師因為值班關係與筆者會面機會較多，便要求贈相。鄧老師外表老實，口齒伶俐，筆者本來打算虛與委蛇，不料審視他的掌紋便如骨骾在喉，不吐不快。於是我嚴肅地對他說：「你這個人一生只懂醉臥風塵，以致虛度了大好時光。命中有三次姻緣機會，只因你一念之差而放過，導致現今仍是孤家寡人。」我告誡他切戒一個「色」字，可惜言者諄諄，鄧老師還是鋃鐺入獄。

圖75是鄧老師的掌印，也是淺弱感情線的例子。此線是線頭（尾指對下）粗闊而線尾淺弱，代表他：

一、有極重的色慾心，經常尋找新獵物，一旦發現目標則千方百計要弄到手。

二、晚年孤獨，無妻無兒。至於我說他曾有過三次姻緣機會，則不是此線之特性，我是從感情線走勢來分析的，分析辦法容後介紹。

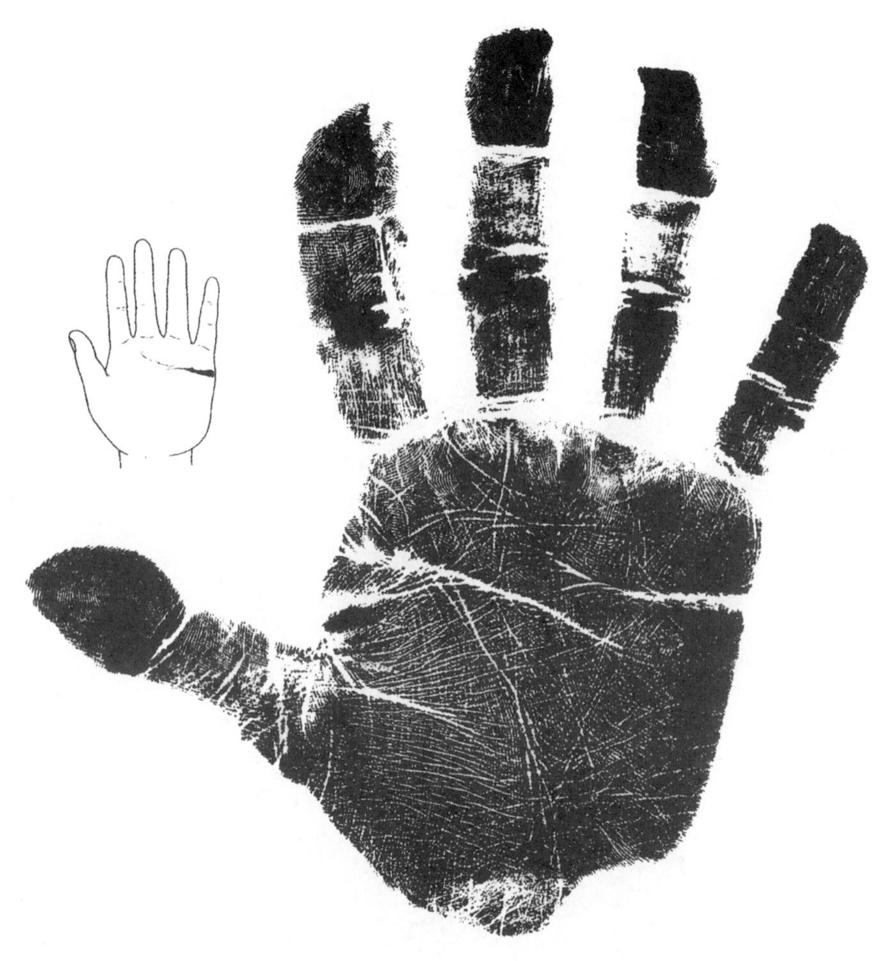

圖75

感情線島紋

例76：小島並排，禍不單行

從此例開始，我們介紹感情線上島狀的特點。在掌相學上，島狀符號的出現均代表破壞或有障礙，島紋大小與破壞力成反比，即島狀大破壞力小，島狀小破壞力大，不論出現在哪一條線紋，均可作此判斷。

劉小姐，三十八歲，任職文具店售貨員，已離婚。劉小姐請我為她勘察家居風水，她的家宅處於正桃花位。當我入門之後便將此點告知劉小姐，並說此類家宅不宜在床位放置空花瓶及水養植物，不料進入睡房一看，不禁啞然失笑，所有禁忌物都出現了。須知六煞為偏桃花，犯此禁忌豈會不出問題呢！

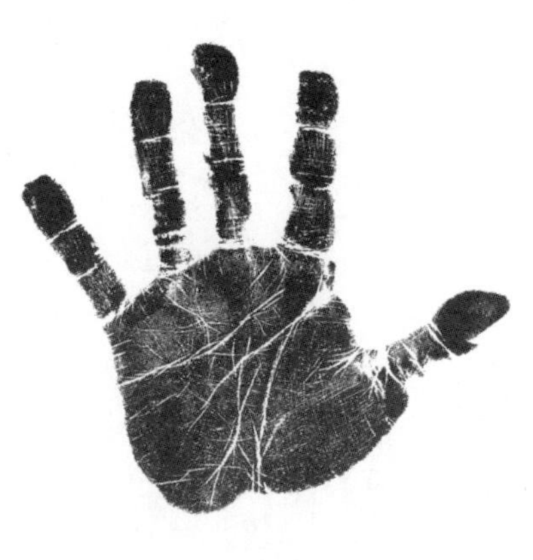

用不着劉小姐解釋，我查看她的手掌，已不禁搖頭嘆息，真是蒼天弄人。我常常說「命由天定，運由自己掌握」，重點在於後面一句，即是說要認識自己，自我奮鬥，不可屈從於天命而無所作為。不過，每個人的性格是與生俱來的，而性格就是左右自己作出決定的主因。

劉小姐的前夫是做生意的，她本身的性格隨和且有點心軟，但是對待丈夫有點眼緊，聽到那些太太師奶講到包二奶，她就對丈夫疑神疑鬼。做生意的人免不了要陪同客人上夜總會喝酒聊天，她

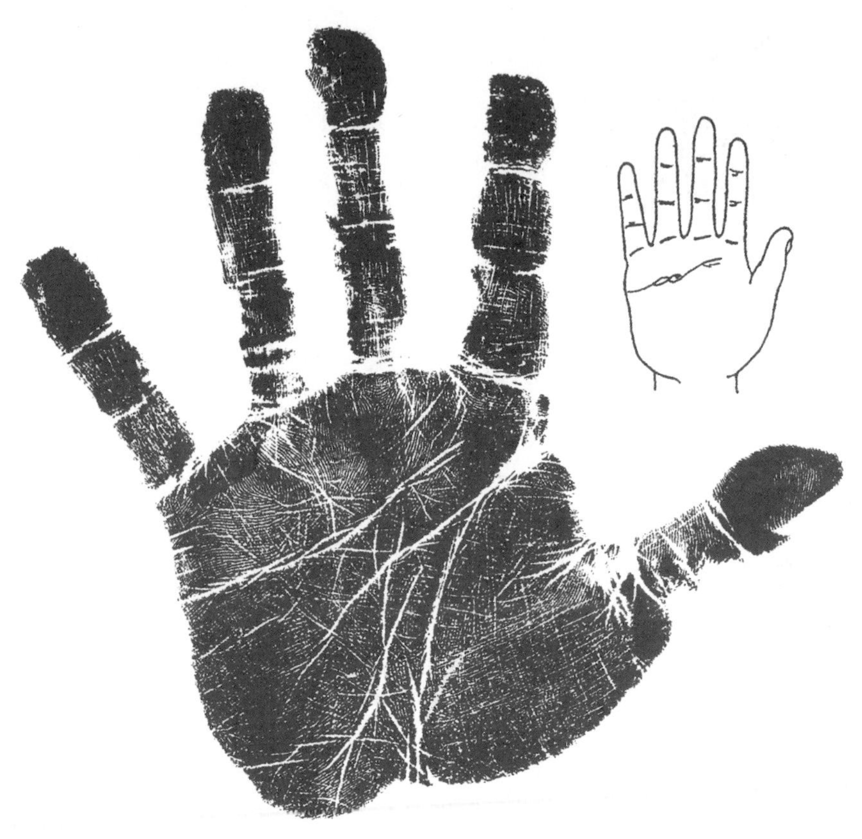

圖76

的丈夫偶爾去得比較頻密，為免她囉嗦便隨便編個夜歸的故事，不料謊話是容易拆穿的，劉小姐的疑心更大，加上她沒有生育，擔心丈夫移情別戀，禁不得那些三姑六婆的唆擺，老是向丈夫問這盤那。她的丈夫日間工作已經夠累，回到家中還得應付另一個審問戰場，夫妻二人縫隙日漸擴大，終於協議分居，丈夫把一層樓撥給劉小姐，並且每月付贍養費。在辦理分居協議時，經麻雀友介紹了一位陳先生給劉小姐，指導她如何去爭取權益。據說那位陳先生是律師樓師爺，在他的「指導」下，劉小姐果然爭取到不少利益，自然對陳先生產生好感，後來此人更乘虛而入，不久更成為劉小姐的入幕之賓。

劉小姐手上有不少積蓄，陳先生就慫恿她投資股票市場。劉小姐是家庭婦女，不懂得如何投資，一切交由陳先生處理。總而言之，陳先生說何時買入，何時放出；何時又買哪一種，回報都是說賺了錢卻沒有鈔票到手，如果要增加投資時就要劉小姐開支票。

劉小姐辦妥了離婚手續，適逢當年股市興旺，劉小姐把分得的離婚費都投了進去，不料在一次大跌市中，陳先生回報虧光了，從此不見人。劉小姐一算，損失了三百萬元，幸好居住的單位尚在，她只好到文具店當售貨員消磨時日，也賺點生活費。

圖76是劉小姐的掌紋，她的感情線出現兩個並排的小島，屬禍不單行之際遇。她與陳先生雖是同居，已有共同生活之事實，所以第二次分離亦會鐫刻在掌紋上。

例77：大形島紋，受挫不大

圖77是一個大形島紋出現在先天掌上。凡是先天掌出現島紋，均代表感情受挫，因為三十歲前正是情竇初開，哪裏會有第一次談戀愛即會成功之理？不過，不要以為凡是戀愛失敗均會出現島紋，因為現今的男女比較理智，雖是拖過手仔、接過吻，但是在拍拖過程中可以加深與對方的了解，如認為沒有繼續發展的可能便會分手，心裏沒有創傷則沒有島狀出現。

圖77的掌紋屬於張小姐，三十歲，未婚，任職汽車經紀。張小姐的感情線上這個大島紋相當明顯，她說那是十五歲初戀時形成的，這是小女孩的荳芽夢。話雖如此，若不是傷了心，不會形成島狀，不過島狀大，傷心的程度則不大。

張小姐目前面對的困擾則是如何維繫與現在男友的一段情。聽她的敘述，男友挪用了公款投資股市，本擬短線炒賣，短期內獲利即可填補，不料股市牛皮，他所投資的幾隻股票久沉不起，現在放手要賠上二十多萬元，為此她拚命拉生意，為了爭取客戶，不惜陪他們上夜店……。她問筆者，她應否為男友犧牲一切。我看她的感情線有一支線搭上頭腦線，換言之，感情干擾了理智，我只有指出這是她的弱點，希望她自己冷靜分析，因為這個問題只有由當事人才能作出決定，旁人難以置喙。

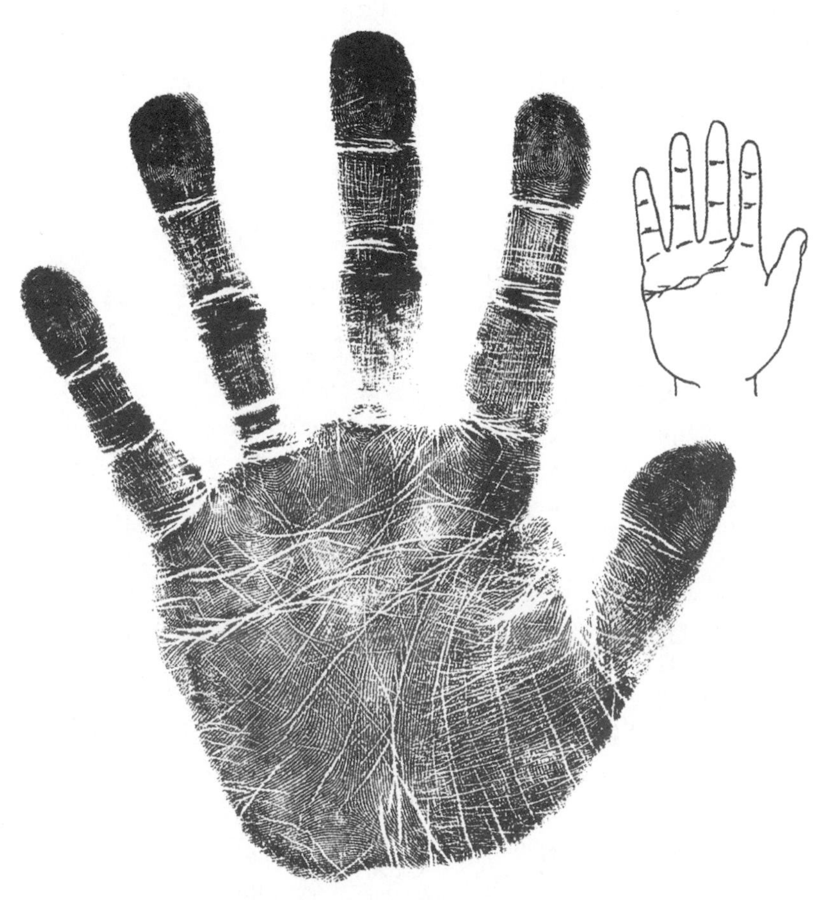

圖77

例78：島長而扁，雙方痛苦

島形有大小，有長短，更有呈不規則的形狀。感情線上長而扁之島狀，不論出現在先天掌或後天掌，均主離婚，而且在離婚過程中，雙方均很痛苦。

華先生，五十三歲，任職行政經理。華先生的感情線上島紋呈扁長形，橫跨無名指與中指，如此扁而長的形狀較為罕見，因為在感情線中間出現長形之雙線是常有的，但大多是其中一線斷裂不能形成島狀，讀者們看到那些雙線時，切勿以為就是島狀而作出錯誤之判斷為要。

有位學員跟我習八字，他為華先生的推算出現錯誤，經我指出其命格為：壬午、戊申、甲寅、甲戌。此命地支寅午戌會火局，無用午火熔金之理，日坐孤鸞主剋妻，又日柱八專為淫慾妨害殺。學員拍案叫絕，因為這個推算跟他了解華先生的經歷符合，並引華先生拜會，卜問前程。

看過華先生的掌紋（圖78），令人不勝唏噓，夫妻間的感情出現問題，竟使雙方長期蒙受痛苦。華先生說不單是感情問題那麼簡單，我說：「對呀！你是因為幫忙親戚受拖累，如果此事牽涉到夫妻關係的話，那麼你是受到妻家的影響，你幫了他們還遭到埋怨。」華先生瞪大眼睛好像在說：「你是怎麼知道的？」其實他的掌紋已經告訴我，因為他的頭腦線中段出現島紋。

華先生任職於一間頗具規模的貿易公司，負責倉存方面的業務，他的小舅則從事運輸業，小舅希望通過姐夫關係拉攏生意，華先生是個正直之人，而且公司的人事複雜，他要小舅循正常途徑向公司申請，反而遭到太太的責怪。有段期間小舅周轉不靈，華先生代他供了幾期車會，小舅

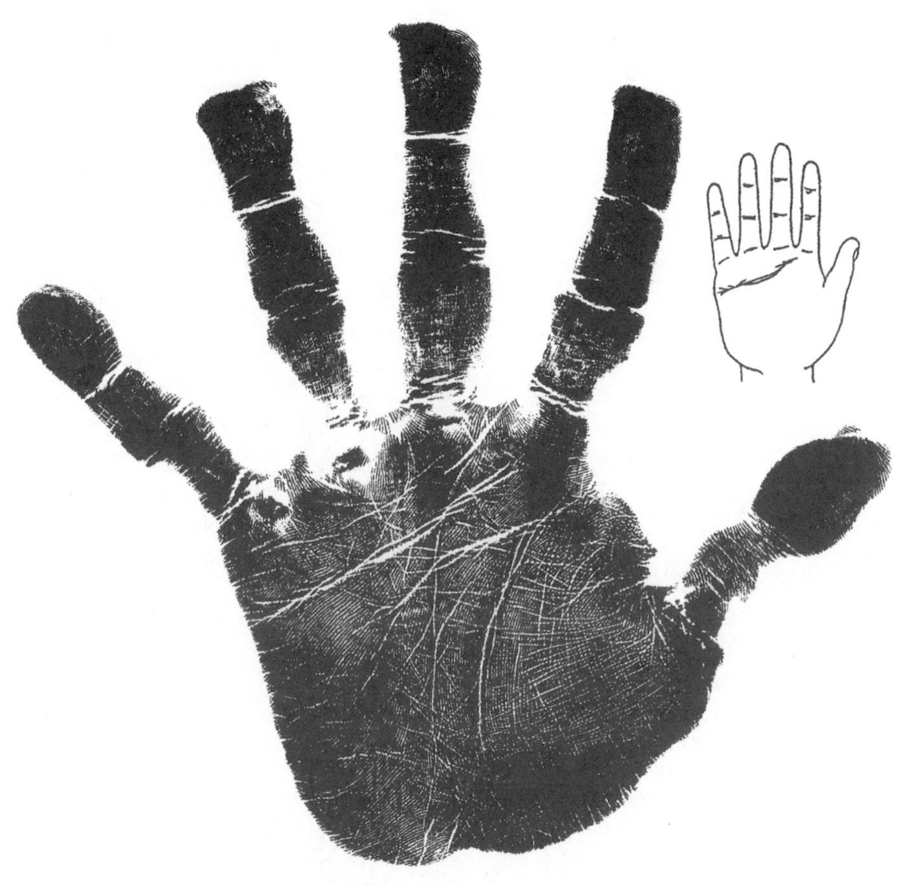

圖78

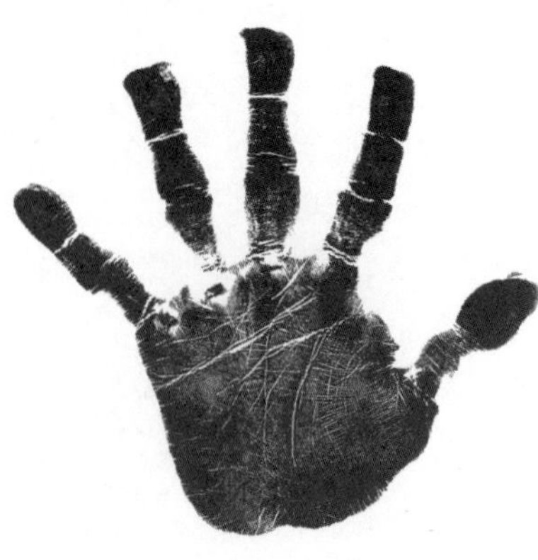

一直未有償還。

華先生不算高大英俊，卻是惹桃花之人，有些女同事對他頗有好感，加上他間中要值夜班，惹得他的太太疑神疑鬼。很可能他的太太是個多疑之人，又或者華先生偶有拈花惹草引起太太的懷疑，遇上華先生值夜班時，他的太太會遠征貨倉作突擊檢查，如果當時有女性同事出現，他的太太就會拂袖而去，翌日家裏就會鬧得雞犬不寧了，加上小舅的生意和金錢轇轕，他的太太硬是把事情複雜化，有些做好心的魯仲連竟被責罵到不敢代華先生説好話。後來雙方協議分居，他的太太搬離華家，卻要保留大門鎖匙，説是要隨時回來好捉姦在床云云。後來華先生乾脆把房子賣掉，財產一分為二，自己從頭做起。

凡是扁長的島形均主離婚，而且雙方長期痛苦，個中滋味不足為外人道，而其噩夢總是揮之不去。

例79：廣集獵物，情侶多多

島紋粗闊，代表掌紋主人遊戲人間，準確點說是對愛情不認真、不投入，但又會受愛情所傷。圖79掌中感情線的島狀除有此特徵之外，又見島狀尾部（近掌邊位置）出現叉狀幼紋，這個叉狀代表其人對愛情獵物抱着「韓信點兵」的心態——多多益善，她可以在同一期間與兩位以上的異性談情說愛，以騙取對方的海誓山盟為樂事。

此圖的掌印屬於趙小姐，十八歲，未婚。她是筆者的世侄女，與內子很談得來，因住處與筆者寫字樓相近，常來我處與內子談心。有一次，她突然從警署打電話來，哭哭啼啼地訴說被人欺負，因而鬧上警署，請內子去代她作主。內子說要通知她的媽媽，趙小姐怕被雙親責罵，懇求不要通知家長。原來此姝玩電話徵友，對方有意識地放長線讓她放鬆警惕，然後將她誘至一私人住宅意圖強姦，幸好趙小姐及時掙脫，衣衫不整地衝出門求救而鬧上警署。對方是有背景人士，反指她自行扯爛衣裳意圖要脅勒索，雙方各執一詞。內子了解情況後，一面安慰趙小姐，一面致電給筆者一位任警官的學生，請他出面處理。有內應就好辦了，值班警官說控告對方意圖強姦頗難入罪，非禮及毆打則易於構成罪名。

我因為事忙，一直沒有留意這位世侄女的性格與作風，出事之後，我審視她的掌紋，了解一切，趙小姐亦不敢文過飾非。她說她

圖79

在讀中學時已以「博愛」馳譽友儕，不少男生為她顛倒，她亦有跟個別男生接吻，她說她懂得控制自己，只是以此為樂而已。投身社會之後，她與公司一位男同事談戀愛，又跟鄰室某公司的職員拍拖，她覺得這樣談情說愛，另有一番風味，因為這不是偷偷摸摸的，至於他們二人互視為情敵，鬥個你死我活則是他們的事情了。

趙小姐經此教訓之後，答應筆者今後會做乖乖女。筆者看她的掌紋，此姝還有一劫，不過是未來五至七年的事情了。如果趙小姐真的能夠洗心革面，她的掌紋是會改變的。如果島狀尾部的叉形幼紋消失了，可以反證廣集獵物的心態已經改過來了。

例80：短促粗闊，遊戲人間

研究感情線的島紋，除了考慮其大小闊窄之外，還要注意其粗闊幼細。圖80掌紋中的感情線島狀顯得短促而粗闊（在無名指與尾指對下之位置），細而短促之島紋代表其人遇上刻骨銘心的傷害，而島狀的線紋粗闊，表示其人開始時是抱着遊戲人間心態，不料日子久了竟動了真情，以致留下難以磨滅的回憶。

圖80掌印的主人翁是呂小姐，二十三歲，未婚，從事新聞工作。筆者認識呂小姐是為她分析其姓名。呂小姐的名字（請原諒不能刊出）既藏桃花又犯孤刑，再看其掌紋，不禁為之嗟嘆造物弄人，因其掌紋亦是桃花處處。

呂小姐好動而善於交友，處處予人以好感，而她對男女之情一直抱着遊戲人間的態度，中學時已「電」過不少男生，害得他們神魂顛倒。當年還可以說是少不更事。出來社會做事之後，呂小姐身邊出現過不少男性，部分聰明的追求者看出情勢不對便急流勇退，可惜仍有人死纏爛打，呂小姐抱着「騎牛搵馬」的心情虛與委蛇，直到她認為已物色到心儀之獵物。可惜呂小姐並非罕見尤物，而對方又是玩弄愛情遊戲的人士，呂小姐雖然對他千依百順，對方卻是若即若離，最後投進別的靚女的懷抱。值得注意的是，呂小姐的島紋之後，感情線出現斷口，顯示愛情的憧憬破碎了，今後會腳踏實地的。

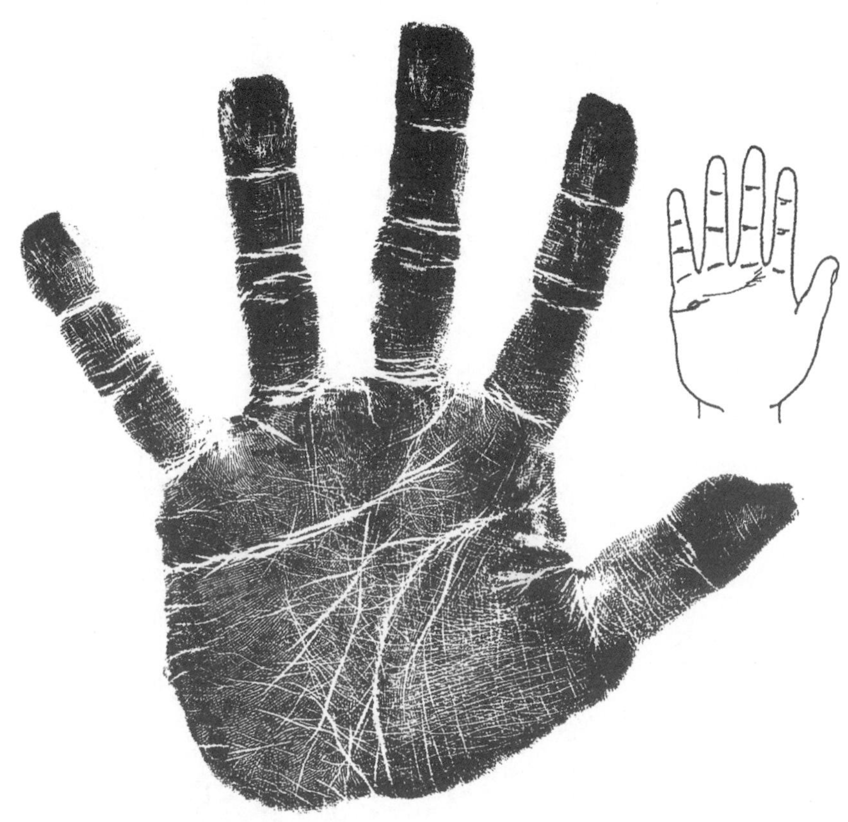

圖80

例81：島紋在上，有性關係

大多數的島紋都是出現在感情線中間，其實，島紋亦會出現在感情線的上面，有些則會出現在感情線之下。圖81掌印的島紋是在感情線上，細而明朗，由於線紋略呈角狀，很容易被人忽略。凡是出現在線上的島狀均代表有性關係。此島細而明朗，代表其人在很短的時間內結識一異性並發生關係。可惜為時不長，分手之後極為心痛（島形細小也）。

圖81的掌印屬於王先生，二十九歲，任職客貨車司機，已婚。王先生說他與該位女子不是分手，而是被人撇離，準確點說，伊人突然消失。「眾裏尋她千百度」，遺憾的是那人「不在燈火闌珊處」。原來王先生也會吟兩段辛棄疾的詩詞。

王先生中學畢業後，認為當文員的收入一般，所以在考得駕駛執照之後，由父親斥資代他付首期因而當上職業司機。他因為新入行，加上有點文化，服務態度甚佳，頗得顧客的讚譽。這個時候，他認識了馮姑娘。馮姑娘是一間貿易公司的負責人，王先生也搞不清楚她是否老闆。貿易公司間中有些電子零件需要運送，因為王先生的服務態度好，馮姑娘總是要找他；有時是馮姑娘押運，有時是別的夥計。

有一次因為運送的地點多，並且分佈九龍、新界，又遇上星期五的例牌塞車日，送完屯門最後一站已是下午六時多，押運的馮姑娘說辛苦了他們，要請他們吃晚飯。跟車工人表示太太要上夜班，他須趕回家煮飯照顧兒女，無法參與飯局；王先生原本也想推掉，說難找泊車位，不料

圖81

馮姑娘相當內行，她說長沙灣球場、砵蘭街一帶容易找車位，找到泊車位就一起吃飯，否則就作罷，王先生便不好再推辭。他們在半途放下跟車工人，果然在砵蘭街、汝州街交界幸運地找到泊位，那裏有好幾間小酒家，是職業司機常到的地方，因為附近的街道容易泊車也。點過菜後，馮姑娘問王先生要不要啤酒，王先生以駕車為由推卻，馮姑娘說，辛勞了一天喝點冰凍啤酒解解暑，而且工作完畢，小酌何妨？於是要了兩瓶啤酒，兩人邊吃邊喝邊談心。

馮姑娘讚王先生斯文，外貌不似職業司機。他則說，現在的香港，工作無分貴賤……，兩人就從工作、家庭狀況等談起來，不過都是馮姑娘發問的多。王先生只知道馮姑娘比他年長，因為馮姑娘要小王改口叫她「馮姐」，從外貌來看比他大上四、五年。也許是些微酒精作怪，馮姐慢慢就不那麼拘謹了，說啊說啊的她就把身子倚向小王，小王於是大着膽子，先是撫摩她的玉臂，繼而輕摟纖腰，又或有意無意地以肘部輕碰她的胸部……。當馮姐聽到小王從來未拍過拖、亦未曾與異性有過接觸時，她半打趣地問道：「那麼，你是青頭仔（處男）嗎？」她不等待小王的答覆便喃喃自語地說：「我要吃青頭。」小王呆了一下就明白馮姑娘的意思。飯後他們就在附近的公寓闢室談心。

其實小王也不是全無經驗，閒暇之時與同業談心交換到許多「忠告」，他偶然也會湊熱鬧涉足煙花之地，不過那些歡場女子都是「交行貨」，她們讓小王消磨一會兒，然後用陰力一夾，小王就丟盔棄甲而遁。這次小王碰上了馮姐，馮姐似乎很了解「青頭仔」的特點，諄諄善誘地教導小王如何掌握火候，她不獨讓小王高興——因為小王竟能取得纏綿兩小時的最高紀錄，而馮姐則在這兩個鐘頭之內獲得幾次高潮。她對小王的表現很滿意，不過她叮囑小王，踏出公寓，彼此就是陌路人，非因公事不可接觸。後來馮姐曾經兩次約小王幽會，期間小王曾經打過一次電話給馮姐，馮姐只答一句：「這兩天沒有貨物要運送。」就收了線。過了三四個月，小王按捺不住便摸上門去，不料她的貿易公司已經搬遷了。

講完這個曲折的故事，小王急切地提出一連串問題：馮姐是否已婚之婦？他是不是成為馮姐的泄慾對象？馮姐的公司是不是走私集團，或是老千集團？否則為什麼如此匆忙搬遷？這些問題不用在下答覆，相信不少讀者都能分析出來，事關小王真箇是當局者迷。

我說，馮姐是否已婚，你小王跟她接觸、交談也不知道，我又怎能知道？不過從你的敘述來看，她確是床上高手，懂得選擇性愛對象，懂得讓雙方都得到性滿足。她找上你是解饞，不是跟你談情說愛，不是泄慾又是什麼？不過你小王卻從中汲取到交合技巧，也算是扯平了。至於她的公司匆匆搬遷或是已結束了，可能是生意上的轇轕，尤其是電子零件供應商，利潤微薄，只要有三兩宗金額較大的廠商倒閉或撻賬，馬上周轉不靈，它自己也只好結業。如果它是老千集團這類非法活動而出了事的話，警方早已找你小王去問話了，這一點倒用不着焦慮。

小王說此事雖已過去四年，現在還是會想起馮姐的一顰一笑，想着她撩人的體態和精湛的床上技巧。「為什麼她會棄我而去？」我於是勸解他，着他把二人的位置倒過來，如果小王是個玩家，邂逅到一位漂亮小姐，向她挑逗、上床，玩了三數遍就丟掉，這種事情不是常見的嗎？此次不過是男女的位置倒過來而已，有什麼稀奇？

最後我抄錄徐志摩的一首詩《偶然》，說是代表馮姐贈給小王的：「我是天空裏的一片雲，偶爾投影在你的波心，你不必訝異，更無須歡喜，在轉瞬間消滅了蹤影。你我相逢在黑夜的海上，你有你的，我有我的，方向；你記得也好，最好你忘掉，在這交會時互放的光亮。」

例82：倒品字形，誘姦少女

前面曾經講過，有位體育老師藉上課之機博懵揩油，因他善於掩飾而得以避過災禍。另外有些專業人士藉專業之機，不單是博懵，甚至實行誘姦或迷姦，S先生就是其中一個。

S先生，三十八歲，已婚，任職物理治療師，服務於一間頗具規模的物理治療中心。S先生雖是專業人士，卻是滿腦袋骯髒思想，不過他對獵物是有選擇的，事關能光顧私家物理治療中心者大都是中產人士，他不敢胡來，所以在工作時他掩飾得很好，若是發現心儀的對象，他就會施展混身解數，設法把獵物攫取到手。他喜歡的對象是什麼？就是那些剛剛發育的未成年少女。當他看到獵物時，他首先會爭取為此名少女治療，並以優質服務取得少女的好感、解除她的防範之心。S先生給少女治療時，乘機了解少女的家庭背景和思想狀況，如果是父母疏於管教者、思想單純者，他就鼓其如簧之舌，說如想促進療效，最好是增加治療的次數和密度，若對方表示治療費用高昂的話，S先生就會作為難狀，悄悄地向對方說，有些輔導治療可在S先生家中做，他可以按照政府醫院的收費率收費，因為他家中只具有普通設備云云。他解釋說此舉並非為自己拉攏生意而「秘撈」，目的只是想幫對方，切勿宣揚。這個辦法很奏效，因為政府醫院的收費不高，S先生言之成理，而且可以解除對方的猜測和疑忌。

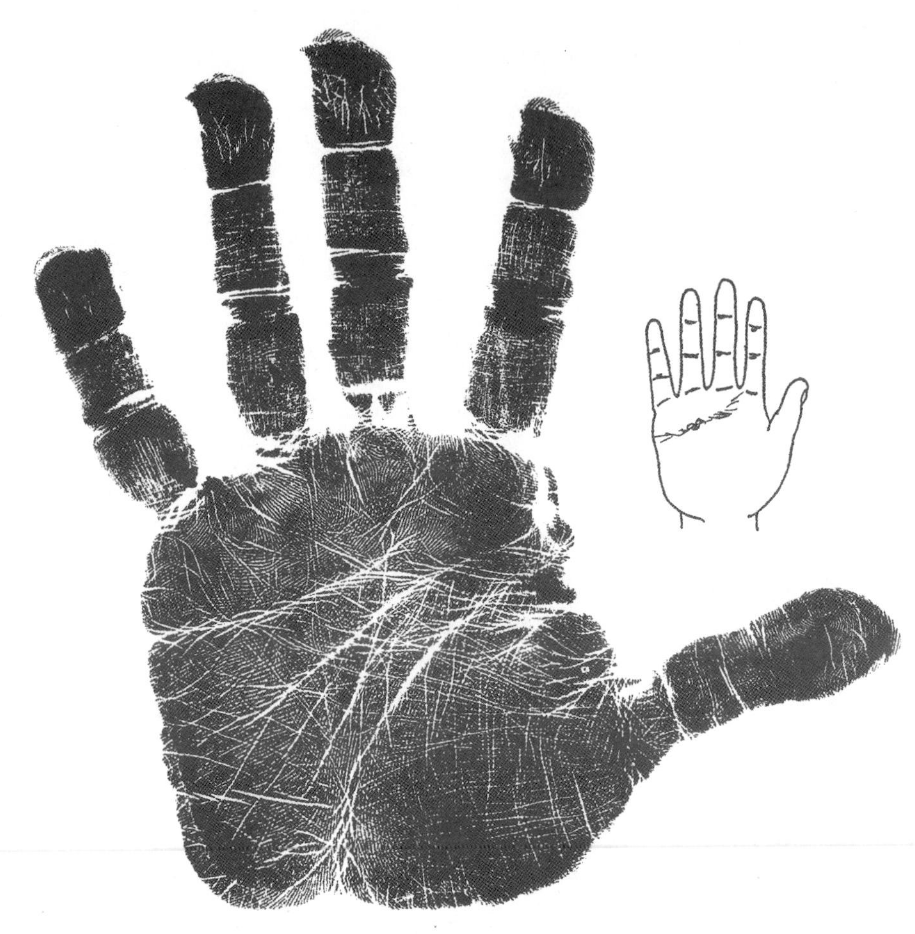

圖 82

都市少女的毛病大都是腰腿、肩膊方面。S先生為她們進行按摩治療時，會有意無意觸碰對方的敏感部位，以觀察對方的反應。有些少女覺得他趁機佔便宜，以後就不再上門甚至避他而去，而S先生亦懂得適可而止。不過有些少女相當開放，或則「人細鬼大」，或則情竇初開，經不起挑逗就與S先生成其好事。

S先生還有搜集少女裸照的癖好，尤其是曾與他相好的少女照片更是彌足珍貴。但因這些照片只是作為他的私人珍藏，並無別的用途，否則這種事早就張揚出來了。

怎樣看得出S先生這些特點？圖82就是他的掌紋，感情線全線破碎，並在線上出現連續兩個島狀，線下又有一個島狀，形成一個倒「品」字形，這種形態的特性為：

一、喜愛與未成年少女相好，對此鍥而不捨。

二、有搜集裸照傾向，作回憶之紀念。

從他的頭腦線可以看出，S先生小時候失去家庭溫暖，思想偏激，形成追求色慾的心態，並以捕獵少女為樂，令人不勝唏噓。

例83：尾指雙島，線形過長

每一位作者都想知道，自己的著作出版之後銷路如何？讀者有什麼反應？英才也不例外。我的學生當然是豎起拇指對我讚揚一番，不過英才不偏聽偏信，故此常跑書店，既搜集意見，也要搜購參考資料，故此認識了書店售貨員蔡先生。

蔡先生，二十八歲，未婚。他中學會考只有兩科合格，找不到寫字樓工作，又不想在工廠做藍領，他以重讀及自修生身份再報會考，都是一敗塗地，於是投身服務業，但他又不願看顧客的臉色，餐飲酒店行業又難捱，最後便進了書店當售貨員。

蔡先生的麻煩不在於他的職業，而在於他的感情。他在中三、四之時已開始拍拖，對方是同班同學，同樣是會考成績不佳，不過對方面對現實，讀完書立刻入傳呼台當接線生，再轉入秘書台，薪金又增加了不少，她嫌棄蔡先生缺乏上進心而「掟煲」。

請看圖83蔡先生的掌印。他的麻煩表現在感情線的小島：兩個小島出現在尾指對下，再連接一個大島。這兩個小島很易被人忽略，這是指蔡先生出身於單親家庭。再連接的大島則是早談戀愛失敗的紀錄。他的感情線過長，對感情看得太重而偏激，肯定不算是健康的掌紋。

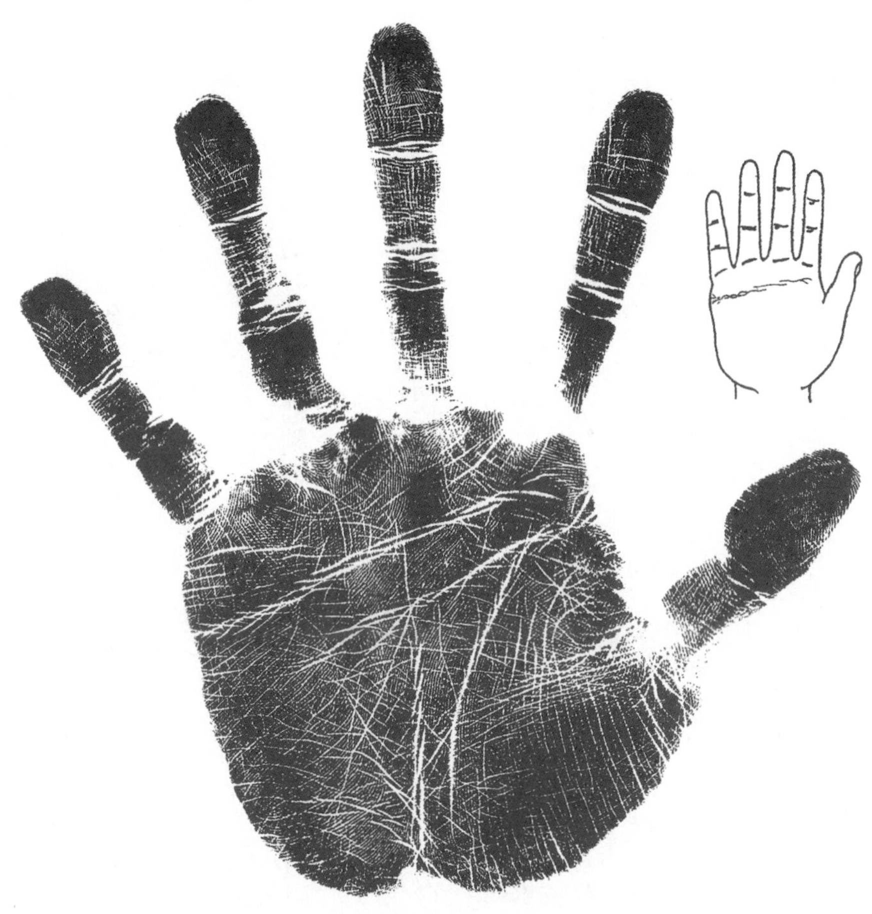

圖83

例84：短線帶島，極為主觀

上例講的是長形感情線島紋，此例則是討論短促感情線帶島紋。前文曾經講過，短促感情線代表情慾重及自私，具有極為主觀的性格。

馬先生，三十二歲，任職建築工程師，未婚。圖84是馬先生的掌印，他的感情線開端疲弱，顯示童年生活不佳，憂鬱的心情給他鐫刻下如此的紀錄。幸好他努力讀書，考上了大學，再加上工作勤奮，取得工程師職銜，但他在感情方面的表現就不敢恭維了。

馬先生的女朋友殷小姐是中學同學，同級不同班，在學時雙方都沒有留意對方。殷小姐畢業後考不上大學，卻在大學區一家琴行當職員，某天午膳時分碰到了馬先生，互道別後情況。馬先生每到上課的空隙便跑到琴行嘆冷氣、聽唱片，不久就與殷小姐交往起來。馬先生同殷小姐拍拖時，絕不容忍她跟別人打招呼或交談，他強調拍拖是「二人世界」，不容許第三者浪費他們的約會時間。選擇活動地點時，如果是殷小姐提出的話，他會絕對服從；如果是他的建議則不容許女朋友否定。兩人時常為這些瑣事而爭吵，馬先生亦曾多次道歉，可是屢戒不改，最後以分手告終。

馬先生這種表現反映在他的無名指下的島狀，代表他戀愛時主觀、私心重，不顧伴侶之感受，及後又懊悔不已。這種性格可能與他的童年際遇有關。

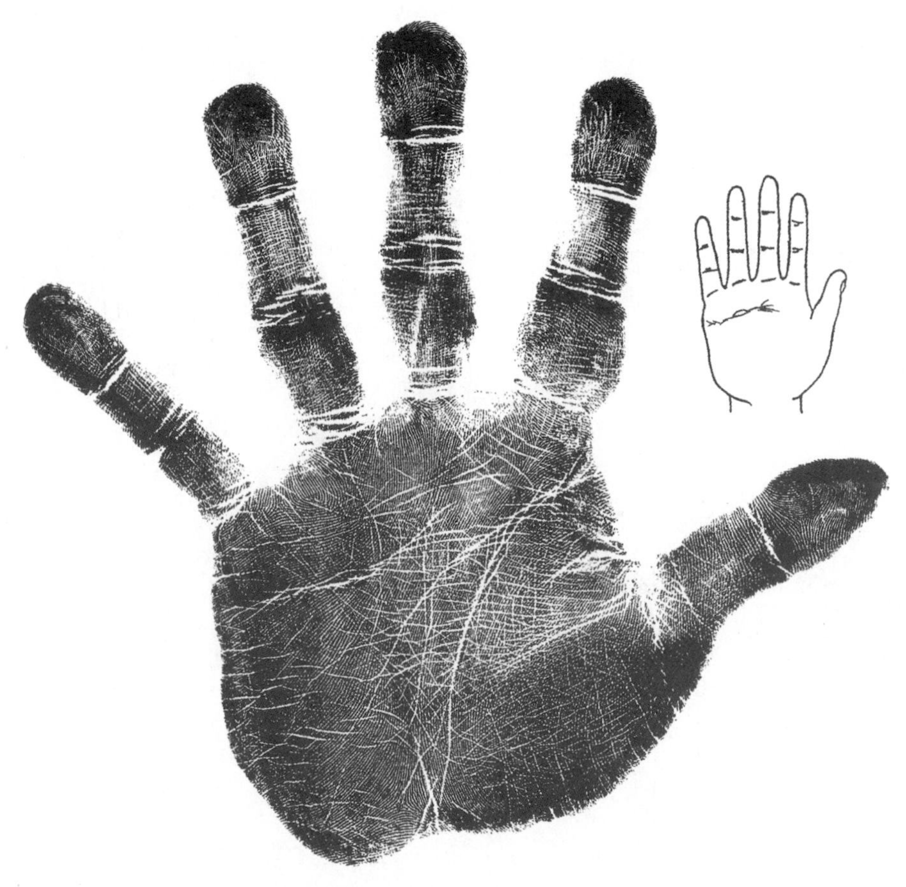

圖84

例85：三紋雖佳，小島作祟

圖85是一幅很易被人忽視的掌紋，三大主紋清秀，亦頗為有力。整隻手掌沒有多少雜紋，顯示其人樂觀愉快，悠然自得。雖然三大主紋均出現叢毛狀，但總的來說，仍不失為一幅好的掌紋。可是，感情線上附有一個極為細小的島狀（這個島細小到很容易被人忽略），隱藏着一個不幸的故事。

這幅掌紋屬於何先生，三十二歲，未婚。首先要指出，何先生有一個川字掌，男性有川字掌者較為罕見。川字掌代表個性自我、獨立、頗為偏激。感情線的開端出現島狀，視乎其位置以判斷在什麼時期發生什麼事情。此島出現在先天掌、無名指對下，反映童年不幸。島愈細小，傷害性愈大，此島如此細小可能是喪考妣之痛（可能是父或母）。

何先生說，他只知童年時父母雙亡，家無恆產，他是由舅父母撫養成人的。表兄妹三人，加上他一個，舅父母的收入不算好，對他照顧不周，他是知道的，但他沒有怨天尤人，從懂性開始就立志發憤做人（所以長出一副川字掌）。他的大專學歷是半工半讀掙來的。不過童年艱苦生活的陰影老是揮之不去，使他對成家立室缺乏信心，所以年過而立仍未拍拖。

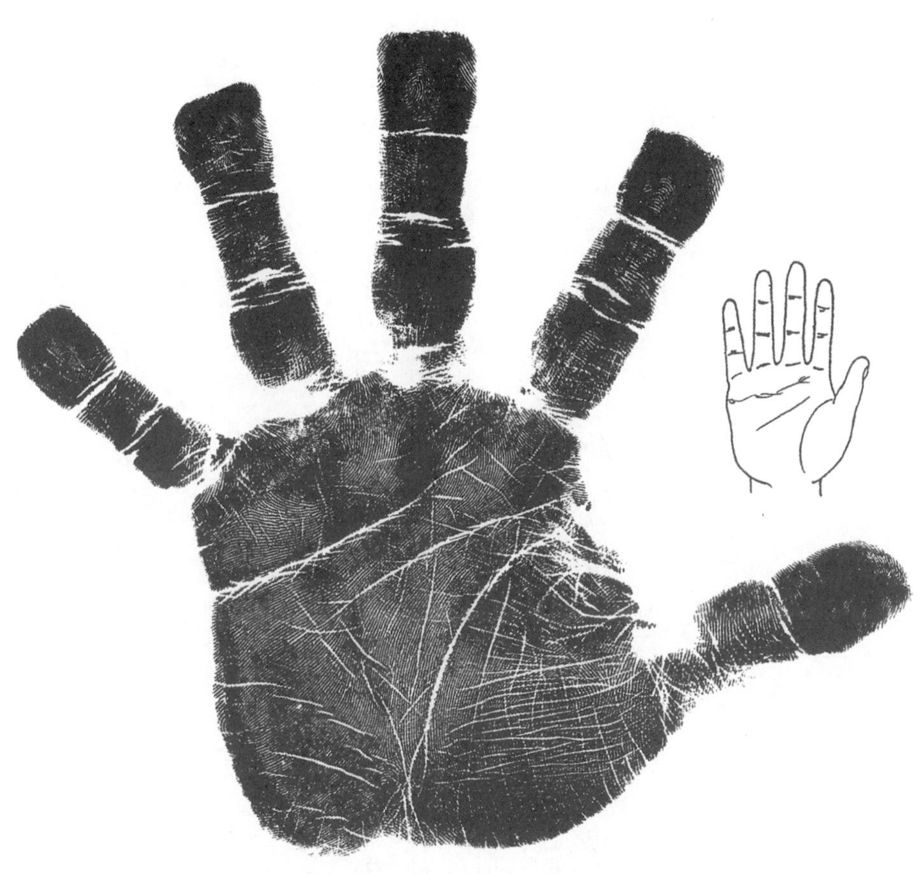

圖85

例86：爆裂有島，銘記仇恨

圖86的掌印是感情線開端爆裂而形成的島狀，讀者切勿以為這是一條雜線。凡是感情線開端爆裂，皆代表童年不幸的生活在其人心裏留下陰影。如果是開端爆裂之後形成島紋，更象徵這段不幸的紀錄導致其人銘記仇恨，待有機會便採取報復行動，或者是對父母、對親人有偏激思想。

這幅掌印屬於金先生，三十歲，金行職員。筆者探問他的童年生活，金先生只是輕描淡寫地說，他的童年生活極不愉快，不足為外人道。筆者曾旁敲側擊，探問他有否遭到父母親或撫養人之虐待……，金先生均三緘其口。雖然金先生的解釋亦可接受，但是從他的感情線如此深刻來推斷，他多是心藏仇恨，沒齒難忘。客人不願透露的事情，筆者無謂深入打探矣。

有些年輕媽媽「奉子完婚」，她不責怪自己不慎懷孕，卻把孩子當作出氣袋，認為孩子是個累贅，害得她不能好好玩樂。小朋友如果長期遭到親人施以暴力，而此子又個性倔強的話，就會長出這樣的島紋。金先生很可能有類似遭遇，可惜他並不願意透露。

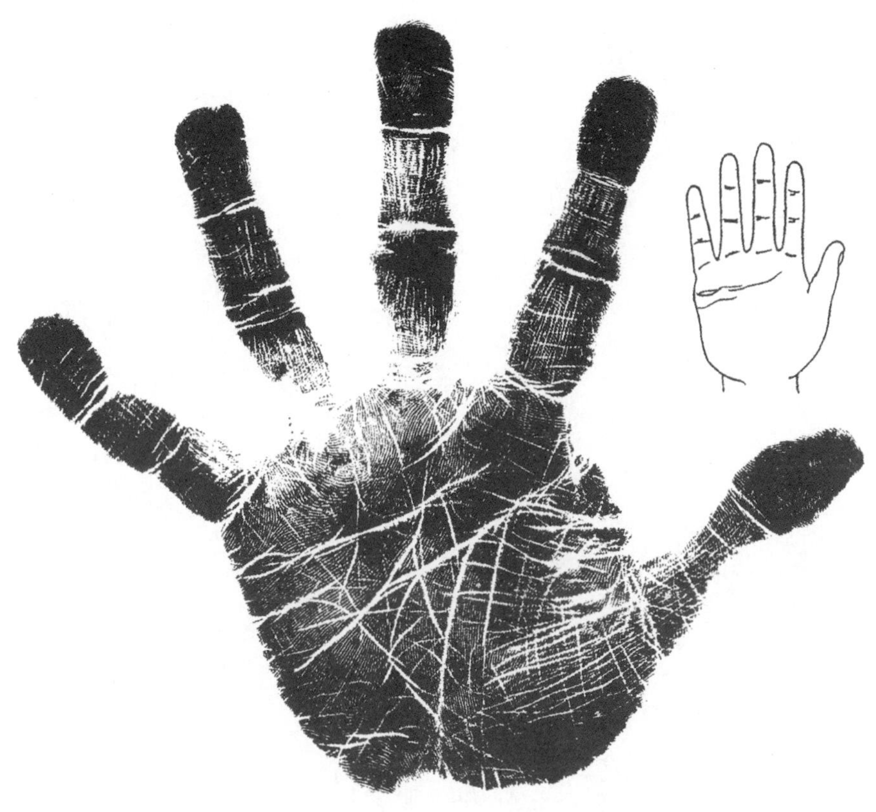

圖86

例87：自我安慰，心理平衡

圖87也是感情線的島狀，跟上一案例比較，首先，島狀不是出現在感情線的開端，出現的位置不同，性質亦有別。不過值得注意的是，斷裂之處有連接，其傷害的程度沒有上例那麼強烈。還有一點是，此島的面積大，凡是島紋面積小則傷害大，面積大則傷害小。所以此幅掌紋的主人比上例幸運得多。

這幅掌印的主人翁是蔣先生，二十八歲，煤氣抄錶員。蔣先生是在木屋區長大的，父親是建築工人，因為在地盤工作時受過傷，手腳不靈活，很難再獲得僱主聘用。不過父親仍堅持每天大清早就到修頓球場外等候僱用，幸運時能搶到籌仔就有工開，如果是由工頭挑選的話，父親可能就是最後一個被選中的了。母親在茶樓當洗碗女工，每晚都會帶些剩飯殘羹回家，所以他們幾兄弟都可以吃得飽，至於新衣服和玩具就沒有了。他說父親個性堅強，不怨天尤人，也沒有不良嗜好，沒有工開就在家裏打點一切，他遺傳了父親這種性格。讀書成績不好，中學畢業後便當上抄錶員，有固定職業和收入也就心滿意足了。

蔣先生感情線這個島狀的特點是：童年生活清貧，物質生活缺乏。線紋斷裂而有交接，顯示他能自我安慰，心理得到平衡。

圖87

例88：尾部有島，恐懼愛情

島狀亦會出現在感情線的尾部，即在食指對下的位置，這個情況又有不同的解釋。這就要看它出現在先天掌抑或後天掌。圖88感情線的島狀是出現在先天掌，讓我們來看看掌紋主人翁鄺先生的遭遇。

鄺先生，二十八歲，任職會計員，出身於中等家庭，是家中獨子。鄺先生知道母親頭兩胎都小產了，所以他出生之後，家中所有人都待他如珠似寶，母親又聽信三姑六婆之言，從嬰孩開始就把他打扮成女孩子，又為他取了個女孩的名字，因此被同學們取笑為鄺小姐，到他升讀中學之後，在班主任的關懷下始換上個諧音的男子名字。

鄺先生從小就被「收藏」在家裏，因為害怕閻王爺妒忌把他收回去也，即使親友到訪也不讓他出來與親友見面，助長了鄺先生害羞、怯生的性格。到了他上學，鄺先生甚少與同學一起玩耍，中學畢業後他選讀商科，學會計，當上了會計員。到底鄺先生這種性格是否與生俱來？筆者認為，有先天的因素，而後天處理不當，促進了他不良的一面。

鄺先生的島狀出現在先天掌感情線尾部，顯示他長期恐懼愛情，即使有戀人拍拖至談婚論嫁時，也會臨時推掉，甚至以「失蹤」來逃避婚姻，這是心理因素使然。由此可解釋，有些愛情小說的主人翁為什麼會逃婚。若島狀出現在後天掌則是晚年孤獨的象徵。

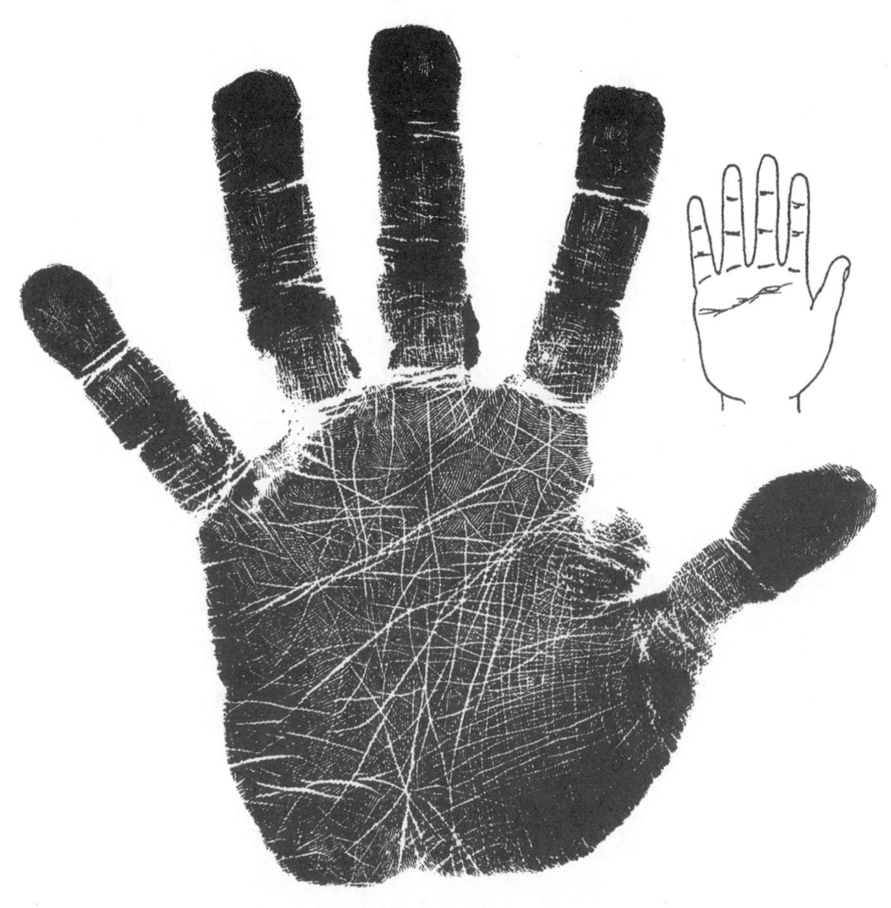

圖88

例89：離婚失財，欠判斷力

我在前面曾經講過，島狀若出現在先天掌必主愛情受挫，那麼，島狀若是出現在後天掌又如何？答案是：可判之為婚姻失敗，但這樣推斷並不是絕對的。簡單來說，島狀是指感情受挫，若出現於先天掌屬三十歲以前之事，故可推斷為戀愛失敗；若出現於後天掌則屬三十歲以後之事，那麼可判之為失婚。如果其人早婚又離婚，島狀出現在先天掌上，就不能簡單判之為失戀，所以掌紋的推斷要結合實際情況也。

圖89的島狀出現在後天掌，當然可判斷為婚姻失敗，不過此島值得研究的是：

一、島形呈開叉狀。

二、島後的感情線呈雲片狀。

三、頭腦線下垂——我在前面講過，要同時留意頭腦線以了解其人之處事方法和態度，始能作出準確之判斷也。

此圖的掌印屬於杜先生，四十八歲。他在中學畢業後進入一家建築公司當低級文員，當時正值上世紀六七年暴動，房地產暴跌，建築業一片愁雲慘霧。杜先生眼見一批批熟練職員被炒魷魚，他因為薪金低微，未被列入冗員行列；相反，大量工作壓到他的頭上，杜先生一方面拚命工作以保住職位，另一方面又驅使他學習、熟悉業務，加上他勤奮好學、不恥下問，不到兩年時間，他不單熟悉了公司內的書牘工作，甚至可以看懂簡單的工程圖樣，並在工程師的指導下協助

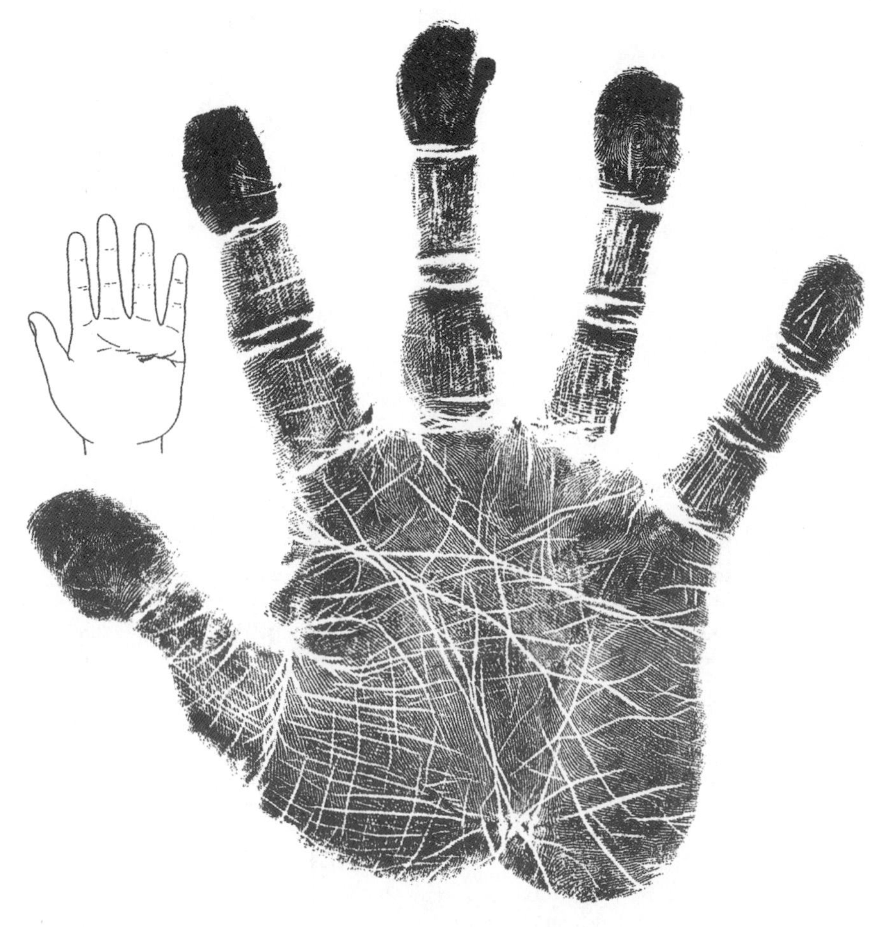

圖 89

結構成本的計算工作。過了一段日子，老闆接到一單大工程，就把杜先生調到地盤去當主管助理。老闆不單欣賞他的聰明伶俐，更重要的是他為人殷實可靠，再經過五、七年的磨練，杜先生已成為公司裏少壯派的佼佼者，進而擔任地盤主管、採購部主任。

杜先生在事業上是成功的，但是婚姻生活則屬失敗者。他的第一任妻子是朋友介紹的，拍過拖然後成婚那類。杜先生擔任地盤主管之後，難免經常與判頭們應酬，一邊進膳一邊商議工程進度及修改圖樣等問題，有時亦不免涉足煙花之地，偏偏這位妻子醋味甚濃，套得口供之後就冷言嘲諷。不是我替杜先生辯護，幹這一行對上要應付建築師和投資者，對下要應付判頭的偷工減料，判頭總會向他「孝敬」，又害怕廉署查詢，心理壓力很大，結果這段婚姻維持不下去。後來杜先生物色到一位個性比較活潑的女子為第二任妻子，因為杜先生經常不回家晚膳，這位妻子捉摸不到他的生活規律而沒有守在家裏，這一回輪到杜先生疑竇頓生，一場爭吵之後又以離婚告終。

杜先生的感情線島形呈開叉狀，代表：婚姻失敗伴隨財物損失。島後出現雲片狀，顯示他對配偶心冷，不如過去那樣熱熾。頭腦線下垂則是他缺乏準確的判斷力，以致疑心重重。

例90：島狀見毛，桃花見血

某天晚上，筆者上課完畢便與內子驅車返家，無線電話響起，一名雷姓男子要求與筆者緊急見面。我的宗旨是作息時間有定，即使酬金加兩三倍亦予婉拒。不久又來了一通電話，是我的一好友，他說雷先生是由他大力推薦，希望我可以看在老友分上犧牲點休息時間為雷兄解答疑難。我只好掉轉車頭返回辦公室，因時間已經不早，還交代大廈看更，讓他放雷先生進來。

筆者見客有個習慣，先印掌紋、再看氣色，用不着客人開口，我對他的問題便已了然於胸。雷先生緊急求見，不外「酒色財氣」問題，一看他的掌紋（圖90），感情線島上附有毛狀，再算流年，正值當年。他的臉頰兩側暗紅，桃花遍野而帶煞，印堂青暗，一股灰氣向上沖。不待雷先生開口，我便說：「閣下莫不是為桃花劫之事而來？」雷先生當場露出驚愕之色。

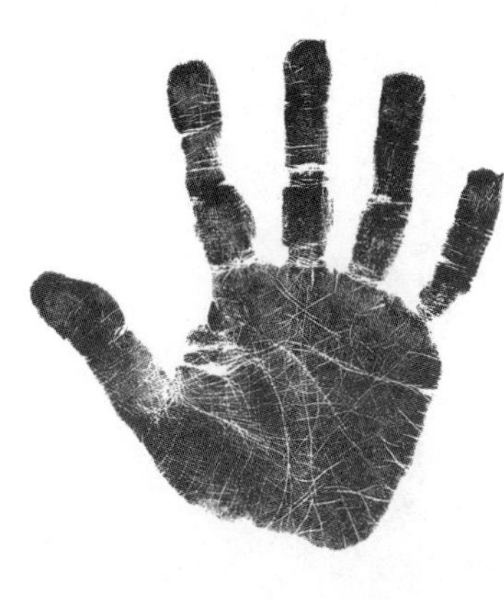

雷先生，四十二歲，手上有幾部的士，兼營的士炒賣。他說這個行業比炒賣樓宇好做，本錢輕、脫手快、手續費低。有便宜貨就入手，只須付出三數十萬元就可入貨，以後以車租收入支付分期付款，等到牌價上升，隨時可以脫手賺錢。不像炒賣樓宇那麼麻煩。雷先生說，光是一買一賣，一年之中就能賺上一百幾十萬元。

雷先生以什麼作消遣呢？他說嫖賭飲吹他都不好，他只講「情趣」、講「心」。其實這是遁詞，他是以引誘良家婦女為樂，不過

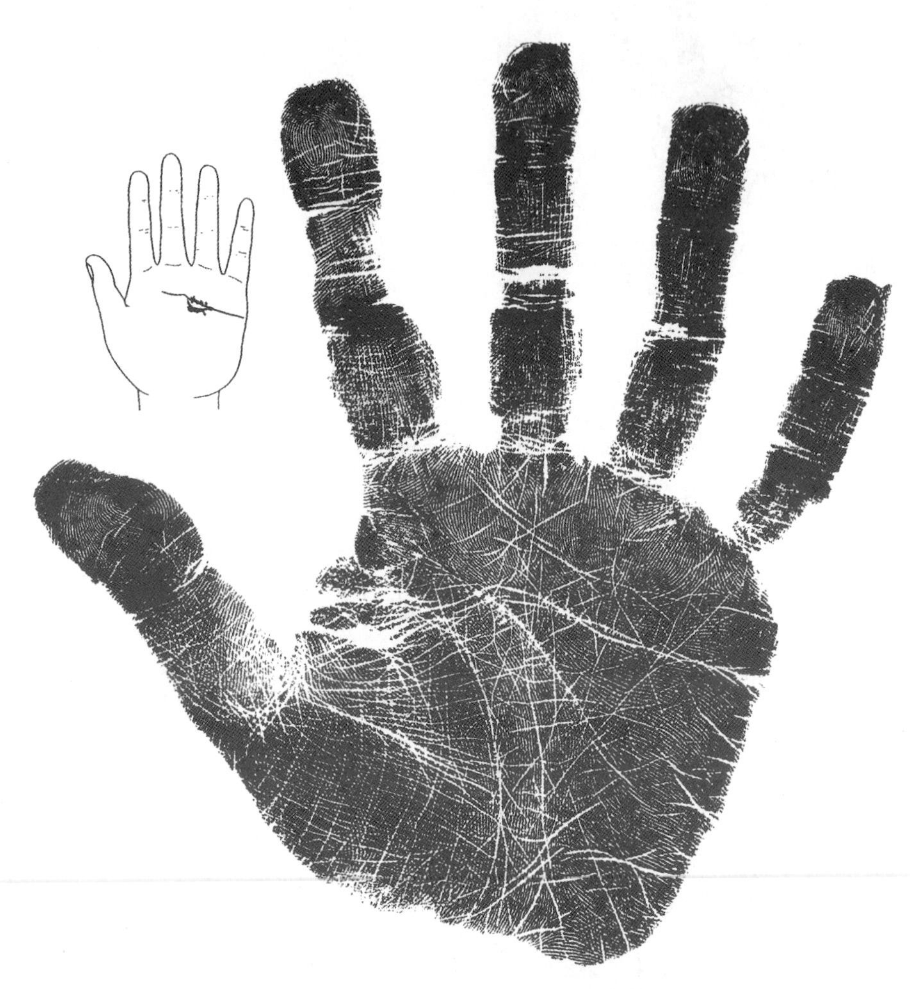

圖 90

他也有一番歪理。他說歡場女子無非是金錢交易，進進出出之間，喘氣、嬌嗔、叫床都是假的，毫不過癮。良家婦女就不同了，對方一個個高潮都是真刀真槍砍殺搏出來的，自然感到愜意。而且勾搭良家婦女講究手段與功夫，其間自有不同的情趣。不過他也曾惹上麻煩，被一位少女的男朋友找上門理論，他打傷了對方，賠了幾萬元湯藥費。至於這次惹上的麻煩是，他勾搭上一間車房老闆的妻子，此事被該老闆偵知，要買兇把雷先生教訓一頓，這就是雷先生夤夜找我企圖化解的原因。我說若要化解桃花劫，還須看看宅運風水，便相約翌日上午為他勘察家宅風水。

豈料翌日早上看新聞，一段消息赫然映入眼簾。報道說一位中年男子前一晚在旺角某停車場被人斬傷，幸無大礙，傷者就是雷先生。筆者對雷先生的行徑甚為反感，藉他留院養傷，乘機把勘察風水的工作推掉了。

雷先生的感情線島紋見毛狀，為破壞性最大之桃花劫，代表他喜拈花惹草並因此而惹禍，屬於桃花見血，即傷及別人或被人所傷，即使久歷歡場者亦難免失手。此島若見於先天掌上，可稱為血氣方剛而導致血光，破壞性沒有這麼嚴重。

感情線尾彎曲

例91：寂寞簾櫳空月痕

愛是什麼？愛是心靈的交流，愛是情感的共鳴。愛可以使人痛苦，也可以使人重鑄生命。愛情題材給予才華橫溢的作家以廣闊的空間，寫下許許多多不朽的篇章。

無可否認，作家的觸覺是敏銳的，他們觀察細緻、感情豐富，所以能夠撰寫出人意表而又合情合理的故事。不過作家也是人，人都有七情六慾，然而這些又受到其人本身性格的支配。作家可以在他的作品中，教導人們應該如何如何，因為當時他的理性支配着他的筆杆。可是作家本身呢？他們一旦陷入情網，理性就會失去了支配能力，甚至可能會走到另一個極端。像葉先生那樣，他的掌紋是爪字掌（參看圖91），他對待愛情問題就出現爪字掌所具的特性。

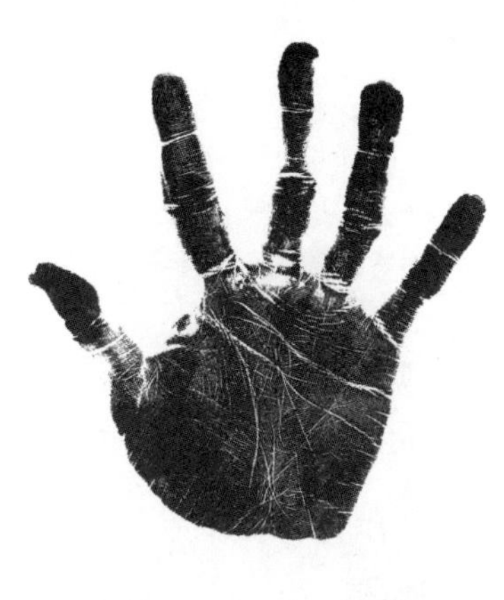

凡是感情線、頭腦線、生命線三大主線交接在一點，都稱為爪字掌。葉先生的爪字掌不那麼明顯，不少初學者會判斷錯誤。筆者在這裏必須強調，感情線的走向應斜斜上彎，插入第一火星丘。而葉先生的感情線末端的一條線斜斜下彎搭向生命線的開端，這樣三大主線就形成一個「爪」字。

圖91葉先生的爪字掌還有一個特別的形態，就是它的感情線出現長叉狀，所以筆者看到他的掌紋之後，就判斷葉先生一生不會爭名奪利，只要得一紅顏知己，於願已足。這是我們二人第一

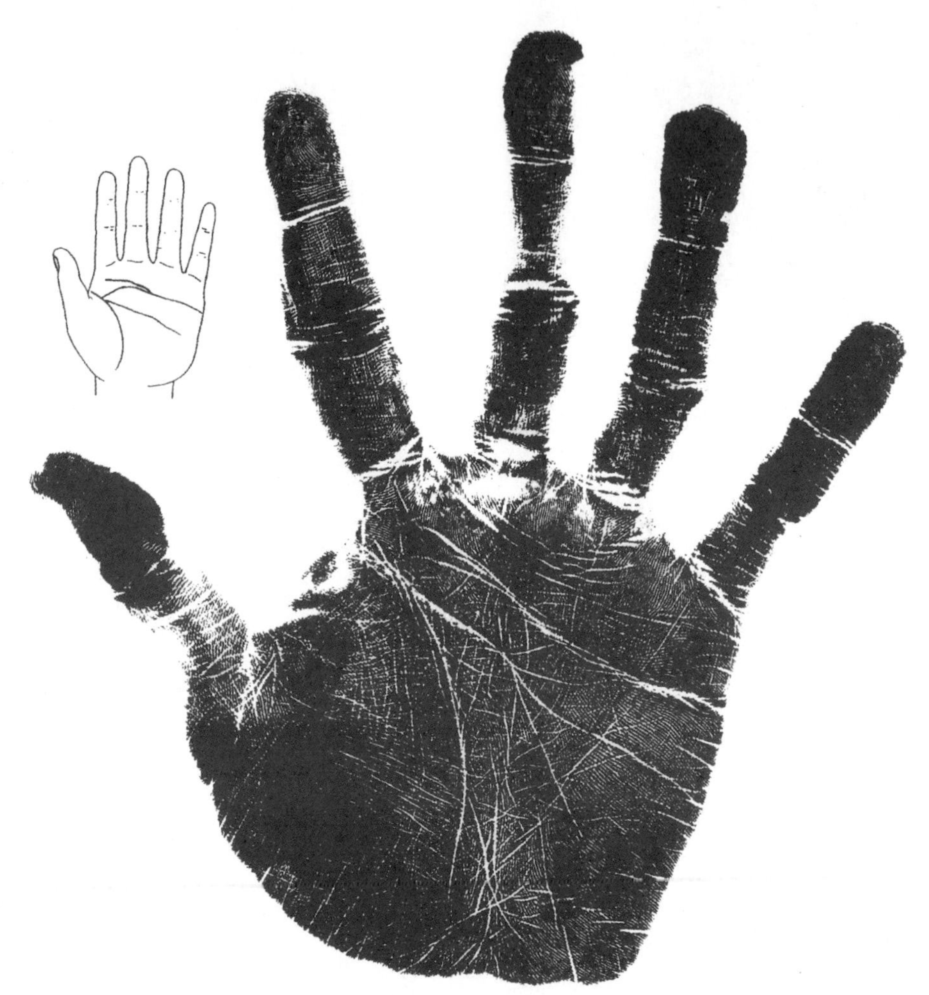

圖91

次見面、接觸僅三分鐘時說的。說完這句話，葉先生佩服得五體投地，他說：「知我者，李先生也！」

葉先生從小就喜歡舞文弄墨、看文藝小說。他說他的感情很豐富，每當讀至悲惻處都會不禁潸然下淚。同時他又喜歡觀察人生，觀察左鄰右舍的特性和他們的動作、口頭禪，這些不自覺的習慣豐富了他的筆觸，使他從業餘寫作變成專業作家。

儘管葉先生的感情很豐富，儘管他能夠經常接觸到不同的少女，並且作深入的長談，可是這些人都未能使他動心。他的理想中人是怎麼樣的呢？葉先生說，他曾經碰到過一個，可惜對方已是羅敷有夫，他曾經展開猛烈追求，對方卻不為所動，言下不勝唏噓。

筆者於是從《紅樓夢》（林黛玉《桃花行》）中摘出四句相贈：「東風有意揭簾櫳，花欲窺人簾不捲。一聲杜宇春歸盡，寂寞簾櫳空月痕。」葉先生聽後似有所悟。

為什麼筆者贈以此詩？因為葉先生這類人只知盲目地追求烏托邦式的愛情，若一旦失敗，他是承受不了的。

圖91葉先生這條感情線紋的特點是：感情過重，不分情由追逐無理智的愛，並視愛情為一生最高的追求目標，卻不能承受失敗，甚至會因此而輕生。

例92：極工心計，遊戲人間

圖92是張先生的掌印，同樣是雲片狀的感情線，但是驟眼看來，雲片狀不那麼明顯，好像是許多短線附在主線上，或者說是主線長出許多「毛毛蟲」，這就是此線之特點。

張先生本來言詞閃爍，但是經不起筆者指出他的性格特點，他為了要探明未來、聽取筆者的忠告，便不得不承認自己在感情方面是「花心」的。其實，花心二字還是抬舉了他，這類人根本是情場浪子，他的花言巧語都是粉飾之詞，但要說他是大色狼，倒不一定。情場浪子有兩類：一類是以泄慾為目的，追求不同類型的女性來嚐新；另一類卻以騙取少女的芳心為目的，不一定佔有對方的肉體。張先生就是屬於後者。

張先生，三十八歲，職業是酒店從業員。他承認，這二十年來有親密關係的女性超過二十人。所謂親密關係是對方視他為愛侶，期間有時是三、四名女子同時來往。張先生說他曾經對幾名女子動過真情，可是日子久了，他看出對方的缺點後，就放棄了。

在圖92中，張先生的頭腦線平直，反映其人極工心計，但我沒有當面說穿。他的感情線線紋的特點是：對愛情不夠專一，加上頭腦線平直，便會視愛情如同遊戲。

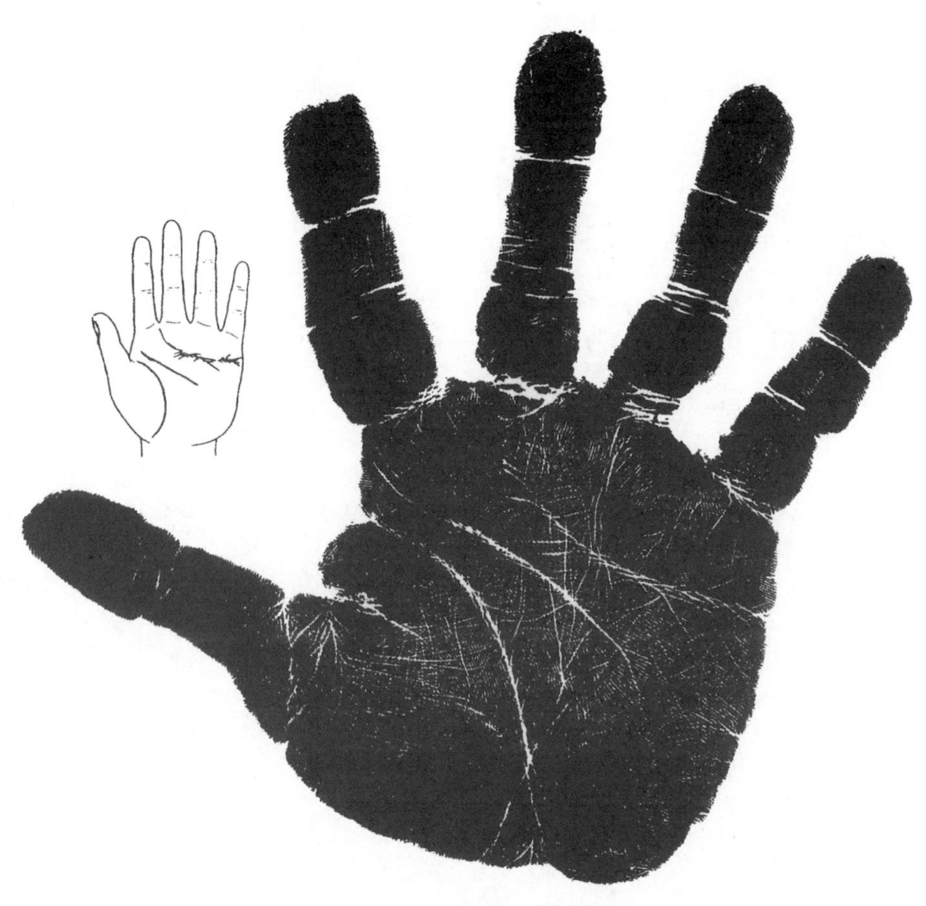

圖92

例93：缺自控力，表嫂誘姦

研究掌相應當作全面考慮，不能以一條線紋作定奪（研究面相也是如此）。在例92中，我已經指出還應參考其人之頭腦線，事關在三大線紋之中，頭腦線對感情線的影響很大。

圖93的掌印屬於趙先生，二十七歲，無業人士。為什麼一個大好青年竟然會找不到工作？說起來真是令人唏噓。趙先生在上世紀八十年代預科畢業之後沒能考上大學，他自己又沒有信心去外國唸書，於是便進入一間公司當文員。雖然如此，他還是好學肯幹，加上他助人為樂的個性，贏得了同事和上司的讚賞。

趙先生的身材結實，長相也頗為俊俏，當然獲不少女孩子垂青，不過他認為自己事業未有基礎，不願太早談戀愛，所以正顏拒絕人家的追求，而把他的精力放在學習電腦方面。當時他已預見到這門課程今後對人們的生活影響很大。趙先生這種態度也贏得親友們的欣賞。

話說趙先生有位表兄住在同一幢大廈。所謂表兄也者，不過是同鄉遠親，只因雙方的老人家都是相識的，加上鄉里關係，就以表兄稱呼。表兄是在遠洋輪船當海員，相隔一年半載始返港一次。表兄家裏只有一位母親和一位結婚不久的妻子，遇上家裏有粗重的家務，趙先生的母親就會支使小趙去表嫂家幫忙。

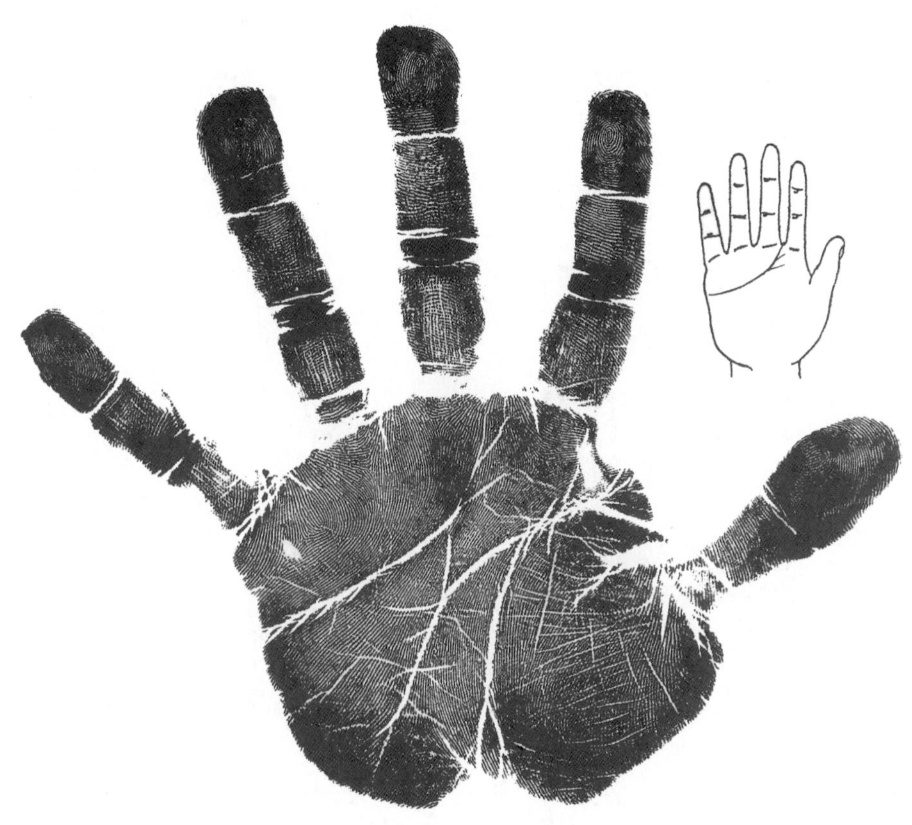

圖 93

某年歲晚的一個星期天，表嫂的家姑跟朋友去寺觀酬神，表嫂說是要執拾家具準備大掃除，把小趙叫了過去，收拾停當之後，便端出一些小食作酬勞，還倒了兩杯紅酒。小趙從來未飲過酒，但拗不過那是表兄從外國買回來的好酒，便依了表嫂的意思。小趙喝了兩杯便感到有點眼花、頭腦發脹。這時表嫂突然「哎喲」一聲，說是心氣痛，小趙忙問她是否要看醫生，表嫂表示只要按摩一下胸部就可以了，說罷就把小趙的手按過去替她揉起來，揉呀揉呀就揉到了敏感位置。一個是有心勾搭，一個是年少氣盛，反正就此成其好事。

雖說表嫂的年齡比小趙大六、七歲，而且她只是把小趙當作泄慾工具，但是小趙的缺點在於感情豐富而且專一，這種不正常的關係在他的腦子裏卻成為「正常化」。這種關係維持了兩、三年之久，到底夜雨難瞞，街坊們的閒言冷語還是吹進了表哥的耳朵，家醜不可外傳，表哥斷然搬家到新界去，小趙便與表嫂斷了來往。可憐小趙受到此一打擊，竟然茶飯不思，甚至辭了工作，整天關在家裏，把精神寄託在研究電腦方面。

圖93趙先生的感情線特點是：全線清秀，代表愛情專一；線紋尾部彎入食指與中指的指縫，反映趙先生感情豐富和早熟，不過感情線尾部開三叉，顯示他受不了外來的誘惑；恰恰尾部又下垂至掌邊，象徵缺乏自控能力。這幾個缺點集中在一起，就產生了這個帶有不幸的小故事了。

例94：個性衝動，三度離婚

成語有云：「江山易改，稟性難移」。有人偏偏要把它倒過來說是「江山難改，本性易移」，所舉的例子無非是有些人翻雲覆雨、朝秦暮楚，但這種說法是站不住腳的，因為朝秦暮楚是表面現象，而翻雲覆雨就是其人的本性。

我經常強調，每個人的性格是與生俱來的，不過我們學習掌面相就是要了解自己的本性，揚長避短，並且把不好的地方改過來。說老實話，能夠真正做到一百八十度改變者是很少的，所以筆者在某程度上是同意「稟性難移」這個說法。嘮嘮叨叨地講了一大番道理，為的是引出下面的故事——

周先生，四十歲，任職行政主任，離婚三次。為什麼周先生會有三次離婚的紀錄呢？就是因為他在感情方面欠缺信心，處事衝動。記得我從掌相中論及他的生平時，他說了一句：「因了解而分手」。筆者喟然長嘆之後怒斥一聲說：「非也！只因你一而再地按捺不住你的怒火，輕率地提出離婚而已。請回想一下，這三次離婚是不是都由你主動提出的呢？」教他半晌說不出話來。

周先生說他是個性格偏於內向的人，因為工作壓力大，有了煩惱不容易找人傾訴，他歸咎於公司的規模大，人事複雜。說到

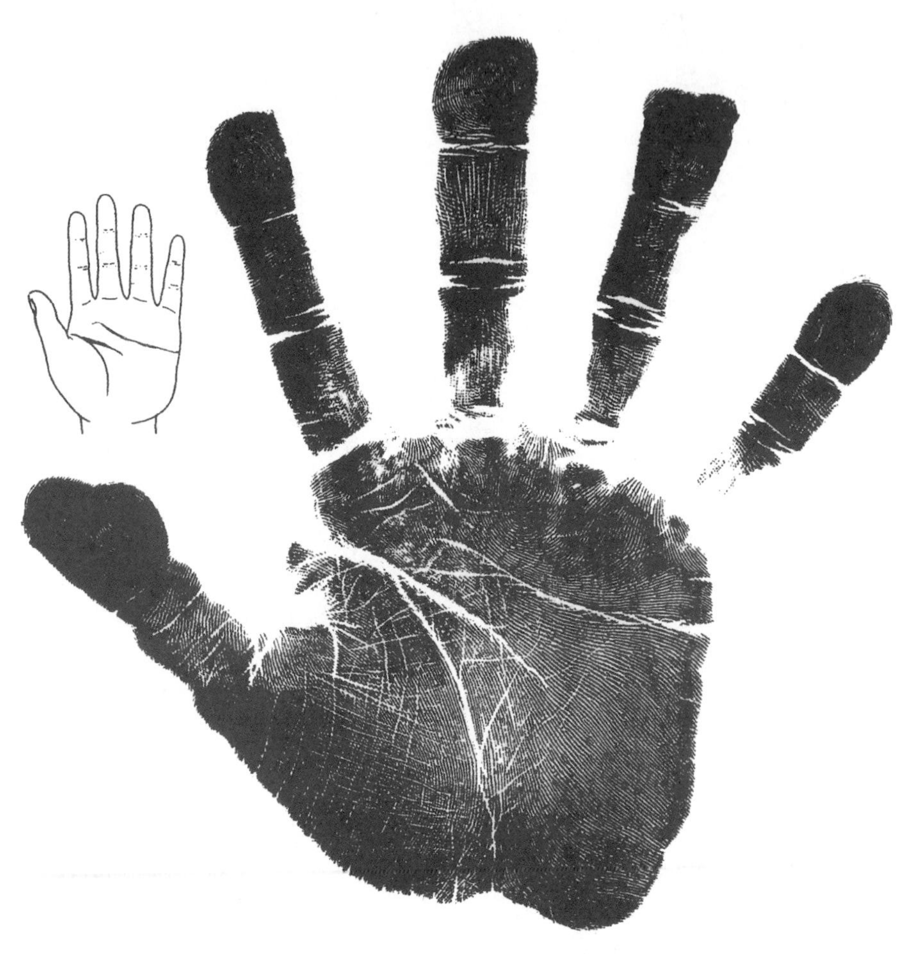

圖94

這裏我又插口說：「非也！這一點也是你與生俱來的性格。」這是我從他掌上的煩惱線鑒定出來的。

周先生說他結過三次婚，是三位不同性格的女子，其中第三位是失婚婦人，當時周先生以為雙方都經歷過婚變，應該可以好好地一起生活，不料第三次婚姻卻是最短的一次，只維持一年多就分手了。他歸咎於自己工作時間太長，導致他缺乏時間與妻子溝通。

於是我為他分析他的性格，如同上文所述。為什麼我會看出他的性格？除了從圖94周先生掌中的疲弱感情線分辨出來之外，還考慮了他的頭腦線。因為我們不能單從一條線紋來作判斷，必須同時參考其他線形，判斷始能更加準確。

周先生掌紋的特點是：感情線疲弱，終點停留在中指對下，屬於線形短促；線紋疲弱顯示他對感情問題欠缺信心，線紋短促則代表他容易衝動。再參考他的頭腦線，此線粗闊，代表他處理問題不夠冷靜。此二線相互印證下，所以我敢於判斷三次離婚都是由周先生自己提出來的。

例95：自私任性，難以偕老

這又是一個離婚個案。結婚是兩個人的事情，不可否認，兩個人的性格、嗜好、對事物的看法始終會有差別，因而雙方需要互相遷就，又或者其中一方絕對地順從另一方，始會白頭偕老。在共同生活若干年之後，雙方發生了嫌隙，如能及時彌補亦無不可，怕的是石地堂對鐵掃帚，硬碰硬，後果便不言而喻。

圖95的掌印屬於何先生，四十三歲，是一名電器技工。其實何先生並不是不知道自己的缺點，因為他拍拖多次都失敗。直至三十八歲，經不起父母、親戚和好友的催促，勉強找了對象，匆匆結了婚。對方是街市小販，在固定攤檔賣醬料雜物，是繼承父業的老姑娘，個性豪爽，獨立性強，正因此就出現了石地堂對鐵掃帚了。原來何先生也是個任性的人，他不想妻子拋頭露面，日曬雨淋，要求她結束業務在家打理家務。妻子反唇相稽說：「倒不如你辭了工作做住家男人吧！我也養得起你。」二人嫌隙越來越大，結果以離婚告終。

何先生掌紋的特點是：感情線疲弱彎向土星丘。疲弱之含義除了上文所說，對感情欠缺信心之外，亦容易遭受挫折，愛情生活不美好。線末彎向土星丘，代表他自私和任性；再加上大型川字掌，更是極度主觀和自我。這些特點出現在一掌中，婚姻必有阻。

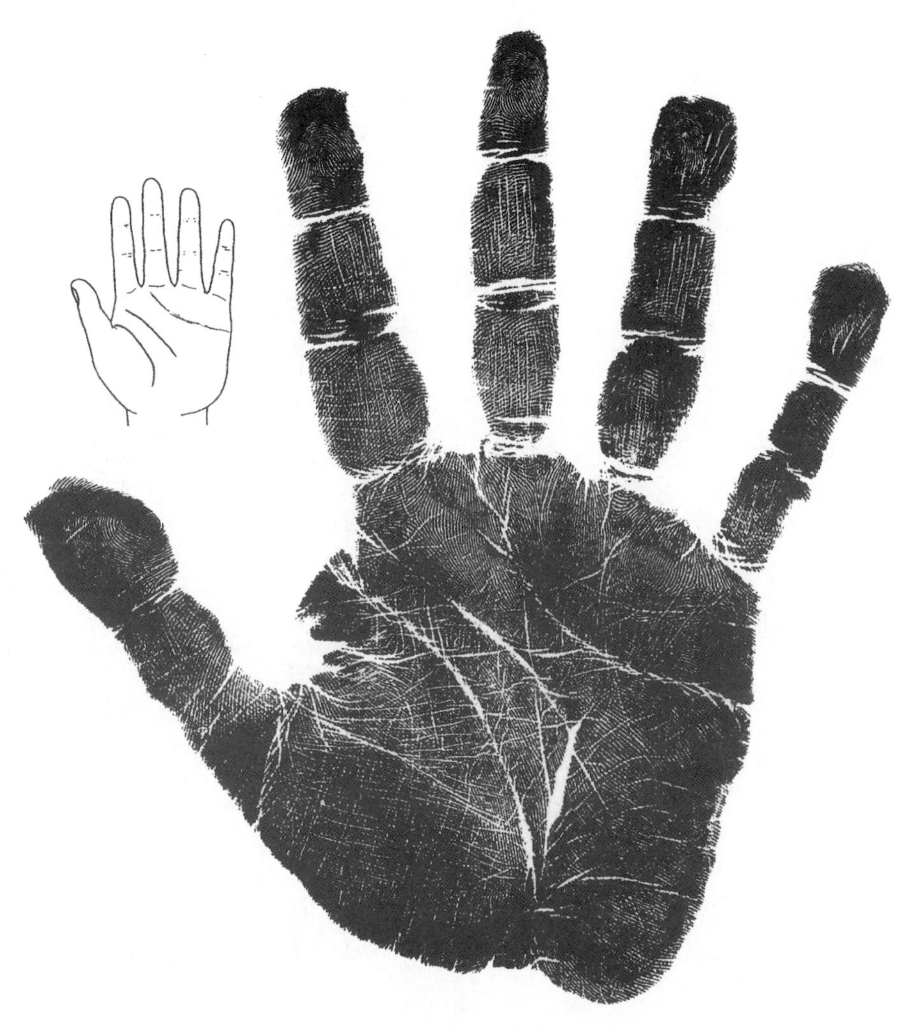

圖95

例96：色慾心重，婚姻難久

有些人喜歡踩低別人來抬高自己。此種行徑只能面對市井之徒來吹噓，若碰到有識之士，他們必能作出正確的判斷。英才的做法是，對術數界同業極力維護，只有對那些無良斂財者除外。

湯先生，二十五歲，已婚，是一名家用電器代理商推銷員。話說湯先生到訪時，筆者直言他色心太重，並已被太太懷疑，婚姻已亮起紅燈。湯先生驚愕地表示，他曾給某知名之相學家評論手相，對方認為他婚姻及事業一切順利，料不到近年來兩方面都出現麻煩，才找上筆者的門來。筆者聽後便對他說：「本來你是有美好的前景及家庭生活的，所以那位相學家並沒有說錯。只是閣下在經濟充裕時便留戀酒色，始導致今天的局面。筆者這番話並非有意為同業遮羞，只因本行規矩，論相與問事收費有別，有些客人付了問事酬金卻是什麼都問，有些同業敷衍了事，難怪有此誤會。

圖96就是湯先生的掌印，掌紋的特點是：

一、感情線之起點偏低，即是起點與尾指的距離太闊了。這種線形代表色慾心重。

二、全線的表現是：直、深、短，顯示其人性格自我與任性。具此線狀者，為人欠缺生活情趣而色慾心重，所以他的婚姻生活只是外表好看，內裏大有問題。如果其人能刻意自我改造，仍可以過着幸福的家庭生活。

圖96

例97：父母溺愛，自私任性

大門打開，一名打扮趨時、面帶慍容的女子噔、噔、噔地衝進來，一屁股坐在筆者的寫字枱對面的梳化上，她連太陽鏡也沒有摘下就瞪視着我，半晌不說話。我知道又遇上一位麻煩客人，於是我也不說話，卻按下枱上的計時器。

女子按捺不住，先行開腔：「不會說話嗎？李相士！」其實我跟她是第一次見面，她卻把我當作發泄對象。於是我再「折磨」她一下，說道：「我給你的時間是四十五分鐘，時間是你的。」室內靜得可以，只聽到計時器的秒錶滴、滴、滴的走動聲。

我見她鼓起的腮幫子漸漸消除，怒氣開始下降，就開腔說：「又被媽媽數說一頓了嗎？」只見她的臉上露出驚訝之色，我便說：「你老是說謊，怎能不惹得老人家生氣呢？」透過棕色眼鏡片，只見她眼睛瞪得大大，櫻桃小嘴也張開成為「O」字形了。

對付這類麻煩客人的辦法有許多種，總原則是要在氣勢上壓倒對方，絕對不能「為五斗米折腰」，被人家牽着鼻子走，這就要靠自己的本領了。一語道破玄機，教對方服服貼貼地知道你有真功夫。有些人說我們這些「睇相佬」是鑑貌辨色，我不否認這句話，但是我們的鑑貌辨色是有所依據的，就是從對方的掌紋知道其性格，而鑑貌辨色只是我們作出推論的參考而已。

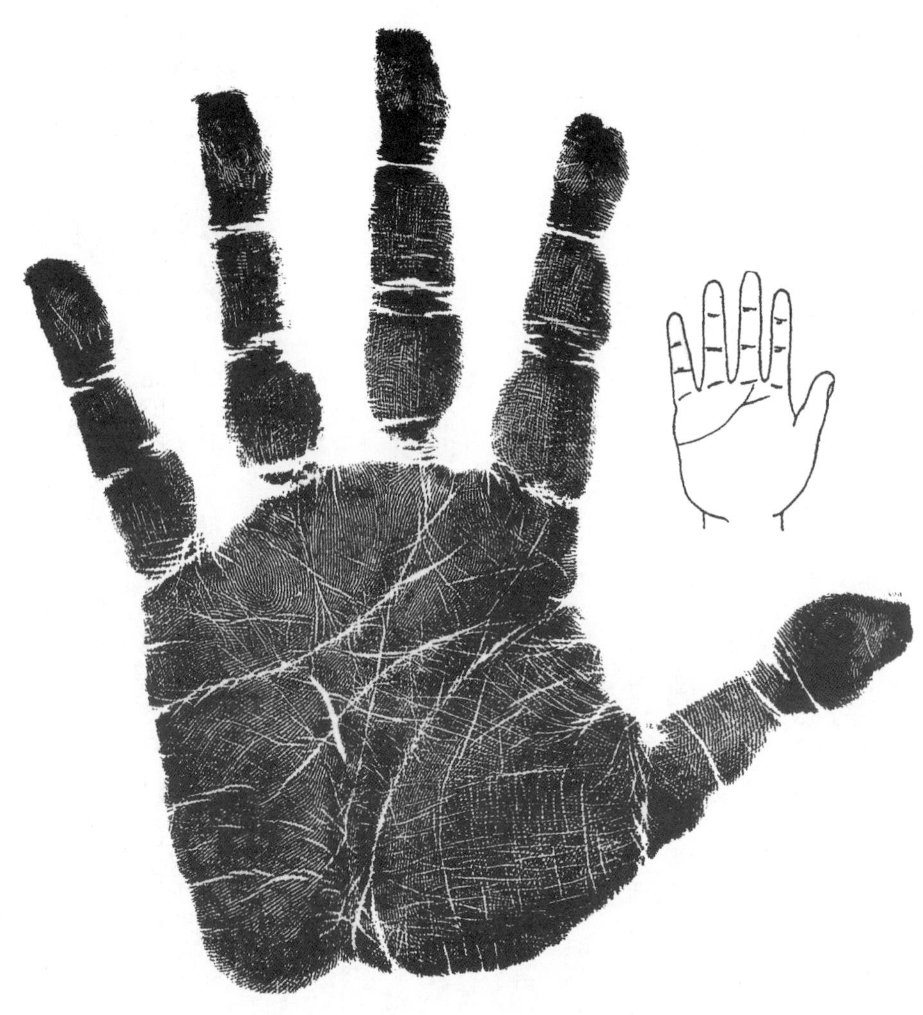

圖 97

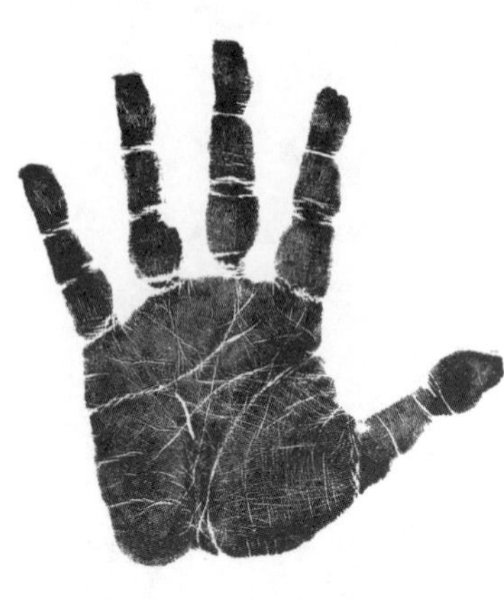

就好像這位嬌客劉小姐。她是富家女，掌紋顯示她是任性之人，她進門時的臉色顯示她受了委屈，有什麼人可以教她感到難過？因為她是未婚的，她的性格是自私又專制，男朋友只能充當她的出氣袋，除此之外，只有父母親能制服她，她的掌紋顯示她與父親較為疏離，那麼當然是她的母親給她一頓臭罵，始會令她怒火沖天，因為她自感理屈而不敢駁嘴。掌紋又顯示她偶爾會說謊，這一點我是兵行險着的。

掌相好玩之處是要加一些推理，因為一條掌紋的顯示是有幾項選擇，只要資料掌握得好，通過推理所得到的結論就會相當準確。

上面講到的幾項線紋特點屬於雜紋方面的問題，留待雜紋專論時再作詳細介紹，現在還是回到劉小姐的個案。劉小姐的問題歸根究底是父母過度溺愛所形成的，我絕對有理由相信她在出生時確是具有這種性格，而父母的溺愛更助長其不良發展，導致她已經二十七歲了，男朋友卻是拍一個走一個，所以我在拙著《看手掌親子女》中，呼籲父母們重視孩子在童年時的性格發展和親情培養。

圖97就是劉小姐的掌印，當中感情線的特點是：線末彎向土星丘（中指對下），另有一條極深的支線指向木星丘（食指對下）。感情線彎向土星丘已是任性的象徵，再加上彎向食指下方的支線，反映她在感情方面不獨自我，而且自私又專制，只顧自己享樂，不理身邊人的感受。

例98：線尾大叉，黃昏之戀

筆者對線紋的判斷有兩種態度：一種是作出判斷之後，對方否認，筆者仍鍥而不捨追問下去；另一種是對方否認之後，我淡然一笑，顧而之他，不再窮詰，因為筆者是心中有數的。

為什麼出現兩種不同的態度？因為前者是用在課堂之中，而後者則是面對客人。本行有一個不成文的規矩，就是要絕對保護客人的私隱。當然，這是一個道德操守問題，其實也是自我保護。讀者可曾聽聞過相士因口疏而被人找麻煩？正因如此，我們在看相過程中，看出客人的秘密，如果對方矢口否認的話，我們絕不糾纏，反正彼此心照。儘管客人口頭否認，他心底裏卻已寫了一個「服」字，何必令人尷尬呢？

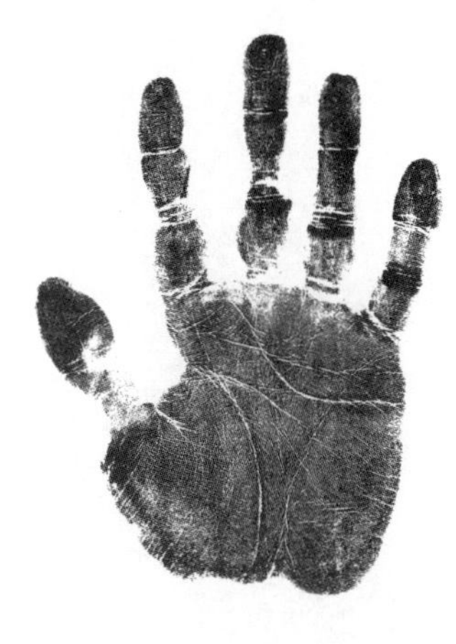

不過在課堂裏就不同了，因為學員是來求知識的，有權得到正確的答案。本人授課時，經常由學員邀請嘉賓到課堂作驗證，每一次我都聲明，在課堂內無話不談，嘉賓點頭同意了始進行實習。有些嘉賓不知道我們的功夫如此了得，當一個私隱被揭發出來後，嘉賓否認，我還是「依書直說」，甚至舉出旁證，教導學員們如何分析、判斷。下面的故事就是其中之實例。

徐先生，五十一歲，已婚，從事成衣業。徐先生是我在講授感情線時，由一位學員邀請他來當驗證嘉賓。圖98是他的掌印，

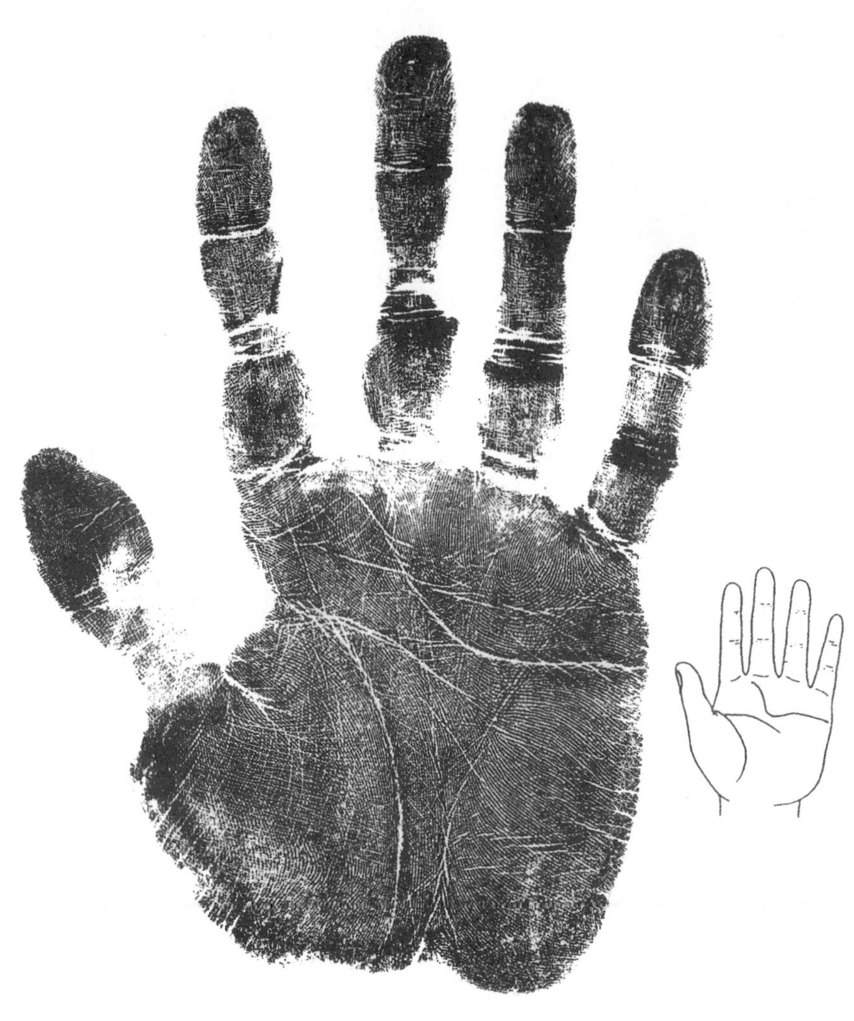

圖 98

他的感情線生長得很好（前半段），我讚揚他前半生處理感情及婚姻表現得理智又客觀。不過現在已經步入晚年，卻出現了黃昏之戀，換言之是在配偶之外還有一位紅顏知己。徐先生否認，說是經濟條件不允許他包二奶，還笑說可能還未出現吧！

我於是先向學員們分析徐先生的線紋特點：感情線中部一段下垂壓向頭腦線，使明堂（掌心）收窄，這個線狀顯示出感情干擾了理智。而線尾出現個大叉，表示晚年有一紅顏知己。我進一步根據感情線的流年計算出，這位紅顏知己已經出現了，但徐先生繼續否認。筆者迫於無奈，便指導學員如何從面相的氣色來推斷（本來面相氣色是要過一段日子始教授的）。我指出，徐先生右邊腮旁出現一股粉紅色的「氣」在往上湧，學員們未習氣色，初時很難鑑別，倒是一位吱吱喳喳的女學員首先看出來了，她大呼大叫說：「我看到了！是像雲霞般的一湧一現。」

我笑笑說，所謂紅顏知己不一定有肉體關係，總之是比普通朋友更為合拍，為徐先生挽回面子。最後我正容告誡學員，切勿以別人的私隱作話柄，如有違犯，嚴重者會有殺身之禍。

例99：見異思遷，衝動狂戀

筆者在前面的例子講過「稟性難移」的道理。有些人知道自己的劣根性，若設法克服還可以改邪歸正；有些人無視本身缺點，還諉過於遭遇，那麼他的下場就很難講了。

老先生姓老而年紀不老，年過而立尚未娶妻，職業是社區心理學導師。因為是導師，自然可以結識到不少年輕少艾的女學員，甚至可以得到她們的地址、電話。話說老先生的性格特點是，一旦遇上他看得上眼的女子便難以自控。有一次，他看上了新學員中的一名已婚少婦，在取得她的聯絡電話之後，便頻頻致電對方談心，進而日夜糾纏；對方不勝其煩，於是報警。警方無法將他入罪，只能告誡老先生，還將此事通報社區，以雙層壓力解決此事。不料老先生色心未止，有一次誘騙了一位女學員到他家中有所動作，女子在最後關頭狼口餘生，事後報警，警方無法控告他強姦，但非禮罪名難以逃脫，於是老先生鋃鐺入獄。老先生事前曾向我問卜，我已給予嚴重警告，可惜稟性難移，聽者藐藐。

奉勸青春少女宜注意圖99掌印的線紋：感情線末端不是上彎而是下垂指向第一火星丘（拇指與食指之間），這種人有狂戀的衝動及盲目的追求，一旦遇上心儀目標便失去常性，不理任何代價以求一逞所慾。另外，感情線出現許多細微支線，代表其人風流花心，見異思遷。

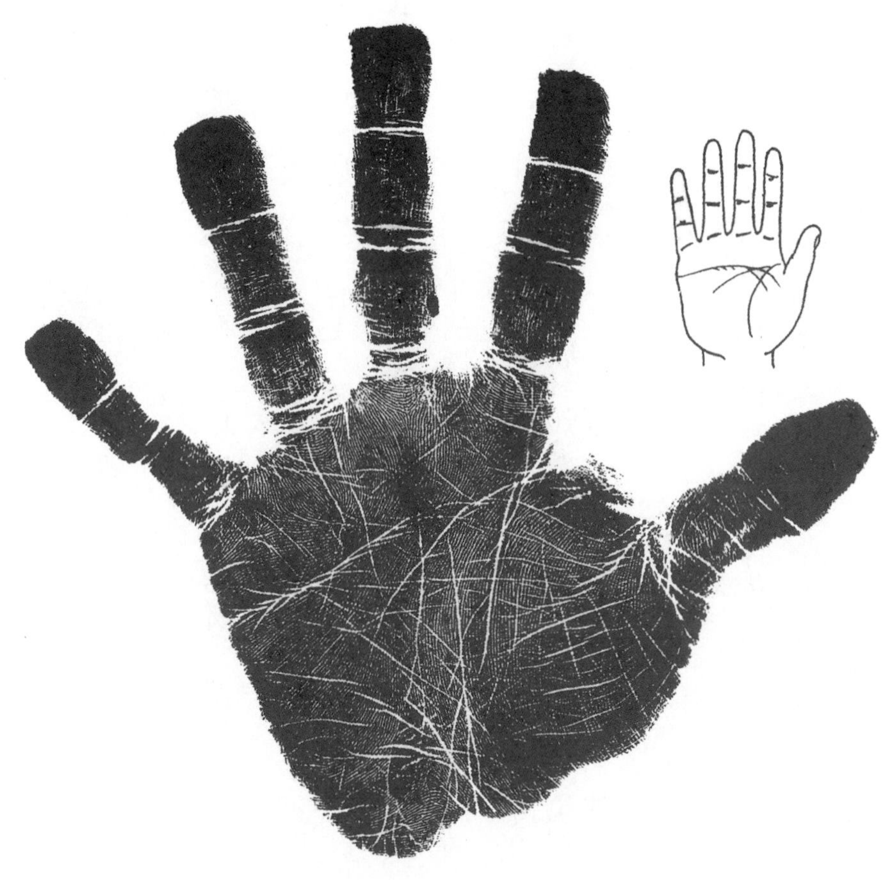

圖99

例100：疲弱深淺，癡心守候

六十年代的粵語片，故事不乏寡婦守節，含辛茹苦養育兒女，這在當今社會已難見了。不是沒有，筆者就曾遇上一位。這位寡婦生於新舊時代交替之間，她之所以守寡，部分原因是腦袋裏還存在「從一而終」的觀念，還有一個原因是她甘為所愛的人癡守一生。

鄭女士，五十八歲，是一家辦館的東主。鄭女士十八歲結婚，屬於親友介紹「相睇」的婚姻，只跟丈夫馬馬虎虎拍過拖而已。在她三十八歲那年，丈夫因車禍去世，留下一間辦館和四名兒女。鄭女士經營辦館維生，一天工作十多小時，養大了一群兒女，總算對得起過世的老公。故事就是這麼簡單。不過，鄭女士的線紋很值得我們參考。圖100就是她的掌印。首先，這是一個爪字掌。爪字掌的特性已在前面分析過，就是感情過重，善惡不分。她的感情線的特點是疲弱，而全條線紋出現一段深、一段淺的狀態。凡是疲弱線紋中見深淺者，代表：

一、婚姻易有生離死別。

二、甘為所愛的人癡心等待一生。

當代社會癡心守寡者已屬少見，但是，癡心等待愛侶回到身邊者雖已減少，但不是沒有。君不見有人苦守十年等待愛人出獄後成婚的嗎？這些人就具有這類線紋。

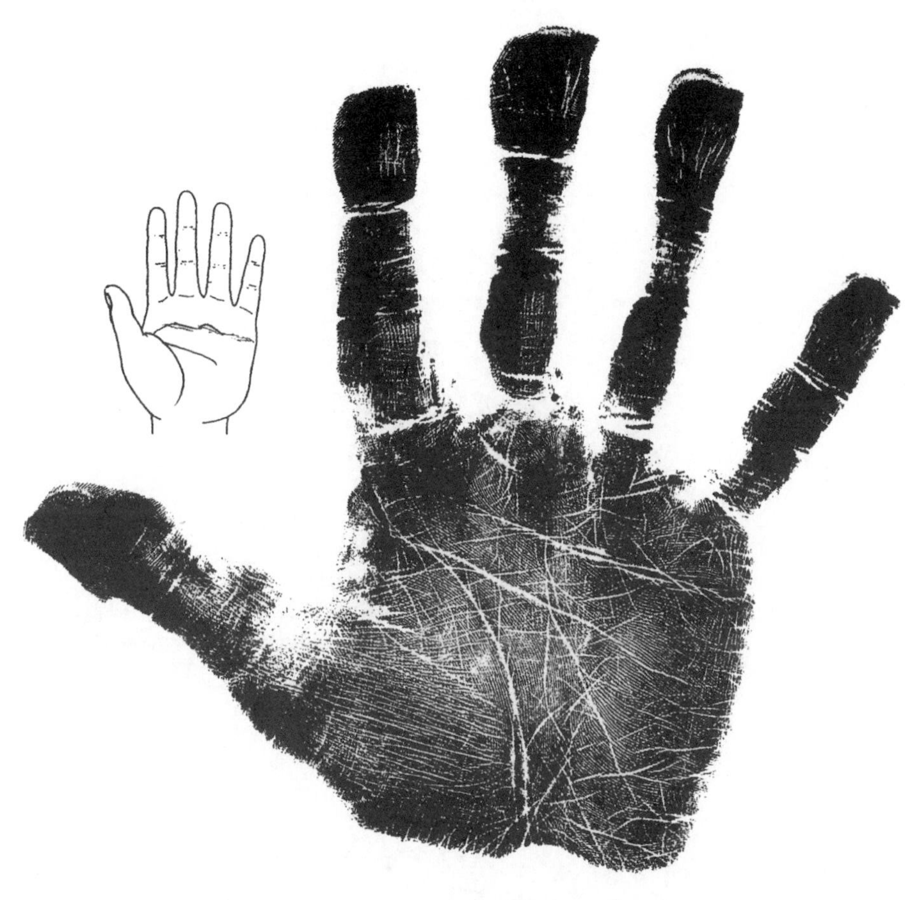

圖 100

雙重感情線

例101：母親改嫁，避談往事

前文已經講過，感情線有多種形態。從這例子開始，我們講述雙重感情線。三大主線均會有雙重線形，各有其含義。此例的雙重感情線上下兩條十分明顯，兩條線形均清楚而深刻，下面一條微呈波浪。

凡是雙重感情線，其特點為：

一、感情豐富而寬恕過度，使自己蒙受損失或傷害。

二、會有兩個父親，即是會有親密的契爺，或者在喪父之後，有長輩似父親那樣呵護，但以母親改嫁較多。若有其中一線微曲，則其人非常不願意自己身世給他人知道。

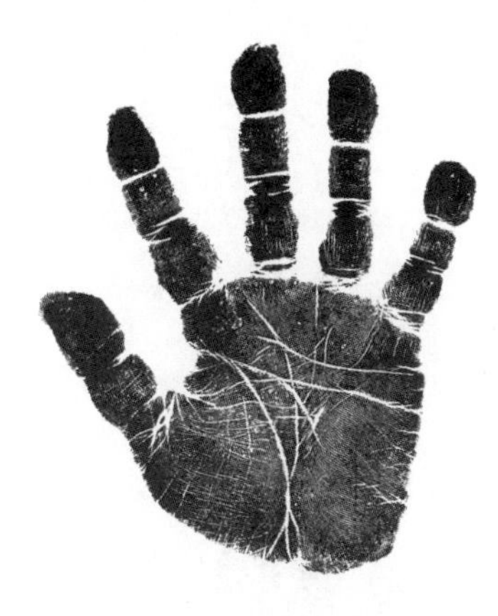

圖101的掌印屬於許先生，四十五歲，上市公司主席。他步入筆者辦公室的一刻，他給我的第一個印象是：眉目嚴肅、神藏於眼、態度從容、顧盼自如，顯見是成功人士。看了他的掌印後，筆者不禁慨嘆他施恩過度。許先生承認曾因經營原糖生意損失近千萬元，事後他認為自己監督不力而沒有怪罪經辦的副總經理，如果當時這位副總經理能及時請示的話，還可挽回若干損失。

英才在前文已經說過，本門慣例是不挑明客人的弱點，以避免客人尷尬，所以對於他母親再婚之事，我只輕輕帶過說道：

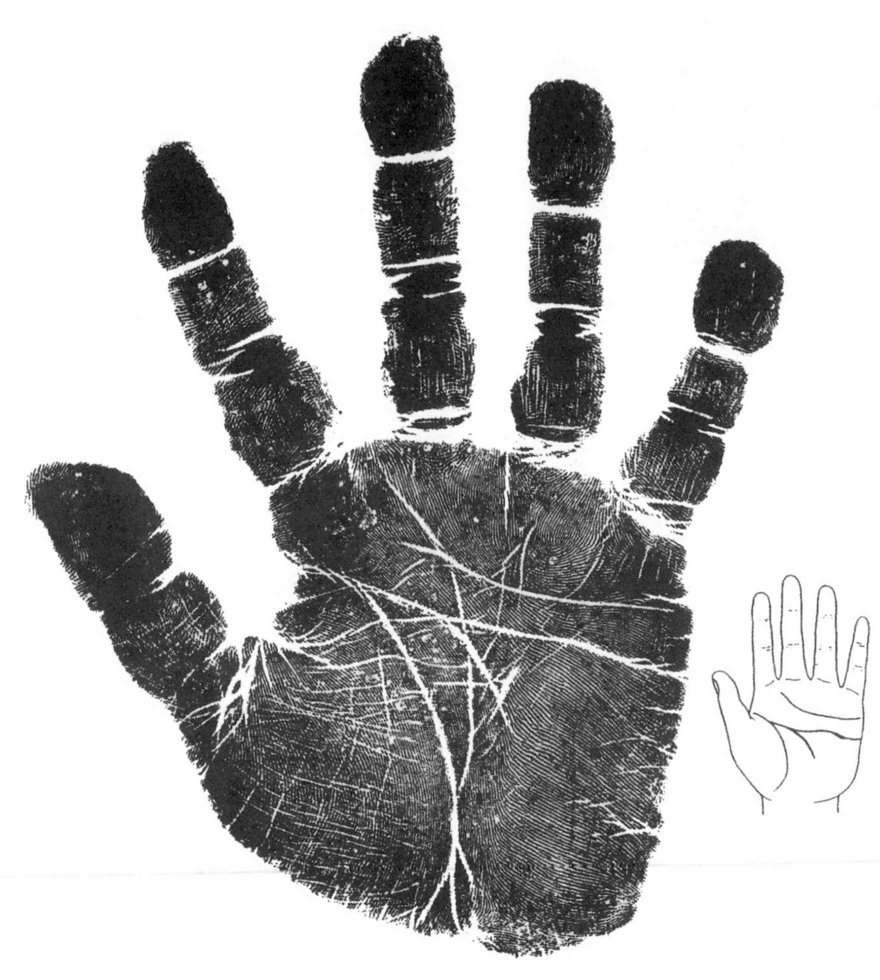

圖 101

「閣下幼失怙恃，身世坎坷，老一輩的事是時代的悲劇，閣下何必耿耿於懷？」

許先生問：「李相士可看到了什麼？」

我答：「閣下若能以寬恕下屬的心情，不計較談論自身身世，接受母親及自己的過去，打開心扉，人生必會更加舒坦。」

許先生聽後略作沉思，心領神會，笑容也顯得特別開懷。

例102：三心兩意，作繭自縛

英才在拙作《看面相辨淫邪》中提過，從事我們這一行是扮演心理醫生的角色。醫生診斷疾病就會開出藥方，大多數病人都會依方服藥；可惜我們這些心理醫生開出的藥方，客人不一定依照指示辦事，回過頭來訴說病症反覆又再來求教，使人為之氣結。小劉就是這麼一個客人。

小劉，三十二歲，任職總經理助理。先看圖102他的掌印，雙重感情線都是短促而且破碎。短促感情線具有感情冷漠的含義，但是雙重感情線則屬於感情過度豐富。那麼以何者為主？總的來說，應以雙重感情線為主，短促感情線為輔。

有一點要注意的是，矛盾是會轉移的，次要矛盾會上升為主要矛盾，其轉換的頻度視乎頭腦線而定。小劉的頭腦線斷裂開口，代表感情豐富與感情冷漠交替湧現就會演變為愛恨交織了。還有一點很重要的是，下感情線接近頭腦線的位置出現流蘇，說明小劉長期被感情所困，不能自拔，而他的理智又不能給予有力的支援，導致他不能客觀地進行分析，錯誤地選擇了以牙還牙的報復手段，上演了一齣又一齣悲劇。

上次小劉來找我是因為感情問題，原因是小劉很重視友情，但是他的妻子卻認為小劉不懂分辨損友與益友，小劉辯說不能因為對方邀約他上酒吧、夜總會就認定是損友，他的妻子則認為，因業務所需偶然涉足風月場所是無可厚非，但是無所事事而一窩蜂起鬨地去歡場消遣，那些就是損友，夫妻感情於是逐漸破裂。當日我已經警告小劉，指出他的性格特點，特別指出婚姻亮起紅

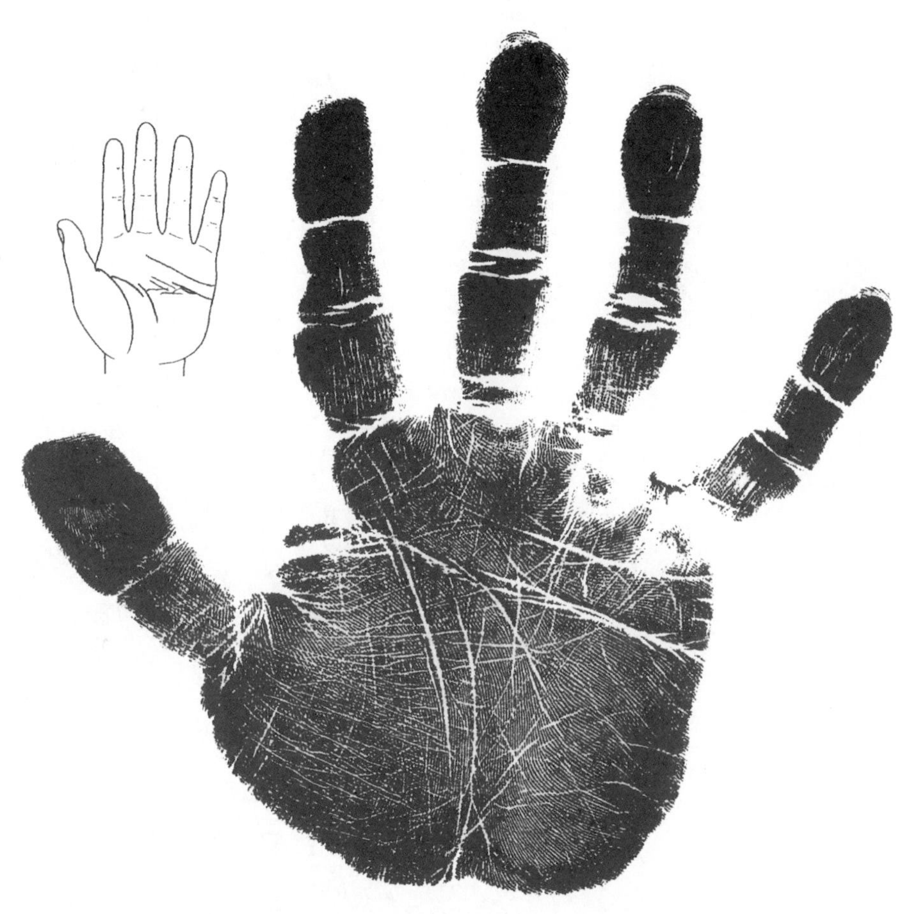

圖 102

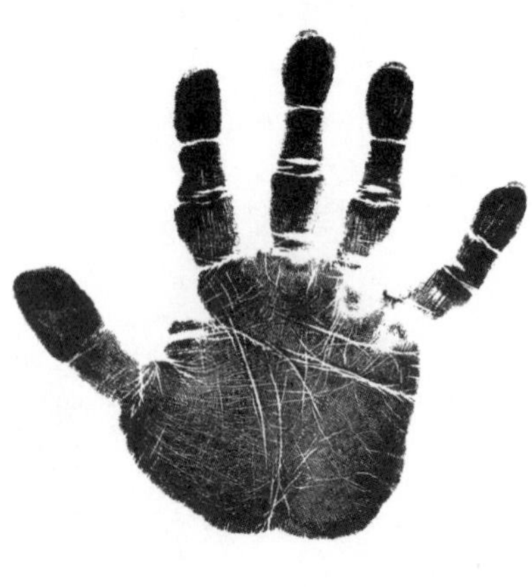

燈是由他自己引起的，若不留心自制，婚姻便難以挽回了。可惜小劉並沒有依方「服藥」，第一次婚姻終告破裂。

這次他來找我的原因更令人泄氣。原來他在離婚之後，便對前妻恨之入骨，想方設法去報復。前妻有位摯友在他們二人發生齟齬時曾充當魯仲連，拿着前妻的一套理論來勸說小劉。小劉卻認為這是前妻動員的力量來迫使他投降。解除婚約之後，小劉即猛烈追求這位前妻的摯友，並帶同她出席應酬場合，以證明自己應酬並非徵逐聲色犬馬；結果這位女子成為了他的第二任妻子。

再婚後，他始發覺第二任妻子是出得廳堂卻入不得廚房，而且兩人一起出席應酬場合不獨花費加倍，而且她常常吵着要添購衣服飾物，這時他始發覺前妻的囉嗦是對的，比較之下，前妻的優點多於後妻，使他感到十分徬徨。

其實正本清源，問題在於小劉的三心兩意，在於他欠缺客觀分析力，不能因為發現後妻缺點多多而想到分手，這段婚姻問題在於他自己作繭自縛而已。

例103：童年坎坷，心理失調

多妻制長久以來為人們所詬病，它所帶來的社會問題也是深刻和廣泛的。隨着社會進步，多妻制已被取締。上世紀八十年代以還，隨着中港兩地往來頻密，包二奶事件惡性膨脹，家庭悲劇持續增加，這不獨使當事人感到困擾，而且禍延下一代。英才在拙作《看手掌親子女》中曾大聲疾呼，指出和諧的家庭對孩子成長中形成的性格具有決定性的影響，眼下就有這一宗事例——

汪小姐，三十二歲，任職某大集團公關經理，未婚，但先後五次與人同居。汪父於解放前來港，髮妻則留在大陸。汪父比較幸運，在上世紀五十年代中期，他在九龍仔木屋區辦起一間小型藤器廠，躋身老闆行列，並娶了第二位太太，第二位太太儼然成為正室。六十年代是藤器業鼎盛時期，大量藤器家具出口美國。在這個時候，汪父又娶了第三任太太，並誕下汪小姐；不久，汪父又結新歡，第三任太太成為最弱的一環，而汪小姐亦開始了她坎坷的青少年生活。

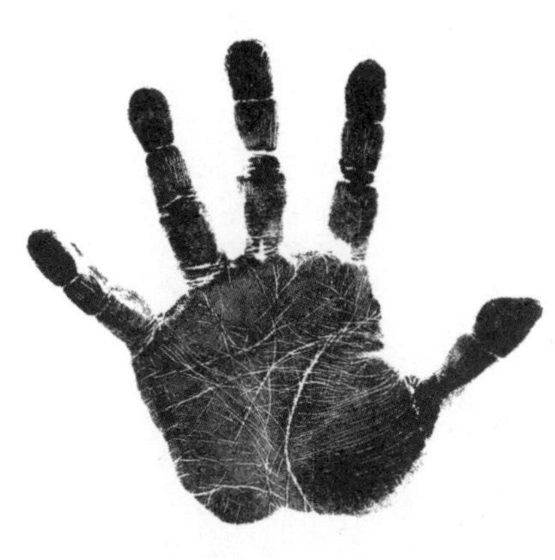

汪母把不能得寵的原因歸咎於汪小姐的腳頭不好。在重男輕女的思想影響下，汪父對她簡直是不屑一顧。家庭的物質生活尚算可以，但她欠缺的是父母之愛。幸好她性格堅強，具有一副「我做好給你看」的心態，於是就在學業上用功，成績在中上之列，但總是博不到父母的歡心，家裏給予她的，只是在金錢、物質上支持她完成大學學業。畢業典禮那天，當她頭戴四方帽、身

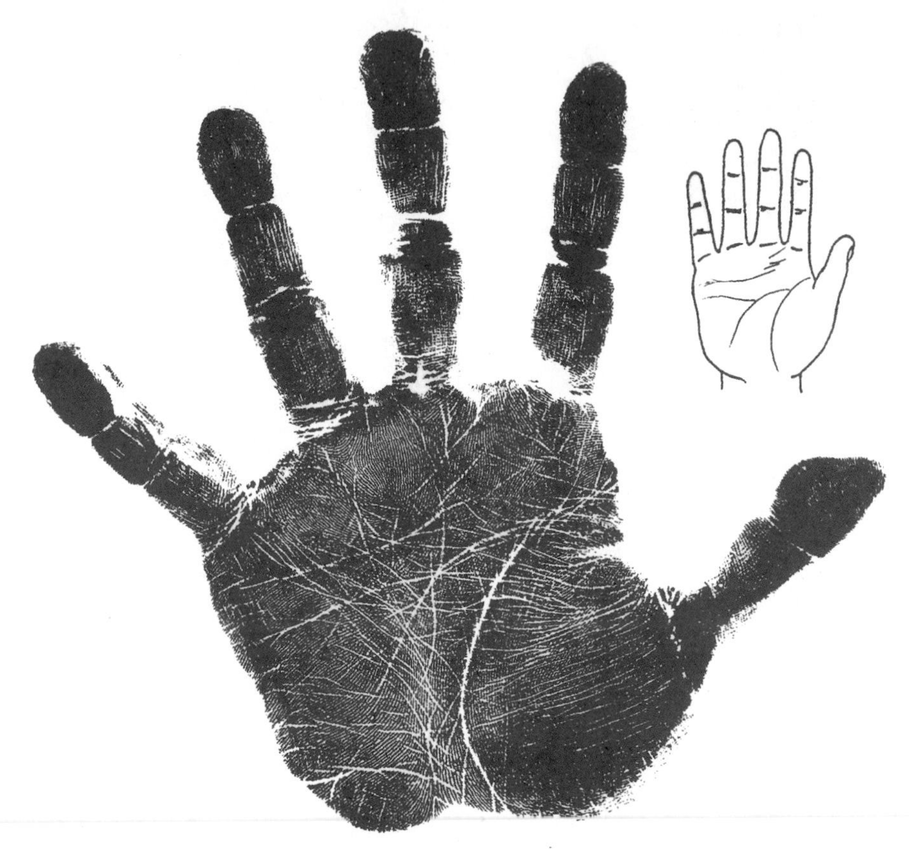

圖 103

披學士袍站在台上領取畢業證書時，環顧會場，看見的是媽媽乾癟的臉龐上掛着一絲強擠出來的笑容。

踏足社會之後，汪小姐從家裏搬出來，她不願看到爸爸冷漠的臉孔，以及他在稍不如意時所發出暴跳如雷的責罵聲，還有媽媽呆滯的眼神和怨天怨地的喃喃自語，她在家裏簡直是動輒得咎。汪小姐追求的是親密的呵護和照顧，童年時失去的東西，她希望在這個時候獲得加倍的補償。她不停地接受身邊男性的追求，她的要求是單向的，即來自對方的愛，而忽視了感情的交流，一旦對方偶有疏忽，她就發脾氣、擲玻璃，歇斯底里地發泄，把同居男友一一嚇跑。這就是她先後更換了五位男朋友的主要原因。走筆至此，英才不禁擲筆長嘆，上一代的疏忽導致下一代的心理不平衡，一筆孽債竟要下一代來償還。

坎坷的童年在汪小姐的掌上（圖103）留下了紀錄——雙重感情線的開端都是十分疲弱，顯示她童年生活不愉快，因而渴望和追求得到照顧。線末見雲片配上頭腦線下垂，代表因盲目追求和選擇不當導致自己受傷害。雙重感情線已是感情豐富，加上頭腦線下垂，換上別人，這類女子早就被人賣到色情場所了。

例104：愛得盲目，感情反覆

劉先生，四十五歲，貨櫃車司機。我跟劉先生的認識是為他在粉嶺的住宅勘察風水。新界的環境本來是不錯的，問題是建築商設計時可能沒有考慮到風水的影響，六煞在主人房，代表男主人不務正業、吃喝嫖賭。難怪劉先生說他的業務不正常了。

再審視圖104他的掌紋，英才不禁為之啞然失笑，真箇是蒼天弄人。劉先生具有雙重感情線，上線過長而下線則粗闊。過長之上線，反映他愛得盲目而忘我；粗闊之下線則顯示他好色、疑心大。如此看來，他對感情反覆而不自知。配上他闊而厚的掌形及皮質粗，應列入原始掌之列，可判斷他的愛與恨都很極端，而且具有雙重性格。

人們都說，不少貨櫃車司機都在大陸包二奶，劉先生卻剛剛相反。原來劉先生早年一直沉醉於嫖賭飲蕩，沒有結婚的打算，後來他在大陸包了個女子，不料給女子纏得他終於在大陸正式結婚，妻子把家庭料理得井井有條。劉先生雖然慶幸娶得賢妻，不過嫖賭飲蕩的惡習未改，他在香港經常呼朋喚友胡混一番。

我看他的奸門氣色赤紅，再配流年五黃到六煞位，必因女色破大財，遂為之擺風水局化煞。當時聲明，風水化煞只能在客觀上減輕災劫，主要問題在他自己，他自己把問題鬧得大了，化煞只能為他減少損失而已。

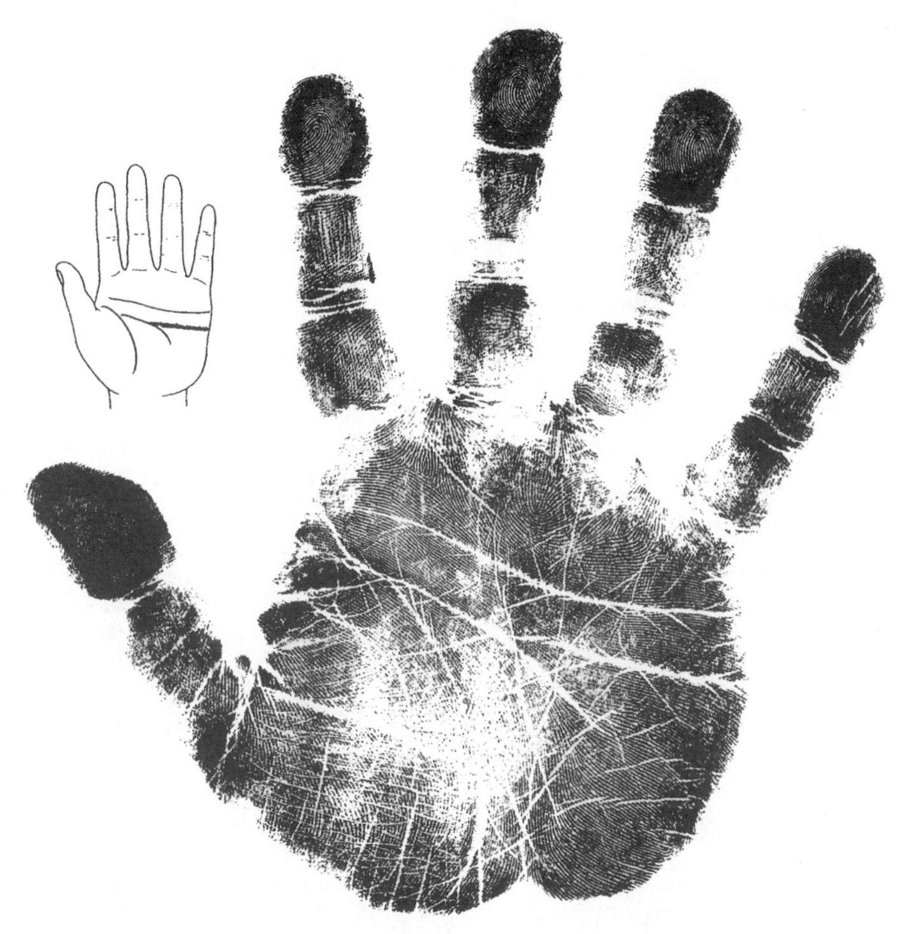

圖 104

例105：性愛荒唐，不肯動情

前例提過，有一位只愛享受愛情不願結婚的單身貴族，但有些人卻是無膽入情關。這類人以幹粗重勞力維生居多，也有一些是海員。不要以為這些人是因為入息不穩定而不敢置家，其中部分人只肯「幹」，卻不願為家室所牽絆。

穆先生，五十一歲，任職海員，未婚。穆先生正容說他不是性無能，相反，他的性慾十分強盛。海上生活枯燥，他又不好賭錢，每當踏足岸上他都要「幹」，每天「幹」一個，而且要換口味。那麼他曾與多少女子交合？穆先生屈指計數，每年平均在岸上一百二十天，打個折扣以每年一百天計算，三十年海員生涯就接觸過三千名女子，如果每個人留下一根毛髮的話，足可製成一把毛刷了。這種現象在掌面相學中統稱之為桃花遍野。

穆先生說他與女子交合，堅持一個原則，交易而退，各得其所，為的是避免動起真情有家室之累，但有一次例外。那次在菲律賓放船，返港航機因颱風脫期，因此與菲籍女子多相處了幾天而動了真情，離別之際，雙方涕淚俱下，好不傷心。

圖105是穆先生掌印，他具有雙重感情線，兩條都屬淺薄疲弱，是性愛荒唐之紀錄，而且只求一時快意，不肯動情。偏偏上下兩線之線尾都插入頭腦線，代表他害怕愛上性伴侶，因此選擇天天換新鮮的辦法。

圖 105

例106：上彎下直，性格矛盾

這是另一幅線頭疲弱的雙重感情線。前面已經討論了超過一百條感情線，並且作出了闡釋。英才相信，即使是對掌相毫無認識者，來到本例，大概都能辨別出這幅掌印跟圖101及圖103是有差別的。若有讀者甚至指出差別還相當大的話，英才就要恭喜這些朋友確實具有慧根了。

圖106的掌印屬於霍小姐，十七歲，學生，未婚。霍小姐的雙重感情線線頭疲弱，說明她在童年缺乏愛護和關懷（童年出事，心靈受創，長期無法癒合，亦會致此）。兩條感情線之中，上線彎曲，反映霍小姐的心裏幻想得到童話式的愛情；下線的走勢顯得筆直深刻，代表她的思想實際，不過偏向於物質享受。兩種不同含義的線狀出現在同一掌上，顯示霍小姐性格相當矛盾，既有幻想，又腳踏實地，究竟何去何從？就要視乎她的造化了。

霍小姐避談往事，但承認偶有出現白馬王子的幻想，希望能邂逅到一位富家子，郎情妾意地過着幸福的婚姻生活，不過她又常常告誡自己做人還是實際一點好。

英才勸告她首先要忘卻童年之不幸，把創傷化為動力。處理感情問題時亦要冷靜分析，避免感情用事，否則會被別有用心的人看透她的心理弱點，難免墜入圈套，到時悔之已晚。

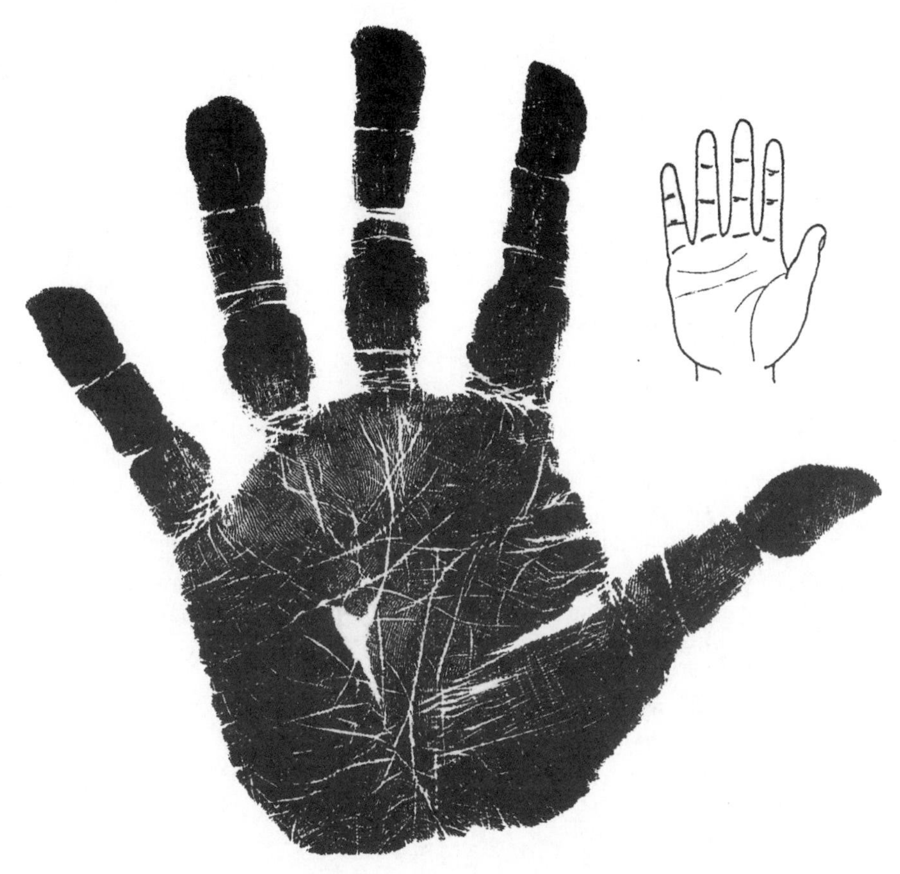

圖 106

例107：避免受挫，只肯同居

凌小姐，二十八歲，職業是髮型師。她像一些時代女性一般，不結婚而同居，因為共同生活之後若發覺彼此合不來，隨時可以分開，免卻辦理離婚手續之麻煩。有些人不大接受這種模式，並且認為這是某些水性楊花的女性的藉口，「顛狂柳葉隨風舞，輕薄桃花逐水流」。英才則認為這是當事人具有某種性格，所以才會選擇同居而不結婚的做法。

參看圖107凌小姐的掌印。她具有雙重感情線，上線破爛、不完整，下線則完整、深刻而有力。凡是雙重線均有主次之分，在感情線而言，以上線為主，下線為副。凌小姐的感情線上線破爛，代表感情波折多，而且終身孤獨；但下線完整，配上她的方形手，顯示她性格剛強，能夠克服困難，甚至能發揮本身長處去改變命運。

根據這些分析，我們就可以理解凌小姐為何選擇同居的模式，因為她在過去曾多次拍拖，均以分手告終，在一再遭受挫折之後，她果斷地與十分要好的新男友同居而不結婚；這樣，在感情上她可收放自如，避免再度陷入痛苦之深淵。那麼，凌小姐將來能否組織幸福的家庭？這就要視乎她能否改變感情過度豐富的性格了。如果她能夠更加理性地處理感情，她的性格是會慢慢地改善的。

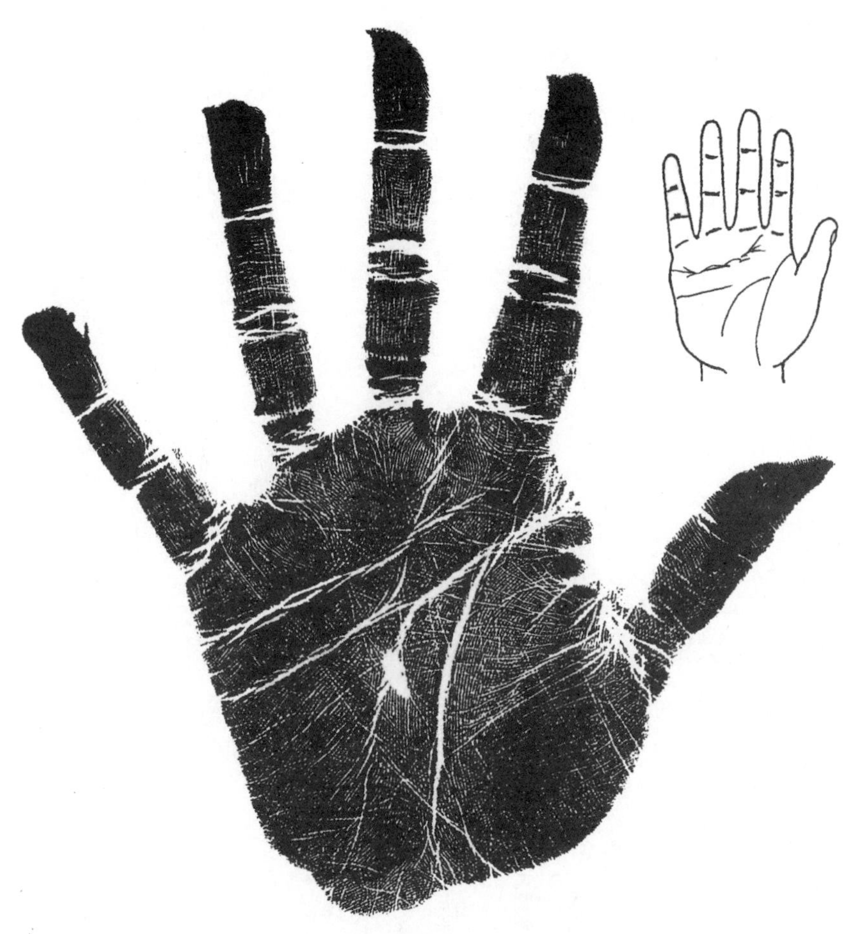

圖 107

例108：雙線交叉，萬中無一

這是一幅萬中無一、十分罕見的掌紋：雙重感情線的開端不同，線尾卻交接到一點，使兩線形成交叉狀。這種線狀的特點是：

一、其人的心臟十分衰弱，且有遺傳成分。

二、其人穿上衣服是正人君子，工作能力強；在床上卻是高手，可以再三而不竭，愈戰愈強。

在這裏必須強調一點，英才根據掌形指出其有數項特性時，並非說所有人均具有全部特性，有些人可能只具其中一、二項而已。至於這幅掌紋的兩項特點，其人只能具有其中一項。

圖108的掌印屬於高先生，四十三歲，已婚，職業是建築工程師。看過他的掌紋後，我就知道他具有第二項特性，因為他的手掌軟綿豐厚。高先生謙稱他不算很強，最高紀錄是一個晚上幹四次，每次都酣暢淋漓。

走筆至此，英才不禁想起數十年前一宗強姦案，一名綽號「喋仔」的有勢力人士夥同另外兩人要脅一名舞小姐去公寓開房，喋仔在一個晚上就幹了七次。由於他的同謀在動手時呼叫：「開鑊囉！」於是「開鑊」就成為性交的代名詞，新聞報道亦用上「連開七鑊」為大標題。據熟知內情的人士說，喋仔出獄後成為歡場女子的寵兒，尤其是那些金星丘發達或丘上縱慾格子深刻的「大食」女，均爭相與之結交，因喋仔天賦異稟也！

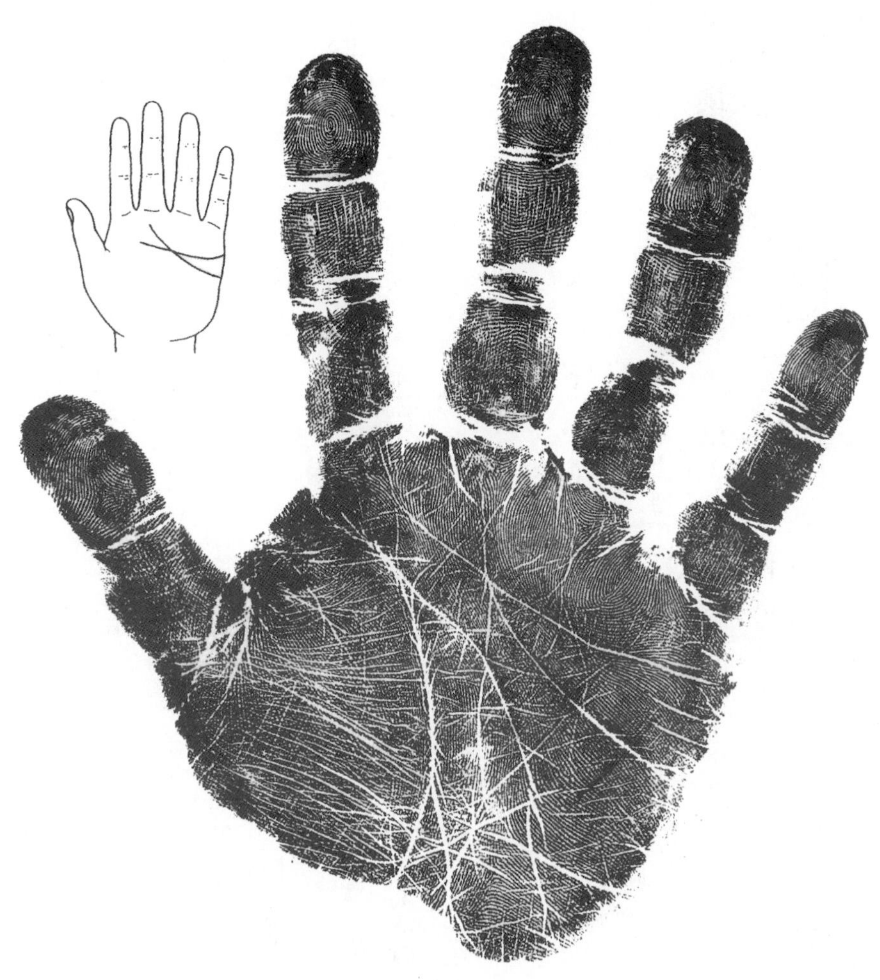

圖 108

例109：長形雲片，愛情不忠

訓導主任聽說黎sir在教體育課時有「搏懵」之嫌，於是向兩名當事女生了解情況，一個說在球賽時碰撞一下在所難免，另一個則說自己留不住腳撲倒在黎sir身上。訓導主任知道黎sir追求一位已婚女教師已有好長一段日子，一直對黎sir嚴加監視，無奈當事女生認為是「合法衝撞」，就不能追究下去了。

風聲傳到黎sir耳中，所以以後教體育課時，寧可球隊中短缺一個人，他也絕不下場參賽。教授體操時，有些女同學的動作不準確，他就叫出一位男同學，扳動他的手腳作示範，絕不會觸碰女同學的身體。黎sir這些表現博得一些女同學的好感，她們反而埋怨那位告發者「八卦」、「諸事」。

黎sir到底是怎樣的一個人？看看圖109他的掌紋就知道了。

黎老師，三十歲，未婚。他也是長有雙重感情線，上線之主紋有長形雲片狀，而副線則算是完整。主紋長形雲片狀代表對愛情不忠，所以會長時間追求已婚婦人。完整的副線雖然有補救作用，但要同時審視他的頭腦線。黎sir之頭腦線有斷裂情況，即是說感情線副線雖好，卻缺乏理智的指導，發揮不了作用。另外，他的手形惡劣，不能列入君子之流，只是他掩飾得好而已。

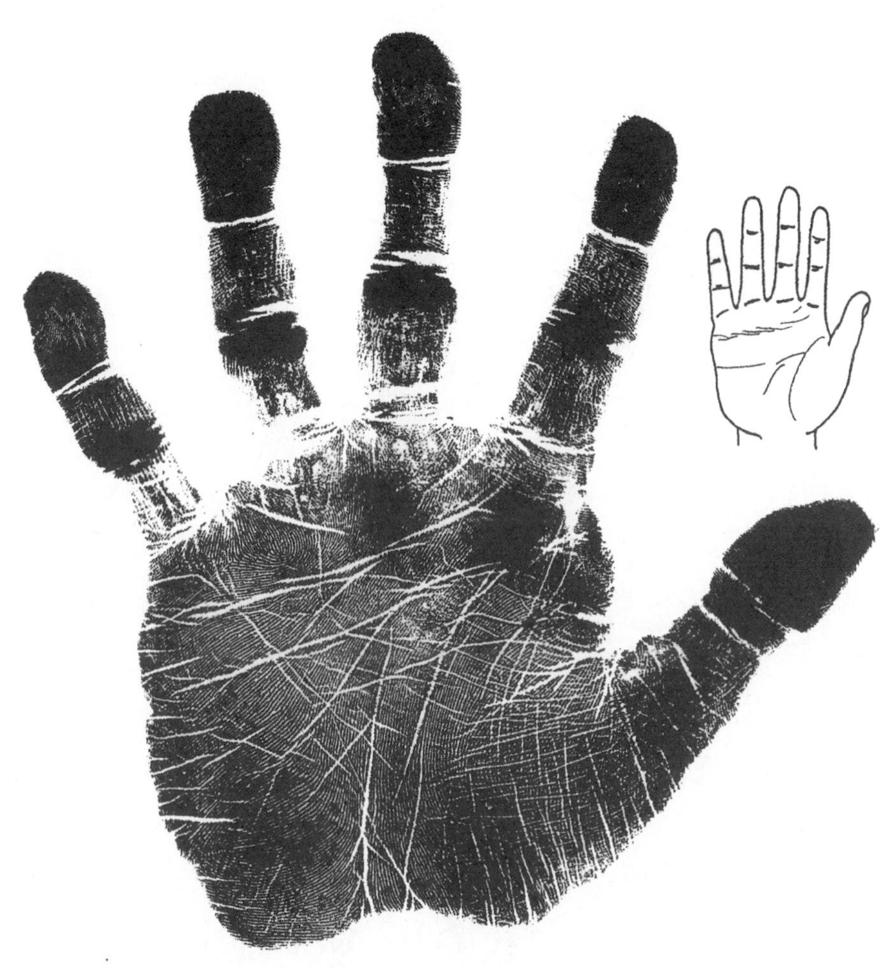

圖 109

例110：一女二夫，維持十年

電影中有一女嫁二夫、好女兩頭瞞的橋段。不要以為這是電影編劇幻想出來的鬧劇，現實生活中的確有這類曲折離奇的事實，因英才的學生眾多，接觸廣泛，故能收集到如此罕見的掌紋，同時亦獲悉如此曲折的故事。

一般的雙重感情線都是上、下分隔的距離較遠，但圖110這幅掌紋卻是距離十分接近。這一對線紋由尾指開端發軔，並行到中指對下。一般的感情線歧生的雲片狀是沒有這麼長的，故不可誤判為雲片狀，還有一點值得注意的是，掌中的婚姻線亦呈現姊妹狀況。雖然許多人都有兩條婚姻線，但是像此圖如此並列而行實屬罕見。由此可知，其人過着雙重夫妻生活，即是除了丈夫之外，還有一位情夫，為時超過十年。如果情夫只是間中碰頭，並不會出現雙重感情線和雙重婚姻線，只有維持着兩個家庭生活，掌上始會鐫刻如此線狀。

為存忠厚，筆者稱呼故事主人翁為Y女士，四十七歲，時裝店老闆娘。Y女士的丈夫M先生是電力公司的工程技術人員，收入中上，二人婚後一直沒有生育小孩，經醫學檢驗證明是M先生的精蟲活動能力偏弱，但也不是絕對不能成孕，於是這個問題就擱置下來。

Y女士原本是時裝售貨員，兩口子積蓄到一筆錢，Y女士就決定要當老闆，在一個商場租了一個小舖位出售時裝。M先生的工作是三班制，輪流值班，他對做生意亦沒有興趣，所以時裝店就由Y女士全職打理。

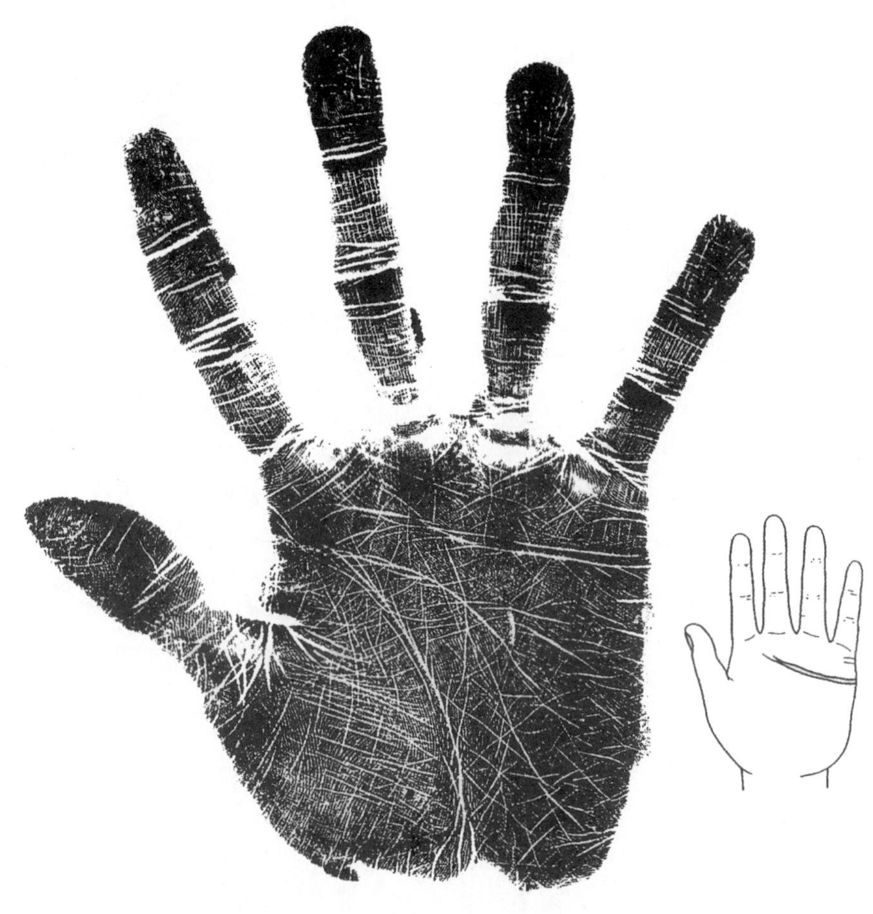

圖110

打工跟做老闆是兩回事，很快Y女士就發覺自己的經驗和眼光均有不足。該商場中有另一間規模較大的時裝店，老闆F先生精明能幹，Y女士發覺他的採購與銷售手法確實比自己高明，所以常藉故去搭訕，不恥下問。F先生對Y女士的開業並不感到受威脅，他說做生意就是要成行成市，人流多了，生意就暢旺。他還說如果時裝店佔了該商場店舖的七、八成，生意肯定會更好，只要大家不搞惡性競爭就行了。Y女士很佩服F先生的胸襟，同時也感謝F先生經常在生意上給她提點，對F先生的好感與日俱增。

F先生是眉精眼企之人，他比Y女士年長三歲，未婚，單身一人住在商場後面另一幢大廈，既是住家，也是貨倉。有時候Y女士進貨多了，擺在店舖太擠迫，就寄存在F先生家中三數天，所以Y女士偶然會去F先生的住處。一男一女相處一室，到底是誰發起主動就不必追究了，反正二人就此好了起來。話雖如此，兩人倒很懂得掩飾，在公眾場合，兩人絕對不會表現絲毫親熱的動作，也沒有眉目傳情，更遑論肌膚相碰，只有他們的夥計在背後議論老闆時作合理的推測而已。M先生偶然來到自己的店舖，也是蜻蜓點水般，什麼風聲都不會傳到他的耳中。

從此Y女士就有了兩個家，M先生上日班時，有時她會在F先生家中弄午膳，一個電話就把F先生叫回來撐枱腳。她會把這個家收拾停當，因為這裏也是她的貨倉的一部分。加上她與F都是老闆，隨時可以離開店舖，他們倆可以卜晝而不卜夜。

遇上M先生上夜班時，Y女士就更自由了，她可以同F先生雙宿雙棲，早上起來，Y女士回家打個轉，整理一下床鋪、弄濕臉巾，便若無其事返回商場開舖。M先生的工作地點在郊區，最快也要上午九時許才返抵家中，有時候碰到Y女士仍未出門，Y女士會給他弄早餐，溫存一番。換言之，Y女士也會把這個家照應得妥妥貼貼，因為這是合法的家，她可以把各樣事情處理得無懈可擊。有理由相信，她也會滿足M先生的性需要，使M先生不會產生絲毫懷疑。

Y女士的雙重婚姻線中，其一下垂，由此可以推斷出她對丈夫有所不滿，撇除物質生活的因素，她的不滿有兩個可能：一個是精神生活，另一個則是性生活。F先生除了指點她如何做生意之外，很有可能在性生活方面給予Y女士另一種滿足，於是這段不正常關係得以維持十年之久，而且掩飾得很好。

例111：情夫慰藉，卻難持久

莊小姐，三十歲，已婚，任職售貨員。莊小姐於上世紀八十年代初期從福建申請移居澳門，十七歲時就糊裏糊塗地嫁給同鄉蔡先生，婚後第二年由澳門轉來香港，並任職售貨員。她丈夫蔡先生很快就被同鄉羅致，在中港貿易中當跑腿，後來成立了合資廠，老闆就派他留在廠裏作為港方代表之一，隨時給老闆通風報訊。

莊小姐的悲劇之一是她結婚得太早，所嫁的又是個大男人主義者，年紀比她大十多歲。婚後不久，丈夫稍不如意就對她拳打腳踢。莊小姐在香港無親無故，只有逆來順受，這一點就鐫刻在她的手掌上。

請看圖111莊小姐的掌紋，她的感情線也是姊妹線，下線破爛。她的婚姻線也是開叉折斷，這些徵象反映她夫妻二人相處得很差。莊小姐說丈夫長期不在香港，房租、水電費都由她掏腰包，丈夫返港時亦不會給家用，稍逆他意就遭到打罵，她不敢反抗，更別說提出離婚了。

莊小姐有位男同事也是福建同鄉，他對莊小姐的遭遇深表同情，時加勸慰，不獨成為她的心靈支柱，不久更成為她的入幕之賓。這段關係也記錄在她的掌上，就是感情線的上線，前段完整而深刻。可惜的是，此線線尾衰弱，這段婚外情雖然可以維持相當的日子，將來卻還是慘淡收場，問題可能在於莊小姐的性格過於單純和懦弱所致。

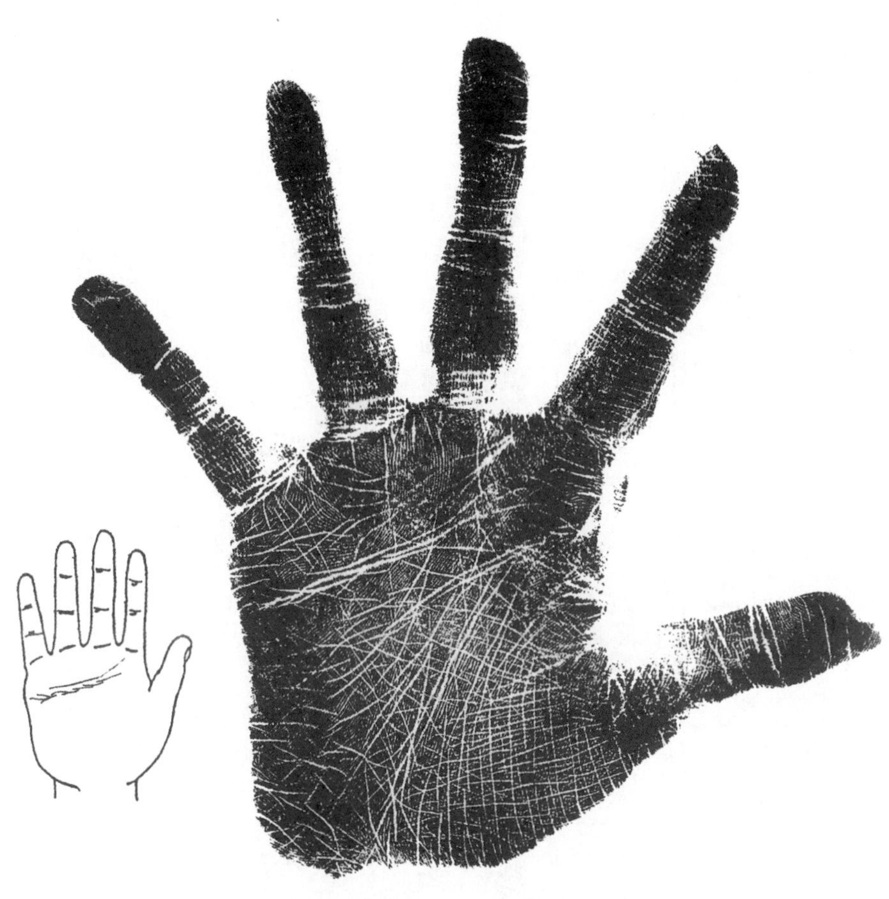

圖 111

例112：左擁右抱，享齊人福

香港早已實行一夫一妻制，不過享齊人福者仍有人在，但能夠左擁右抱、妻妾和睦相處者，則屬極為罕見。

徐先生，三十一歲，音樂家，一妻一妾。圖112是他的掌印，他擁有一條波浪感情線（相關意義已經在上文詳細介紹過了），反映他在感情上搖擺不定，幸好感情線的後半段異常清秀，這後半段是難得的好線。在它的上面有一條姊妹線並行，也是長勢良好，可見其人擁有兩位配偶，而且關係融洽。這類姊妹感情線在三四十年前較多見，有些人甚至以納妾作為增加家庭免費勞動力。現代女性均能經濟獨立，怎能容許與他人分享丈夫感情？

徐先生出身於中產家庭，從小就熱愛音樂，彈唱俱佳，在中學時就能譜曲，而且他的人際關係甚好，此點從他的頭腦線明朗清晰可以看出來。青年時期的徐先生與A、B兩女常有往來。A女擅琴，B女擅唱，A、B二人也是好朋友。二十歲時，徐先生與A女結婚，B女曾有一段日子感到難過，後來A女極力邀她到家中為徐先生的新作演唱，三個人保持良好關係，而B女亦不計較名分嫁給徐先生，A、B二人一直情同姊妹。如此奇事，局外人只能當作是一樁佳話。

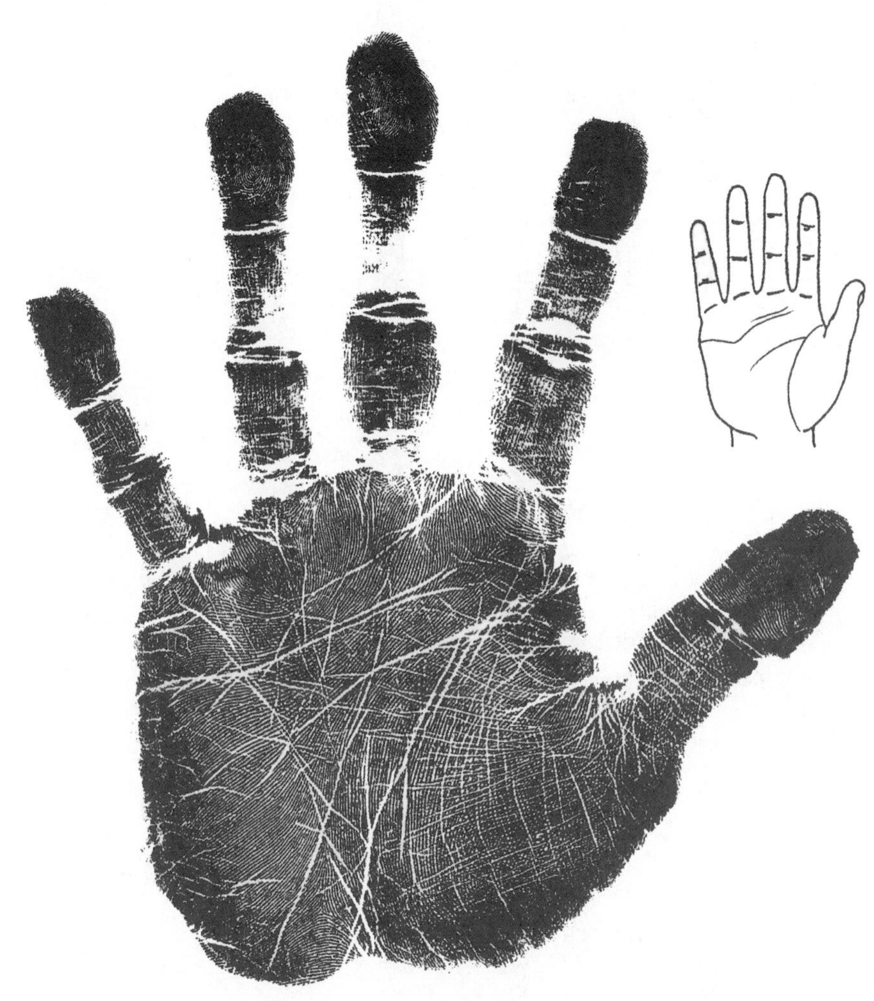

圖112

例113：魚與熊掌，難作抉擇

感情線出現姊妹線時，如果兩線距離較遠的話，我們就把上線劃為主線，下線列入副線，這在上文已有所述。如果兩線的距離接近的話，則以線紋較長者列為主線，短者列為副線，如上一個例子徐先生的掌印就是這一類。

圖113這幅掌印中，感情線也是姊妹線，哪一條是主線呢？答曰：上線。上線雖有缺口、斷裂，但是其走勢一致；下線較短，應屬副線無疑。上例徐先生的副線在上，而此例則是副線在下。此例的副線似是依附着主線，如此形態，反映其人陷入三角戀愛的羅網，難作抉擇。

此圖的主人翁是黃醫生，二十六歲，未婚。黃醫生的兩位戀人，一位是中學時代的同學，另一位是表妹，都是在青年時代開始較多接觸的。兩人的學歷、條件相近，而且都知道對手的存在，所以都施展渾身解數企圖擊倒對方，致使黃醫生感到魚與熊掌，難作取捨。遺憾的是，黃醫生的感情線末端插入頭腦線，而他的頭腦線雖然清秀，惜末端下垂至太陰丘，太多幻想了！

黃醫生問筆者究竟誰是他的命中注定？可是，師門教誨：感情的事，即使能夠從掌紋上判斷出來，我輩亦萬萬不可說三道四，故英才只有要手擰頭，因為此舉對第三者是不公平的，我輩亦不應代客人選擇，以免招惹糾紛，所以只能敬謝不敏。

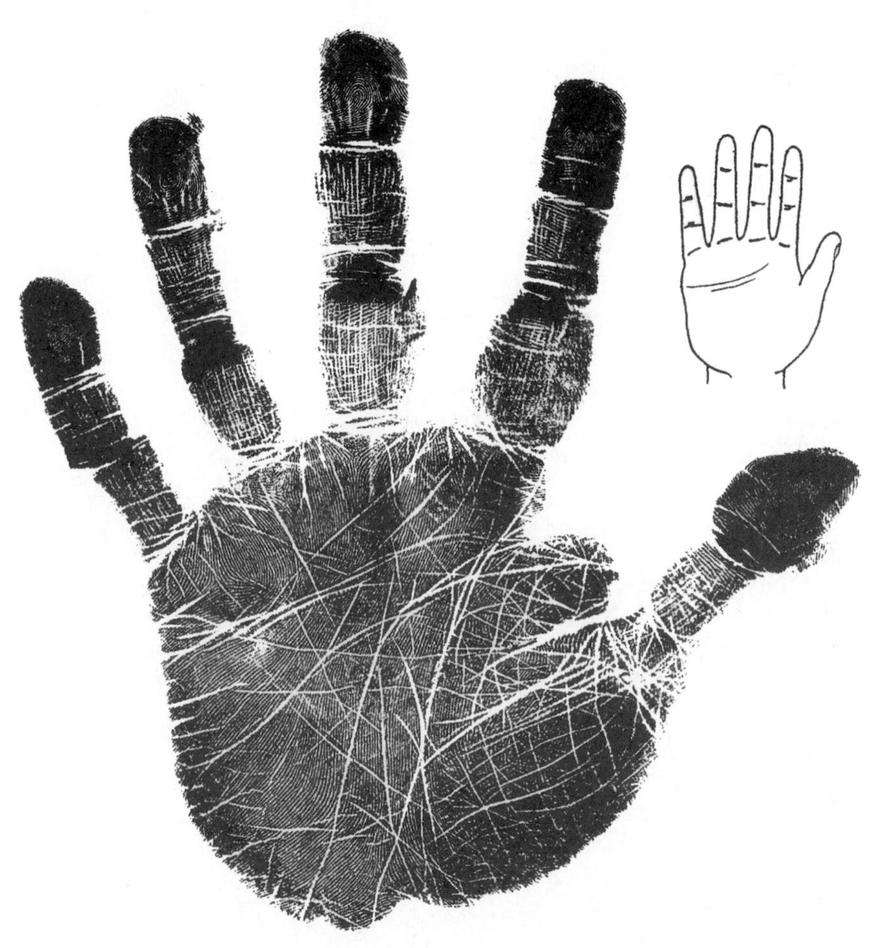

圖113

例114：三角失利，流水行雲

感情線下面多出一條頗長的線紋，亦應列為姊妹線，同樣屬於雙重感情線之列。

圖114這條線形的前半段與上圖相同，上文已經指出這是捲入三角戀愛的標誌，這種三角戀愛有可能是一比二，也有可能是二比一，即情侶腳踏兩條船，其中之一就是自己。顧先生就是遇上這種情況。

此圖的掌印屬於顧先生，三十八歲，家裏有點錢，父親遺留給他一家綢緞店及一個住宅單位。顧先生接手家業之後，對沉悶的綢緞買賣生涯很不習慣，藉着八十年代末經濟停滯，他乾脆把店子頂讓，收回一筆資金，足可維持他日後的生活。

這個時候，他邂逅了S小姐。S小姐溫文嫻淑，是理想的對象，經過一輪熱烈追求，S小姐接受了他的愛，可惜的是，此時他發覺S小姐原本有親密男友。一個是生活正常的高級主任，但是收入不算高；另一個則是頗為富有，但游手好閒的顧先生。經過長達五年的角逐，S小姐最後選擇了「窮男友」，顧先生為此憤憤不平。經此打擊之後，顧先生失去了追女仔的信心，抱着閒雲野鶴的心態，遊戲人間。

請記住，感情線姊妹線崩裂，代表三角戀愛失敗；線尾出現雲片狀，顯示其人放棄追逐異性而抱着流水行雲的態度。

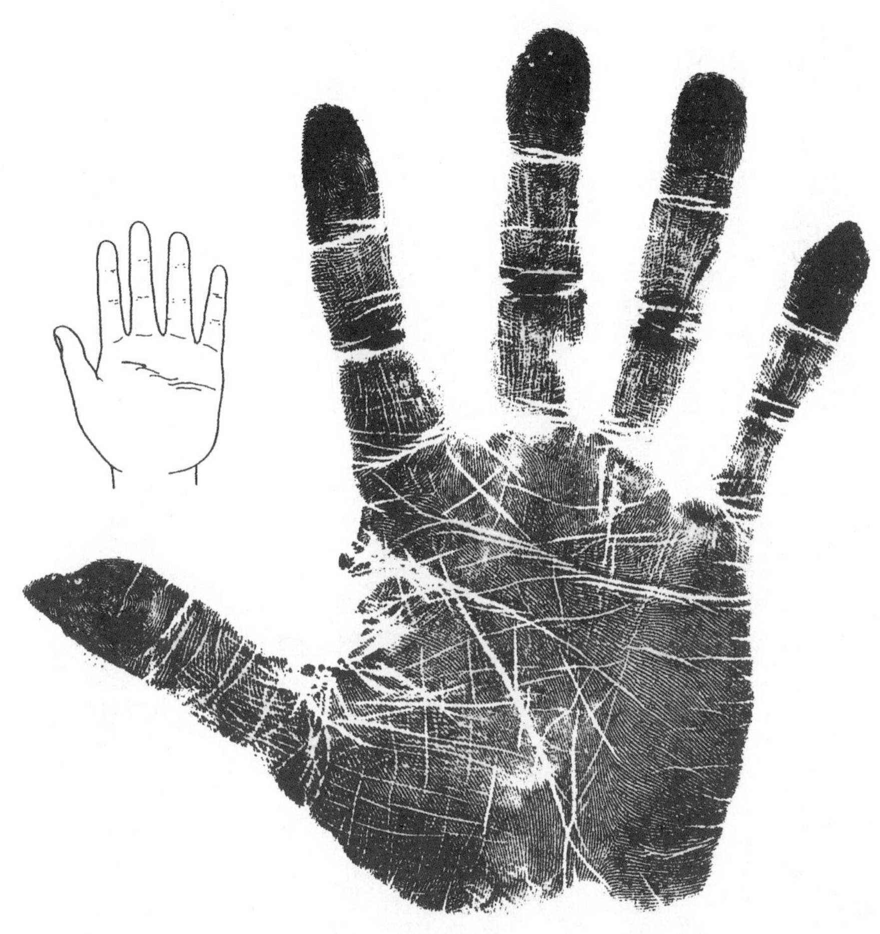

圖 114

例115：三線並行，愛情殺手

感情線若出現姊妹線，可以斷定是三角戀愛。如果姊妹線不是兩條而是三條，如此可否判斷為四角戀愛或五角戀愛呢？英才在這裏必須鄭重聲明，掌紋如果出現線紋數量重複，不應該簡單地判斷為程度上的增減，讀者切記。

記得當日有學員拿着圖115的掌印來到課室跟我討論時，我就說了上面這番話。學員反駁說：「這位仁兄的確『滾』過幾個女仔啊！」我問：「這三條姊妹線重疊的長度，根據感情線流年測算法來計算，其畸形戀情應有七年之久。當事人是否在這段期間同時有第四者、第五者呢？」學員予以否認，不過他說掌印的主人翁在該段期間先後欺騙過多名少女。他說：「此人不是滿足於肉慾那麼簡單，更是跟她們海誓山盟，一旦說分手，這些少女心靈的創傷是很深刻的。」這話說對了部分，於是我揭盅了。

姊妹線出現了三字形是相當罕見的線紋。英才擁有真實掌印資料之豐富，敢誇一句「傲視同儕」，這是因為英才的學生眾多，接觸廣泛，所以蒐集到許多寶貴資料。這幅三字形感情線紋絕不是四角戀愛，而是更為惡劣的情況。此人是「愛情殺手」，不管是情竇初開抑或是飽經憂患的女子，他都會想方設法誘使對方入彀；配上此人的指形長、頭腦線粗闊，計謀深算，對女性的危害性更大。

下面的故事是由該位學員提供的，這是本書裏面少數幾個經由第三者轉述的故事之一。

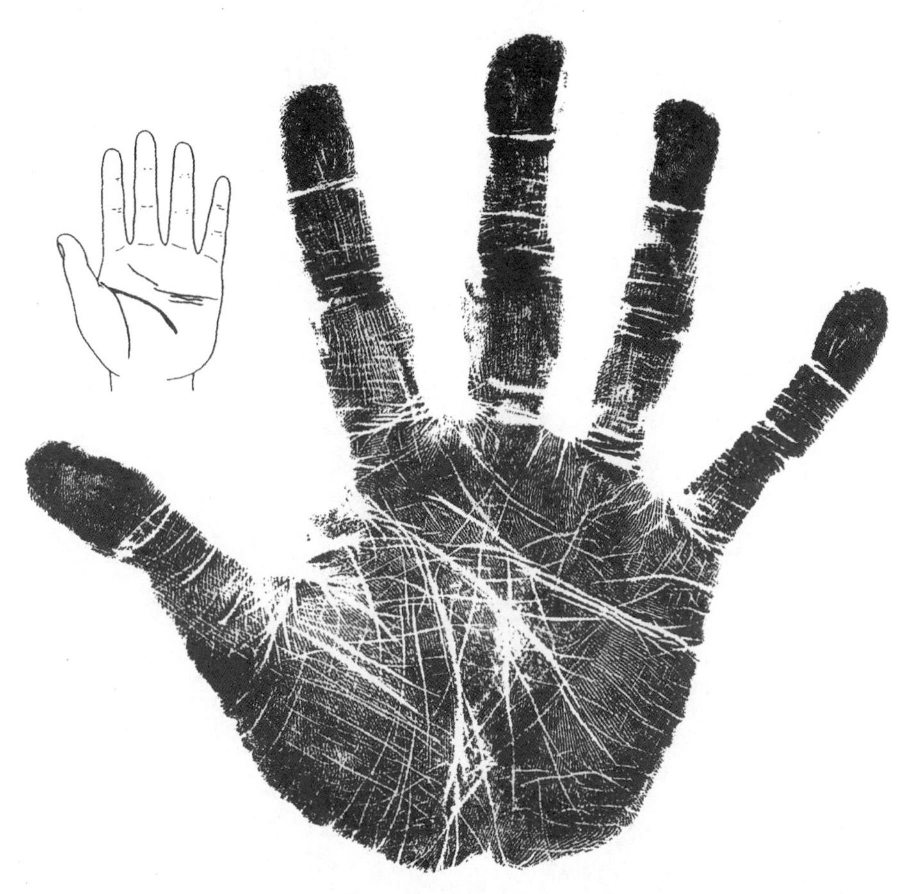

圖115

林先生，四十歲，已婚，律師樓高級職員。林先生的交際手腕了得，收入不菲，連許多「律師仔」也望塵莫及。林先生除了聲色犬馬之外，最大的嗜好就是跟女性拍拖。

李小姐，二十四歲，她因為公事關係奉命與林先生聯絡，林先生處事明快利落，很得林小姐好感。有一次兩人談完公事之後，林先生說李小姐皮膚乾燥導致臉色憔悴，要介紹一位美容師給她。坐言起行，林先生立即帶李小姐去到一所美容院，這位美容師經驗老到，語語中的。問及護理費用，卻原來林先生已經預付了。李小姐雖然年輕，卻也有好幾年社會經驗，而且失戀過一次，心知防人之心不可無。可是林先生的手段更高強，他成熟老練，加上辦事效率高、效果好，李小姐明知他有妻子，還是墮入彀中，與他來往了好幾年。

後來李小姐發覺林先生竟與一名魏小姐同居，李小姐設法找到魏小姐了解，卻原來是林先生欺騙魏小姐，聲稱他將與妻子離婚，害得魏小姐癡癡等待鴻鵠將至。於是兩位女士決定拋棄林先生。據友好傳出消息說，這是林先生首次被女性拋棄，以前只有他踢開女友，而且已經踢開過好幾位了！

異類感情線

例116：線紋破碎，同性戀者

從此例開始，我們講述同性戀、雙性戀、性虐待及色魔等的異類感情線。談到同性戀，有人會尊重他人的選擇，但亦有人會覺得噁心，而且不少人都會問，為什麼這些人會捨正路而弗由？據醫學界人士分析，確是有極少數人不能循正途獲得性滿足，但這不是本書討論的議題，還是讓我們回到同性戀的線紋。同性戀傾向有先天及後天之分，在同性戀圈子中亦有男女角色之別，這些均可在掌紋中辨別出來。圖116是一名同性戀者的掌印，感情線有三個特點：

一、感情線起點疲弱，尾指下出現島紋，代表童年生活有陰影，這裏顯示出在這個時期孕育着同性戀之慾望。

二、無名指下出現三條重疊線，這是濫交的紀錄。三線重疊後又見島紋，顯示當事人在感情上遭遇嚴重挫折，並可以推斷，其人曾與同性伴侶戀愛同居，但最後以分手收場。

三、線尾出現四條岔線，表示其人在十多歲時就對同性戀產生興趣，他尋求的是同性友人的慰藉，對異性反而十分冷漠，可是至今尚未找到真正的同性伴侶——有的只是解決性需要的對象而已。

四、整條感情線深刻，顯示其人對同性戀傾向至死不渝，是與生俱來的，屬於先天。

此圖的主人翁是張先生，三十八歲，是影視界從業員。可能有人會問，為什麼同性戀較多出

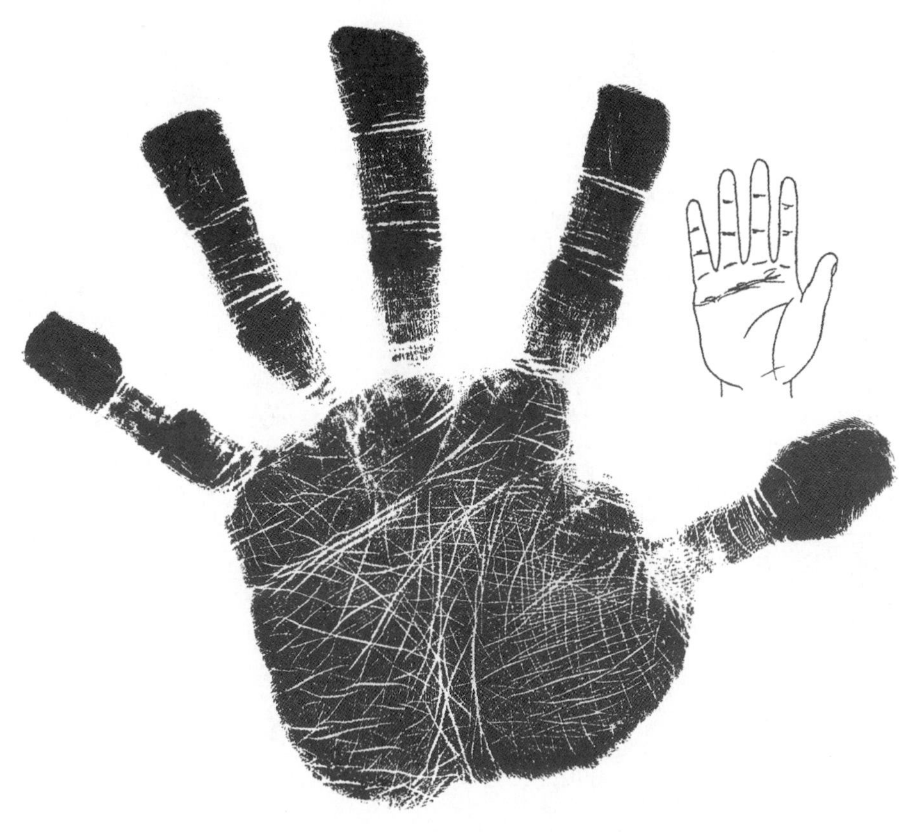

圖 116

現在影視界？是否與他們的生活太過放縱有關？我的答案是否定的。看看張先生的個案就知道了。

張先生在內地出生，因為家庭背景關係，被當時社會視為壞分子。每當村裏出了什麼問題，首先遭到懷疑的就是他家。他自懂性開始，就覺得自己低人一等，只敢與背景相近的人交朋友。十五六歲的時候，他就跟隨朋友偷渡來港，起初幾年的生活過得並不好。

張先生的首次同性戀活動發生在偷渡來港之前。有一次，他與幾個背景相近、經常聚在一起的友人在洗澡時玩起性遊戲，使他產生了非常異樣的感覺。

來到香港之後，張先生結交了一班狐群狗黨，過着頹廢的生活。張先生沒有固定工作，只是四處打散工，入息並不穩定，大夥兒性之所至，沒有金錢去找一樓一鳳，他在澡堂的「經驗」就被重新勾起，在損友之間傳播開來，竟有人願意與張先生一起嘗試，而此次他的感覺又是另一番滋味。張先生表示，他也曾與女性相好，但那種感覺根本不可同日而語。總而言之，他就是陶醉於同性關係。

凡是同性戀均具有感情線過分破碎的特點，另外就是感情線開端有細線向下分岔（嚴重者狀似花灑），這兩種特徵均出現在張先生的感情線上。除此之外，張先生的生命線近手腕邊處有一條橫線，此線被稱為縱慾線，很可能是這類人難以找到同一性伴侶而形成的。這條縱慾線亦會出現在正常人掌中，此時可判斷其人濫交，因為與同一伴侶的正常性關係是不會出現此線的。

例117：同性戀者之三項特點

同性戀掌紋的特點，除了上例所述的幾項之外，還有以下幾點：

一、腕頸紋有凸高形狀。

二、生命線尾部有許多雜線。

三、婚姻線密集。

對同性戀不可妄下判斷，這是恩師的諄諄教導，因為這是令很多人感到尷尬的事，切勿冒昧行事。同性戀者大多是心理和生理與常人有異，表現在掌紋上是感情線過分破碎，如果加上上例和本例所介紹的特徵之中若干項，始可判之為同性戀。另外，男女角色之鑑別，可從手形骨骼來鑒別，手骨大者屬男角，手骨細小者屬女角。

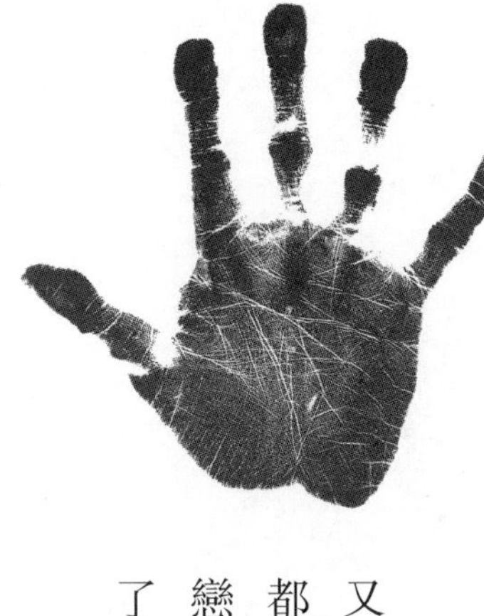

梁先生，四十二歲，金行總負責人，未婚。梁先生身居高位而又未婚，許多朋友都表示關注，給他介紹女朋友者不知凡幾，不過都給他一一婉拒。熟悉的朋友認為梁先生年輕時是個玩家，曾經失戀，可能因此給予他沉重的打擊，所以不願再拍拖。其實他們並不了解梁先生真實的一面。

梁先生說他年輕的時候性生活正常，既跟女朋友燕好，偶然亦

涉足花叢，興到之時，與夜總會公關小姐談妥價錢，便到九龍塘開房共度春宵。有一次因為與女朋友吵架，他心情欠佳，到酒吧買醉，被一位女性化的男子搭上了，後續故事不言而喻。

經此一役，梁先生發覺自己得到了很大的滿足感。他的女朋友亦因為他的床上功夫有異，起了疑心，以為他另有新歡，拂袖而去。其實當時梁先生已開始對跟異性相好感到有點冷淡，沒有「箍煲」，因為他感到很難解釋。這件事情是梁先生的一大秘密，知之者甚少。人家以為他是「曾經滄海難為水」，對舊女友相當長情，他亦一笑置之，不作解釋。

圖117是梁先生的掌紋，有以下特點：

一、感情線疲弱破碎，顯示對愛情不信任及有恐懼之心態。

二、腕頸紋凸高，這是同性戀的記號。

三、破碎斷續之感情線有一支線直插中指之下，顯示他在感情上之劣根性至死不改（在此可將此「劣根性」闡釋為同性戀之畸形心態）。

四、生命線尾部見長島，這是生殖器官有毛病。

梁先生承認曾染上性病，但已治癒，對何時及為何染病則三緘其口。不過，他表示會採取防禦措施來避免再度染病的。他又不承認他已從雙性戀者轉為同性戀者，並樂此不疲。

例118：色魔的線紋

色魔的掌紋有什麼特徵？讀者只須從他們的心理活動來分析，就可按圖索驥了。色魔大多是心理不平衡，以為凡女性皆可與之相好，所以他們會像餓狼那樣，伺伏一角，擇肥而噬。性起時，他們的腦子裏沒有法律、人性觀念，只有歪念，加上一時衝動，就會犯法了。杜先生是其中一例。

杜先生，二十八歲，任職修車工人。杜先生的掌紋（圖118）的特點是：

一、感情線破爛，這是必然的現象。

二、金星帶，顯示其人有色慾幻想。金星丘飽滿及過闊，顯示其人精力旺盛，用於正途可以二十四小時不眠不休地工作；若是發展至被金星帶所影響，則是性慾強盛。

三、配上頭腦線下垂，更會有越軌行動，帶有性犯罪傾向。

四、生命線出現流蘇，有自慰習慣，即是說他在心理正常狀態下，會以自慰方式泄慾。

我當然不會當面說杜先生是色魔，而是讚揚他懂得性犯罪是不對的，他懂得控制，懂得以自己的方法泄慾。我又讚他具男性雄風，逗得他樂呵呵的，最後我正容告誡他：「性能力強盛與性犯罪只在一念之間，切記切記！」待杜先生離去之後，我始向學員分析杜先生的色魔傾向相當明顯，甚至有可能犯有性侵犯，暫時未被揭發而已。

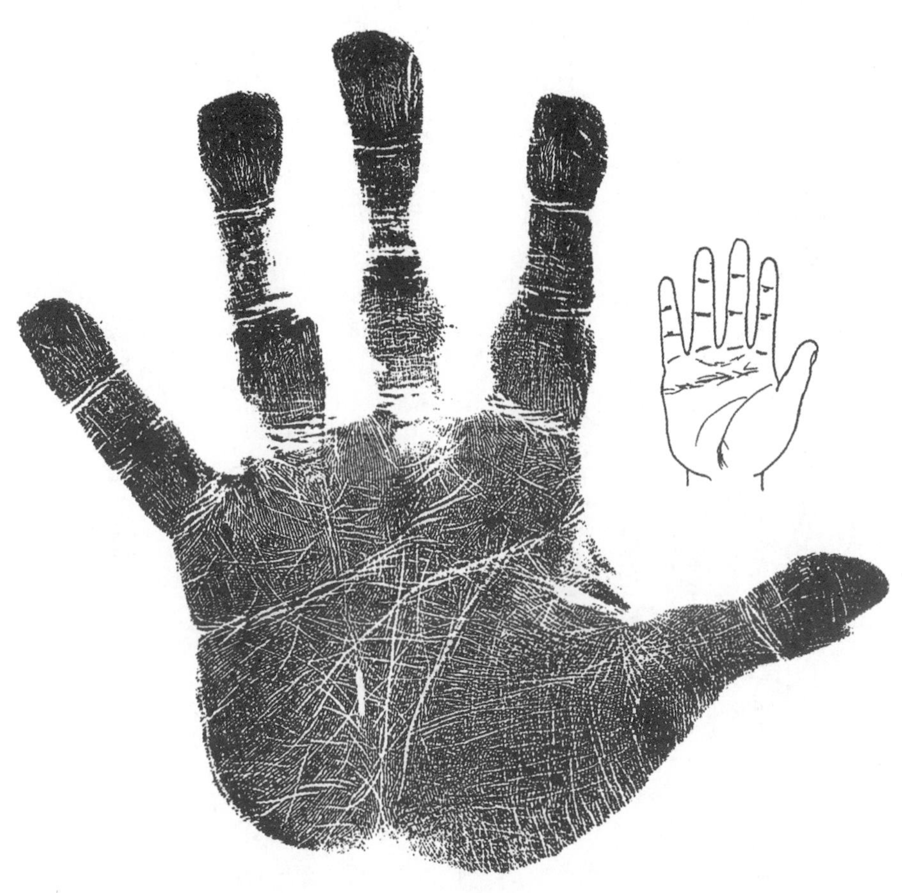

圖118

例119：性虐待的線紋

有些人喜歡性虐待，以粗暴的動作激發亢奮始能取得性滿足，另外一些人則喜歡被虐待。不可不知的是，這些異常性行為並非外國人專利，中國人也有，下面是一個例子。

Z先生，四十歲，已婚，任職醫療從業員。圖119是Z先生的掌紋，他的感情線破碎、斷裂、大島、小島、島上有島、島連島，線尾孔雀狀分岔畸變，這些形態前面都有分析，由此可見，Z先生前半生的感情生活是何等不愉快，心靈的創傷導致他改變了兩性的觀念，並產生了心理上的變化。值得注意的是他掌印的特點：

一、金星帶藏有一個似島非島的紋狀，代表他的色情思想比上一案例的杜先生更為異常，具有以被虐待為樂的心理，要被傷害或流血始能得到性興奮。

二、頭腦線疲弱，缺乏理智對抗那些不正常的思想。

三、生命線出現許多三角，顯示他的身體已受過多次傷害。

四、生命線尾屈入金星帶，意味着他的性能力開始衰退。

Z先生的故事太噁心了，在這裏還是省些筆墨。但有一點可以告訴讀者的是，他的異常性行為是後天形成的，是「飽歷滄桑」之後始變成現在這個樣子。

圖119

例120：雙性戀的線紋

筆者掌握不少異常感情線的掌紋，在撰寫本書時將之仔細分類，發覺它們都是大同小異的。這一案例再介紹雙性戀的形態已是差不多了。疲弱而細碎的感情線具有多種含義，而這又是同性戀、雙性戀者幾乎是必不可少的特點。

孫先生，二十九歲，電腦從業員。看看圖120孫先生的掌紋有下列特點：

一、感情線起點過低，顯示他個性主觀固執、暴躁衝動，加上全線斷裂、多島，不難推斷他對感情「博愛」——濫交，因此而耽於色慾。

二、婚姻線疲弱、多條，顯示他對結婚不感興趣，配上感情線的狀況來考慮，可以反證他既濫交又喜歡做愛。

三、頭腦線出現雜線而開端出現雙島，孫先生有矛盾心態，結合到他的濫交可推斷為男女咸宜，為雙性戀人士，此事連他自己亦難以解釋原因。

四、生命線尾部急劇收縮，顯得尾指對下之太陰丘區域收窄，這是生殖器官有毛病，有「舉而不振」、力不從心的問題，這與過度放縱的性生活有極大關係。

我根據這些線紋一層層破解、剖析，在孫先生面前當然講得盡量婉轉。不過孫先生稱他還是「雄風萬丈」，我則懶得辯解，今後他每天都是「六點半」是他自己的事。

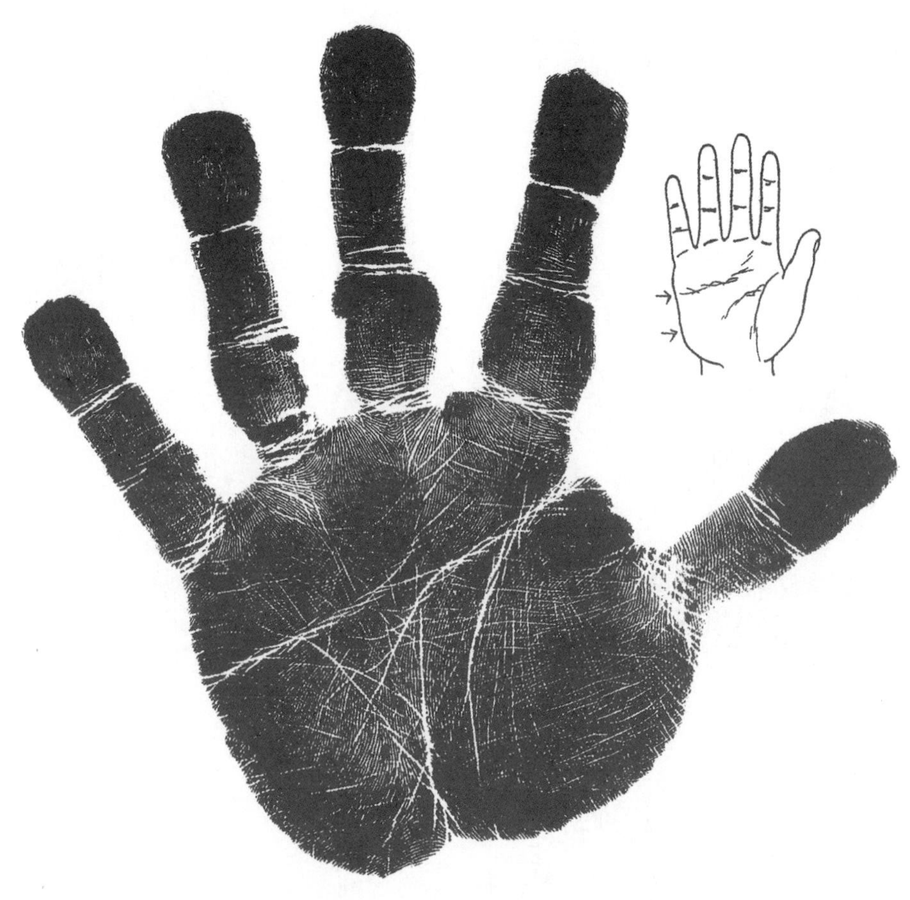

圖 120

例121：線上叢毛，為人反覆

法國作家羅曼羅蘭有名句：「幸福的家庭都是相似的，不幸的家庭各有各的不幸。」前文列出了一百多條破碎或不完整的感情線，讀者諸君當會興起與羅曼羅蘭相似的感覺。有人可能會問，完整的感情線當然都是好的，用不着分析了麼？英才曰：「非也！」

丁先生，三十七歲，已婚，任職的士司機。圖121是他的掌印，感情線完整、粗闊，即使不懂掌相的人亦會看出此線並不屬於清秀之列（好的感情線應該是明朗或深刻細長），而且線上附上許多叢毛線狀，尾部見三岔。

丁先生是當夜班的，他說當夜班雖是作息時間顛倒，但好處是行車暢順，塞車時間少，因為日班經常塞車難免會使人心情煩躁。我補充一句：「當夜班還會有艷遇呢！」外人看丁先生外表老實，絕少會說這句話。丁先生聽後臉色一紅，解嘲說夜總會打烊時，有些舞小姐乘客會放浪形骸說：「的士佬，睇你咁老實，夠膽打場『友誼波』嗎？」「難免有時應酬下！」丁先生說。

其實，丁先生的主要缺點不在於此，他的感情線粗闊不單代表對愛情不忠，而且不會體諒妻子或女友。線上之叢毛顯示他為人情緒反覆。線尾的小三岔為晚年婚姻失敗之徵兆。所以，他的感情線表面完整，但骨子裏卻存在着許多問題。

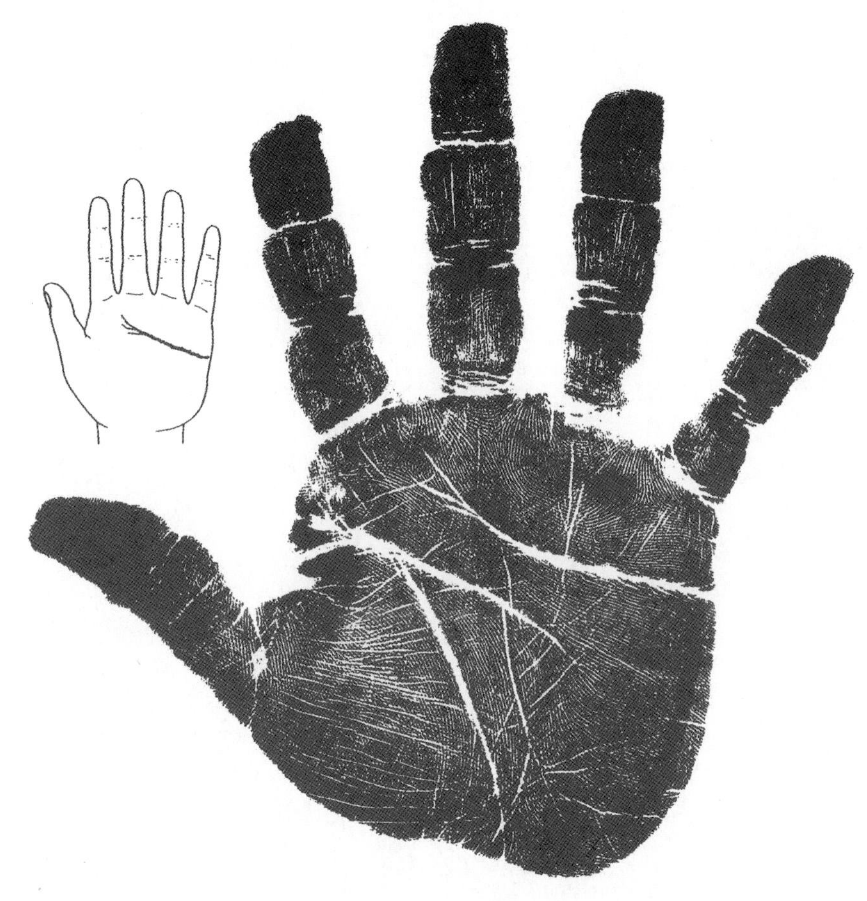

圖 121

例122：線形粗闊，脾性急躁

圖122是另一幅完整但粗闊的感情線，不過粗闊之中不見叢毛，線尾由深刻轉為幼弱屬於正常，線上並沒有破壞符號。同上例比較，涇渭立見。

馬女士，四十八歲，已婚，任職地產公司主管。馬女士擁有一條良好的感情線。感情線粗闊是代表她的脾氣比較急躁，還會小器。馬女士的丈夫是銀行分行經理，為人敦厚，當馬女士發脾氣時，他便不吭一聲，不過事後會跟她分析，馬女士亦會承認錯誤。只是過了幾天，她又會重犯⋯⋯。馬女士說她這個脾性正緩慢改善，現在有時發脾氣便立即知道是「舊病復發」，並且馬上收斂，可見不是「稟性難移」。知道了自己的缺點而刻意改正，始終都會有所改善的。

馬女士問及她的晚年如何，我說：「從感情生活而言，感情線如此完整，你雖然忙於地產買賣，仍把家庭生活放在重要的位置（不少地產經紀公爾忘私以致婚姻出現紅燈）；線尾又完整，英才祝你夫妻白頭偕老。」

感情線粗闊，代表脾氣急躁。

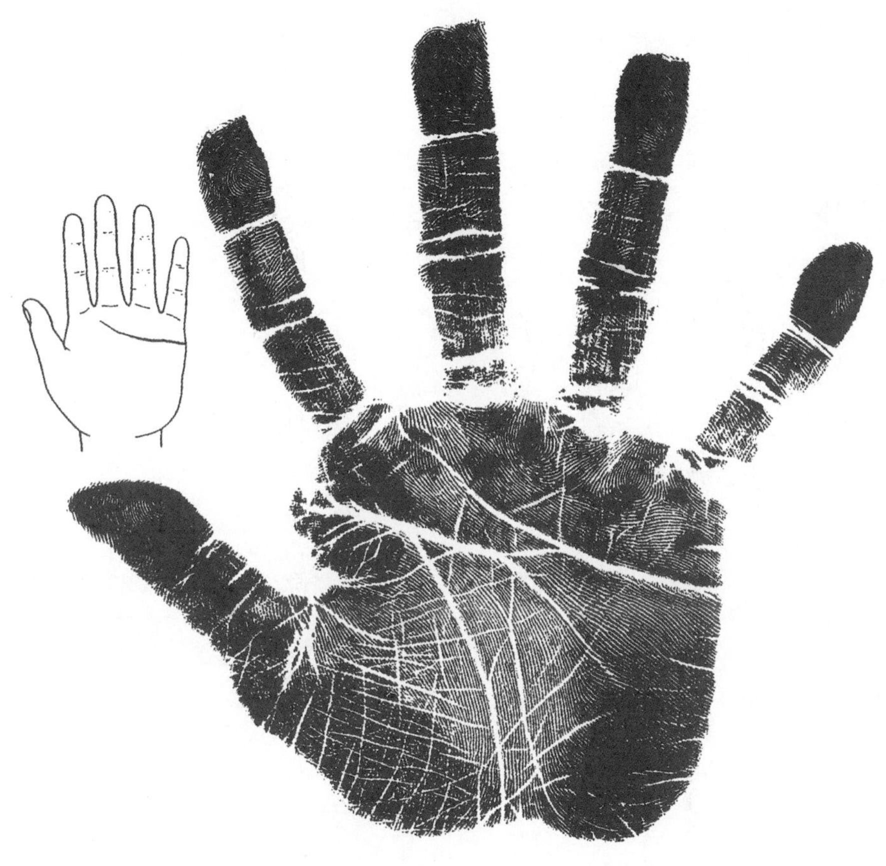

圖 122

例123：開端疲弱，線形完整

林先生是筆者的學員，結業已有多年，不過每當他與太太有所爭執時，林太太總會找內子訴苦，要勞煩內子勸慰一番。

事情發生在數年前，當年林先生是三十九歲，他任職機場部門主管。當講述感情線時，我指出林先生不宜早婚，從掌紋所示，當年他們夫妻意見常有分歧，甚至連早餐煎蛋煎單面或雙面也成為兩人「貼錯門神」的起因，而且曾經鬧過離婚。此語一出，林先生就跳起來了，一面說我判得準確，一面叩問解決之道，回家便一五一十告訴太太。以後兩人鬧意見，他的妻子就到內子面前投訴林先生的不是。

圖123是林先生的掌印。他的感情線十分完整，可惜有以下問題：

一、感情線開端疲弱。凡是後天掌感情線開端疲弱之人不宜早婚，因為這類人總會鬧出離婚之事，尤其是此線紋全條出現許多鋸齒狀，顯示夫妻經常吵架。

二、完整的感情線代表為人念舊，正因如此，林先生保住了他的婚姻。

三、線尾插入食指與中指的指縫間，夫妻會愈老愈恩愛而成為一對喜歡冤家。

所以我告訴內子，以後林太太來電只聽不講，不用多費唇舌，因為他們二人是「床頭打架床尾和」也。不過我告誡林先生不宜與太太有太多爭吵，因為這樣會對他們的孩子產生負面影響。

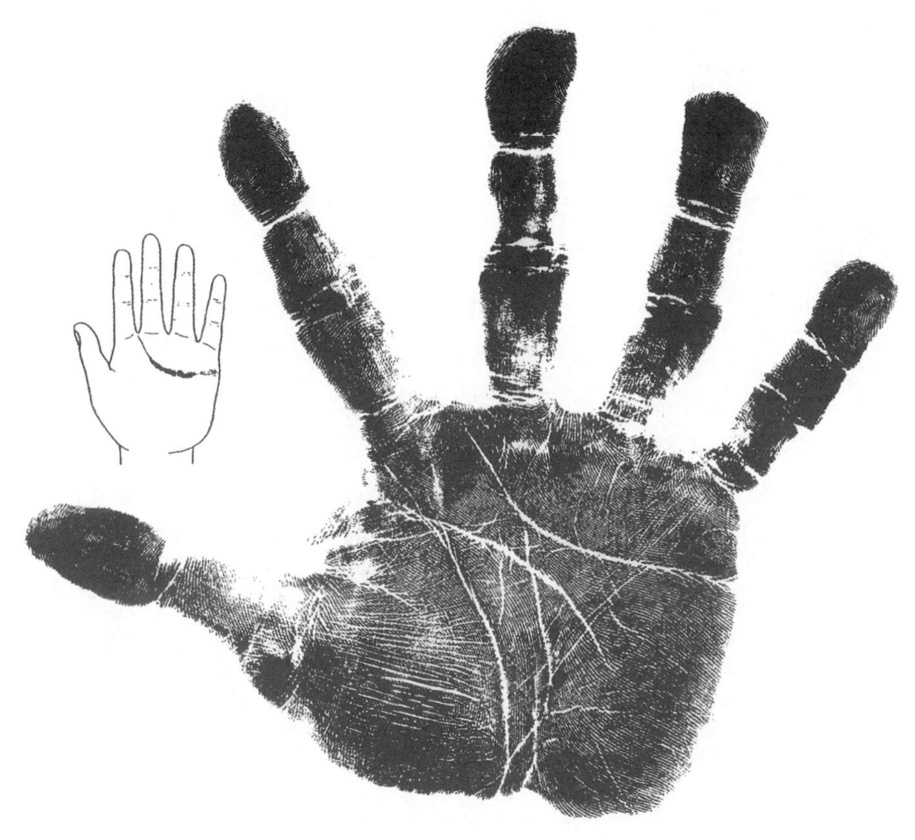

圖123

例124：不理忠告，離婚收場

關先生，四十六歲，任職股票經紀。五年前他來找我卜問前程，當時我告誡他，賺錢固然緊要，但是不要忽略了太太，否則會出現婚變，五年內可見端倪。關先生說他當經紀，最要緊的是抓住客戶，交際應酬是難免的，可是他的太太又不喜歡應酬，由她去！不過，當時關先生回報筆者的眼光，使我看出他在說：「一派胡言，姑妄聽之！」

五年後，關先生再度拜訪，原來妻子已搬走，律師信也來了，他想知道婚姻是否留得住？他要聽取我的意見。我心裏嘀咕：「早知如此，何必當初！」原來關先生有這麼的心態：男主外，女主內，家庭的事情他很少理會。所以對兒女們的事情他一直不關心，一對兒女從進入幼稚園、選小學、升中學，他一概不聞不問，妻子做好了選擇，把表格交給他看，徵詢意見，他只是一句話：「你揸主意吧！」所以妻子對關先生的意見越來越大，矛盾積壓到一定程度就會爆發，現在正是這個時候了。

五年前我看到關先生的掌紋（圖124），感情線在中指下轉弱，於是發出警告。現在此處出現假性斷口（即細微斷口）。凡是斷口愈細破壞性愈大，尤其是這個斷口出現在感情線最薄弱的地方，焉能化解？不過我對關先生當然不會說得這麼直率的，所謂「寧教人打仔，莫教人分妻。」所以我說，錯處在於你多年來逃避做丈夫、父親的責任，你想留住婚姻，你自己有什麼辦法呢？關先生神情沮喪，半晌說不出話。

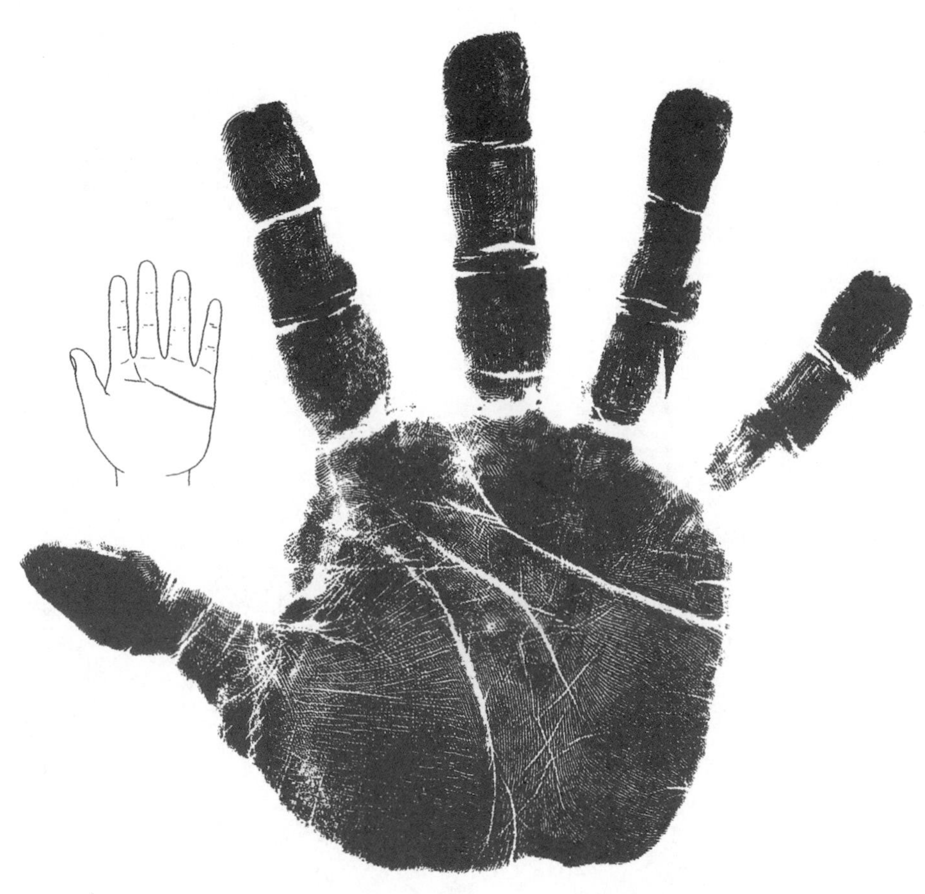

圖124

關先生的感情線亦是列入完整系列，粗闊之中轉為細弱，在此之前，感情線上出現鋸齒，説明這段期間他的妻子已向他表達不滿之情，可惜關先生忽視了我的忠告，反而與妻子對罵，於是就出現這些鋸齒狀了。

講到這裏，關先生恍然大悟地說：「回想起來，婚後這麼多年，確實是忽略了妻子的感受。唉！既然矛盾已激化至不能挽回的地步，若一對兒女要跟媽媽（香港法例判交女方撫養的機會較高），我也不反對，我一定盡能力負擔贍養費，絕不推卸責任。」

他問及晚運如何，我看他的感情線尾開大岔，會有黃昏戀，晚年可以覓得老伴。我相信他經此打擊，今後會善待後妻的。

例125：發現問題，及時修補

「問世間情是何物？」這一問，已故作家金庸便演繹出一部部蕩氣迴腸的武俠愛情小說。有人說，愛情就是兩列車，二車並行、同速，雙方都享受到甜絲絲的蜜杯；若是兩車速度不同，雙方的距離就越來越遠。我們最不願看到的是兩車對頭而行，相遇時既不閃避，亦不減速，於是出現了賺人熱淚的愛情悲劇。

霍先生上演的則是一齣小喜劇，他選擇了上述的第二個情況，不過是以喜劇收場。當這齣戲上演至接近高潮時，他剛巧找到在下，在下贈以一句話：「愛情若同時綻發光芒，那是最幸福的。」他欣喜若狂，喜孜孜地說：「我倆正在尋求這個最高目標，李師傅真能洞燭先機。」

霍先生，四十歲，已婚，是女傭介紹所老闆。十五年前，他跟大部分青年一樣，由追求到熱戀到結婚，婚後絢麗歸於平淡，霍先生以為婚姻就是這樣，結婚是戀愛的墳墓嘛！婚後頭兩年，小倆口還恩恩愛愛，間中享受一下燭光晚餐浪漫一番，或者到碧波萬頃的海灘回憶當年的海誓山盟。等到小生命誕生之後，霍太太變成了「湊仔婆」，霍先生忙於賺錢維持家庭，浪漫的愛情轉變成現實生活。霍先生與霍太的溝通越來越少，幸運的是他們跟上一案例的關先生不同，霍太太沒有埋怨霍先生不理家庭，只是家庭生活似乎越來越平淡，連晚上兩人做愛也是公式化、刻板化，完事之後兩人倒頭就睡，算是又過了一夜。

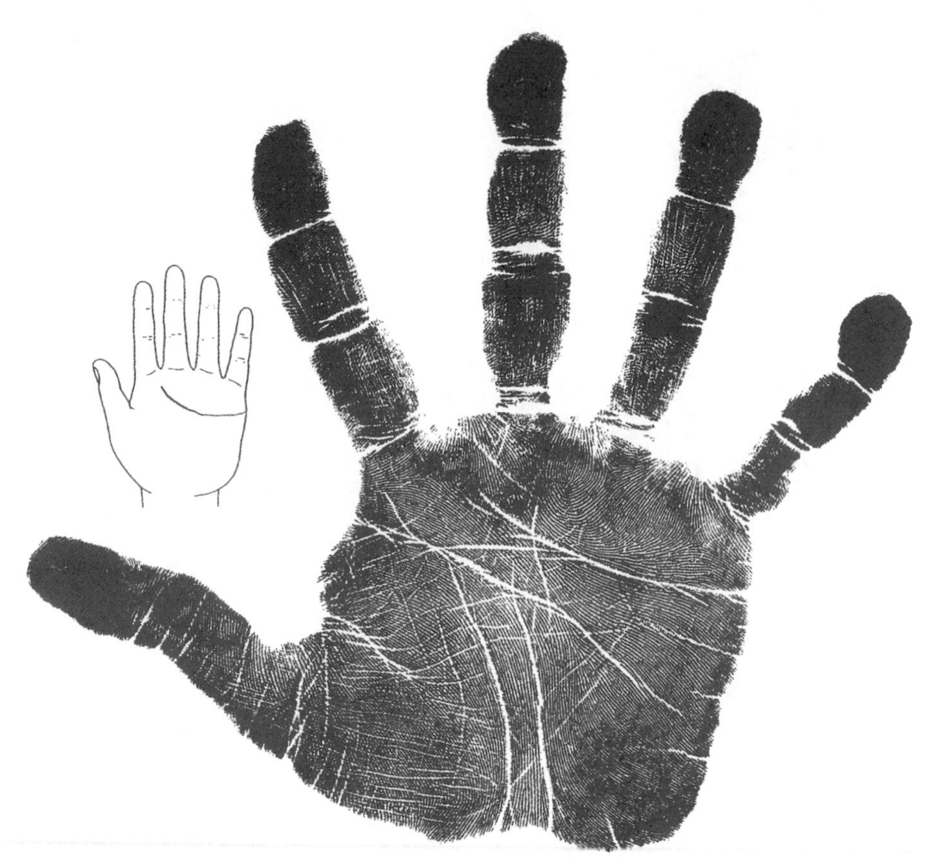

圖125

還是女性細心，警號是由霍太太發出的。結婚十五周年前夕，霍太太問霍先生明天是什麼日子，霍先生想不起來亦沒有放在心上。第二天霍先生晚上回到家中，烏燈黑火，幾經查探始知道妻子帶着孩子到了外婆家過夜，以後幾天霍太太的臉色都不好看。幸好霍先生醒目，沿着線索向小姨查探出原委，夫妻兩人開誠布公地談起來，分析到彼此都跟對方疏遠了，有不少隔膜，甚至對方的性格已變得不大熟悉了，要像初戀般從頭開始……。

圖125是霍先生的掌印。他的感情線紋完整，這條線紋很容易為初學者忽略而看不出問題。其實這條線由尾指到無名指一段均屬於淺弱，其後始轉為深刻有力。加上此線沒有雜線附上，更容易看漏了眼。這段淺弱的線紋為夫妻間感情日漸淡薄、缺乏溝通所導致，二人相處只是出於責任問題。幸好霍先生夫婦及時發覺問題，及時修補，又回復往昔的恩愛。這種情況的出現跟香港緊迫的生活節奏有密切關係，中年夫妻不可不慎！

例126：深淺適中，白頭偕老

周先生，四十六歲，任職工廠工人，已婚。圖126是他的掌印。周先生擁有一條完整而清秀的感情線，線紋斜彎向上，深淺適中，沒有雜線影響，但沒有財富線，可見他婚姻生活美滿，物質生活就不太富裕了。

周先生出身寒微，是體力勞動階層，他的手形粗獷，皮質厚硬。但是我們不要輕視勞動人民的愛情觀，雖然粗人文化修養不高，思想單純，但是百步之內豈無芳草？周先生重視感情、戀愛與婚姻生活，也許是中國傳統的倫理觀支配了他的感情世界，所以他依照世俗觀念來處理他的夫妻關係。

周先生因為職位低、收入少，加上一些自卑感，一直沒有女朋友。直至五年前始認識第一位女朋友，她是剛剛被公司招請的幫工。周先生友善、樂於助人的性格留給她深刻印象。勞動階層的戀愛簡單而含蓄，直接又有所保留，「兩情若是久長時，又豈在朝朝暮暮。」這個時候出現新情況，周先生在加拿大的弟妹把母親接了過去，母親辦妥入籍手續後又申請未婚兒子周先生赴加團聚。周先生考慮良久，幾經衡量，終於放棄移民加拿大，寧可粗布淡食，留在香港，而且當年就與女朋友結婚了。

在感情線來說，周先生擁有一條不錯的、完整的感情線，夫妻能白頭偕老。

圖 126

例127：二人同心，其利斷金

陳先生是筆者的風水客戶。英才為客戶服務，習慣要求客人提供出生時辰八字和勘察店宅的圖則，如有可能還會拓印客人的掌紋。英才之所以不怕麻煩做這些工作，為的是增加準確程度，同時也可避免漏掉一些細節忘記告訴客人，可使客戶更為安心，放心。

陳先生出生於癸巳年己未月丁丑日辛丑時。英才一算，不禁驚訝地對陳先生說：「閣下早年白手興家，捱盡甜酸苦辣，不過結婚之後，夫婦同心，鴻運當頭，事業蒸蒸日上。看來閣下的業務遍佈港九，且有另類投資，腰纏萬貫。」陳先生謙虛地說：「我的生意零星瑣碎，李師傅言過其實了。」此時輪到英才跳了起來說：「若閣下的家財不是以億元計算，英才就此關閉所有業務，遁入大嶼山再修十年……。」此時輪到陳先生離席下拜請罪矣。

陳先生，四十五歲，已婚，是鮮果連鎖店老闆。圖127是陳先生的掌紋。既然本書講的是感情線，我們就先從陳先生的感情線開始。這條線形清秀明朗、深刻有力。值得注意的是，此線不深於頭腦線，否則，感情超越理智，待人處世就會欠缺公允了。全條感情線沒有缺口、沒有支線，中間雖有少許鋸齒，夫妻有些拗撬是難免的，所謂「金無足赤，人無完人」，這可算是一等一的感情線。

陳先生出生於中國內地，家住珠江三角洲的城鎮，家境貧苦，十七歲時跟隨朋友偷渡來港，開始了他的新生活。窮人的孩子本來就慣於捱苦，刻苦的生活亦鍛煉了他的獨立性格。在香港捱

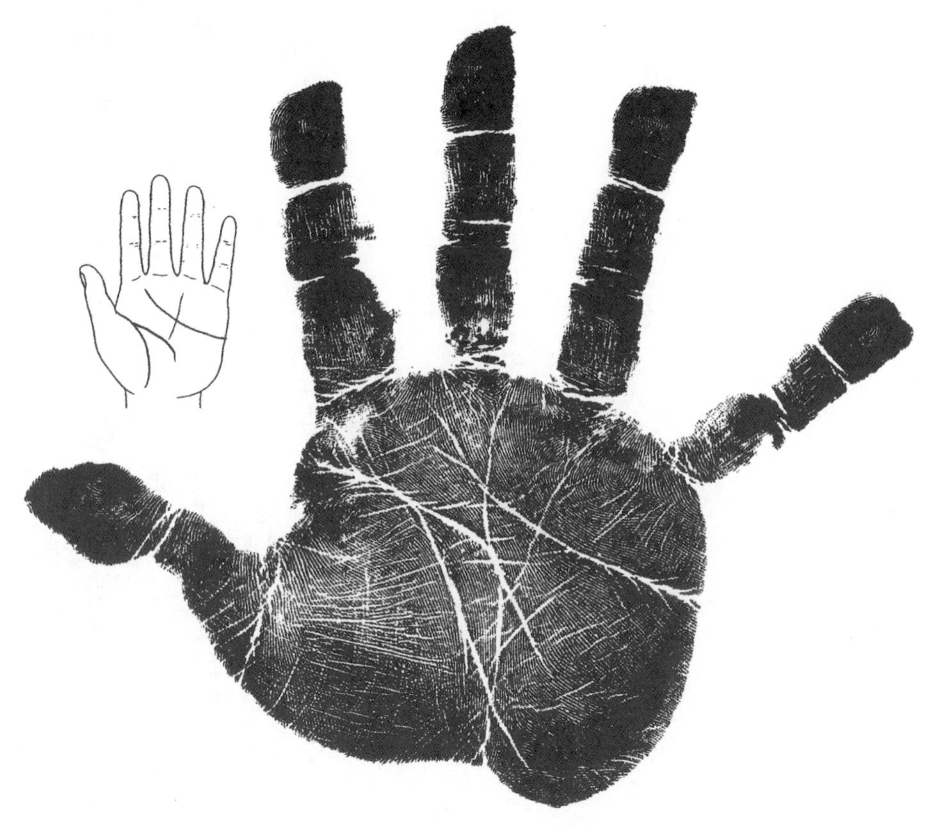

圖 127

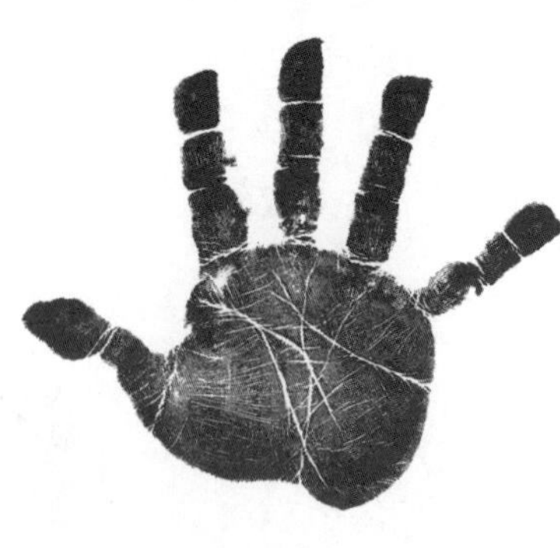

了幾年，他在生果檔幫工，由於攤檔位置稍為偏僻，他便對事頭婆建議，在街市人流多時多設一個小檔爭取多銷，如果要「走鬼」，他扛着兩箱生果轉兩個彎就可回到主檔口；事頭婆同意了他的計劃，從此陳先生就開始了他的小販生涯，先是打工，後來就獨自經營，並且認識了隔鄰蔬菜檔的財叔，並與財叔的女兒阿芳拍拖。他由生果小販發展至開設生果檔、生果店，形成連鎖店，進而發展至物業買賣，與友人合資經營房地產，單是他屬下鮮果店的物業價值就論億元計算。

陳先生的感情線深度適中，故不會過分重感情，能冷靜分析問題，待人處事甚有原則。他與太太夫妻恩愛，同心協力，所謂「二人同心，其利斷金」。他的財富線起自頭腦線，三十五歲運起時，陳先生不會受到桃花困擾，全賴感情線清秀也。

例128：願天下有情人終成眷屬

「虛心的人有福了！因為天國是他們的。哀慟的人有福了！因為他們必得安慰。溫柔的人有福了！因為他們必承受土地。」（《馬太福音》第五章）

希濂，三十五歲，任職汽車經紀。希濂是虔誠的基督教徒，幼受庭訓，參加教會的主日學，長大了受洗，成為正式的教徒，每個禮拜都去教堂聽道，還參加了團契和詩歌班，積極參與教會的工作。每當教友有疑難，他們一群同工就到這位教友的家中聚集，虔誠禱告，祈求萬能的主賜給這位教友以力量，解除他的窘境。宗教的力量可以給予人們精神上的慰藉，心理的平衡有助於頭腦冷靜，得以客觀分析問題，同時也使其人感到體力的恢復，反過來使到幫助他的教友們感受到神的眷顧。

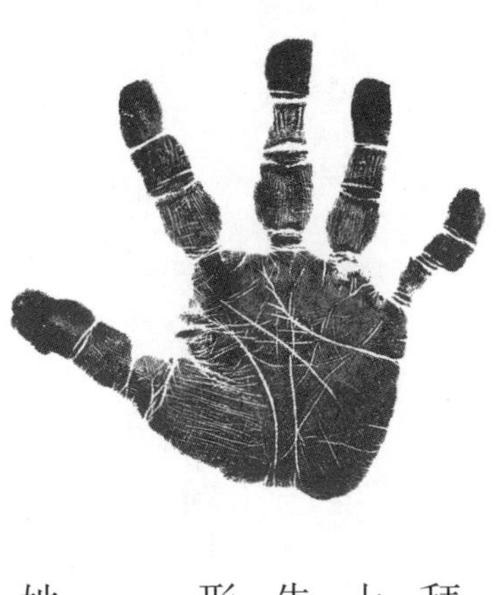

有位女教友叫阿梅，近期很少參加團契活動，已經有兩個禮拜沒有上教堂了。幾位熱心教友談論起來，有人說可能阿梅是感情上受到挫折，所以心情沮喪，一群人相約去探望阿梅，同她一齊禱告，尋求神的指示，希濂的腦際跳出了阿梅的樣子：「國」字臉形，高鼻大眼，沉默而純真。

經過教友們的探訪，阿梅恢復了活動，希濂留意阿梅的神態，她披上詩歌班的長袍，以低沉結實的音韻歌頌全能的上帝，可是眉宇間隱隱透出縷縷愁思。那天晚上，希濂失眠了。

在以後的日子裏，不管有什麼活動，希濂都想方設法接近阿梅，以看到她的一顰一笑為最大的安慰。團契如要聯絡通知，他就搶着擔當阿梅的聯繫人。過了不久，希濂追求阿梅已成為團契中人的熱話，他們亦樂於撮合一對有情人。可是在這個時候阿梅的缺點暴露出來了，她的性格是柔弱中帶有固執，溫順中露出幾分刁蠻，對其他教友她會完全遷就，就是只向希濂發脾氣，有時甚至是頗為乖張，連旁人都覺過阿梅有點過分了。好朋友們看見希濂追求得那麼辛苦，勸告他不如放棄了吧！希濂引用《哥林多前書》作答：「愛是恆久忍耐，又有恩慈；愛是不嫉妒；愛是不自誇，不張狂，不作害羞的事，不求自己的益處，不輕易發怒，不計算人的惡，不喜歡不義，只喜歡真理；凡事包容，凡事相信，凡事盼望，凡事忍耐。」

為什麼希濂愛得那麼執着？這不僅僅因為他是基督教徒凡事依着教義去做，而且他長有一條優良的感情線（圖128），清秀明朗，線帶微彎，全線並無缺點。值得注意的，這是一幅川字掌，凡川字掌的人士之性格本來是極之自我，但難得的是，他同時具有一條筆直的頭腦線。感情線、頭腦線如此配搭，代表希濂很有容人之量，可以為對方改變自己之性格，難怪希濂愛得那麼深刻、那麼執着。

這是一條極為難得的良好感情線。

讀者諸君一定探問希濂如何追得美人歸。老實告訴大家，希濂追求阿梅不是一味的遷就，他知道此舉只會害了對方，他是讓阿梅莫名其妙地發完脾氣之後，冷靜下來時，他始向她分析事情

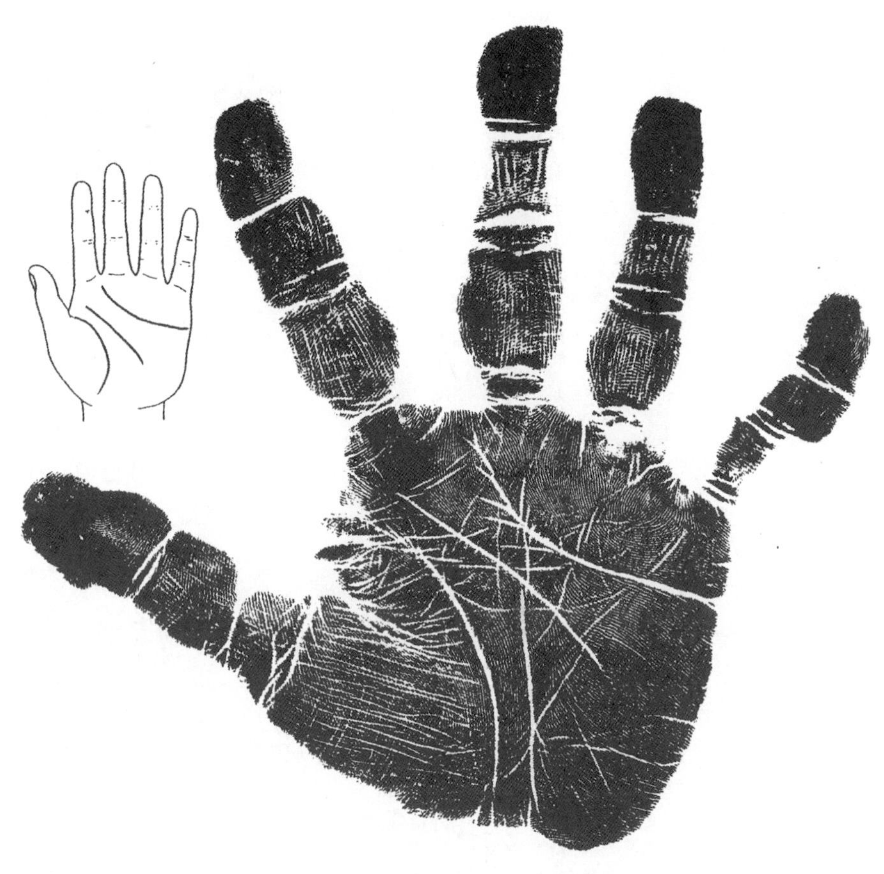

圖 128

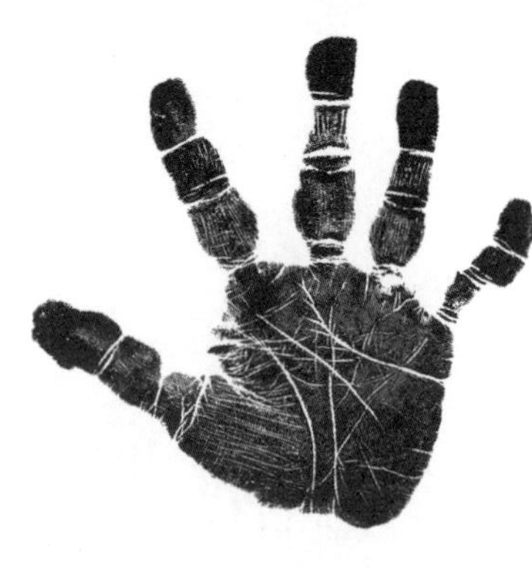

的對與錯。有一次，阿梅大發雷霆之後，希濂開玩笑說：「看你的樣子，簡直想把我吃掉似的。」阿梅還未消氣，悻悻然說：「就是把你吃掉，怎麼樣？」翌日希濂選購了一對茸毛鱷魚公仔送給阿梅說：「喏！張開大口把我吞掉吧！」引得阿梅大發嬌嗔。

希濂追求阿梅比一般人追女仔花上三、四倍功夫，賠了許多小心，期間遇上公司改組、職位不保等等困擾，終於討到一位稱心滿意的妻子。

定情之夕，阿梅向希濂說：「上次感情失敗之後，原想以後過獨身生活，誰知你這個情場浪子竟不惜好歹闖進我的心扉。這段期間我為什麼常常莫名其妙發脾氣？就是因為你太好了，你的細心、關心攪動了我的情緒，剪不斷，理還亂。我就是想藉發脾氣把你趕走，讓我保持獨身，可你偏偏鍥而不捨，鬧得我心裏矛盾、痛苦得很……。」阿梅一番話，破解千千結。要不是希濂有這麼一條好的感情線，這篇愛情故事就要改寫了。

例129：宿世因緣，由天注定

「山無陵，江水為竭，冬雷震震，夏雨雪，天地合，乃敢與君絕。」這首出自兩漢佚名的《上邪》，道盡了對愛情至死不渝的態度。

情為何物？似在掌握之外，卻又驀然把兩心牽引。

有人說過：前世五百回的深情凝望，方換得今生一瞬的擦肩而過。茫茫人海，緣何唯獨你我相伴？若無宿世因緣，豈會共度此生？執子之手、與子偕老的婚姻，若非是三生河畔三生石上早已鐫刻的情緣，又是什麼？

這是一個宿世因緣的故事——

喬小姐，三十四歲。自從年輕的丈夫因病不幸去世後，她認為自己此生的愛已經走到了盡頭，不會再有新戀情走進心中。喬小姐帶着傷痛的心每天如常上班，努力工作，下班後除非出席朋友聚會，否則馬上回家，不到十一時就上床休息，生活平淡得沒有一絲漣漪，直至一個陽光明媚的星期四——

那天，她心血來潮向公司申請了假期，獨自跑到圖書館想找一本多年前看過的歷史小說。她靜坐一角默默翻着書籍，偶然抬頭遇到一雙充滿疑惑的眼睛，她頓時彷似觸電般全身顫抖，這雙眼睛似曾相識，明明是從未見過的陌生人，卻好像有過共同的故事。

另一邊廂，馬先生馬上收斂目光，但內心的激動是無論如何都遏止不了。他第一眼瞥見低着頭看書的喬小姐，便覺得對方是多年舊相識，卻又想不起在哪裏見過，那種奇妙感覺實在難以形容，所以禁不住一直盯着她，直至喬小姐抬頭才自覺無禮。

這個偶然一瞬，改變了兩人的一生；也許，這一瞬並非偶然，而是命中注定。

「對不起。我是鄰近大廈某集團工程部的主管，今天在工作上遇到一些疑難，所以到來找相關案例做參考。剛才見到小姐有點面熟，才不自覺多看了兩眼，請見諒！」馬先生不希望被誤會，馬上趨前輕聲道歉。

喬小姐看他手中拿着一本關於機電工程管理和實務的書籍，加上她怦然心動的感覺仍揮之不去，便輕輕點頭，微微一笑，表示相信他的說話。

接着，他們重新低頭閱讀各自的圖書，直至傍晚時分，又不約而同站起來走向借書處。二人一致的行動，彷彿早有默契，連他們也覺得十分巧合，互相報以微笑。步出圖書館，夜幕已徐徐落下，兩人似乎都沒有道別的意思，馬先生鼓起勇氣問：「有時間一起吃頓簡單晚餐嗎？」這是他人生第一次約會初次見面的女子。

若是平時，喬小姐會一口拒絕，但面前這張似乎在記憶中見過的臉龐再一次牽動她平靜已久的情緒，這種感覺，連面對已過世的丈夫也從未有過，她實在無法說不。

晚飯時，他們自我介紹後，便好像一對老朋友般聊天，好像有說不完的話題。任何一方打開了話閘子，二人就興致勃勃，滔滔不絕，說個不停。馬先生談到他的工作，喬小姐就安靜地傾聽他的經歷。喬小姐說起她唸書時的趣事，馬先生同樣笑得開懷。但當她談到逝去的丈夫時，馬先生心頭一震，然後以充滿理解的眼神對她說：「我明白那種難受，我的太太也在前年因家族遺傳病而離開了。」

這時輪到喬小姐感到愕然，衝口而出說：「這麼巧！」

的而且確，馬先生也有相同的想法：這麼巧！

緣分，是生命中的一場奇遇，一頓晚飯把兩個人之間的距離拉近了不少。世間上的每個相遇，都是久別重逢，也是馬先生和喬小姐的寫照。

自此，他們經常約會，而每一次見面，都有莫名的熟悉感，就像一切都在過去曾經發生。終於有一天，他們忍不住說出內心如夢如幻的感覺，赫然知道原來對方都有相同的起伏不定，兩人都有恍如隔世的心痛。

一年後，他們決定結婚。婚後的生活比二人想像中更如魚得水，他們有各自的事業，互相尊重，彼此欣賞。他們與對方的愛是全心全意，彷彿要把上一世愛不完的部分在今世一併補回來。馬先生和喬小姐都沒有宗教信仰，但他們相信，他們兩人的相遇是上天的安排，所以一直心存感恩。

這次他們來到筆者的辦公室，就是因為鑑於兩人都曾經歷喪偶之痛，害怕傷心事重演，希望向我求問，他們能否白頭到老。筆者一看他倆的掌紋，心頭一寬，喜上眉梢，宿世線躍然在兩人的掌上，可謂「夫妻姻緣宿世來，喜神有意傍天財」，沒有宿命的紅線，他們不會相遇，而每一次的相逢，都藏着深意。筆者衷心恭喜馬氏夫婦執子之手，與之偕老。

宿世線屬於十四靈異紋之一。研習手相的人都知道，十四靈異紋可遇而不可求，尤其是隔世紋和宿世線的手印，更是十萬中無一，所以英才與喬小姐和馬先生會面當天，赫然看見二人掌上的宿世線，難免既驚嘆又詫異。

宿世線亦可稱為「續緣線」，正正代表前世未盡之情緣，將在今世延續，就像面相之「六氣相連為夫婦」一樣。宿世線不能只看一人，要二人手印重疊，如同一人之手，才能作準，正如研究印堂八道之氣一樣。如圖中所見，天紋（感情線）走至中指下少見的一個叉狀，玉柱紋（事業線）一模一樣地疲弱不堪，家風紋（婚姻線）橫紋穿破。以筆者半百歲月的歷煉及所見所聞，面相也好，手相也好，若單純只論一個人的禍福，並不困難，但若二人並列同論，確需要機遇。

英才特意將此雙掌印放在著作中，是希望書流百載，待日後有緣人再續此雙掌資料緣分。

英才心願，若有幸能習齊十四類靈異紋掌印，定著書與讀者分享，並讓珍貴資料得以保存。宿世線故事與本書其餘一百二十八個感情線故事一樣，當中人物的稱呼皆為化名，以保障當事人私隱。讀者只須留心紋理，當中變化玄妙無窮。

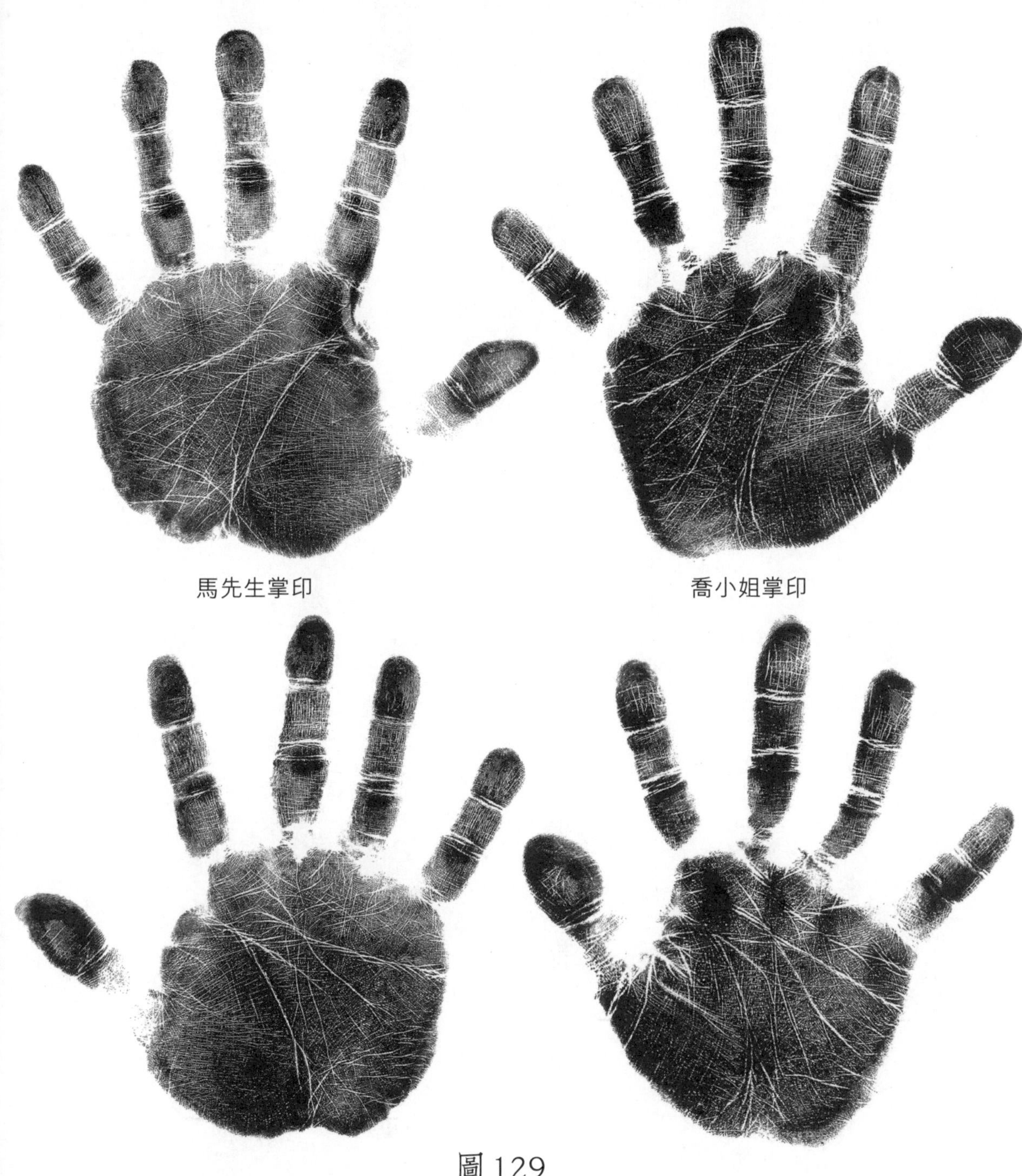

馬先生掌印

喬小姐掌印

圖 129

後記——心相本是一家

中國醫學與中國相學及手紋本是同源，而儒、道、佛理念則是引領中國術數思維之核心價值所在，對我輩研究手相、面相有很大影響。中國經歷不同朝代發展，手相學和面相學這些觀人之法一直交雜依存，因此，要研究面相和手相，亦必須對中國心理學和社會學有大致的認識。

醫相同源

相學中曾提及過醫學相似的說法，如《麻衣相法•論神》云：「夫形以養血，血以養氣，氣以養神，故形全則血全，血全則氣全，氣全則神全。是知形能養神，托氣而安。氣不安則神暴而不安，能安其神，其惟君子乎。」這與《黃帝內經》所論「血氣者，人之神」（《素問•八正神明論》）及「血氣已和，榮衞已通，五臟已成，神氣舍心，魂魄畢具，乃成為人」（《靈樞•天年》）似乎非常相似。又，中醫有所謂「望聞問切」四診，實有預測生死之能，如《素問•五臟生成》云：「色見青如草茲者死，黃如枳實者亡，黑如炲者喪，赤如衃血者終，白如枯骨者結。」相學多借用醫家的理論，作為其理論之依據，所謂「醫相同源」，大抵不差，故欲了解手相及面相，中醫之學是不可不涉獵的學問。

儒、道、佛的思想遍及中國每一項術數文化的層面，手相、面相自不例外，當中極有教育意義。雖然深入提及的部分不多，然亦不能忽視其源。相書中多儒家「君子小人」、「中正」、「誠於中形於外」、「相形不如論心」等等思想，而《麻衣相法》更號稱為麻衣老道者所撰，傳之於陳摶，不僅蘊含儒家相法、道家相法、佛家相法之人相說法，當中更有十門相格的分野。

依英才的看法，手相、面相其實是一門將歷朝各代所出現的學問，擷取所需而用，成為一套兼具醫學、人物品鑒、儒、道、佛才選拔，以預測命運吉凶的學問。因此，要探清手相、面相的真相，就必須對這些學問都有大致上的了解。由於這些都是「觀人」之術，故「不離不雜」——既不能孤立而論，卻也不能混為一談。而手相進入人的內心，尤勝於面相，《我手誰牽》以「情」為主題，滲入人生教育。

手中有情

古籍相書亦有資料記錄解析人之情。《麻衣相法》云：「手中有紋者，亦象木之有理，木之紋美者，謂之壽材，手之有美紋者，乃貴質也。故手不可無紋，有紋者上相，無紋者下相。紋深而細者吉，紋粗而淺者賤。」以手擬「木」。木頭的輪紋愈多，則代表此木之年愈久，故木有好紋為好木，手有好紋為好手，進而推斷出，人與樹木一樣，紋深而細者為貴，粗而淺者為賤。手相尤其特別的是，手掌握「物象」的紋路：

- 帶印紋大貴（主身榮，帶印為太師）
- 金花印紋大貴（男主封侯，女主夫人）
- 筆陣紋（主登科）
- 六花紋（六花為侍，從之卿康，主晚年大貴）
- 寶暈紋（封侯富貴）

- 立身紋（上中帶手印紋）
- 有田紋者，富
- 有井紋者，福
- 有端笏紋、插笏紋者，文官朝列
- 有夜叉紋者，下賤而偷，窮（《論掌紋》）。

《麻衣相法》云：「手者，其用所以執持，其情所以取捨。」以其「執持」之功能，因此掌中長什麼樣的紋路，猶如手中掌握何物，就會有怎樣的命運。是故有類似好物象的紋路在手掌，則如執寶物在掌中，定能封侯富貴；反之，執掌惡物，則命亦惡也，意味着人之情感取向決定了情感際遇起伏的因由。

以手紋論人世間有倫理的微妙關係，有家庭，有社群，有國籍，有情慾。這些人際、社會結構都可以帶入個體來言說、比擬。《麻衣相法》又云：

「大抵人手欲軟而長，膊欲平而厚，骨欲圓而低，腕節欲小，指節欲細，龍骨欲長，虎骨欲短。」

「手垂過膝者，蜀先生劉備，身長七尺五寸，垂手過膝，自顧見其耳。」

「手白如玉者貴，手直如筍福壽，手滑如苔福壽。龍長虎短，臂至肘名龍骨，象君，欲長而大。肘至腕骨名虎骨，象臣，欲短而小。」

手臂之理猶君臣之理，君為上、臣為下，君大而臣小，君尊而臣卑，則政局安定、國家富強。身體也必須符合倫理，故龍骨象君必須較長，虎骨象臣，必須較短，方為吉相。

以上古籍文獻所載，能確認中國手相論情的價值。手相也好，面相也好，都隨時代轉變而分析論斷，而非奇門遁甲或子平八字般的死板演繹。手相是觀察所得的資訊，奇門或八字是算計的資訊，其分別在於，前者能洞察人的三觀，從而歸納其人的道德觀，但後者卻不能，是故兩者實有天淵之別。

中國人的道德觀來自於儒家、道家和佛家，此乃中國思想的三大主流，其影響遍及所有文化層面。古籍雖是以數和術定吉凶，但作為中國文化傳承的一門學問，自然亦受儒、道、佛之影響。然而，正因為是數術之學，就算有所承繼，也是在非常淺顯的層面。古今之相士服務的對象，上至帝王將相，下及目不識丁的平民老百姓，他們的相學必須配上指引和教育的理論依據，才能取信於人。若相士為人解答、說明改運之事，卻不告之以教育的核心思想，對方必無法理解，這就只運用了最粗疏淺顯的相術，而忽略了相術最重要、最根本的精神。見於古籍中之儒、道、佛說，所現者雖是涓涓細流，所承者卻要原泉混混，不溯其原泉，不能見此細流之所由。因此，英才四十多年來一直堅持以手觀心，在課堂中向學員傳授相學最核心的教育和三觀。

三教所依，俗世所求，以教育深入人心。《我手誰牽》一書正正討論三教中「相由心生」、「觀掌知心」、「以紋轉念」之義，而非只論吉凶，並在書中道盡人間見情。

相由心生

由於人內心之深因，決定其手相之如何，因此「相由心生」；由於相由心生，故觀手之學可以反推其心，為「觀紋知心」；人能主宰其心，故能「以心轉相」，修其心善則得善相，修其心惡則得惡相。此三者乃是三教之通義，故舉之為綱目以賅眾說。然而，有人認為一切皆與個人福分有關，亦謂「宗教自由，懷疑莫問」，世上總有人迷信什麼都是宿命。

關於手相與身體，擬象法的認知是「身體與天地萬物同體」，手相是天地萬物之性在人身之投射，人與哪種思想相似，就有其性與命。中醫學的認知是「身體是氣之賦形」，體質決定其人之相與命運關聯。此二相法有一共同點，即認為人的手相、面相是由外在決定和賦予的。而禍福相法對於手相、面相與身體的認知，卻是「誠於中、形於外」，即一個人內心之存養如何，就會反映到手中和臉上。手相、面相來自人的內在，是由內心之選擇所決定和形成的。

中國之手相、面相學源遠流長。雖然歷代古籍記載弱水三千、只取一瓢，從諸子中取其可用者，雜糅於其中，然而我們對於其豐富的淵源，不可不考，方可知其論之所以、所由也。

手相之邏輯行為是，符合現今心態才有好運，否則必定起伏。而觀念乃是操之在我者，我的心決定我的命運如何，而非身體或外在之紋理。一個人選擇怎樣的思想，會決定他的心之所向，而心之所向，又會改變其體貌，進而改變手上的紋理。追本溯源，這與儒家、道家和佛家的思想是脫離不了關係的。這樣的理念，超越了傳統八字的命定論，或是醫相的體質決定論，手相學說認為，只要改變其心，就可以改變其相，這概念為中國人的命運觀與相理帶來更積極的看法，也就是和八字、奇門等術數的分別。這樣的推論使後學者逐漸肯定，手相和面相不僅被視為民間的「宿命」，更被納入修身之學，如倪岳所說：

「人之吉凶壽夭、富貴貧賤，盡繫於相者，非也。吉凶壽夭、富貴貧賤不繫於相者，亦非也。相有定理，而相之者不能盡窮也。不能盡窮之，見而苟同如此者吉，如此者壽夭富貴貧賤也，豈能皆中哉！究之，相，外也，心，內也，所以聖賢言心不言相，若曰凶，人言其吉；吉，人言其凶，相焉足知之哉！然則是書，學者不可以不知也，不可以盡非也，亦不可以深泥也，是為序。」（《麻衣神相》）

倪岳認為，手相和面相雖然有一定的道理，然而手相和面相甚為浩瀚，學者不能盡窮也。何況相只是外在的表象，心才是內在的真宰，內心的選擇，畢竟比外在之相重要。因此學者學手相、面相時，不能僅僅追求相術的預測能力，更要學習聖賢重視的心性之學。表面上，倪岳此論似乎主張不可拘泥於相術，實際上，卻是以儒者的胸懷容納之，認為手相及面相其實甚有其理，只是聖賢言心的理論更為重要而已。

就修身而言，了解手相及面相同時，就可以為自己量身打造專屬的「身心報告」。看手相必須仔細觀察手上的每個部分，以及各種模樣與氣色所代表的意義，由此對自己有更深入的了解，從而掌握優點，改善缺點，這對於學習、溝通、工作、團體生活等等生活層面，都有極大的幫助。蓋因手相及面相所建基之學問，為儒、道、佛、德，概念宏大，且內外合一，可以知人，更能自省；不但是心理學，亦是醫學、人才學、戀愛學、社群倫理學甚至政治學。故期盼能有更多學者投入研究，且將古學與今學融合，使相人術更加普及化，讓更多人得以身心獲益。

細看弟子序

筆者細看書中三序，深慶得人。張翠香於二十年前，參加了筆者於九龍華仁書院的圓融閣舉辦的公開講座後，輾轉投入筆者門下習相至今近二十年之久。翠香天生觀察力強。在課堂上總能一目十行，一葉知秋，掌握手相和面相極細微的地方。從翠香的序所見，她內傲而心清，明事理，尋真相。想不到一個很普通的公開演説造就了這段超過二十年的師徒緣，實在始料不及。九龍華仁書院是著名的天主教學校，筆者當年能在那裏弘揚相法，自然要感謝徐志忠神父多年的信任。翠香在英才與徐志忠神父結緣間與筆者相遇至今，豈可謂非天意也？

在三位作序的學生中，英才與王慧璉相識的日子算是最短，只有五年時間。璉姐姐年屆七十五高齡仍醉心相學，不由筆者不衷心佩服。坦白説，在筆者近半世紀教學生涯中數以十萬計的學員中，不乏有年逾七十、八十的長者門生，但像璉姐姐般的性情卻是少見，她性情耿直，愛恨鮮明，談吐中偶見佳句，發人深省。筆者曾邀璉姐姐親臨寒舍作客，以禮相待，一起聊天，暢所欲言。她的人生並不是尋常人遭遇，她的閱歷也是筆者所羨。璉姐姐丈夫因工作之故，曾主辦數以百場全港大型演唱會，讓她有機會見盡人中龍鳳、巨星名流，令英才聽出耳油。她的交際及見識之廣並不下於筆者，卻願意投身門下謙卑習相，還首次執筆為本書作序，英才實在感恩。璉姐姐為人既無架子又禮遇於筆者，在社區、在我的私人課堂，盡心追隨，用心上課，受學時目光如炬，詞令清晰，璉姐姐算是英才教學四十多年來極少見的奇葩，她在英才眼中確是「非一般的長者」。璉姐姐，師傅敬重你！

「方丈」余愛琼是一位年近七十的奇女子，她報讀筆者於工聯會開辦的相學興趣班，竟一讀便十六年之久，一晚兩課，風雨不改，從未間斷，她的耐力與恆心已超越一般為興趣上課的學員。筆者曾查看她的筆記，其系統及詳細之程度堪稱驚人，有章目、有細描、有層次、有詳解。聽聞她可以將一晚的課堂錄音，在課餘時用五至六小時騰寫記錄，更將筆者所有面相著作的內容資料一一抄寫在筆記之中。「方丈」這份求學精神和毅力，誰人可比？她的另一點可讚之處是，凡遇新入課堂的師弟師妹有不明之處，提出疑問，她都有問必答，每答必知無不言，言無不盡，更難得的是，她還將十多年的心血筆記，借予師弟師妹拍攝記錄，她的胸襟廣闊，從不吝嗇所學知識，用心提攜照顧後輩，為師看在眼內，放在心內，此等胸膛，試問在課堂中有多少人可以做到？見微知著，她確有大將之風，「方丈」之名，她是當之無愧。讀「方丈」序言，驚嘆她記憶力之強，對於她所提的例子，英才早已淡忘，想不到她仍記憶猶新。十六年的師徒緣累積於社區，她從未踏入筆者私人課堂學習，「方丈」實奇人也。又一證明，不管在社區或在私人課堂，筆者皆不分彼此，教學如一，傾囊相授。

人間有情

《我手誰牽》細訴人間有情，指出到有愛不能等。人生苦短，錯過一刻，真的可能今生難再相遇，而人間最美的地方，不是環境，不是風花雪月，而是患難與共、互相照顧深情的心境。

英才相信，幸福不會降臨在不懂欣賞自己的人身上，坊間有所謂自稱「國師」、「居士」的術數能人，以五行計算命運，只曉得叫眼前人依命所行，殊不知原來緣分就在自己心中，世間萬事可算可計，唯情、愛不能量，也非五行所能算出來。或有號稱卜無漏算的術數，但人的三觀價值、人的情感思維，真的可以從冷冰冰的文字中算出來嗎？手相紋理是隨心而變，隨心而改；人的際遇亦是隨心而行。《我手誰牽》只想喚起讀者對內心的了解，明白自己真正所求，不要因宿命而放棄情感的嚮往，這亦是英才著此書的其中一個心願。

李英才

乙巳年春

我手誰牽

李英才

著者
李英才

校對
翟艷儀

封面設計
Ami

出版者
圓方出版社
香港北角英皇道 499 號北角工業大廈 20 樓
電話：2564 7511　　傳真：2565 5539
電郵：info@wanlibk.com
網址：http://www.wanlibk.com
　　　http://www.facebook.com/wanlibk

發行者
香港聯合書刊物流有限公司
香港荃灣德士古道 220-248 號荃灣工業中心 16 樓
電話：2150 2100　　傳真：2407 3062
電郵：info@suplogistics.com.hk
網址：http://www.suplogistics.com.hk

承印者
美雅印刷製本有限公司
香港九龍觀塘榮業街 6 號海濱工業大廈 4 樓 A 室

出版日期
二〇二五年六月第一次印刷

規格
16 開（230 mm × 170 mm）

Published and printed in Hong Kong, China
by Forms Publications,
a division of Wan Li Book Company Limited.
ISBN 978-962-14-7628-9